KB088741

언니가 내게
안아봐도 되냐고
물었다

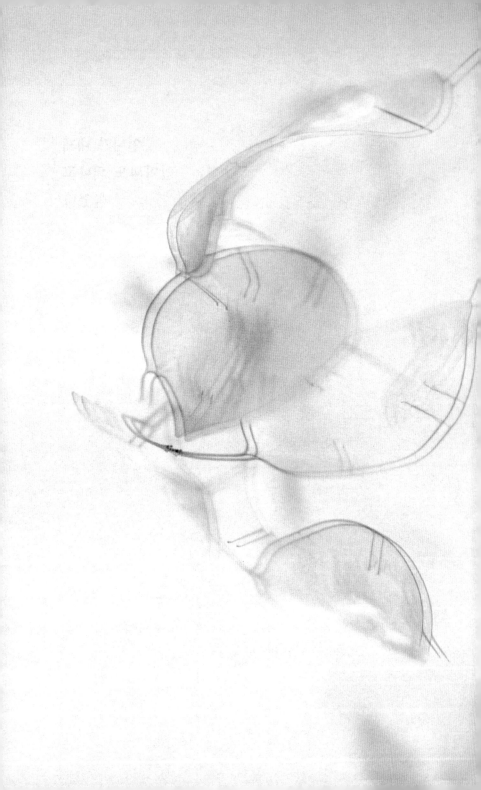

언니가 내게
안아봐도 되냐고
물었다

찬란하고 고통스럽게 흩어진
언니의 삶 그리고 조현병

카일리 레디
이윤정 옮김

까치

옮긴이 이윤정(李允貞)
경희대학교와 폴란드 바르샤바 대학교에서 공부했다. 이화여자대학교 통번역대학원에 들어간 뒤 출판번역가의 길로 접어들어 현재 영어권 서적을 번역하는 일을 한다. 『어느 날 뒤바뀐 삶, 설명서는 없음』, 『반짝거리고 소중한 것들』, 『여명으로 빚은 집』, 『에코타 가족』, 『집중의 재발견』 등을 우리말로 옮겼고, 번역가의 경험과 일상을 담은 에세이 『번역가가 되고 싶어』를 썼다.

편집, 교정_김미현(金美炫)

언니가 내게 안아봐도 되냐고 물었다

찬란하고 고통스럽게 흩어진 언니의 삶 그리고 조현병

저자 / 카일리 레디
역자 / 이윤정
발행처 / 까치글방
발행인 / 박후영
주소 / 서울시 용산구 서빙고로 67, 파크타워 103동 1003호
전화 / 02 · 735 · 8998, 736 · 7768
팩시밀리 / 02 · 723 · 4591
홈페이지 / www.kachibooks.co.kr
전자우편 / kachibooks@gmail.com
등록번호 / 1-528
등록일 / 1977. 8. 5
초판 1쇄 발행일 / 2024. 2. 5

값 / 뒤표지에 쓰여 있음
ISBN 978-89-7291-820-2 03180

정신질환으로 고통받는 전 세계 9억7,000만 환우들에게 이 책을 바칩니다.

그들의 고통과 그들을 사랑하는 이들을 생각하며 이 책을 썼습니다.

다만 한 사람에게라도,
단 한순간만이라도 도움이 되기를.

차례

저자의 말

이 책을 쓰는 내내 히포크라테스 선서의 기본 원칙 중 하나인 "해를 끼치지 말라"를 되뇌었다. 나의 의도는 진심 어리고도 명백했다. 정신질환을 둘러싼 오명을 벗겨내는 것. 그리고 비록 내 언니를 구하지는 못했지만, 모든 방법을 동원해 다른 이들을 돕는 것. 아주 솔직히 말하자면 속죄의 의미도 있었다. 마치 이 글이 미래의 비극을 막으면, 나의 죄책감이 줄기라도 한다는 듯이.

우리 가족의 이야기를 나눌 기회를 얻은 것은 신성한 축복이라고밖에는 달리 표현할 수가 없다. 그 정도로 모든 상황이 딱 맞아떨어졌다. 예상 밖의 일들이 런웨이를 따라 들어오는 한 줄기 빛처럼 내 앞길을 열어주었다. 지나치게 불안해하고 끝없이 의심하던 내게 처음으로 명백한 앞길이 열린 것이다. 매일 아침 눈을 뜨면 글을 써야겠다는 욕구가 불타올랐고, 밤마다 혹시라도 이 글을 완성하지 못하거나 고칠 수 없을까봐 두려워서 쉬이 잠들지 못했다. 나는 가장 최근 원고를 내

메일로 보내둔 다음, 엄마에게 이메일 비밀번호를 알려주며 혹시라도 무슨 일이 생기면 편집자에게 원고를 보내달라고 부탁했다. 오직 이 글을 완성해야 한다는 투지로 책 생각에만 몰두했고, 건강하지 못할 정도의 임무감에 휩싸여 겁에 질렸다. 언니가 정신질환과 싸우며 새로운 저점을 향해 추락하던 과거에 나는 아무짝에도 쓸모없이 옆에서 지켜보기만 했다. 그런데 수년이 흐른 지금, 드디어 **뭔가 도움이 되는 일**을 할 기회가 내게도 생긴 것이다. 그 느낌에 현기증이 일었다.

그럼에도 일단 초고를 완성하자 확신이 흔들리고 약해지는 건 어쩔 수 없었다. 두려움의 일정 부분은 당연히 내가 쓰기로 한 주제의 연장선상에서 나타났다. 정신건강은 복잡할 뿐 아니라 본질적으로 개인적이다. 그 어떤 경험도 서로 정확히 일치하지 않으며, 개별적 관점을 연관 지으면 힘은 생길지 몰라도 그 안에 내재한 엄청난 위험도 감수해야 한다. 무엇보다도 비교적 특권층에 속한 사람이 어떻게 이 다양한 경험의 세계를 대표할 수 있겠는가?

그건 불가능하다.

앞으로 당신이 읽게 될 이 이야기가, 정신질환을 앓았고 사회적 기준상 다수의 문제에 해당되었음에도 불구하고 엄청난 특권을 누린 어느 젊은 여자를 둘러싼 이야기라는 사실을 인지하는 일은 매우 중요하다. 언니는 백인이었고 이성애자였으며, 생물학적 성과 성 정체성이 일치한 사람이었다. 매력적인 신체의 소유자에 똑똑하고 유능했으며, 부족함 없이 사랑받았다. 재정 지원이 풍부한 학군에서 공부했고, 할 수만 있다면 어떤 식으로든 도울 준비가 된 가족의 일원이었으며, 감옥이나 거리로 내몰리지 않고 사회 안전망 내에 머물렀다. 언니는 재활 센터에 다니고, 그룹홈(노숙자, 장애인, 가출 청소년 등이 자립할 때까지 지역사회 기반 소규모 공동체에서 생활할 수 있게 하는 제도/옮긴이)에 참여하거나 치료 및 실험적 처치를 받을 만큼 경제적으로도 풍족했고, 의료 보험 처리가 되는 항정신성 약물도 처방받을 수 있었다. 언니는 이례적일 정도로 운이 좋은 사람이었다. 하지만 그중 어떤 것도 언니를 구하기에는 충분하지 않았다.

미국 보건복지부 산하의 소수인종보건국에 따르면, 미국 흑인들이 미국 백인들보다 정신적 고충에서 비롯한 지속적인 증상을 더 많이 호소했음에도 불구하고, 정신건강 관리가 필요한 흑인 성인 중 3분의 1만이 진료나 치료를 받았다. 상황이 이렇게 될 수밖에 없는 시스템상의 이유는 셀 수 없이 많다. 세대 간 트라우마(가족 트라우마라고도 하며, 가족 내 개인 혹은 가족 전체의 트라우마를 가리킨다/옮긴이)와 높은 확률로 대물림 되는 가난, 의료 서비스 접근 제한 등. 여기에는 감옥 산업의 특성인 미묘한 차별, 스트레스와 인종차별로 인한 신체적 외상, 다양한 정신건강 관리자의 부족 등 많고 많은 비극적 요소들이 존재한다.

성 소수자 집단 역시 어마어마한 짐을 짊어지고 있는데, 특히 트라우마와 혐오, 괴롭힘, 우울, 불안, 그리고 약물남용의 비율이 아주 높다. 미국 질병관리본부에서는 젊은 성 소수자들이 이성애자 또래들보다 자살할 가능성이 2배나 높다고 밝혔다.

2018년, 미국 국민의 19.1퍼센트가 자신이 정신질환을 앓고 있다고 밝혔다(이는 4,760만 명으로, 성인 5명 중 1명꼴이다). 이 사례 중 150만 명이 조현병 환자로 알려졌다. 이에 더해 수감된 성인 중 37퍼센트와 노숙자 중 20.1퍼센트가 정신질환 진단을 받았다. 자살은 미국에서 10-34세의 사망 원인 2위이며, 우울증은 전 세계적으로 가장 많은 이들이 앓는 정신장애다. 당연하게도, 나는 이 무수한 개별 경험들을 포착하고 인지할 수 없을 것이다. 나는 그 무게감에 눌려 번번이 무력해진다.

또 언급하고 싶은 것은 정신질환의 진단이 선형적이지 않다는 점이다. 치료가 질환 자체보다 나쁠 수도 있고, 혹은 완전히 같은 질환이라도 예상 밖의 즐거움을 줄 수도 있다. 언니의 경우 질환이 점점 악화되면서 자신을 잃어갔다. 하지만 이는 누구에게나 해당되는 사례가 아니라, 대우주 속의 아주 미시적인 이야기다. 따라서 이 제한적인 관점에 대해 누군가 무용하다고 느낀다면 정말 죄송하다는 말씀을 먼저 전하고 싶다.

이런 부분은 나이지리아 출신의 작가 겸 연설가 치마만다 응고지 아디치에가 아주 잘 대변해주었다. "단편적인 이야기는 고정관념을 만듭니다. 고정관념의 문제는 그것이 거짓이라는 점이 아니라 불완전하다는 점에 있습니다. 고정관념은 하나의 이야기를 유일한 이야기로 만들죠." 이 책은 덩그러니 놓인 하나의 바위에 불과하다. 단단한 지반을 다지기 위해서는 지금 당장 더 많은 목소리, 더 많은 이야기가 필요하다.

그게 무엇이든 간에, 인류 역사상 당신이 최초가 되는 일은 좀처럼 없다. 하지만 그저 다 같은 일이라도 그걸 오롯이 경험하는 사람은 당신 자신이다. 나의 이야기가 결코 매만지지 못할 수천, 수만, 수억 가지 이야기가 존재한다는 사실을 잘 안다. 그리고 어딘가에는 우리 가족이 경험한 고통을 두려움 속에서 침묵하며 고스란히 겪어내고 있는 가족들이 있다는 사실도 잘 안다.

2014년 1월 8일, 나의 언니 케이트가 빨간색 노스페이스 외투를 입은 채 사라졌다.

다른 건 몰라도 그건 사실이다. 아무것도 이해가 되지 않는다.

한 젊은 여자가 벤저민 프랭클린 다리 한가운데로 걸어간다. 여자는 빨간색 노스페이스 외투를 입고 기다란 겨울 부츠를 신었다. 여자는 걸어가고, 그러다, 휙, 사라졌다.

언니가 벤저민 프랭클린 다리 한가운데를 향해 걷는다.

케이트가 걷고 있다.

케이트가, 그러다, 휙, 사라졌다.

나는 머릿속으로 이 만트라를 반복한다. 소리 내어 말하면 단어들이 굳어져서 영구적인 뭔가가 된다. 그걸 쓰자, 종이 위 짙은 글자들이 나를 쏘아본다. 그것들은 우리가 결코 받아본 적 없는 부검 보고서의 문장처럼 공식적이고 격식 있다.

나의 언니가 벤저민 프랭클린 다리 위에 있다.

2014년 1월 8일, 언니가 벤저민 프랭클린 다리 위를 걸었다.

언니가 사라졌다.

어떻게? 왜?

나는 보안 카메라에 찍힌 사진들을 직접 본 적이 없다. 보여달라고 하지
않았다. 그게 정말 언니였나? 확실한 건가? 아마 그냥 모르는 편이, 직접
보고 확증하지 않는 편이 더 쉬웠으리라. 그러니까, 내 머릿속 이미지는 내
가 만들어낸 것이다.

한 젊은 여자가 걷는다.

걸어가는 케이트.

휙, 사라졌다.

프롤로그

스무 살이던 나는 심리치료사를 찾아가는 대신 심령술사에게 갔다.

반쯤 발악하는 심정으로 내린 결정이었다. 신비주의를 표방하는 사람을 찾아가는 이들이 대부분 같은 심정이리라 생각한다. 반쯤은 신뢰하고 반쯤은 의구심을 품은 채 병적인 호기심으로, 다른 곳에서 는 들을 수 없는 어떤 신비스러운 답변을 찾는 심정으로.

이미 다른 여러 치료사를 찾아가봤지만 "딱 맞는" 사람을 결코 찾 지 못한 내게 이제 대안의 길은 닳아 사라진 뒤였다. 수년 동안 나는 수없이 많은 남자, 여자, 젊은이, 늙은이들과 마주 앉았다. 개중에는 근엄한 사람도, 분석적인 사람도, 너무 복잡하거나 자유분방한 사람 도 있었다. 그들은 늘 좋은 의도에서 나의 굶주린 기운을, 용서받고 인정받고픈 절박함을 다 알아차리는 듯했다. 그들과 나 사이에는 용 서받고픈 나의 육욕적 갈망이 진동했다. 이따금 나는 그들이 나의 뇌 를 들여다볼 수 있을지 궁금했다. 나의 온 신경줄기들이 서랍장 구석에서 엉킨 목걸이들처럼 뭉치고 갈라진 걸 알아봤을까?

나는 심리치료사의 상담실 내부를 훤히 알았다. 그 까끌까끌한 소파와 인내심 어린 시선. 언젠가 나는 언니의 예전 치료사와 마주 앉아 온몸이 땀에 흠뻑 젖을 만큼 초조해져 함께 운 적이 있다. 엄마의 치료사를 찾아갔을 때에는 해변 주택 지하에 서서 위쪽 창을 가만히 내다보았다. 조개껍데기로 포장된 도로는 하얀 설탕 프로스팅을 얇게 입힌 듯 보였다. 세상 모든 게 위아래로 뒤집힌 기분이었다.

나는 이미 그들의 절차를 알고 있었다. 무슨 말을 듣게 될지도 전부 예상할 수 있었다. 그들이 한결같이 좋은 의도를 품고 말해주던 절반의 진실은 "네 잘못이 아니야"였다.

심리치료사들은 잠깐씩 대화를 중단한 채 "네 잘못이 아니야"라고 부드럽게 또박또박 말하기를 좋아했다. 그럴 때마다 그 문장은 퀴퀴한 공기 중에 부유했다. 그 표현이 정말 반가울 때도 있었다. 그러나 기억 속에서 반복해 음미하다 보면, 라디오에서 끊임없이 흘러나오는 유행가의 후렴구처럼 그 말이 머릿속을 가득 채워 늦은 밤 잠들기 직전까지 나를 고문했다.

그 말을 듣는 것으로는 결코 충분하지 않았다. 임상의들은 내가 들려준 내용만으로 판단했으니까. 내가 생략한 내용은 뒤로 물러나 있었다. 진정으로 나를 구제해줄 사람이 딱 한 명 있기는 했는데, 그녀는 닿을 수 없는 사람이었다. 그날 심령술사를 찾아간 이유를 들춰보면 핵심은 바로 거기에 있었다. 나는 나를 안심시켜줄 그녀를 찾고 있었다.

창틀에는 수정들이 흩어져 있었다. 정동석晶洞石이 입구를 장식한 보라색 네온사인의 빛을 반사하며 반짝였다. 모퉁이에는 불상이 가부좌를 틀고 앉아 두 손을 가지런히 모은 채 눈을 지그시 감고 있었다. 태양의 신과 달의 신이 있었다. 힌두교의 차크라(chakra : 신체에서 기가 모이는 부위를 나타낸다/옮긴이) 도표도 붙어 있었는데, 머리부터 척추 아래까지가 연보라, 파랑, 초록, 노랑에 이어 제일 아래 빨강까지 총 7가지 색채로 선명히 표시되어 있었다.

여러 초에서 피어오른 달디단 향기에 숨을 쉬기가 힘들었다. 목에 두른 카라가 꽉 조여오는 느낌이었다.

나는 친구 데빈을 데리고 갔다. 데빈은 아마 심령술사를 찾는 나를 어리석다고 여겼을 것이다. 단조로운 학교생활에서 잠깐 벗어나 즐기는 우습고 즉흥적인 일요일 휴식쯤으로 이해했겠지. 데빈은 요즘 만나는 남자가 자신의 소울메이트인지 알고 싶어했다. 자신에게 잘 맞는 진로를 찾아 올바른 방향으로 가고 있는지도 궁금해했다. 하지만 내게는 뭔가 어둡고, 필사적이며, 더 진지한 목적이 있었다.

"먼저 둘 중 한 명만 데리고 들어갈 수 있어요. 누가 갈래요?" 우리를 맞이한 심령술사가 물었다.

당황한 나는 네가 먼저 가라는 의미로 데빈을 쳐다보았다.

심령술사는 예상과 달리 판에 박힌 할리우드 스타일이 아니었고, 오히려 드라마 「뉴저지의 진짜 주부들The Real Housewives of New Jersey」

에 나올 법한 인물 같았다. 콧소리를 내며 다정하게 굴었고, 반짝거리는 생머리에 매끄럽고 까무잡잡한 얼굴은 방금 막 메이크업을 마친 듯 보였다. 웹사이트에는 "3대째 내려오는, 뼛속까지 심령술사"라는 소개 문구가 있었다.

데빈과 나는 순간 멈칫했다. 당황한 데빈은 자신의 금발을 휙 젖혔다. 우리는 마치 후퇴하듯이 들어왔던 문을 향해 조금씩 뒷걸음질을 쳤다. 긴장해서 그런지 내 두 손은 축축하고 번들거렸다. 여기 온 건 좋은 생각이 아니었다.

누가 먼저 들어갈지 갈팡질팡하는 동안, 심령술사가 나를 가리키며 말했다.

"그쪽 분, 저랑 같이 가시죠. 그러는 편이 빠르겠어요."

어린 시절 언니와 나는 우리 둘만의 종교를 창조했다.

우리는 성장기 동안 주말마다 미사에 참석했고, 첫영성체와 견진성사도 받았다. 크리스마스이브에는 꼬마 숙녀 둘이서 파자마를 입고 성모마리아에게 기도를 올리기도 했다. 그러나 하느님은 저 멀리 구름 속에 사는 존재였지, 친히 우리 일상에 납시어 모습을 드러내는 분은 아니었다. 따라서 우리는 우리 나름대로 의식들을 만들었다. 언니는 규칙들을 정한 다음 직접 예외도 마련하고 수정도 했다.

어떤 것들은 여느 어린아이들이 믿는 이야기와 같았다. "땅에 생긴 금을 밟는 사람은 엄마를 고생시킬 것이다." 우리는 보도에 난 틈과 균열을 피해 이리저리 뛰거나 길을 건너기 일쑤였다. 우리가 믿는 것은 주로 보편적인 미신이었다. 하지만 시간이 흐르면서 나는 언니의 상상이 창조해낸 것들을 믿게 되었다.

두 사람이 함께 걸어가다가 전봇대든 말뚝이든 뭔가가 둘 사이를 갈라놓았다면, 즉시 파란색을 찾아 입을 맞추어야 한다. 그렇지 않으면 둘의 관계는 끝장날 것이다.

창의적이고 심지어 교활하게 대처하는 법을 터득한 나는, 얼굴로 흘러내린 머리칼을 쓸어 넘기듯 아무렇지 않게 파란색 티셔츠 옷깃에 입을 댔고, 아니면 파란 핏줄이 도드라진 내 손등에 살짝 입을 맞추었다. 친구와 나란히 걷다가 가운데 말뚝이 나타나면, 그것이 우리 사이를 갈라놓지 못하도록 친구가 가는 쪽으로 꼭 따라갔다.

대여섯 살 정도 되었을 무렵 언니와 나는 서로의 침실 벽을 사이에 두고 노크 소리로 모스 부호를 만들었다.

노크를 한 번 하면 "안녕", 두 번 하면 "자니?"였다. 부드럽고 박자감 있는 언어였다. 언니의 노크 패턴은 내 노크 패턴보다 항상 더 난해하고 복잡했다. 그 소리들은 짧은 노래가 되어 나를 깔깔거리고 웃게 해주었다.

노크 세 번은, "내일 아침에 만나."

네 번은 "밤 11시 11분, 소원 빌 시간."

날마다 하루에 두 번, 언니는 시계의 시침이 11시를, 분침이 11분을 가리키는 순간을 기다렸다. 점심을 먹다가도 시계 초침이 11시 10분에서 11시 11분을 향해 한 바퀴 돌면 내내 시계에서 눈을 떼지 않았다. 그 1분이 벌들의 콧노래만큼이나 느리게 흐르고 나면, 박자감 있는 축복 속에서 4개의 숫자 1이 맞물렸다.

소원 빌 시간이야! 언니는 누구든 곁에 있으면 그렇게 말해주었다.

두 눈을 꼭 감은 언니는, 자국이 날 정도로 작은 두 손을 꼭 맞잡고 매일 두 번씩 소원을 빌었다.

언젠가 이 소원 빌기 의식을 떠올리던 나는 우리가 진짜 하려고 했던 게 무엇이었는지, 그 불안감은 대체 어디서 왔는지 궁금해졌다. 어린 시절 우리는 무엇을 그리도 걱정했던 걸까?

그때를 돌아보면, 우리가 습관처럼 행한 의식들은 잠들기 전 침대 옆에 무릎을 꿇고 앉아 밤 기도문을 외우는 사람이나, 시즌 첫 우승을 위해 늘 똑같은 행운의 양말을 신는 운동선수의 의식과도 같았다. 우리는 세상이 돌아가는 방식에 일련의 규칙들을 부여하고자 했다. 충분할 만큼 열심히 소원을 빌고 특정 규율을 잘 지킬 뿐만 아니라 색칠할 때 칠이 선 밖으로 삐져 나가지 않게만 한다면, 세상이 보상해줄 거라는 순진한 믿음을 품고 있었다. 보호받을 것이라는 믿음. 그때부터, 아니 더 어릴 적부터, 우리는 뭔가로부터 우리를 지켜야 한다고 믿었던 것 같다.

그래서 우리는 시곗바늘이 11시 11분을 가리키는 순간을 기다렸다. 길을 걸을 때에는 바닥의 균열과 말뚝을 피해 다녔다. 파란색에는 입을 맞췄다. 그리고 모든 게 다 괜찮기를 바라고 또 바랐다.

우리 가족이 살던 집 거실 벽에는 그림이 하나 걸려 있었다. 금박을 입힌 사각형의 액자에 끼워진 그림이었다. 그 그림 안에는 창백한 매사추세츠 해변이 펼쳐져 있고, 두 아이가 있었다. 키가 더 작은 아이의 머리는 거의 백금색에 가까운 금발이다. 키가 더 큰 아이의 곱슬곱슬하고 부스스한 금색 머리카락은 마구 엉켜 있다. 둘 다 바다를 배경으로 같은 무늬 수영복을 입고 있는데, 어떤 표정을 짓고 있는지는 희미하다. 동생으로 보이는 소녀는 언니를 따라잡으려는 듯 안간힘을 써서 달린다.

이 그림은 모네의 그림처럼 모든 윤곽이 부드럽게 흐리고, 색들이 서로 섞여 한 인물이 정확히 어디서부터 어디까지인지 명확하지 않다. 흔들리는 피사체를 포착한 듯한 이 그림은 기억의 특성을 연상시킨다. 기억이라는 게 우리 내면에서 얼마나 씰룩씰룩 움직이는지를. 기억해냈다고 생각하는 순간, 어떻게 우리를 기만하고 비틀거리듯 몸부림쳐서 모래처럼 빠져나가는지를.

나는 미신에 기대어 언니를 따라잡으려 애쓰며 유소년기를 보냈다. 언니의 발자국을 밟으며, 언니의 그림자 속에서, 언니의 종교를 믿으며 성장했다. 내가 17번째 생일을 맞이하기 며칠 전, 언니가 내게서 완전히 사라지기 직전까지는.

이제는 3년이 흘렀고, 나는 어떤 신호를 찾아 확인과 용서를 갈구하며 심령술사를 만나러 와 있었다. 언니를 잡으려, 조금이라도 더 가까워지려 하지만 종국에는 닿지 못했던 그림 속 조그만 소녀와 나는 다를 게 없었다. 내가 언니를 사랑했다는 걸, 그리고 미안해한다는 걸 언니가 알아야만 했다. 비논리적이고, 어쩌면 나약한 욕망이라는 사실을 나도 잘 알았다. 나는 실수들을 저질렀고, 그 실수들로 인해 고통받아 마땅했다. 하지만 어릴 적 애착 이불로 손을 뻗거나 누군가 달래주기를 바라듯이, 닥쳐오는 재앙을 마주하고서도 누군가 다정하고 고요하게 모든 게 다 괜찮을 거야 하고 안심시키고 위로해주기를 갈망했다.

내 잘못이 아니라고 말해주는 사람은, 다름 아닌 언니여야만 했다.

나는 감각 없는 두 손을 양옆으로 축 늘어뜨린 채 심령술사를 따라 비즈 커튼 뒤로 들어갔다. 데빈은 입구 쪽 흰색 가죽 소파에 앉아서 순서를 기다렸다.

바깥은 화창하고 밝았다. 심령술사의 집을 밝히는 네온사인 아래에 있기에는 바깥이 너무 명랑했다. 차라리 비가 왔으면 싶었다.

심령술사가 둥근 탁자 건너편에서 내게 앉으라고 손짓했다. 그녀도 나를 마주 보고 자리에 앉았다.

"켈틱 크로스 타로점을 빠르게 한번 볼게요."

테이블보 무늬 속 달과 별, 점성술사와 별점 문양들이 눈에 띄었다. 심령술사가 금색 카드 여러 장을 펼치자 몇 가지 똑같은 주요 테마를 알아볼 수 있었다. 칼, 흐느끼며 우는 여자들, 연인, 그리고 은둔자.

"켈틱 크로스는 가장 오래된 타로카드 중 하나예요. 과거, 현재, 미래, 그리고 잠재된 희망과 궁극적인 결과까지 모두 보여주죠. 이보다 더 자세하게 묘사해주는 카드는 없어요."

나는 입술을 오므린 채 내 앞에 놓인 카드를 내려다봤다. 침대에서 잠든 소녀의 몸피 위로 칼들이 그녀를 찌를 듯 매달려 있는, 위협적인 그림이 그려져 있었다. 배에 탄 두 여인이 몸을 숙이고 앞으로 나아가는데 칼 여러 개가 수직으로 돛을 찌르는 그림도 보였다. 어느 노쇠한 남자가 공병工兵에게 의지하고 서서 외로운 눈으로 먼 산을 응시하는 그림도 있었다. 그리고 더 많은 칼이 보였다. 한 발가벗은 남성과 여성이 양쪽에서 서로에게 닿으려고 하는 그림, 허물어지는 탑. 또다시 칼들이 그려진 그림.

어찌나 기운이 솟는지.

"당신의 손바닥과 카드를 보니 그동안 힘든 시간을 보내며 성장했네요. 상실, 트라우마, 그리고 가정에 괴로운 일도 있었고." 그녀는 확인을 기다리듯 나를 쳐다봤다.

나는 그저 탁자만 내려다보았다.

"불면증이 있네요. 피곤하겠어요. 불안한 사람이에요. 항상 다가올 재앙을 기다리네요. 하지만……나는 오늘 당신에게 이 모든 불행과 과거의 트라우마가 다 끝났다고 말해주려고 해요. 다가올 미래는 밝아요. 더는 다음 비극을 기다리지 말아요."

가슴 깊은 데가 웅웅거리며 숨이 쉬어지지 않았다.

심령술사의 말은 옳았다. 지난 10년 동안 끊임없이 불어온 거친 폭풍에 나는 잠식되었다. 매일이 새로운 위기였다. 하지만 그만하면 다행인지도 몰랐다. 나는 더한 것을 필요로 했다.

심령술사를 찾아온 건 세 번째였다. 지난 3년간 나는 이미 2명의 심령술사를 찾아갔었다.

처음으로 찾아간 곳은, 내가 다트머스의 동창과 함께 대학 입학 면접을 보았던 펜실베이니아 마나영크의 어느 스타벅스 맞은편에 있었다. 눈 내리던 어느 날 카페 창가에 앉은 나는 입구의 불빛을 희망의 상징이라 여기며 면접관과 악수했었다. 같은 날, 엄마와 함께 심령술사를 찾아갔다. 심령술사는 엄마에게 어깨 위로 화난 천사가 보인다고 했다. 주차장으로 나오던 길에 우리는 울었다.

뉴저지 애벌론에서 도나라는 심령술사를 찾아간 적도 있다. 대학교 1학년이 끝난 여름방학, 대학 룸메이트의 집에 방문했던 차였다. 도나의 집은 해변 도로 쪽으로 튀어나온 곳에 있었다. 도나는 나더러 스물일곱에 약혼을 하게 될 거라 말하면서도 결혼이나 자녀에 대해서는 전혀 언급하지 않았다. 그 때문에 생겨난 의구심은 묘하고도 놀라운 방식으로 독이 되어 서서히 내 의식에 스며들었다. 도나는 한 친구에게 장미 석영을 팔려고 했을 뿐 아니라 다른 친구에게는 6개월 안에 운명적인 사랑을 만나게 된다고 예언했다(그런 일은 일어나지 않았다). 그날은 길에서 지나친 모든 낯선 사람들의 얼굴이 잠재력으로 환히 빛나 보였다.

그러나 언니를 언급한 심령술사는 없었다. 물론 그들이 언니를 알기를 바라는 마음이 과하다는 점은 나도 알았다. 멍청하고 무의미하며 성숙하지 못한 바람이었지만, 나의 비통함도 극단적이고 무의미하기는 마찬가지였다. 논리와 이성을 버린 지 이미 오래였으니까.

심령술사들을 정말로 믿는 것은 아니었다. 기적을 바라지도 않았다. 나는 그들이 속임수를 쓴다는 사실을 잘 알았다. "콜드 리딩"과 "핫 리딩"에 대해서 진작에 알아봤기 때문에 그들이 무작위로 추측하거나, 미리 나에 대해 알아보고 나서 질문하고 답한다는 것도 알았다. 그럼에도 나는 그날 언니가 나타날지도 모른다는 절박한 희망을 여전히 붙든 채로 심령술사를 찾아갔다. 삶의 대부분을 언니와 함께 보냈고, 언니가 사라진 후에는 우주에 남은 언니의 흔적과 무늬들을 찾으며 보냈다. 저 너머로부터의 희망과 메시지를 갈구했다. 나는 점점 더 지치고 절박해졌다.

심령술사와 마주 앉은 방 창문으로 빛이 새어 들어와 여러 선반과 그 위에 나란히 올려둔 신성한 물건에 쌓인 먼지를 감쌌다. 여기, 저 동상들과 타로카드 주변에 언니가 와 있으리라고 상상하기는 어렵지 않았다. 밝고 선명하고 알록달록한 사물들이 무질서하게 흩어진 게 꼭 언니 같았으니까.

탁자에 펼쳐진 타로카드를 해석하기 시작한 심령술사가 갑자기 하던 말을 멈추고 옅은 빛 속에 부유하는 먼지들을 응시했다. 뭔가 보기라도 한 듯, 편안했던 표정이 혼란스럽게 일그러지기 시작했다.

"누군가에게서 메시지를 받고 있어요……누군가 당신을 찾고 있네요."

　몸이 굳어 꼼짝도 할 수 없게 되는, 웃음기가 사라지고 몸이 움츠러드는 순간들이 있다. 목이 바싹 타들어갔고, 두 눈이 휘둥그레졌으며, 가슴은 철렁 내려앉았다. 나는 가까스로 숨을 내쉬었다.

　"혹시 숫자 11이 당신에게 어떤 의미가 있나요?" 그녀가 물었다.

　산산이 흩어졌던 과거의 파편들이 다시금 한데 모여 붙고 있었다.

파란 시작

제1막 전구기

01

나는 언니의 의지 덕분에 존재했다. 그러니까 내 삶은 어느 일요일에 밝은색 원피스를 입고 교회에 간 다섯 살 소녀가 기다랗고 단단한 나무 신도석에 앉아 읊조린 기도에서 비롯되었다. 언니는 인형을 **여동생인 양** 끌어안고 진짜 여동생을 보내달라고 기도했다. 모든 좋은 것들은 둘씩 짝을 이루고 있다는 강한 확신에 사로잡힌 언니는 텔레비전에 나오는 쌍둥이 자매 메리 케이트 올슨과 애슐리 올슨에게 푹 빠져 있었다. 나는 오직 언니를 위해, 2인조 완전체를 완성하려고 설계되었다.

언니의 조그만 두 손바닥이 맞닿은 순간, 그 어린 소녀가 고개를 숙이고 집중해서 기도한 순간 내 삶은 정해졌다. 1월 11일, 나는 언니의 놀이 친구이자 단짝으로 이 땅에 태어났다. 다른 꼬마 숙녀들은 강아지나 새로 나온 바비 드림하우스를 가지고 싶다고 조르지만, 언니는 나를 원했다.

차를 타고 교회를 지날 때마다 언니는 으레 창밖으로 고개를 내밀고 소리쳤다.

"잠깐 차 좀 세워봐요! 얼른 들어가서 여동생을 보내달라고 기도하고 올게요."

내가 태어나던 날, 병실 밖에서 그림을 그리며 기다리던 언니는 자기 물건 중 무엇을 동생에게 선물로 줄지 머릿속으로 생각했다. 자기 침실 한쪽 모퉁이에 동생 방을 꾸며두고 아기 침대는 어디에 놓으면 좋을지도 신중하게 계획했다.

언니는 병실을 들락거리던 할머니가 퉁퉁 부은 분홍빛 신생아의 얼굴을 폴라로이드 사진으로 보여줄 때까지 할아버지와 함께 차분히 기다렸다.

"얘가 네 여동생이란다." 할머니가 말했다.

그때 사진을 얼마나 꼭 쥐었는지, 사진 양쪽 끝에는 아직도 언니의 엄지손가락 지문이 남아 있다.

퇴원 후 집으로 돌아갔을 때부터 언니는 내가 있는 아기 침대 곁에서 놀았고, 보드라운 분홍색 속싸개 아래 숨어서 나를 지키겠노라고 다짐했다. 부모님은 파란색과 노란색이 섞인 무늬의 거실 소파에 언니를 앉힌 뒤 두 팔에 나를 살짝 안겨주며 소중히 다뤄야 한다고 일러주었다. 우리가 조금 더 자랐을 때에도 언니는 내가 신생아 때 얼마나 창백하고 쪼글쪼글했는지 놀리면서, 그 찡그린 얼굴을 경이롭게 들여다보던 옛 순간을 떠올리곤 했다.

나는 우리가 공유한 유전자 풀에서 언니가 모든 색소를 다 가지고 태어나버렸다고 믿는다. 언니는 까무잡잡한 피부와 짙은 머리칼, 신선한 해초를 닮은 초록색 눈과 코 위를 뒤덮은 주근깨의 소유자였다. 언니는 빠르고 갑작스럽게 세상에 나왔다. 엄마는 무통 주사를 맞으려 했지만 그럴 시간이 없었다. 언니는 기다려주지 않았다. 결코 기다리는 법이 없었다. 언니는 자신의 존재를 세상에 드러낼 때에도 극적으로 불쑥, 격하게 등장했다. 병실 벽에 피가 튀었다고 했다. 기다릴 새도 없이 당장 모습을 드러냈다고.

다른 이들이 걸어서 태어났다면 언니는 행진을 했다. 머리를 꼿꼿이 세우고 팔은 쭉 편 채로. 언니는 모든 중요한 발달 단계를 불도저처럼 밀고 나갔다. 생후 10개월에 걸었고, 18개월에 대소변을 가렸다. 특이할 정도로 결연했고, 과도할 정도로 고집이 셌으며, 예상치 못한 순간에 비교적 성숙하게 굴고, 마치 희극적 순간을 위해 전문 훈련을 받고 이 세상에 온 사람처럼 냉소적인 유머로 매력을 발산했다. 모든 순간에 타고난 확신으로 무모하게 행동했다.

내가 태어날 무렵에는 그런 활발한 기질이 우리 유전자 풀에서 고갈되었던 것 같다. 나는 태어날 때부터 언니의 그림자였다. 창백하고 성근 금발의 소녀는 늘 망설였다. 뭘 하든 시간이 걸렸고 있는 듯 없는 듯 머물렀다. 얇고 탁한 피부는 양피지처럼 거의 반투명했다. 살갗 안으로 푸른 혈관이 보였고, 두 눈 사이에는 엄마의 골반 사이를 지날 때에 생긴 연어반이 보랏빛 멍처럼 자리를 잡고 있었다. 언니는 다정하게도 그걸 "천사의 키스"라고 불렀다. 나와 관련된 모든 요소는 한눈에 봐도 취약했다. 언니의 탄생석은 반짝거리고 세련된 다이아몬드인데 반해 나의 탄생석은 피 색을 띠는 석류석이었다.

언니는 내게 옛날이야기를 자주 들려주었다. 그중 하나는 어느 말 못하는 사랑스러운 꼬마 소녀 이야기였다. 아니, 못하는 건 아니었다. 꼬마는 엄마를 엄, 아빠를 압이라고, 심지어 이불은 입이라고 불렀다. 하지만 무엇보다 중요한 건, 그 꼬마는 말할 필요가 없었다는 사실이었다.

나한테 이불이 필요하면 언니가 부드러운 담요를 가져와 따스하게 몸을 감싸주었다. 베이비시터가 오면 언니는 내가 무엇을 잘 먹는지, 언제 자야 하는지, 뭐든 알아서 말해주었다. 모든 것이 돌봄 아래 있었다. 누군가가 당신을 분자 단위로 이해하면 언어를 통한 의사소통은 불필요한 법이다.

네 살 무렵, 내가 너무 말이 없자 한 소아과 의사는 그것이 청각 장애 때문은 아닌지 의심했다. 그는 우리 부모님에게 속삭임 게임이라는 것을 가르쳐주며 청각을 시험해보라고 했다. 차를 타고 집으로 가는 길, 언니와 엄마, 아빠는 아주 작은 목소리로 서로 속삭이기 시작했다.

뒷좌석에 앉아 있던 나는 가족들이 내 이야기를 할 때까지 조용히 듣고만 있었다.

언니가 물었다. "우리 말을 듣고 있을까요?"

"모르겠네⋯⋯아무 말도 하지를 않으니." 부모님 중 한 분이 작은 소리로 답했다.

부모님과 언니의 이상한 행동에 기가 찼던 나는 마침내 소리쳤다. "저 다 들리거든요! 그만들 속삭이세요!"

이 이야기는 가족들 사이에서 전설처럼 전해졌다. 함께 식사 모임에 참석하거나 휴가를 보낼 때마다 늘 등장하는 단골 소재가 되었고, 누군가는 암기한 듯이 빼액 소리 지르는 나를 흉내 냈다. 내가 입을 열었을 당시 가족들은 동시에 폭소했지만 또 얼마나 안심했던가. 나는 이따금 그 시절을 떠올린다. 어린 시절은 너무도 평화로웠다. 애지중지 아낌받고 이해받던 나는 말을 할 이유가 없었다. 언니가 뭐든 알아서 다 해줬으니 요구할 필요를 느끼지 못했다.

그 옛이야기에는 몹시 중요한 인물이 2명 더 등장한다.

아빠는 큰 키에 헝클어진 짙은 곱슬머리의 소유자였다. 갈색보다는 진해도 검은색이라고는 할 수 없는 머리. 아빠는 우리의 숙제를 봐줬고, 수학 공식을 단순히 암기하기보다는 **이해하도록** 가르쳤다. 수차례 시도하고 교묘하게 속여가며 정답에 이르도록 이끌었다. 우리는 디스커버리 채널을 보며 자랐고, 동굴 같은 박물관 복도를 오래 거닐며 많은 것을 배웠다. "하늘은 왜 파란색이에요?" 같은 뻔한 질문을 던져도 아빠는 아주 성실하게 대답해주었다. 빛의 산란 현상을 설명하고 푸른빛은 파장이 짧아 산란이 강하게 일어난다고도 알려주었다. 단순한 답으로 우리를 어린애 취급하거나 "요정들이 파란색 물감을 칠해서야"처럼 동화 속 이야기를 지어내지 않았다. 아빠는 솔직하고 진실하게, 내가 직접 과학적 현상을 해독할 수 있도록 도와주었다.

대신 마법은 엄마의 영역이었다. 뭐든 질문하고 깊이 있게 곰곰이 생각하며 진실을 찾아가도록 가르치는 게 아빠의 역할이었다면, 엄마는 우리가 미지의 영역에서 상상과 마법과 설명할 수 없는 것들에 오래 빠져 있도록 해주었다.

엄마는 단아하고 아름다웠다. 머리카락은 금발에, 눈은 꼭 아이들이 칠한 파란 하늘색 같았으며, 잡지에서나 볼 법한 완벽한 얼굴 대칭을 자랑했다. 엄마가 예뻤고 여전히 예쁘다는 건 부인할 수 없는 사실이다. 태양의 존재만큼이나 확실해 언급하는 게 거의 의미 없을 정도랄까.

엄마는 딸들의 부탁을 과할 정도로 잘 들어주었다. 대학교 신입생이던 내가 아무렇지 않게 예전에 자주 사던 껌보다 새로 나온 껌이 더 맛있더라고 말했더니, 며칠 뒤 껌 20통들이 한 상자를 택배로 보내주기도 했다. 그 민트색 껌 상자는 수개월 동안 내 책상 한쪽에 놓여 있었다.

"그러다 딸들 버릇 나빠져"라고 외할머니는 자주 핀잔을 하셨다.

반은 맞고 반은 잘못된 지적이었다. 아무런 조건 없이 쏟아준 엄마의 사랑과 관심은 우리가 가치 있는 존재라는 명백하고도 고귀한 진실을 알려주었다. 우리가 하는 말이 중요하며, 누군가 그 말에 귀를 기울이고 있다는 사실도 가르쳐주었다. 학교를 마친 우리는 조수석에 앉아 학교에서 있었던 시시콜콜한 일들까지 다 이야기했고, 엄마는 절대 지루해하는 법 없이 레베카가 뭐라고 했는지, 샘이 누구를 좋아하는지 집중해서 들었다.

엄마는 사려 깊고 인정도 많아서 차가 없고 몸이 불편한 식료품점 직원을 태워주기도 했고, 우리 이야기를 듣던 열정으로 그들의 이야기에도 귀를 기울였다. 남들에게 증명하기 위해서가 아니라, 그냥 친절함을 타고난 사람이었다.

엄마는 뭐든 더 나아지게 하려고 열심히 일했다. 집 안의 벽을 새로운 색으로 칠하는 등 우리의 삶을 아주 미묘하게라도 개선할 방법들을 찾아냈다. 더 이전에는 최초의 여성 증권 중개인 중 한 사람이었고, 수업이 끝나면 오답을 말한 줄도 모르고 자신만만하게 자기 자랑을 늘어놓는 남자들과 경쟁했다. 엄마는 "미투" 운동이 일어나기 전 시대를, 그 누구도 대가를 치르지 않는 무법천지를 항해했다. 이후에는 우리를 돌보느라 열심히 일군 경력을 내려놓아야 했지만, 엄마, 아내, 부동산 중개인, 인테리어 디자이너, 자선 단체 봉사자, 알코올 의존증 상담사, 가정 폭력 전화 상담원 등 다른 많은 일을 맡을 때마다 모든 역할에서 뛰어났다.

당시 흔했던 "헬리콥터 부모들"의 교육 방식은 자녀들에게 비현실적일 만큼 높은 기대를 걸었지만, 엄마는 우리가 예쁘건 똑똑하건 인기가 많건 성공하건, 그 무엇도 친절만큼은 중요하지 않다고 가르쳤다. 친절이 기준점이었다. 우리는 무엇이든 될 수 있지만, 친절하지 않으면 아무것도 아니었다.

언젠가 어떤 상점에서 물건 값을 치르는 엄마를 본 적이 있다. 엄마의 뒤쪽 선반 위에는 먼지 쌓인 밝은 천 견본들이 열을 맞춰 쌓여 있었다. 한 직원과 대화를 나누며 웃던 엄마가 미소 띤 얼굴로 지갑에서 카드를 꺼냈다. 아주 평범한 순간이었음에도 나는 수년간 이 장면을 떠올리며 무엇이 해당 장면을 그토록 선명하게 만드는지 이해하려 애썼다. 그것은 상대방을 편안하게 해주는 아주 자연스러운 엄마의 재능이었다. 엄마의 미소는 등을 토닥여주는 것과 같은 효과가 있었다. 모두가 특별하다는 느낌을 받도록 했고, 언니와 내가 똑같이 중요하다고 느끼게 했다. 학교에서 낙서하듯 그린 작품들을 가져오거나 춤 동작을 짜서 보여줄 때마다 엄마는 "우와" 하고 매번 감탄하며 지치지 않고 우리를 격려했다.

엄마는 늘 너무나도 다른 두 딸의 성격 사이 어딘가에 머물렀다. 나처럼 너무 조용하거나 내성적이지 않으면서 또 언니처럼 너무 거칠거나 독특하지도 않았다. 부드럽고 관대하며 차분한 성격이면서도 짓궂게 웃겼고 노골적으로 빈정대기도 했다. 언니와 내가 가진 정반대 성향을 가운데서 적당히 버무려 우리를 완성했던 것이다.

엄마는 아기 때 내 눈이 지금과 똑같이 짙고 푸르렀지만, 작은 얼굴에 비해 너무 컸다고 했다. 큰 눈 때문에 어디를 가나 어리둥절한 표정으로 언니를 졸졸 따라다니던 내 모습은 늘 심각해 보였다. 어릴 적에는 언니를 따라 무용 경연, 축구 연습, 피아노 레슨 등 여러 군데를 다

넀다. 부모님은 인내심과 유머로 언니가 뭘 하고 싶어하든 계속 바뀌는 열정을 모두 지지해주었다. 언니가 끊임없이 보여주는 놀라운 재능 덕분에 부모님은 언니를 학원에 태워 다니느라 삶의 많은 시간을 할애했다. 엄마는 나와 똑 닮았지만, 더 크고 강하며 지칠 줄 모르고 용감한 사람이었다.

나와 언니의 나이 차는 시기에 따라 달라졌다. 1월의 내 생일이 지난 뒤부터 언니 생일인 4월이 되기 전까지 우리는 다섯 살 차이였다가, 언니 생일이 지나고부터 다음 해 1월까지는 여섯 살 차이가 되었다. 나는 우리의 나이 차가 한 살이나마 적은 그 3개월을 몹시 소중하게 여겼다. 나이 차가 한 살 줄어든 만큼 한 발짝 더 가까워진 느낌이 좋았다.

언니는 같은 면 위에 그려진 완전한 평행선상에서 나와 동시에 변해가면서도 늘 일정 거리를 두고 떨어져 머물렀다. 나는 오직 언니를 따라잡고 싶은 마음에 나이가 많아지고 키가 더 커지기를 바랐다. 더 빨리 달리고 멀리 뛸 수만 있다면, 그럼 이번만큼은 그 간격을 뛰어넘으리라, 이번만큼은 어느 지점에선가 교차하리라 기대했다.

언니가 닿을 수 없는 존재로 보인 적이 자주 있었지만, 사실 내 존재를 소망한 사람은 언니였다. 나는 어릴 때 부모님이 동생을 가지고 싶냐고 물으면, 잠시 머뭇대다가 장난스레 웃으며 대답했다. "아니요. 내가 막내 할래요."

가족들 말에 따르면 그후 부모님은 다시 아이를 가지려고 노력하지 않으셨다고 한다. 내가 작정하고 유치원생처럼 이기적인 변덕을 부리려 했다면 얼마나 쉬웠을까. 그러나 언니가 나를 선택했기 때문에, 바로 그 이유로 나는 언니처럼 되고 싶었다. 내가 인정받고 싶은 유일한 사람은 바로 나의 언니였다.

그때는 이사도 참 많이 다녔다. 도로명과 우편번호가 계속 바뀐 탓에 어디가 어딘지 구분이 되지 않을 정도였다. 인터넷 초창기였던 당시, 아빠는 네트워크 기술자로 일했다. 시장이 커지면서 회사가 성장하고 확장되어 우리는 계속 집을 옮겨 다녀야 했다. 대부분의 옛집들이 기억 속에서 모호하게 겹치는 데 반해, 또렷하게 떠오르는 집이 한 곳 있다. 우리 가족이 몇 년간 살았던 매사추세츠 주 마블헤드의 집이다.

사실 가장 오래 거주한 집이 있던 곳은 필라델피아 외곽이지만, 기억 속 필라델피아는 온통 초록뿐이다. 육지로 둘러싸여 있다. 필라델피아는 불빛이 깜빡이는 정신병동이다. 필라델피아는 혼돈이자 흐트러진 결말이다.

그에 비해 마블헤드는 파랗다. 그곳은 해변과 가족이 함께하는 저녁 식사와 우리 모두의 가장 행복한 순간들을 떠올리게 한다. 상실 앞에서 집요하게 이어지는 어떤 이미지이자, 우리가 되돌아가려는 개인적 미신이자 종교적 상징이다. 마블헤드는 우리의 접점이자 토대다. 모든 일이 잘못되었을 때, 이 타운에서의 기억이 여름날 현관등에 나방 떼가 모여들듯 언니를 끌어온다. 마블헤드에서는 뭐든 옳았고, 괜

찾았지. 그곳을 떠나고 몇 년 뒤 언니가 내게 속삭였다. 어떻게 하면 다시 마블헤드로 돌아갈 수 있을까?

그곳에 가려면 보스턴에서 30분쯤 외곽으로 나가야 했다. 거리에는 다채로운 색감과 형태를 뽐내는 뉴잉글랜드식 집들이 늘어서 있었다. 전형적인 매사추세츠 어촌으로, 동화책 표지 그림 같은 곳이었다.

마블헤드라는 명칭은 1600년대 초기 거주자들이 절벽에서 튀어나온 화강암을 대리석으로 착각해 그렇게 부른 데에서 유래했다고 한다. 그 이야기에 우리는 웃었다. 입안에서 그 이름을 굴려보다 두 단어 사이를 띄어서 "마블 헤드"라고 놀리기도 했다.

"머리에 대리석이 가득 찼네"라며 서로에게 장난을 쳤다.

부모님이 이빨 요정tooth fairy을 지어냈듯이, 우리도 대리석의 요정을 만들어냈다.

특별한 날 아침에 눈을 뜨면 베개 아래에서 대리석 구슬이 만져졌다. "공주와 완두콩" 이야기처럼, 솜에서 동그란 물체가 느껴졌다. 우리는 그 차가운 구슬을 손에 꼭 움켜쥐고 눈앞에 가져와 넋을 빼고 쳐다봤다. 공장에서 만든 대리석 구슬이었는데도 색색의 유리를 늘어뜨리고 휘감은 소용돌이가 진짜 대리석 무늬처럼 생생했다.

마블헤드에서 우리는 회청색 주택에 살았다. 우리 집의 색깔은 항상 중요한 기억으로 남아 있다. 그 **파란** 집. 청록색으로도 보이는 모퉁이의 어느 작은 집. 우리 집 옆에는 노란 집이 있었다. 한때 나는 노란 집 옆에 자리한 파란 집에 살던 소녀였다.

우리 집이 위치한 곳은 "마블헤드 넥"이라고 불리던, 매사추세츠 만을 향해 돌출된 반도였다. 그곳에 가려면 양옆으로 바다가 넘실대는 아주 좁은 길을 지나야 했다. 오래된 가로등이 매끄러운 아스팔트 위로 빛을 뿌리면 그 빛이 은색 해변과 파도 위로 번졌다. 언니와 내가 함께 사용하던 침실도 다른 곳처럼 파란색이었다. 우리는 파란색 침대 기둥에 인어 그림이 그려진 러그를 걸어두었다. 처음 반려견을 입양한 곳도 그곳이었다. 세일러라는 이름의 사랑스러운 비숑 프리제. 언니와 부모님이 내내 다른 강아지들과 놀 때, 녀석은 조용히 내 옆자리로 다가와 스웨터 안으로 파고들더니 우리가 입양할 강아지를 선택할 시간이 올 때까지 가만히 기다렸다. 그날 이후로 쭉, 녀석은 항상 내 옆에 있었다.

나중에 아빠의 직장 때문에 우리가 필라델피아로 이사 갔을 때 나는 친구들의 관심을 끌려고 영화 「호커스 포커스Hocus Pocus」 촬영지 마을에서 살다 왔다고 떠벌리고 다녔다.

"주인공들이 마을 위로 날아갈 때 있잖아, 우리 집이 보인다니까!" 친구들과 모여서 잤던 핼러윈 밤에 내가 말했다. 그 장면을 느리게 돌려보며 저 아래 점처럼 보이는 집을 가리켰다. "바로 여기야!"

그러나 영화에 나오는 그 마녀는 마블헤드에 살지 않았다. 오히려 괴물들이 살고 섬뜩한 일이 일어나는 곳은 필라델피아였다. 마블헤드에서의 삶은 평화로웠다. 마블헤드는 좋은 곳이었다.

어린 시절을 돌아볼 때면 어느 겨울날 낯선 도시를 여행하다가 우연히 들어간 레스토랑을 떠올리는 것만 같다. 쌀쌀한 바람을 피해 아무 카페나 들어가서 자리를 잡았는데 포근하고 편안한 그 느낌. 음식을 한입 먹었을 뿐인데 몸이 데워지고 든든해져서, 지금껏 이렇게 맛있는 음식은 먹어본 적이 없다고 말하는 기분. 수년이 흘러 나이가 들고 변해서 그곳에 다시 가보면, 어딘지 찾을 수가 없다. 거리는 낯설고 춥다. 설령 그 카페를 찾았다고 해도 기억보다 조명이 너무 밝고 음식은 다 식어 맛도 예전 같지가 않다. 결코 과거의 순간을 되살릴 수가 없는 것이다.

물론 우리 집에도 몇몇 문제들이 있기는 했지만, 돈이나 건강 문제, 혹은 부부 문제 같은 것들은 언니와 내 눈에는 전혀 보이지 않았다. 언니와 나는 보드랍고 폭신한 세계에서 보호받았고, 아빠가 창고에서 못을 밟아 병원에 갔다거나 하는 자잘한 사건들만 목격했을 뿐이다. 한번은 유명한 자율형 공립학교에 언니와 함께 들어가려다 둘 중 한 명이 면접을 통과하지 못했는데, 엄마는 누가 떨어졌는지 절대 알려주려고 하지 않았다. 질투하거나 서로 비교하는 마음을 가지지 않도록, 우리가 결과를 모르게 해달라고 학교 측에 요청했다. 자주 이사 다니는 중에 이웃이 우리 집 일부를 불법 점유하는 바람에 지긋지긋한 소송에 얽히기도 했고, 우리가 주말여행을 떠나 있는 동안 어떤 차가 우리 부엌을 들이받은 적도 있다. 여행 중 늦은 저녁에 엄마가 경찰의 전화를 받았다.

엄마는 "차가 우리 부엌을,"이라며 믿지 못하겠다는 듯 반복해서 말했다.

차가 **우리 부엌**을, 우리의 파란 집을 들이받았다고 했다.

그러나 벽은 수리되었고, 누구도 크게 다치지 않았으며, 모든 게 예전 그대로 완벽했다.

수년이 흐른 뒤에야 나는 엄마를 다정한 사람이게 하는 힘의 바탕을 이해하게 되었다. 엄마는 결혼하기 전에 이미 사랑하는 사람을 곁에서 떠나보낸 슬픔을 겪어본 사람이었다. 어릴 적 친한 친구를 잃었고, 고등학교 때 남자친구가 세상을 떠난 것이다. 엄마의 넘쳐흐르는 따스함과 자연스러운 매력은 이러한 상실에서 기인했고, 그걸 유지하기 위해서는 체력과 희생, 그리고 가장 중요하게는 힘이 필요했다. 그리고 종국에 깨달은 또다른 사실은, 아빠가 우리 수학 숙제를 도와주는 데 몹시 이성적으로 접근하는 재능을 지닌 것이 아빠가 우리 삶에서 자주 부재했던 이유이기도 했다는 점이다. 아빠는 출장과 야근이 잦았다. 따라서 유년 시절 기억 속 아빠는 태도가 모호한 증인의 자리와 엄연한 부재 사이 어딘가에서 비현실적으로 도려내져 있다.

그러나 당시의 나는 그 모든 걸 알기에는 너무 천진난만하고 순진했다. 내게 청각 장애가 있을지도 모른다며 우려했다는 이야기를 추억 거리로 삼아 웃으며 이야기할 수 있는 것도, 그 아래에 깔린 공포나 평생 심각한 장애와 함께 살아야 한다는 두려움이 옅어졌기 때문에 가능했다는 점을 알아채지 못했다. 어린 딸 걱정에 부모님이 뜬눈으로 지새웠을 밤과 병원 대기실에서 진료를 기다리며 막막해하던 시간들은 상상도 하지 못했다. 엄마의 다정한 연민에 고요한 결의가 깃들어 있었음을 추측하지 못했고, 우리를 다 받아주고 보호해준 행동은 삶이 언제든 궁지에 몰릴 수 있다는 사실을 진정으로 이해한 데에서 비롯되었음도 헤아리지 못했다. 나는 왜 항상 엄마와 언니, 그리고 나 셋뿐인지 의아해하지 않았다. 내가 알았던 건, 내가 행복하다는 사실뿐이었다.

아마도 우리 모두는 유년 시절이라는 거울을 들여다보며 자신의 정체성을 찾을 것이다. 시간이 흐르면 그 이미지에 틈과 균열이 생기고 뿌옇게 흐려진다. 거울에 비친 우리도 뿌옇게 흐려지며 혼란스러워진다. 우리 자신에게도 균열이 생기는 것이다.

어릴 적 해변 근처에 살 때, 굽이지고 좁은 길을 따라 물가로 가면 어디에서도 보기 힘든 예쁜 유리 몽돌을 주울 수 있었다. 내 손을 잡은 언니는 울퉁불퉁한 자갈길을 지나 구부러진 길을 걸어갔다. 언니 손에는 이미 다른 삶을 살고 온 듯 어린아이답지 않은 거친 굳은살이 박여 있었다. 언니 손을 꼭 잡은 나는 창백한 내 손에 겹친 까무잡잡한 언니의 손을 보며 왜 그리도 다른지 늘 의아해했다.

해안이 해파리 떼로 가득해질 때면 해안가로 쓸려오는 질척한 해파리 몸체들로부터 도망을 쳐야 했다. 몇 시간 동안 부모님, 언니와 함께 모래사장에서 유리 몽돌을 주우러 다녔고, 상상 가능한 모든 푸른 색조를 찾아냈다. 모서리가 부드럽게 마모되거나 모래처럼 오돌토돌한 돌을 손가락으로 문지르며 부드러운 감촉을 느꼈다.

이따금 모래를 깊이 파보면 속이 휑뎅그렁한 소라껍데기가 나왔다. 손톱으로 거친 표면을 긁어보았다. 귀에 가져다 대면 파도가 모래에 부딪히고 쓸리는 소리가 들린다고 생각했다. 그때 언니는 왜 이런 현상이 생기는지에 관해 몇 가지 이론을 말해주었다. 그중 일부는 말도 안 되는 상상의 산물이었다. 소라껍데기가 인어들의 휴대 전화인데, 갑자기 지지직 소리가 나면 그 통신이 라디오 전파와 겹쳤다는 뜻이라고 했다. 언니는 소라껍데기를 사용하면 전 세계 어디를 가든 장거리 전화처럼 바다와 직접 소통할 수 있다고도 덧붙였다.

껍데기의 작은 입자마다 소리가 갇혀서 그렇다는 이론도 있었다. 과거 태어난 곳의 환경을 존재 자체가 품고 있다는 이야기였다. 나는 이 이론이 가장 마음에 들었다. 소라껍데기조차 바다를 떨쳐내지 못하고 근원의 영향 아래 살아간다니, 소음이 있는 환경에서 만들어진 껍데기는 이제 소음 없이는 결코 존재할 수 없는 것이다. 콘서트에 다녀오면 귀가 계속해서 울리듯이, 소라껍데기들도 여전히 과거의 소리로 휘청거리는 것 같았다.

사실, 이에 대한 진실은 덜 신비롭고, 대신 강렬했다. 한때 그 메아리는 귀를 지나는 혈관에 몰린 피가 고동치는 소리라고 알려졌다. 신체 리듬이 빙빙 도는 소리라는 말이었다. 이제는 그 이론이 틀렸다는 것이 밝혀졌다. 음악 스튜디오처럼 방음 장치가 된 방에서는 그 소음이 멈추고 오직 정적만이 감돌기 때문이다. 즉, 그 메아리는 주변 환경의 소음일 뿐이었다.

인식이란 얼마나 교묘한지. 당신은 그게 파도 소리라고 믿지만, 그것은 그저 평범한 일상이 밀리고 쓸리는 소리에 불과하다. 자연은 우리의 정신에 많은 장난을 친다. 이것은 내가 애써 얻은 첫 번째 교훈의 증거이자, 후에 다양한 강도로 다시, 또다시 접근해야 했던 진실이다. 우리의 감각이 우리를 저버린다는 단순한 진실. 감각은 우리를 배반하고, 구불구불한 길로 데려가 벼랑 끝에 세운다는 것. 낯선 풍경 앞에 우리를 떨구고 바람에 빵 부스러기만 흩뿌린다는 것.

그 당시를 떠올리면 가능성으로 가득한 짭짤한 공기 맛이 생생하게 감각된다. 차가 들이받기 전과 후의 아담하고 비좁은 우리 부엌이 그려진다. 우리가 "하부지"라고 부르던 외할아버지가 창고에서 몇 주일 동안이나 정성껏 만들어주신, 손톱만큼 작은 정교한 가구들을 파란 접착제로 붙여둔 파란색과 노란색의 인형집이 떠오른다. 그 세세한 모든 면면은 외할아버지의 사랑과 관심의 증거였다.

집 앞길을 따라 바비 붕붕카에 탄 나를 밀고 다니던 언니, 나를 인형 삼아 플라스틱 하이힐을 신기고 하와이언 코코넛 브라를 입히며 놀던 언니. 어떤 아이들은 이런 놀이가 자신을 물건 취급하고 한계를 지었다고 느낄지 몰라도, 나는 이런 놀이에 의미를 부여했고 내게 어떤 역할을 맡기든 언니가 곁에 있음에 감사했다.

모래의 감각을 떠올려본다. 모든 곳에 묻은 모래들. 몇 주일 뒤에는 운동화에도, 가방에도, 잊고 있던 서랍 구석에도 모래가 있다. 파도의 덧없음, 바다의 파괴적 성질. 물은 계속해서 해안선 흙더미의 모양을 바꾸어가며 집도 해변도 삼켜버린다. 모든 것이 들어오고 나가며 변형된다. 영원하지만 진화한다. 항구의 범선들을 본다. 기다란 돛들이 마치 무리 지어 있는 이름 모를 새하얀 새 떼처럼 보인다. 그곳에 우리의 삶이, 우리 집이 아직도 있을 것만 같다.

나의 유년 시절을 돌아보면 다른 무엇보다도 우리가 정말 운이 좋았다는 생각을 떨칠 수 없다. 우리 가족이 아주 유복했던 것도 아니고 걱정이나 염려가 아예 없었던 것도 아니다. 부모님은 10대 때부터 어른이 되어서까지 평생을 일하며 학자금을 갚고 결혼까지 하셨다. 하루 벌어 하루 먹고살기 바쁜 시기가 대부분이었고, 두 자녀를 키워내기 위해 있는 돈 없는 돈까지 쥐어짜야 했다. 나의 친가는 아일랜드에서, 외가는 스웨덴에서 건너왔다. 두 분 다 재정적인 도움을 받지 못했지만, 자수성가해 언니와 나에게 안정 이상의 환경을 제공했다. 우리는 단 한 번도 먹을 것이 없을까봐 걱정한 적이 없고, 배를 곯은 적도 없다.

심리학의 어떤 분야는 모든 정신적 트라우마가 유년 시절과 결코 충족되지 않은 잠재적 욕구에서 온다는 개념에 뿌리를 둔다. 하지만 언니와 나에게 이런 이야기는 해당되지 않는다. 우리는 운이 좋았다. 우리는 누릴 것을 다 누렸다. 좋은 조건에서 행복하게 자랐다. 그러나 정신질환은 자연재해처럼 예측 불가하고 무분별하다. 아무 일도 없다가 느닷없이 일어난다. 안전하다가 어느새 위험해진다. 저 모퉁이에 자리한 조그만 파란색 집을 들여다보면, 넘치도록 사랑받는 두 자녀와, 상황이 어떻든 항상 애쓰고 노력하며 최선을 다하는 부모가 보일 것이다.

우리의 유년 시절은 노먼 록웰(미국 중산층의 생활을 친근하고 인상적으로 묘사한 작품들로 유명한 화가/옮긴이)의 그림만큼이나 이상적이었다. 진정 동화 속 삶이었다. 그런데 전부를 가졌어도 모든 것이 무너져내릴 수 있었다. 가진 것으로는 충분하지 않았다. 우리를 받친 기반이 우리를 지켜낼 수 없다면, 누구의 기반이 우리를 지켜낸다는 말인가?

대체 누가 정신질환의 발생 가능성을 피해갈 수 있다는 말인가?

02

내가 여섯 살이고 언니가 열한 살 때, 우리는 여러 미신 중 하나를 현실로 직면해야 했다.

당시 우리 집에는 2층으로 오르는 계단 층계참에 커다란 거울이 걸려 있었다. 창밖으로 보이는 짙고 푸른 바다를 비추는 거울이었다. 집 안에서 술래잡기를 하느라 서로를 쫓아다니던 언니와 나는 빙판 위의 컬링 선수라도 되는 양 양말을 신은 채 원목 바닥 위를 미끄러져 다녔다.

엄마는 정신없이 계단에서 뛰어다니는 우리를 보며 걱정하시곤 했다. 그러다 거울 깨져서 다친다!

우리는 단 한 번도 거울을 친 적이 없었다. 그러던 어느 밤, 알 수 없는 이유로 거울이 떨어졌다. 가족 모두가 한밤중에 깜짝 놀라서 깼다. 거울을 매달았던 가느다란 와이어가 끊어질 때 기차가 멈추며 선로를 긁는 듯한 소리가 났다. 누가 건드린 적도 없고 떨어질 이유도 없었지만, 와이어는 긴 침묵의 여정 끝에 단호하게 끊어졌다. 나날이 아주 조금씩 와이어 섬유가 해지고 벗겨진 것 같았다. 거울은 산산조각이 났고, 어떤 파편들은 모래알만큼 가는 입자가 되어 흩어졌다.

우리는 그 사건이 초래할 결과를 잘 알았다. 거울을 깨뜨리면 7년간 불행해진다.

가만 생각해보면 그 미신이 진실이었는지도 모르겠다. 정말로 그 사건이 이후 7년간 이어진 모든 불행의 이유였을까? **그동안 우리가 치른 의식들은 바로 이 사건을 회피하려던 시도였던 걸까?**

7년이 지나면 언니는 열여덟 살, 나는 열세 살이 된다. 13은 또다른 불운의 숫자였다. 언니는 곧 병원을 돌기 시작하고 재활과 정신병동을 들락거리게 된다. 자기 자신이 붕괴되어 고통받고, 거울이 바닥에 떨어지며 산산조각 나듯 산산이 부서지고 깨어진다.

7년이 지나 2010년이 된다. 그해의 기억이 콸콸 솟는다. 누구도 청하지 않았지만, 떨칠 수 없이 오롯하게 남은 기억이다.

우리는 필라델피아 교외에 자리한 집 거실에 서 있다. 유년 시절을 보낸 해안가 마을과는 완전히 다른 곳이다. 나는 이제 막 열셋이 되었고 언니는 몇 달만 더 있으면 고등학교를 졸업한다. 밝은 노란색으로 벽에 물든 부드러운 노을이 눈에 선하다. 고풍스러운 무늬에 팔 받침이 있는 푹신한 소파가 있다. 흰색 크라운 몰딩이 보인다. 단단한 원목 바닥도.

엄마는 내게 "같이 볼일 보러 나갈래?" 하고 묻는다. 나는 당연히 좋다고, 엄마와 함께 차를 타는 조용한 시간이, 그 차분함과 평온함이 좋다고 답한다.

"이 색상 잘 봐둬, 알았지?" 엄마가 말한다.

나는 엄마가 상점에서 빌려온 조그만 책자를 넘기며, 작고 네모난 천 조각들과 페인트 색상 견본의 미세한 차이를 보는 일을 좋아한다.

엄마는 새로운 집으로 이사할 때마다 집을 꾸미고 수리하기를 좋아했지만 나는 그런 일에 약했다. 커튼을 어느 쪽에 걸고 가구를 어떻게 배치할지 가늠하는 일은 내게 힘겨운 과제였다. 그 모든 걸 생각하기란 불가능했다. 하지만 색감은 기억할 수 있었다. 페인트 가게에 갈 때까지 잘 기억해뒀다가 가장 비슷한 색을 찾고, 어떤 색상으로 칠하면 조화로울지 생각했다. 색상은 잘 떠올랐다. 색감은 단순했다.

나는 거실 벽을 어떤 색으로 칠할지 골랐다. 집 안 모든 벽의 색상을 내가 골랐다. 백색 붙박이장 위에 걸린 접시 옆에는 무슨 색을 칠하면 좋을지 떠올렸다. 모퉁이 원목 바의 나뭇결과는 어떻게 상호 보완될지도, 부엌 조리대 대리석 상판과는 어떻게 어우러질지도 알았다.

기억 속의 나는 소파에 팔을 걸치고 앉아 있고, 언니는 문가에, 엄마는 도자기로 채워둔 흰색 장식장 옆에 서 있다. 언니가 방금 나를 놀렸고, 나의 외모인지 옷인지 아니면 그날의 머리 모양인지를 가지고 비웃었다.

"동생한테 좀 잘해줘. 너를 얼마나 잘 따르는지 알면서." 엄마가 언

나를 나무란다.

나는 눈을 굴리며 머리를 귀 뒤로 넘긴다. 언니는 이제 너무 성숙해 도달할 수 없는 숙녀가 되었고, 겉모습만 보면 어린 시절 나를 애지중지하며 놀아주던 언니와는 전혀 다른 사람이다. 우리는 이제 더 이상 꼬마 숙녀가 아니고, 옷 입히기 놀이를 하거나 비밀 의식을 치르느라 붙어 다니지도 않는다. 사춘기의 시련들을 겪으며 서로 더 경쟁하고 다투게 되었고, 놀라울 정도로 반항적이던 언니의 행동은 이제 무섭고 통제 불가능한 수준으로 바뀌었다.

엄마가 꾸짖자 언니는 코웃음을 친다. 큰 키에 긴 다리로 짝다리를 짚고 선 탓에 한쪽 골반이 툭 튀어나왔다. 언니는 격분한 듯 허공에다 손을 내친다.

"잘 따르기는! 쟤는 멍청해!"

"항상 언니가 대단하고 예쁘다고 말하는 애야. 얼마나 너를 닮고 싶어하는데." 엄마가 언니를 달래려 애쓴다.

화가 난 나는 고개를 돌린다. 엄마랑 언니 눈에 내가 어떻게 보일지 상상한다. 창백한 피부에 화장으로 빨간 주근깨를 가리려다 보니 안색에 비해 콧등만 너무 붉겠지.

"여기 봐, 주근깨로 별자리를 그릴 수도 있겠네!" 언니는 손가락으로 내 주근깨끼리 연결하는 시늉을 하며 자주 그렇게 놀린다. 열받은 나는 언니의 손을 홱 쳐버린다.

불룩 튀어나온 콧등은 아일랜드 이민자 가족인 친가로부터 물려받은 것이다.

마녀랑 살려니까 으스스하네. 화가 난 언니가 내 빨간 콧등을 건드리며 놀려댄다.

그 말은 나를 극도로 화나게 하고 독소처럼 나를 부추긴다. 나는 몇 시간 동안 욕실 거울 앞에 서서 이리저리 얼굴을 돌리다가 불룩한 콧등을 엄지로 가리고 달라 보이는 매끄러운 옆얼굴을 본다. 빛을 잘 받으면 거의 언니 얼굴처럼 보인다.

"내가 예쁜 게 뭐가 중요한데? 뭐 다른 할 말은 없어? 똑똑하다거나 재밌다거나 흥미롭다거나?" 언니가 고함친다.

기억은 거기서 그치고 이른 끝을 맺는다. 빈 화면만 이어진다.

그때나 지금이나 짙게 드리운 수치심을 느낀다. 표현하지 못한 데 대한 참혹함. 말해지지 않은 단어들.

"내가 예쁜 게 뭐가 중요한데?"

나는 언니를 대상화했던 걸까? 언니가 사라지고 난 뒤 지금까지도 여전히 그러고 있는 걸까?

왜 나는 언니의 다른 개성들, 이를테면 상상력, 변덕, 모험심, 유머, 묘하고 거의 초자연적이기까지 했던 본능까지를 얼마나 사랑했는지 명확히 표현하지 않았을까? 콘서트장에서 바이올린 켜는 척을 하던 언니는, 옆에서 우리가 작게 키득거리며 "케이트!" "언니, 그만해!"라고 속삭이듯 외쳐대도 계속 느리게 고개를 들었다 숙였다 하며 흉내를 내던 사람이었다. 차 안의 짐이 뒤죽박죽일 때에는 한번 흘끗 보고 차를 타고 오는 내내 믿기 힘들 정도로 수월하게, 테트리스 게임을 깨듯 착착착착 짐을 정리하던 사람이기도 했다. 뒷자리에 앉은 나는 언니 쪽으로 고개를 빼고 사각형의 작은 상자들이 제자리를 찾아서 쏙쏙 들어가는 장면을, 마치 팡팡 터지는 게임 화면을 보듯 넋 놓고 구경했다.

졸업 후 수년이 지난 뒤, 언니의 고등학교 동창이 페이스북으로 내게 연락을 한 적이 있다. 그녀는 다른 여자아이들이 못되게 굴 때에도 내 언니 케이트만큼은 늘 다정했다는 말을 전했다. "케이트는 대단한 에너지와 선한 영혼을 품은 친구였어." 언니의 친구가 전한 케이트는 그런 사람이었다. 웃기고, 아름답고, 재미있는, 하지만 그것만으로는 다 표현이 안 되는 사람. 누가 어떻게 설명하건 언니는 늘 그 이상이었다.

우리의 나이 차 때문에 언니는 친구보다는 부모 같을 때가 더 많았다. 언니는 내가 경험하지 못한 모든 걸 이미 경험해 알고 있었다. 부활절 토끼, 산타클로스, 이빨 요정까지도. 하지만 나를 위해서 그 비밀을 지켜주고 함께 기다려줬으며, 밖에 우유와 과자를 내놓거나 할아버지 댁 마당에서 순록을 위해 반쯤 먹은 당근을 흩어두기도 했다. 언니는 벽난로 앞에 산타가 흘리고 간 단추나 침대 옆 탁자에 이빨 요정이 두고 간 엽서를 보면서 나와 함께 놀라주었다.

2002년 크리스마스 바로 직전, 언니는 자신이 더 이상 산타를 믿지 않는다고 부모님께 고백했다. 열 살이 되자 아는 게 많아진 것이다.

그런데 할아버지 댁에 방문하려고 집에서 나온 뒤 아빠가 빠뜨린 물건을 찾으러 다시 집으로 들어갔을 때, 식탁 위에는 언니가 산타에게 쓴 편지가 놓여 있었다.

편지는 "산타 할아버지께"로 시작했다. "제가 잘 때도 지켜보고 깨어 있을 때도 무엇을 하든 다 보고 계시죠? 그러니 나쁜지 착한지도 다 아시겠죠. 아무쪼록 제가 착하게 굴지 못했어도 노력을 했다는 건 알아주세요."

언니는 엽서 모퉁이마다 선명하고 짙게 종을 그려놓았다. 언니의 글씨체는 둥글고 통통해 d가 늘 안으로 말려 있었는데, 나는 그걸 아무리 흉내 내려 해도 흉내 낼 수 없었다.

"점수가 낮아서 죄송해요. 산타 할아버지나 부모님을 실망시킬 생각은 없었어요. 그래서 이번 크리스마스에는 똑똑해지는 약이랑 착해지는 마법의 가루를 선물로 받고 싶어요."

"석탄은 안 돼요(만일 제가 석탄을 받으면 동생도 받아야 해요!). 그냥 농담이에요! 농담 반 진담 반." 언니는 내 선물까지 협상했다(서구 문화권에서 나쁜 어린이는 산타에게서 석탄 덩어리를 받는다는 이야기가 전해진다/옮긴이).

"사랑을 아주 많이 담아!" 마지막에 서명한 언니는 추신도 잊지 않았다. "추신. 그리고요. 저는 산타 할아버지의 존재를 믿어요!"

"믿어요"는 받침 없이 "미더요!"라고 쓰여 있었다.

그로부터 2년이 지난 크리스마스이브, 외할아버지 댁에 간 열두 살,

일곱 살의 언니와 나는 한때 엄마가 사용하던 침실에서 침대형 소파에 드러누운 채 잠들지 못했다. 방 모퉁이에 있던 따스하고 부드러운 수면등은 턱 아래 노란 미나리아재비를 들었을 때처럼 노랗게 우리 둘을 비추었다.

"산타 할아버지가 올 거 같아?" 내가 작은 목소리로 속삭이듯 물었다.

그동안 착하게 행동했는지 자신이 없었다. 다음 날 트리 아래 아무런 선물도 없다면 바람맞은 것처럼 얼마나 당황스러울까.

"방금 산타를 본 거 같아!" 어두운 방 안에서 베개를 베고 누워 있던 언니가 나를 향해 몸을 돌려 누웠다. 눈이 장난기로 반짝였다.

침대에서 벌떡 일어난 나는 얇은 담요를 어깨에 두르고 눈을 가늘게 뜬 채 창가로 갔다. 마당에 쌓인 눈이 하늘에 흩뿌려진 별과 달빛을 반사해 환하게 빛났다.

"우리 창문으로 루돌프가 코를 빼꼼히 들이밀고 나한테 윙크했어!"

"우와" 하고 나는 경이의 탄식을 내뱉었다.

창틀로 목을 길게 빼고 허공에 빨간 썰매가 보이는지 힐끔 올려다봤다. 거의 잠들지 못했던 그날 밤은 내게 여전히 최고의 크리스마스로 남아 있다.

때로 언니의 거짓말은 너무 설득력 있어서 엄마는 언니가 거짓을 사실로 믿어버린 건 아닌지 궁금해했다. 케이트는 단지 좋은 언니였을까, 아니면 어떤 혼란이 작용했던 걸까? 현실 왜곡이 일어났을까?

나를 설득하려던 중에 자기 자신도 속여버린 걸까?

　최근 엄마가 내게 여러 장의 옛 사진을 보여주었다. 사진 속 언니는 서너 살쯤 되어 보이는데, 포근한 분홍 잠옷 바지 아래 조그만 발이 나와 있고 커다란 맨투맨 티셔츠를 입은 차림이다. 사진 속 언니는 카펫이 깔린 계단에 나란히 앉혀둔 봉제 인형들에 에워싸여 앉아 있다. 언니는 인형들을 차례로 계단에 앉힌 뒤 조심스레 곰과 사자 인형 사이에 앉았다. 담요로 두 다리를 감싼 다음, 조그만 양손은 무릎 위에 가지런히 놓았다. 마지막 사진에서 언니는 특유의 건방진 표정으로 한쪽 다리만 쭉 내민 채 장난스럽게 웃고 있다.

　"저 보여요?" 엄마가 카메라 셔터를 누르는 순간 언니가 물었다.

　"어떤 게 나인지 알겠어요?"

　그 일화를 전해 들은 나는 너무 심하게 웃다가 울고 말았다. 내 나이 스물두 살, 그러니까 언니가 우리에게서 사라졌을 때의 나이였다. 나는 여전히 추억들을 떠올리며 언니를 알아가고 있었다. 웃음은 어느새 눈물이 되어 흘러내렸다. 언니의 작은 목소리와 가느다란 두 다리, 그리고 인형 속에 섞여들 수 있다는 무구한 생각과 질문. 물론 언니는 결코 섞여든 적이 없었다.

　왜 나는 이런 이야기를 하는 대신 언니를 예쁘다고만 했을까.

　그리고 지금도, 고마운 독자들에게 나는 똑같은 이야기를 들려주고 있다. 나는 언니의 눈동자 색으로 벽을 칠할 수도 있을 만큼 언니의 눈을 선명히 기억한다. 그렇게 다시, 또다시 언니의 기대를 저버린다. 늘 그래왔듯이 영웅을 흠모하는 어린 여동생의 렌즈를 통해서 언니를 바라볼 뿐이다. 이제 와서 떠올리는 어릴 적 해변에서의 추억과 깨진 거울, 미신, 성스러운 우화의 세계는 기억이라기보다는 신화에 가까울지도 모른다. 그렇게 나는 기억되어야 할 욕구를 기억하는 데 실패한다. 포착되어야 할 욕구를 포착하는 데 아직도 실패하고 있다.

03

해안가 마을에 살면서 알게 된 뱃사람들의 옛 노래가 있다.

밤에 붉은 하늘은 뱃사람에게 기쁨을,
아침에 붉은 하늘은 뱃사람에게 경고를.

뱃사람들이 2,000년 동안 불러온 이 노래는 날씨를 예측하게 해준
다. 아침 고기압이 먼지를 가둬 태양의 청색광을 흩어버리면 하늘이
주황빛으로 물든다. 고기압은 좋은 날씨를 의미하기 때문에, 태양이
붉게 떠오르면 좋은 날씨가 이미 동쪽으로 향하고 있다는 뜻이다. 즉,
비구름이 몰려올 조짐인 것이다.

과거의 조각들을 모아 그 속에서 어떤 의미를 발견하려던 나는, 아
침의 붉은 하늘에서 언니를 본다. 유년 시절 언니의 아름다움과 반향
은 다가올 폭풍우의 조짐이었다. 아름다운 붉은빛이 종국에는 비를

몰고 올 운명의 예고이듯이 말이다.

정상과 비정상은 한 끗 차이다. 이상 징후들은 정상 속에 깊숙이 숨어 있어서, 한 발짝 뒤로 물러서지 않고는 발견할 수가 없다. 바로 그게 문제다. 인생은 과거로 거슬러 올라가 봐야만 이해가 되기 시작한다. 여느 훌륭한 서사가 그렇듯, 조짐이 빤히 보임에도 가장 필요한 순간에는 접근이 어렵다.

나는 언니의 변덕스러운 행동이 뜬금없이 극적으로 나타났고 이유나 원인도 없이 불가해하게 모습을 드러냈다고 믿어왔다. 하지만 엄마는 내게서 전혀 볼 수 없었던 문제 행동의 조짐들이 언니에게서 나타났다고 말했다.

엄마의 말에 따르면 언니는 여섯 살 때 첫 번째 베이비시터를 해고했다.

엄마가 집에 왔을 때 베이비시터가 우리 집 현관 계단참에 앉아 있었다. 정작 그녀가 돌보고 있어야 할 아이는 온데간데없었다.

무슨 일이냐고 묻자 베이비시터가 짧게 대답했다. "케이트한테 잘렸어요."

어떻게 설명하거나 꾸며내야 자신이 원하는 대로 되는지 잘 알았던 언니는 베이비시터가 냉장고를 뒤지고 소파를 더럽혔으며 남자친구를 데려왔다고 시시콜콜 일러바쳤다. 이후 몇 년 동안 다른 베이비시터들도 언니가 그 조그만 손을 한 번만 휘두르면 해고되었다. 엄마는 그 누구도 부르지 않고 직접 우리를 돌볼 수밖에 없었다. 엄마는 이 조그만 아이가 부리는 횡포가 평범하지 않다고 의심하면서도, 첫아이이다 보니 어떤 징후들을 주의 깊게 봐야 할지, 상황이 진짜 잘못되었다고 알려주는 조짐은 무엇인지 알지 못했다.

언니가 유치원에 다닐 때, 같은 반의 어느 남자아이가 언니를 깨물었다. 언니는 앙갚음을 하려고 그 남자아이를 후미진 곳으로 밀어버렸다. 원장실에 불려갔을 즈음, 남자아이가 깨문 자국은 이미 옅어진 뒤였다. 언제나 문제 해결사였던 언니는 잠깐 화장실에 가서 그 연한 살을 다시금 깨물어 짙은 자국을 내고 눈물을 글썽이며 돌아왔다. 이 중으로 생긴 잇자국을 본 엄마는 소름이 돋았고, 처음으로 딸의 말을 철썩같이 믿으면 안 되겠다고 판단했다.

심지어 우리 가족이 최고의 나날들을 보내던 이상적이고 완벽한 마블헤드에서도, 엄마는 꽃 배달 서비스 업체의 번호를 단축번호로 저장해두고 지냈다. 언니 친구의 부모가 전화를 걸어 자기 아이와 내 언니가 싸운 일에 대해 항의하는 순간, 엄마는 신속히 사과의 메시지를 작성해 꽃과 함께 보냈다.

언니에게 경계와 규칙이란 관대한 것이었고 행동 지침도 애매했다. 반면 나에게 규칙과 행동 지침들은 벽이었다. 마치 60센티미터 반경을 두르고 접근을 막는 3미터 높이 콘크리트 벽과 같았다. 언니는 우리 관계를 영화「업타운 걸Uptown Girls」속 주인공들과 비교하곤 했다.

2003년에 나온 그 코미디 영화에서 고故 브리트니 머피는 전설적인 록스타 아버지가 남긴 유산에 의존해 파티를 즐기며 살아가는 철부지였고, 다코타 패닝은 불치병에 걸린 아빠와 일하느라 바쁜 엄마 슬하의 완벽주의 성향을 가진 여덟 살 소녀였다. 머피가 연기한 철부지는 패닝의 삶을 흔들어 어떻게든 재밌게 만들어보려 하지만, 어린 소녀는 도리어 그 어른이 철들도록 설득한다. 영화에서 보여준 이러한 인물 간 역학과 충돌, 서로 뒤바뀐 역할은 재미를 선사하기도 했지만, 동시에 가슴 아프게도 했다. 주인공들의 세계는 그들이 자주 가던 코니아일랜드 놀이공원의 찻잔 놀이기구처럼 통제 불능 상태로 빙빙 돌았다. 하나는 계속 빙빙 돌려고 하고, 다른 하나는 회전을 통제해보려 애쓴다.

"딱 봐도 나는 브리트니 머피고 너는 틀에 박힌 꼬마 소녀야." 언니가 말했다.

처음 이 영화를 본 날, 나는 영화 자체가 너무 좋기도 하고 슬프기도 해서 울었다. 그리고 영화를 다시 보았을 때에는 언니의 말이 너무도 옳았다는 생각에 또 울고 말았다.

내가 아는 한 언니의 유년 시절은 트라우마로 점철되지 않았다. 언니는 나만큼이나 안온한 유년 시절을 보냈다. 만에 하나 복잡하게 뻗은 집안 가계도의 가지들 속에 정신질환의 요소가 있었다 하더라도, 그것은 직접적이지도 뚜렷하지도 않았고 훗날 언니에게서 발현될 만큼 심각하지도 않았다. 정신질환은 확정적이지 않은 길을 따라 지그재그 모양으로 찾아온 것 같았다. 되는 대로 선을 그려놓고 흔들면 사라져버리는 에치 어 스케치Etch A Sketch(2개의 손잡이로 그림을 그리고 기기를 흔들어 그림을 지우는 스크린 장난감/옮긴이)의그림처럼 말이다.

이 글을 쓰면서도 나는 가끔 언니가 어릴 때부터 보인 반항 기질이 정신질환의 유전적 소인에 기인한 증거인지 궁금해한다. 그게 명확하거나 필연적일까? 그것이 언니를 나머지 "정상적" 세계에서 분리시켜 "다른 언니"로 만드는 걸까? 나는 그렇지 않았어, 그러니 내 아이들도 그렇지 않을 거야, 하고 사람들은 생각할 것이다. 우리는 비통함으로부터 스스로가 안전하다고 확신하기 위해 어떤 기만적인 논리를 이용한다.

"예방 요인"이란, 모든 걸 담고 있는 동시에 아무것도 아닌, 모호하고 포괄적인 심리학 용어 중 하나다. 정신건강에 위기가 발생하지 않도록 완충 작용을 해주는 특성들을 식별한 것인데, 자긍심, 인지 능력, 가족 지원, 사회적 능력, 부모의 지원 등이 있다. 언니에게는 모든 항목이 해당된다. 언니보다 더 똑똑하고 자신감 넘치고 사랑받는 아이는 찾기 힘들었을 것이다. 때로 붉은 아침 하늘과 완벽한 폭풍우는 느닷없이 모습을 드러내고, 이따금 나타나는 조짐들은 너무 늦게 가시화된다.

언니를 잃은 후 엄마와 나는 내 어린 시절에 대해 더 많은 대화를 나누었다. 엄마는 언니가 태어난 순간부터 끊임없이 언니를 걱정했지만, 나에 대해서는 그만큼 걱정한 적이 없다고 했다. 엄마의 머릿속에는 끔찍한 각본들이 넘쳤다. 백화점에 갔다가 잠깐 눈을 돌린 사이에 케이트가 사라지고, 옷 선반 아래를 뒤져도 보이지 않아 내면의 공포심이 풍선 부풀 듯 커지는 상상. 그런 우려는 늘 외부에서 뭔가가 가해질 듯한 두려움이었다. 어떤 비극적이고 괴물 같은 사고가 언니에게 닥쳐올 것만 같은 불길함이었다. 하지만 엄마는 단 한 번도 케이트라는 사람에 대해서는 걱정하지 않았다. 언니에게는 "그것", 항상 자신을 앞으로 나아가게 하는 집요함, 투지, 개성 같은 내면의 불꽃이 있었다. 혹여 삶의 어려움에 맞설 수 있는 누군가가 있다면, 그건 언니였다.

엄마는 초보 엄마로서 누구나 거치는 일상적 걱정을 넘어선 어떤 두려움을 느끼며, 그것이 뜻밖의 위험을 경고하는 직감은 아닌지 궁금해했다. 우리가 언니 내면에서 일어나는 일에 관해 더 걱정했어야 했다는 사실은 지금에서야 명확히 보인다. 언니의 뇌에서 신경화학적으로 무엇이 서로 엮이고 있었는지, 그 투지와 충동이 훗날 무엇으로 자라날지에 관해서 말이다.

마음만 먹는다면 나는 어릴 적 언니를 돌아보며 시간의 베일 사이사이로 그런 징후와 증상들을 알아볼 수 있을 것이다. 돌아보면 질병도 보인다. 정신이상의 조짐이었다. 다가오는 것들도 볼 수 있다. 병원, 정신병동의 그 침울한 어둠, 그룹홈, 부엌 바닥의 균열, 옅은 주황과 분홍, 빨강으로 떠오르던 태양. 여전히 빛이지만, 지평선이 보내는 아픈 경고로 점철된 그 빛을.

그러나 결국 나는 언니의 영혼에 깃든 대담함을 본다. 엄마의 기억

속 언니는 유아차를 타고 가다가 처음으로 또래 꼬마를 마주쳤을 때 몸을 꼿꼿이 세우고 눈을 휘둥그레 뜬 채 애지중지하던 치발기가 입에서 툭 떨어질 만큼 입을 헤 벌리고 말했다. 저 아이는 나처럼 쪼끄매요. 여자친구건 남자친구건, 아이들은 놀이터나 운동장에서 놀라울 만큼 자신감 넘치는 언니에게 반해 졸졸 따라다녔다. 언니는 주로 원피스보다는 달리고 뛰기에 편한 옷을 원했지만, 시장에 따라갈 때에는 온갖 주름 장식에 반짝이가 달린, 가장 예쁜 공주 드레스를 고집했다. 장난감이 있으면 늘 누군가에게 주려고 했고, 누구든 자신이 아는 사람 모두와 함께 나눠 쓰려고 했다. 유치원에 가서는 이름도 바꿨다. 케이틀린Kaitlyn은 그때 케이트Kait가 되었다. 이름을 단순하게 토막내 정체성을 재배열했다. 단호한 자기 선언이었다.

언니는 밝고 생기가 넘쳤다. 아이들은 단번에 언니에게 빠졌다. 사람들은 언니에게 끌렸다. 나도 언니에게 끌렸다. 가장 좋은 시절에 언니는 순전한 빛이었다. 언니의 미소는 얼굴에서 공기 중으로 퍼져나갔다. 그러다 언니가 배를 쥐고 웃기 시작하면, 그 웃음은 땅에서, 지구 중심의 뜨거운 곳에서부터 올라온 웃음처럼 느껴졌다. 웃음은 시끄럽고 겁 없이, 그리고 당당하게 언니에게서 분출되었다.

사회적 배려에 완전히 무심하게 구는 모습은 좀 웃기기도 했다. 언니는 다양한 캐릭터를 제각기 목소리로 흉내 냈고, 여러 글귀들로 노래를 만들어 불렀으며, 차를 타고 가다가 창문으로 머리를 내밀고는 친구를 향해 "어이, 잘난 양반!"이라고 외치기도 했다. 자신감 넘치고 웃겼던 언니는 유행에서도 적어도 5년은 앞서갔다. 유행이 돌아오기도 전에 술이 달린 가방을 들고 다니고, 홀치기염색으로 물들인 크롭 티를 입었으며, 분홍이나 보라색 신발을 신고 컬러 선글라스를 썼다. 그러다가 정작 그것들이 유행하기 시작하면 더 급진적인 걸 하고 다녔다. 어떤 스타일이 패션 잡지를 화려하게 장식할 무렵이면, 언니는 이미 그 유행을 넘어선 뒤였다.

식당에서는 스물하나가 될 때까지도 어린이 메뉴 외의 다른 메뉴는 시도하려고 들지 않았다. 하지만 햄버거를 할인가에 사서 같이 먹기 위해서는 거리낌 없이 맥주를 주문했다. 조금 컸을 때 나는 주변 어른들이 내게 집중해 깜짝 놀라는 게 좋아서 홍합과 조개 먹기에 도전했지만, 언니는 식탁 구석에 앉아 사람들 시선에 무심한 태도로 치즈 스틱을 먹었다. 언니는 자신이 좋아하는 것을 좋아할 뿐, 다른 사람으로부터 인정받으려고 자신을 바꾸지 않았다.

입맛을 제외하면, 언니는 그게 뭐든 결점이 될 정도로 호기심 넘치고 모험적이었다. 어느 겨울날 열두 살이던 언니는 꽁꽁 언 깃대에 혀를 가져다 댔다. 크리스마스에 으레 봐왔던 영화 「크리스마스 스토리 Christmas Story」를 본 후였는데, 영화 속 장면을 재연해 모두를 웃게 하고 싶었던 것 같다. 친척들이 다 모이면 모두를 웃기는 건 언니의 몫이었으니까. 그런데 깃대에 가져다 댄 혀를 떼려 한 순간, 혀가 진짜로 달라붙었음을 알아챘다. 몹시 당황한 부모님은 팔팔 끓인 핫초코를 혀가 붙은 부위 근처에 붓기 시작했다. 새하얀 눈 위로 갈색 핫초

코가 뚝뚝 떨어졌다. 마침내 혀를 떼어 씰룩씰룩 움직일 수 있게 되었을 때에는 미뢰가 이미 무감각해진 뒤였다. 언니는 며칠간 미각을 잃은 채 지냈다.

그해 겨울 내내 눈 쌓인 깃대가 보일 때마다 나는 언니를 따라해보고 싶었다. 언니의 경험을 보며 교훈을 얻지 못한 게 아니라, 단지 절실하게 해보고 싶어서, 얼음장 같은 금속을 맛보고 꽁꽁 언 미뢰의 감각을, 언니가 느낀 그 감각을 정확하게 느껴 모든 측면에서 언니와 닮고 싶어서였다.

언니는 심지어 가장 어리석은 방식으로도 기쁨을 내뿜는 사람이었고, 이따금 아무짝에도 쓸모없고 우스꽝스러운 물건들을 가지고 싶어했다. 가령 달무지개 무늬의 겨울 부츠 같은 것은, 다들 신고 다녀서가 아니라 엄밀히 말해 아무도 신지 않아서 가지고 싶어했다. 너무 빤하고 단순하게 보일지 모르겠지만, 사실 단지 원한다는 이유로 뭔가를 가지고 싶어하는 건 얼마나 드문 특성인가. 남을 따라하려는 것도 아니고, 유행에 잘 따르려는 것도 아닌, 순전히 뭔가를 스스로 시작하기 위해서 말이다.

어떤 밤에 언니의 금발은 완벽하게 펴져 있거나 예쁘게 말려 있었고, 땋아서 양어깨 앞으로 흘러내려와 있기도 했다. 그러다 또다른 밤에는 곱슬곱슬 마구 헝클어진 채로 무심하게 포니테일로 묶여 있었다. 중요한 건 상황이 아니었다. 오직 언니의 기분이었다.

어느 겨울 부모님과 함께 스키 점퍼를 사러 갔을 때, 나는 몇 분간

진열대 사이에 서서 흰색과 검은색 중 어느 게 더 실용적일지 고민했다. 이미 가지고 있는 흰색 스키 바지와 함께 입기에는 흰색 점퍼가 나았지만, 때가 덜 타는 쪽은 검은색일 터였다.

반면 언니는 어느 구석 선반에서 빵빵한 하와이언 점퍼를 집어 왔다. 진열대 사이 나무 바닥 위에서 그 옷을 입은 언니는 모델이 런웨이를 걷듯 조심스레 걸어다녔다. 목 주변은 밝은 주황색이고 몸통에는 청록색 꽃들에 둘러싸인 분홍색 별 무늬가 있는 게, 마치 과녁의 정중앙처럼 보였다.

"완벽한 옷이야!" 거울에 비친 모습을 보고 언니가 말했다.

"그러면 내가 흰색을 사고 너는 검은색을 사서 같이 입는 게 어때?" 엄마가 내게 다정하게 물었다.

아직 꼬마일 때, 언니는 엄마가 운전하는 차의 조수석에 자기 카시트를 놓고 앉아서(교통안전 법규가 바뀌기 전이었다) 뭐라고 중얼거리다 그것이 단어가 되고 문장이 되기까지 쉴 새 없이 떠들었다. 어디든 관심이 많고 뭐든 배우고자 했으며, 스펀지처럼 세상을 흡수해갔다. 동네를 돌아 집으로 가는 동안 엄마와 언니는 다양한 주제로 대화를 나눴다. 가끔 어떤 순간에 이르면, 언니의 묘한 이야기를 듣고 있던 엄마는 종종 자신이 어린아이와 대화한다는 사실을 거의 잊었다.

엄마가 나를 임신했을 때, 부모님은 다섯 살 된 언니를 데리고 디즈니랜드에 갔다. 엄마는 딸이 마법을 시시하게 느낄 나이가 되기 전에 동생 없이 그곳을 만끽하게 해주고 싶어했다. 순수함이 시들기 전, 파룻파룻한 여름 오후의 햇살을 붙들어두고 싶었을 것이다. 언니는 아빠의 어깨 위에 앉아서 가장 좋아하는 캐릭터들이 참가한 퍼레이드를 구경했다.

"미니!" 언니는 남자 아이돌 콘서트에 간 소녀처럼 열렬히 소리쳤다. "미니, 여기 좀 봐! 미니, 나를, 좀, 봐달라고." 언니는 항상 누군가 봐주기를 원했다.

그런데 몇 분 뒤 캐릭터들이 뒤를 돌자, 언니의 얼굴은 혈색을 잃고 창백하게 일그러졌다. 공포에 질린 듯 작은 목소리로 언니가 말했다. "엄마, 저기 지퍼가 있어요."

케이트라면 당연히 사람들이 복장과 탈을 쓰고 디즈니 캐릭터를 흉내 내고 있다는 사실을 알 것이라고 생각한 엄마가 이상한 걸까? 언니는 너무나 조숙하고 예리하며 성숙했기 때문에 엄마는 언니가 그렇게 순진하게 생각할 리가 없다고 여겼다. 한마디로 언니는 이런 아이였다. 시간을 앞서가는 빠른 아이. 그런데 느닷없이, 천진난만한 어린아이의 순진함으로 상대를 무장 해제시키는 아이.

내 컴퓨터에 저장된 언니의 사진을 들여다본다. 내가 태어나기 2년 전, 그러니까 엄마의 표현을 빌리면 "내 시간 이전"에 찍은 사진이다. 언니는 네 살이었다. 분홍색 플리스 자켓을 입은 어깨가 킥킥 웃느라 으쓱거리고 있다. 가늘게 뜬 초록색 두 눈에는 장난기가 넘친다.

내 기억 속 언니는 이런 모습이다. 늘 기쁨과 생기가 넘치고, 가슴 저미도록 생생하다.

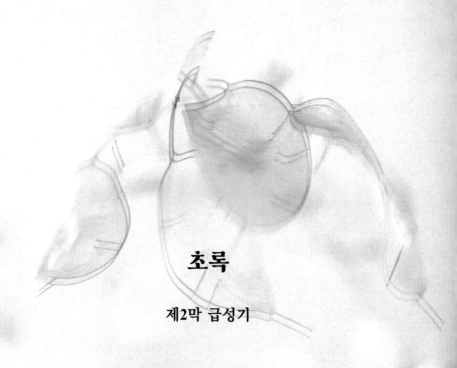

초록

제2막 급성기

04

2003년 우리 가족은 필라델피아로 이사했다. 나는 1학년, 언니는 7학년에 진학할 참이었다.

아빠는 광섬유 네트워크를 처음 도입하는 여러 지역으로 출장을 다니느라 자주 집을 비웠다. 1990년대 후반부터 2000년대 초반까지는 닷컴버블(1995년과 2000년 사이 미국을 비롯한 세계 여러 국가에서 인터넷 관련 분야가 성장하면서 발생한 광적인 투기 투매 현상/옮긴이)이 한창이었다. 인터넷을 자주 이용하는 사람들이 점차 늘어났고, 그 흐름을 타고 주식 시장에 붐이 일었다. 빠르게 찾아온 기회들은 오래 기다려주지 않았다. 눈 한번 깜빡하면 기회를 놓칠지도 몰랐다. 아빠는 거부하기 어려운 새로운 일자리 제안이 들어오자 엄마와의 논의 끝에 이전에도 몇 번 그랬고 이후에도 여러 번 그랬듯 짐을 싸서 마블헤드를 떠났다.

아빠는 월드와이드웹 시대라고 불리던 시절 엉성한 웹페이지들과 고르지 못한 텍스트로 가득했던 기술 산업 분야에서 일을 시작했다. 아빠가 정확히 무슨 일을 하는지 나는 전혀 이해하지 못했다. 내가 아는 거라곤 아빠가 인터넷이라는 개념과 관련된 일을 하는 사람이라는 사실뿐이었다. 사람들이 이 기술을 단지 사용하고 적용만 할 때, 아빠는 훤히 꿰뚫고 있었다. 우리 집에 있던 모든 텔레비전은 아빠가 직접 설계해 조립해준 것이었고, 고장이 나거나 신호가 잡히지 않을 때 아빠가 집에 없으면 해결할 방법이 없었다. 그 어떤 설명서도 소용없었다. 아빠는 청바지에 그래픽 티셔츠를 입고 작업 재킷을 걸치고 다녔다. 기술자의 작업 유니폼 같은 것이었다. 언니가 아주 어릴 때 아빠 사무실 컴퓨터 본체에 바비 스티커를 잔뜩 붙여놓은 적이 있는데, 아빠는 컴퓨터를 쓰는 내내 그 스티커를 그냥 두었다. 아빠 내면의 뭔가가(무엇이었을까? 감수성? 향수?) 스티커를 떼어내지 않게끔 했던 것 같다.

새로 이사한 필라델피아의 집은 벽돌로 된 타운하우스로, 센터 시티 시내를 둘러싼 북적거리는 주거지에 위치해 있었다. 여섯 살이던 나는 바닥이 고르지 않은 인도에서 옆으로 재주넘기하는 법을 배워서 시커멓게 껌이 들러붙은 부분을 요리조리 피해 처음에는 두 팔로, 나중에는 한 팔만으로 재주를 넘었다. 나를 지켜보던 언니나 엄마는 내 머리가 아래로 향하고 두 다리가 위로 돌아갈 때면 안전하게 땅에 닿도록 도와주곤 했다.

그해 우리는 퀘이커 교단 사립학교에 함께 들어갔다. 벤저민 프랭클린 파크웨이 근처여서 집에서 걸어서 갈 수 있었다. 매주 수요일과 목요일이면 학교에서는 교회에서 드리는 주일 예배와 비슷한 "예배를 위한 모임"이 열렸다. 당시의 세세한 기억들은 거의 잊었어도, 그 예배당은 결코 잊지 못한다. 시간 감각에서 벗어나 미국 건국 시기로 되돌아간 듯한 몹시 고풍스러운 지붕과 흰색 세부 장식을 곁들인 벽돌들. 그 벽돌의 금 간 틈으로 가만히 귀를 기울이면, 마치 자유의 종(1776년 7월 8일 미국 독립 선언이 공포되었을 때 울린 종/옮긴이) 소리가 들리는 듯했다.

수업을 마치고 집으로 걸어가는 길에 나는 학생들 틈에서 언니를 찾았다. 까딱까딱 앞을 걸어가는 뒷머리들을 훑으며 눈에 띄게 곱슬거리는 언니의 머리칼을, 언니의 웃음소리를 찾았다. 언니를 발견한 순간 내 마음은 자부심으로 부풀었다. 저기 우리 언니가 있네, 하고 뿌듯해했다. 저 키 크고 아름다운 여학생이 나의 언니란 말이지. 언니와 언니 친구들이 나를 향해 손을 흔들면 삼라만상이 제자리에 안착한 기분이 들었다.

나는 그 학교가 좋았다. 교실마다 플라스틱으로 제작된 나무 모양의 집 벽감에는 책들이 꽂혀 있었고, 건물 옥상에는 체육 수업을 위한 운동장이 있었다. 길고 굽이진 층계를 따라 지하로 내려가면 천장이 아주 높은 수영장도 있었다. 그러나 필라델피아에서의 삶을 좋아했던 나와 달리 언니는 그곳을 좋아하지 않았다. 마블헤드로 가기 전에도 우리 가족은 네댓 번 이사했고, 언니는 매번 새로운 학교로 전학을 다니며 점점 더 적응하기를 힘들어했다. 나는 너무 어려서 그런 변화를 직접 겪지 않았고, 사실 어떤 영향을 받기에는 너무 어수룩했다. 내 삶은 오직 친밀한 가족으로만 이루어진 작은 우주였다. 반면, 언니는 나이가 꽤 들어 더 많은 걸 알았다. 언니는 이사할 때마다 새로운 얼굴들을 마주하며 자신을 재정립해야 했다.

언니는 대체 몇 번이나 새로운 교실을 잔뜩 메운 낯선 아이들 앞에서 자신을 소개했을까? 눈앞에 마주한 또래들을 보면서 힘을 쥔 애는 누구고 괴롭힘당하는 애는 누구인지, 심술궂은 여자아이들은 누구며, 코에다 연필을 끼우고 장난치는 남자아이들은 누군지 판단해야 했을까?

얼마나 많은 쉬는 시간 동안 땅만 쳐다보다가 가장 접근이 쉬워 보이는 반 친구를 골라서 다가가야 했을까? 그게 문제였을까? 어떤 학교에서는 이런 모습이었다가, 다음 학교에서는 또다른 모습이 되었을까? 뺨을 한 대 맞은 것처럼 정신이 번쩍 들면 나는 다시 기도문을 외듯 같은 질문들을 되묻는다. 뭐가 잘못되었던 걸까? 우리가 막을 수는 없었을까?

7학년이면 이미 함께 노는 무리가 형성되고 서로 선을 그어 넘어오지 못하게 한다. 대범하고 저돌적이며 용감했던 언니는 인기 없는 사람이 아니었는데도 이사 때문에 힘들어했다. 언제나 쉽지 않았다. 언니의 무대는 바다에서 시멘트로 급격히 바뀌었다. 두 곳의 규칙은 달랐다.

언니는 이제 내가 이해할 수 없는 나이가 되어가고 있었고, 점점 더 나를 멀리했다. 우리의 거리는 조금씩 벌어지다가 어느새 아주 멀어 졌다. 마블헤드에서만 해도 나는 언니를 졸졸 따라다녔고 언니는 절 대로 나를 밀어내지 않았다. 여동생을 데리고 다니며 늘 자랑스러워 했다.

필라델피아로 이사하기 2년 전 언니의 열 살 생일 파티에서 찍은 폴 라로이드 사진이 하나 있다. 언니는 하얀색 차 앞에 친구들과 함께 서 있다. 1990년대 패션이 최고조에 달했을 때라 멜빵바지, 헐렁한 맨투 맨 티셔츠, 재킷과 색을 맞춘 헤어밴드가 눈에 띈다. 뒤쪽으로 보이는 목가적인 흰색 목조 주택에는 검은색 덧문이 달려 있다. 내 카시트는 부피가 커서 차의 두 좌석을 차지한다. 나를 태우려면 언니는 초대할 친구 중 하나를 빼야만 한다.

언니는 기꺼운 마음으로 그렇게 해준다. 나는 언니의 생일 파티에 당연히 초대된다. 언니는 당연히 나와 함께하기를 원한다. 네일숍에서 열렸던 파티 사진이 여기 몇 장 더 있다. 다섯 살이던 나는 페디큐어 욕조 위에 조그만 발을 올리고 있다. 긴 머리에 키가 크고 유행에 맞 게 옷을 차려입은 언니들을 쳐다본다. 아직 학교에도 들어가지 않은 나이지만, 나는 내가 얼마나 운이 좋은지 이미 잘 알고 있다.

그러나 필라델피아로 이사할 무렵에는 상황이 변하고 있었다. 사춘 기 초반이 되면 여느 관계가 변하듯 언니는 나를 떨쳐냈고, 너무 많이 커버렸다. 나는 언니의 중학교 무도회에 따라갈 수 없었다. 언니의 친구들이 오면 언니 방에 들어갈 수 없었고, 브래지어가 대체 무엇인지, 언젠가 나도 그게 필요할 거라고 하면 그 말이 무슨 의미인지 알 수 없었다. "언젠가는" 나도 필요하거나 이해하게 될 물건과 생각들이 너무 많아졌다. 나는 빌드어베어와 웹킨즈에서 나오는 봉제 인형과 디즈니 채널을 좋아했다. 반면 열세 살이 된 언니 또래 소녀들은 생리를 시작했고, 복도에 서서 첫 키스 경험을 이야기하거나 스포츠 게임 하듯 서로를 비교했다. 나는 원피스 주머니에 사탕을 넣고 다니다 물물교환을 하듯 사탕을 주고 친구를 사귀는 꼬마에 불과했다. 사춘기를 지나는 언니에게 새 친구를 사귀기 위한 계산법은 그보다 훨씬 복잡했다.

그해 언니의 핼러윈 의상 콘셉트는 "엄마가 꾼 최악의 악몽"이었다.

언니는 사춘기로 접어들 무렵의 앳된 얼굴을 검은 립스틱과 짙은 아이라이너로 치장했다. 부스스한 금발은 느슨한 포니테일로 묶고 앞머리를 얼굴 양옆으로 더듬이처럼 내렸다. 하늘색 반팔 티셔츠 위에 그림이 그려진 검은 탱크톱을 덧입고는 초록 넥타이를 매서 배꼽까지 늘어뜨렸다. 하의는 세 겹이었는데, 긴 회색 양말에 호피 무늬 파자마를 입고 나의 분홍색 원피스를 치마로 덧입은 것이었다. 언니는 그 위에 꽃무늬 앞치마까지 둘렀고, 그 아래 엄마의 굽 있는 검은 부츠를 신었다.

옷 입는 방식도 하나의 반항이었다. 언니는 부모님 동행 없이는 필라델피아 시내를 돌아다니지 못하도록 금지당했다. 연말 휴가철에는 가족과 딱 붙어서 여동생의 손을 잡고 다니며 시내를 구경시켜주어야 했다. 이런 결정에 언니는 긴 한숨을 내쉬고 과장되게 눈알을 굴리며 전형적인 사춘기 소녀답게 언짢은 기분을 드러냈다. 물론 내게는 신나는 소식이었다. 언제나 그랬듯 사람들이 보는 데에서 언니와 함께 있는 것만큼 자랑스러운 일은 없었으니까.

나는 『오즈의 마법사*The Wizard of Oz*』의 도로시였다. 금발을 짧게 땋아 올리고, 빨간색 구두 위로 새파란 체크무늬 나들이 원피스를 입었다. 바구니에는 통통한 강아지 인형을 넣었고, 발목까지 올라오는 프릴 양말은 매일같이 신던 브랜드 제품이었다. 당시에는 몰랐지만, 이제 와서 돌아보면 언니와 내가 붙어 다니는 모습은 눈에 띄게 이상했을 것이다. 언니가 손에 닿을 수 없을 만큼 자라면서 우리 둘의 나이 차는 그 어느 때보다 더 분명해졌다.

가만히 생각해보면, 사람들의 이목을 끌던 언니 특유의 어린아이 같은 장난, 매력, 유쾌함은 이 시기 동안 어딘가 과한 것으로, 걷잡을 수 없을 만큼 위험한 뭔가로 자라났다. 그러나 우리 부모님이 보기에나 우리 모두의 생각에 언니는 **착한** 아이였다. 물론 가끔 말썽을 일으키기는 했지만, 아이들이란 보통 다 그렇지 않은가. 그러니까, 같은 반 여자아이들과 사소한 의견 충돌이 생겼을 뿐이지 환각이나 피해망상 같은 것은 아니었다. **아픈 것도 질병도** 아니었다. 그저 10대의 반항이었다. 게다가 정신질환과 관련한 모든 것은 지금도 그렇듯 대개 사람들이 쉬쉬하는 주제였다. 정신질환이라는 꼬리표는 해방감보다는 겁을 주는 경우가 더 많았다.

우리 가족이 아빠의 직장 때문에 필라델피아로 이사한 그해에 마이스페이스MySpace(2003년에 시작된 인터넷 커뮤니티로, 2000년대 중후반의 미국에서 매우 대중적이고 인기 있었다/옮긴이)가 생겼다. 언니는 곧장 그 세계로 뛰어들었다. 언니가 SNS를 무모할 정도로 자유분방하게 사용했다는 건 그때가 대학 부정입학 스캔들(2019년 미국 부유층 인사들이 자녀의 대입 시험 성적을 조작하기 위해 대입 컨설턴트에게 거액을 지불했던 사건으로, 이후 입학사정관들은 학생의 SNS 족적 검증을 더욱 강화했다/옮긴이)과 에드워드 스노든(2013년 미국 국가안보국을 비롯한 거대 권력의 전방위 정보 수집 및 사찰 활동을 폭로했던 인물/옮긴이) 이전 시대였음을 의미한다. 에드테크ad-tech와 정부의 감시라는 말도 없고, "인플루언서"라는 단어가 이력서에 쓰이기도 전이었다. 따라서 온라인에서 보이는 언니의 모습은 요즘처럼 버젓이 연출하는 문화에는 없는, 날것의 진짜였다. 지금 그것을 보면 흡사 언니의 삶에 침략하는 기분이 든다. 당시에는 접근할 수 없었던 언니의 내면의 세계로 걸어 들어가는 느낌이다.

입술을 삐죽 내밀고 친구들과 셀카 포즈를 취한 프로필 사진 속 언니의 시간은 거기 멈춘 채 그대로다. 어느 사진에 고데기가 보이면 그 다음 사진들에서는 곱슬머리가 완전히 펴져 있다. 머리카락이 녹을 때 나는 고무 타는 냄새마저 풍기는 듯하다.

청치마, 립글로스, 그리고 너무 커서 흘러내릴 듯한 민소매 티셔츠. 두 번 감은 기다란 목걸이와 너무 짧게 다듬은 눈썹. 그리고 무엇보다도, 뚜렷하게 엿보이는 뭔가 **부족한** 느낌. 아무도 몰라주고 이해하지 못한다는 듯, 남과 잘 어울리면서도 동시에 남과 구별되는 사람이 되고 싶은 열망. 다른 이들과 비슷하면서도 **딱** 흥미로울 만큼만 차별되고 싶은 욕망.

환한 플래시가 사진의 반을 흐려놔서 얼굴은 또렷하게 보이지도 않지만, 열세 살 때 나 역시 비슷한 거울 앞에 서서 비슷한 카메라를 들고 사진을 찍었다. 그리고 나 역시 친구 방에서 바르미츠바(12-14세 유대교 성인식/옮긴이)에 갈 준비를 한답시고 고데기를 하다가 머리를 태워먹었다. 어느 1990년대 어린이 영화에서처럼 다른 사람으로 변장하듯 여러 옷을 입어보기도 했다. 어느 날에는 스케이트 소녀가 되겠다며 스케이트보드를 샀다가 넘어지는 바람에 무릎이 다 까지고 다음 날 바로 내다버렸다. 친구들과 쇼핑몰에 가서 쥬시 꾸뛰르 매장을 돌아다니다 직원에게 쫓겨난 적도 있다. 세포라에 가서는 향수 샘플을 얼마나 뿌려댔던지 집에 오니 엄마가 머리가 어지럽다고 했다. 언니처럼 나도 시커먼 아이라인을 그렸다. 점막에 아이라인을 그리다 실수로 눈을 찔러 하얀 각막으로 검은 액체가 흘러드는 장면을 목격했다.

나도 완전히 똑같은 시간을 겪었고 사회가 원한다고 믿는 어른이 되고 싶은 마음으로 안달이 났다. 우리는 미국의 여느 10대 소녀가 한

때 그러듯이, 똑같은 틀에 꼭 들어맞으려고 내장을 꽉 조였다. 신데렐라의 새 언니들처럼 퉁퉁한 발을 유리구두에 힘껏 밀어넣었고, 몇 년씩 차이만 있을 뿐 다들 같은 실수를 저지르며 성장했다. 열세 살이 된 언니는 이제 끔찍할 만큼 나이가 많고 성숙하고 독특하고 완벽해서 내게 극단적으로 차갑게 굴었다. 나도 그 나이가 되었을 때에는 여느 열세 살처럼 까칠했다. 언니도 나도 못된 여자아이들과 마음에 들지 않는 머리 모양, 되바라진 남자아이들, 그리고 엄격한 선생님들을 감당해내야 했다. 우리 둘 다 의미와 정체성을 찾아 헤맸다. 나는 어떤 징후라도 찾아보려 과거를 뒤적이지만, 모든 것이 너무도 정상으로 보인다. 나날이 늘어가는 고통은 그 나이대의 우리 모두가 겪는 게 아니던가.

할 수만 있다면 어린 나를 꼭 안아주며 언니가 무시하는 것처럼 느껴져도 일부러 그러는 것이 아니라고 말해주고 싶다. 당시 언니는 그저 자기 자신을 찾고 싶었을 뿐이라고. 덜덜 떨리는 다리로 어른이 되는 길을 향해 첫발을 내딛고 있어서, 어디를 가든 여동생을 데리고 다닐 수는 없었다고. 그리고 그때의 어린 언니를 안아주며 모든 게 다 괜찮아질 거라고 말해줄 수 있다면 얼마나 좋을까. 지나고 나면 다 이해할 수 있을 거라고, 너답게 잘 자라서 너다운 사람이 될 수 있을 거라고. 하지만 그렇게 한다면, 그건 거짓말이 아닐까?

열세 살, 사춘기로 접어드는 나이에 언니의 내면에서 뭔가가 완전히 바뀌기 시작했다. 이전까지 거의 보이지 않던, 언니의 중심부에서 점화된 뭔가가 우리 삶의 모든 측면으로 스멀스멀 번져왔다. 그럼에도 어린 시절 내내 나를 세심하게 돌봐주던 언니의 모습은 아주 가끔일지언정 그대로 남아 있었다. 언니는 여전히 내가 자신의 침대에서 자게 해주었고, 슬금슬금 옆자리로 파고 들어가면 창밖으로 지나가는 차 소리를 듣게 해주었다. 개조한 다락방에서 함께 텔레비전 쇼를 보게도 해주었다. 나는 2000년대 초반에 방영된 모든 MTV 리얼리티 쇼를 언니와 함께 봤다. 「넥스트Next」, 「패어런탈 컨트롤Parental Control」, 「룸 레이더스Room Raiders」 같은 프로그램들. 우리는 「크립스Cribs」와 「앙투라지Entourage」도 봤고, 딱 봐도 너무 오래된 뮤직비디오들도 봤다. 언니는 내게 "이런 게 진짜 근사한 거야"라고 은근히 가르쳐주고 싶어 했다.

폭신한 의자에 앉아서 채널을 이리저리 넘기던 우리는 "다음에 나오는 게 너야"라는 게임을 하고 놀았다. 차례를 바꿔가며 리모컨으로 채널을 돌려 리얼리티 쇼나 광고를 보다가, 갑자기 채널 돌리기를 멈추고 "다음 화면에 나오는 게 너야"라고 외쳤다. 텔레비전 속에서 얼빠진 표정을 한 만화 캐릭터의 얼굴이 화면 가득 나왔다. 조그만 개가 짖었다. 성인용 기저귀나 헤르페스 연고 광고가 나오기도 했다.

우리는 거의 울 정도로 심하게 웃었고, 그러다 보면 배에 경련이 날 만큼 아프고 진이 빠졌다. 그때만 해도 자기 자신이 아닌 다른 뭔가가 된다는 생각은 터무니없이 우스웠다.

우리가 믿었던 수많은 미신이 아이들이라면 누구나 믿고 따르던 거라는 사실을 알게 되었을 때, 나는 이 텔레비전 게임의 이름이 무엇인지 찾기 위해 이리저리 이름을 바꿔가며 구글링하고 레딧(미국의 소셜 뉴스 및 커뮤니티 사이트/옮긴이)에서도 검색했다.

처음에는 "다음에 나오는 게 너야, 텔레비전 게임"이라고 입력했다.

그런 다음 "화면에 어떤 사람이 나오기를 기다리는 텔레비전 게임"이라고 검색했다.

심지어 "채널 돌리기 게임"이라고도 검색했다.

어디에서도 그런 게임은 찾을 수 없었다. 그제야 나는 그게 우리가 만들어낸 게임이라는 사실을 깨달았다. 한 지붕 아래서 성장한다는 일의 모든 측면이 그렇듯, 그것은 대체 불가능한 우리 자매만의 의식이자 세상을 알아가는 단일한 경험, 즉 복제 불가능한 유대였다.

그해 내 팔이 부러졌을 때, 언니는 보호자 역할에 정성을 다했다.

팔이 부러진 건 예고에 없던 폭풍이 도시를 덮친 날이었다. 언니가 있던 7학년 교실의 창문이 와장창 깨졌다. 학생들은 교실로 흩어지는 유리 파편을 피해 책상 아래로 대피했다. 우리 반 아이들은 폭풍이 닥치기 직전까지 운동장 정글짐에서 놀고 있었다. 나는 제일 높은 곳에서 묘기를 부리거나 구름사다리 철봉에 허리로 매달리고, 미끄럼틀에 올라가 거꾸로 매달려 있기를 좋아했다. 그날 분홍색 슬립온을 신고 있던 나는 나선형 모양의 기다란 금속 받침대 사이 비좁은 틈에 발을 끼고 말았다. 순간 신발이 벗겨졌고, 강하게 불어닥친 바람이 나를 바닥으로 내박쳤다. 왼쪽 팔꿈치를 부딪치며 바닥에 떨어진 나는 팔뼈가 부러지고 말았다.

그렇게 되기까지의 일은 몹시 흐릿하지만, 떨어지던 순간만큼은 기억이 난다. 하늘을 올려다보고 나서 고개를 숙여 금속 틈에 낀 그 선명한 분홍색 신발을 보다가 **내가 떨어지네**라고 생각했다. 이때의 기억은 이후 맞닥뜨릴 추락을 연상시킨다. 언니에게도, 추락하기 전 안심하거나 애석해할 순간이 존재했을까?

나는 충격을 받은 순간 어딘가 부러졌음을 알았다. 학교 보건실로 불려온 언니는 나를 보자마자 눈물이 가득한 눈으로 내 얼굴과 팔을 살피며 곁으로 달려왔다. 언니는 응급실로 가는 동안에도 계속 나를 보살폈다. 늘 앉던 조수석 대신 뒷좌석에 앉아 머리를 쓰다듬고 어깨를 토닥여줬다. 나는 통증을 느끼면서도 다시 언니의 조그만 인형이 되어서 관심을 받는 게 몹시 좋았다. 그 순간만큼은 다시는 옆으로 재주넘기나 텀블링, 앞구르기를 못 하게 되더라도 상관없었다. 중요한 것은 오직 언니가 다시 언니처럼 행동하고 있다는 사실이었다.

그러나 그렇게 잠깐씩 원래의 모습으로 돌아오는 순간은 결코 영원하지 않았다.

언니가 열세 살이던 그해에 엄마는 여러 번 교장실로 불려갔다. 언니가 엮인 골칫거리들을 의논하기 위해서였다. 나날이 문제 사건에 얽히고설키는 데 어찌나 능숙하던지, 그 능력마저 기적 같았다. 열셋에 새로 전학온 여학생으로 지내기도 쉽지 않았을 텐데, 언니는 좋든

싫든 새로 마주한 사회의 중심으로 들어갔다. 대담함과 배짱, 약간의 골칫거리. 그게 바로 언니의 방식이었다.

대립을 자초하는 언니의 성격과 주변을 통제하려는 욕망은 당시 일어난 싸움들의 발단에 일조했다. 그 싸움들은 언니가 타고난 기질의 산물이었다. 하지만 날마다 일어나는 논쟁이라 해봤자 남자아이들이나 옷, 편 가르기 등 열세 살 여자아이들의 관심사에 국한되어 있었다. 아직 우려할 정도는 아니었다. 그 논쟁이 앞으로 어떤 모습이 될지는 아직 드러나지 않았다. 만일 엄격하게 규칙을 따르는 내가 첫째였다면, 부모님은 언니의 행동을 더 걱정스럽게 여겼을 수도 있다. 하지만 부모님도 10대 청소년을 키워보는 일이 처음이었으니, 문제가 있음을 어떻게 알아챘겠는가?

몇 달이 지난 후 우리는 결국 다른 학교로 전학을 가야만 했다. 언니가 필라델피아에서 아주 잘나가고 인기 있는 스포츠팀과 연관된 힘 있는 집안의 딸과 싸웠기 때문이다. 그 싸움은 이내 집안 대 집안 분쟁이 되었다. 누군가 하나는 학교를 나가야 했고, 그것이 우리가 될 것은 뻔했다. 마침 부모님이 교외로 이사할 계획을 세우고 있었는데, 정말 그렇게 되고 만 것이다.

돌아보면 그 무렵 일어난 일들은 어떤 서사에서 획기적인 사건으로 이어지는 여러 순간 중 하나였다. 갑작스러운 파괴이자 암반에서 불안정하게 떨어져 나온 땅의 표층 같은 것이었다. 하지만 부모님은 그 사건을 얼마나 심각하게 받아들여야 하는지 잘 알지 못했다. 아빠는 치료 같은 걸 믿지 않았다. 그래도 혹시 몰라 언니를 데리고 병원에 갔는데, 당시 소아정신과 의사는 세세한 정밀 검사를 마친 뒤 언니가 건강하게 사춘기에 잘 적응하는 중이라고 진단했다. 그렇게 문제는 해결되었고 우리는 계속 살아갔다. 정신과 진단을 둘러싼 어떠한 대화도 묵살되어버렸다.

그해 나는 처음으로 언니와는 별개로 나만의 미신을 만들었다.

7번째 생일을 맞은 나는 흰색 물결무늬 설탕 프로스팅으로 두툼하게 장식된 케이크의 초를 후 불어 끄면서, 17번째 생일이 될 때까지 매해 생일마다 빌게 될 소원을 말했다.

"꿈을 이루게 해주시고, 가족들이 건강하게 해주세요. 그리고 **언니가 좋아지게 해주세요.**"

어쩌다 그런 소원을 말하게 되었는지 정확히는 모르겠지만, 그렇게 소원을 빌었다는 것만큼은 기억이 난다. 우리 가족이 비교적 건강하게 지낼 때였음에도 일곱 살이던 나는 앞으로 "좋아져야 할" 어떤 문제의 존재를 인식했다. 부모님이 나를 보호하려 노력했지만 나는 우리 가족의 역학에 이상이 생겼음을 감지했고, 언니가 엮인 골칫거리를, 언니가 내게서 돌아선 방식들을 이미 알아챈 상태였다.

변화를 만들기에는 무력했던 나는 내가 아는 유일한 해결책에 기댔다. 바로 미신이었다. 시곗바늘이 11시 11분을 가리킬 때나 촛불을 끄거나 무른 뼈인 닭 차골wishbone을 부러뜨릴 때마다 같은 소원을 반복해서 빌었다.

"언니가 좋아지게 해주세요."

그것은 반사적으로 외는 주문이 되었다.

하루에 두 번씩, 집중하기 위해 두 눈을 아주 세게 꼭 감았다. 중지를 검지 위로 엇갈리게 한 뒤 양 손가락과 손바닥을 맞댔다.

언니가 좋아지게 해주세요.

05

나는 필연성이라는 개념을 많이 생각한다.

우리 엄마는 역사 과목을 제일 좋아했고 역사 소설도 자주 읽었다. 초등학교 때 한번은 내가 숙제가 어렵다며 역사를 왜 배우는지 모르겠다고 말한 적이 있다. 나는 물었다. "왜 과거를 돌아봐야 해요?"

하교 후에 나는 엄마의 침대에 가서 앉았다. 침대의 각 모퉁이를 장식한 4개의 나무 조각 기둥이 우리를 지켜보는 신들처럼 보였다. 그때 나를 쳐다보며 내 이목구비를 세세히 살피던 엄마의 모습을 절대 잊지 못할 것이다. "과거의 실수를 돌아보며 뭔가를 배울 수 있으니까." 엄마가 강조해서 말한 이 문장은 교훈처럼 나의 뇌리에 박혔다. **과거의 실수를 통해 뭔가를 배울 수 있다.**

그리고 수년이 흐른 지금도 나는 붉은 하늘을 찾으려고 과거를 돌아본다.

벤저민 프랭클린을 비롯한 여러 건국의 아버지들은 이신론理神論으로 세상을 이해하는 종교관을 가지고 있었다. 그 종교관은 우리 퀘이커 교단 학교에 영향을 주었고, 필라델피아 구석구석에 흔적을 남겼다. 이신론자들은 하느님이라는 존재가 우주의 창조자이지만 인간 세계에 직접적으로 개입하거나 인간과 상호 작용하지는 않는다고 믿는다. 말하자면 무관심하고 비인격적인 신인데, 이는 시계공과 자주 비교된다. 시계공이 스스로 정확히 돌아가도록 정밀하게 시계를 만들 듯이, 창조주도 우주가 스스로 작동하도록 설계한다는 것이다. 규율과 설계까지 분자 수준으로 매우 정확하고 간단명료하게 전개되는 물리적 세계는 시계의 기계적 완벽성을 떠올리게 한다. 일단 조립이 완성되면 개입 없이도 계속해서 돌아간다. 모든 것이 계획대로 정밀하게 펼쳐진다.

빅뱅의 순간에 정확히 맞춰진 타이머를 상상해본다. 시계 프레임 안팎으로 빠르게 움직이는 섬섬옥수가 용두를 아주 조금씩 돌려 조정한다. 우주는 어느 특이점에 폭발하고, 그렇게 무기한으로 확장된다. 가장 작은 순간들이 무한의 결과들로 이어진다. 이 타이머가 계속 째깍거리는 동안 우주는 계속 커진다. 태엽은 감기고 감기다가 풀려버린다. 작디작은 모든 변화와 당신이 줍거나 줍지 않은 바닥에 떨어진 모든 동전, 그리고 당신이 보내거나 보내지 않았던 모든 문자는 숙명이었다. 전부 예정되어 있었다.

이런 생각은 위안을 준다. 책임을 가볍게 해주기도 한다. 언니에 관해서라면 나는 책임감을 줄여주는 것들에 어쩔 수 없이 끌린다(그 무엇도 내 마음속의 부채감을 완전히 뿌리 뽑지 못할 걸 알면서도).

언니가 10대 초반이던 무렵 우리는 미지의 영역으로 넘어가기 직전이었다. 우리 앞에는 두 갈래의 길이 있었다. 우리가 밟았던 파경으로 가득한 길. 그리고 또다른 대안의 길. 만에 하나 언니더러 "괜찮다"며 그냥 넘어가버린 소아정신과 의사가 그날 다른 하루를 보냈더라면. 언니를 보기 전에 더 기이한 환자를 보지 않았거나 알람이 울리는 소리를 듣지 못하고 늦잠을 잤더라면. 새로 산 블라우스에 커피를 쏟았더라면. 어쩌면 의사는 언니에게서 어떤 징후를 알아채고 치료를 위한 어떤 조치를 해주었을지도 모른다. 혹시 언니가 같은 반 여자아이들과 싸우지 않았더라면, 그래서 우리가 계속 필라델피아에서 학교를 다녔더라면. 아니면 내가 진작에 대학 교재에서 어떤 문장을 읽고 너무 늦기 전에 언니의 증상들을 알아봤더라면. 단 하나의 차이가 전체 이야기를 바꾸었을지도 모른다. 그러니까, 가끔은 시계가 오작동을 일으킨다. 가끔은 시계공의 개입이 필요하다.

커트 보니것의 소설 『제5도살장Slaughterhouse-Five』에는 시간을 여행하는 트랄파마도어인들이 나온다. 그들에게는 하나의 순간이 다음 순간으로 이어지지 않는다. 모든 순간이 "로키 산맥처럼 쭉 펼쳐져" 있다. 모든 순간은 영구적이며, 그들은 그 사이를 이 지점 저 지점으로 옮겨 다니며 흥미 있는 시점에 집중하고 자신이 선택한 순간을 산다. 죽음도 또다른 "상태"에 불과하며, 종이에 베인 상처처럼 불가피하지만 일시적이다. 삶이란 오래된 원료의 끝없는 재활용이다.

그러니 어쩌면 과거는 고정되고 변함없으며 필연적일지도 모른다. 혹여 당신이 과거로 돌아간다 해도, 모든 실수를 반복할 것이다. 아마도 당시에 우리가 상황을 바로잡기 위해 할 수 있었던 일은 아무것도 없었을지 모른다. 우리는 허물어질 운명을 타고났고, 허물어지도록 설계되었다.

그렇다고는 해도 과거로 돌아가서 뭔가를 바로잡을 기회가 주어진다면, 변화를 만드는 게 불가능하다는 것도 알고 종국에는 계속해서 최악의 순간들을 다시 경험하고 최고의 순간들은 무효가 된다고 해도 나는 과거로 돌아갈 것이다. 그럼에도 불구하고 나는 시도해볼 것이다.

06

언니가 퀘이커 교단 학교에서 전학을 권고받은 뒤 우리는 메인 라인이라는 곳으로 이사했다. 필라델피아 서쪽 교외에 자리한, 철도 복복선複複線이 가로지르는 지역이었다. 언니는 또 새로운 학교에서 8학년을 시작했고 나는 2학년으로 들어갔다. 빌라노바 대학교 근처 거리에 있던 우리집 뒷마당에는 오래되고 거대한 나무들이 듬성듬성 자리를 지키고 있었다.

　마블헤드 해변의 조그맣고 파란 집에 살던 우리 가족은 사람 많고 복잡한 필라델피아의 적갈색 사암으로 마감한 주택으로 이사했다가, 이제 초록의 오아시스인 교외로 오게 되었다. 한 예술가가 주기적으로 표현 양식을 바꾸듯, 이제 우리는 초록의 국면으로 접어든 것이었다. 모든 것이 초록이었다. 세심하게 다듬어진 잔디가 오래된 석조 주택 앞에 깔려 있었다. 솔잎은 색종이 조각들처럼 모든 것을 덮었다. 나무의 줄기는 이끼로 가득했고, 곳곳에 사슴이 출몰한다는 표지판들이 보였다.

물가에서는 식물이 이런 식으로 자라지 않는다. 바람이 조그만 식물들을 모래로 솔질하고 유연한 가지들을 휘게 해 수평으로 자란다. 물가에 살면 모든 게 파랗다. 도시에 살면 온통 벽돌과 시멘트다. 하지만 여기 이 교외에서 우리의 세계는 뚜렷한 초록이었다.

살면서 그렇게 많은 나무를 본 적이 없었다. 기다랗고 제멋대로 자라나는 잔디 사이사이에는 스프링클러가 설치되어 있었고, 산책로도 많았으며, 대학 교정은 아주 깨끗했다. 맥동하는 그 모든 빛깔의 기운, 덤불 속에 감춰진 다양한 생명들이 너무도 놀라웠다. 모든 것이 단단하고 영구하게 뿌리내린 방식을 나는 사랑했다.

나를 제외한 가족들은 풍성한 흙과 나무껍질보다는 뻥 뚫린 바위 해변과 모래언덕을 좋아했다. 다시 파란 바다로, 모래사장으로, 과거로 돌아가고 싶어했다.

돌아보면 메인 라인으로의 이사는 유년기 이사 중 가장 힘든 이사였다. 새로 들어간 공립학교에서 언니와 나는 둘 다 약간 다른 방식으로 뒤처졌다. 그곳 아이들은 우리에게 익숙한 속도보다 빠르게 자랐다. 놀이의 규칙이 달랐고 말뚝은 더 높았다. 우리는 그 차이를 벌충하려고 우리 나름으로 지나치게 애를 썼다.

수업에서 뒤처지던 나는 책꽂이에서 가장 두꺼운 책을 빼내어 독서시간에 읽곤 했다. 책을 올려둔 무릎 위로 느껴지는 그 묵직한 느낌이 좋았다. 한장 한장 종이가 넘어가고 한 구절에서 다음 구절로 뛰어넘을 때, 문장을 간신히 이해하면서도 종이의 바스락거리는 소리에서 전율을 느꼈고, 책갈피가 듬성듬성 꾸준히 뒤로 넘어가는 걸 보며 만족감을 느꼈다. 나는 엉성하게 만든 "독서 상"을 방에 걸어두었는데, 그 플라스틱 금메달들은 풍경風磬처럼 흔들리고 서로 부딪히며 소리를 냈다. 살면서 스포츠 우승컵과 가장 비슷한 걸 받아본 건 바로 그때였던 것 같다.

나는 서서히 언니와는 완전히 다른 정체성을 형성하기 시작했다. 말할 필요가 없어서 좋았던 그 내성적이고 조용한 소녀도 이제는 할 말이 조금 생겼다. 나는 이야기를 짓고 듣는 행위와 사랑에 빠졌고, 실제 삶에서는 구하기 힘든 솔직함과 취약함을 책에서 찾아냈다. 이야기에는 마법이 있었다. 활자의 형태로 포착한 세계이자 오랜 세월에 걸쳐 영혼으로 이어진 사람들의 이야기는 신비로웠다. 언니의 패기에 부응한 적은 결코 없었어도, 나는 글쓰기를 통해서 나 자신이 뭔가 보편적인 것의 일부임을 알았고, 동시에 오롯한 나 자신이 될 수 있었다.

나는 판지를 실로 엮어 아주 조그만 책을 만들기 시작했다. 그렇게 만든 책들이 서랍과 상자들을 가득 채웠다. 이따금 운이 좋으면 엄마가 책 표지를 비닐로 코팅해주었는데, 그런 책들은 너무도 진짜 같아서 나의 단어들이 책꽂이에 꽂힌 모습을 상상하게 했다. 그런 상상을 하면 아찔할 정도로 기뻤다.

언니는 나와 다른 변화를 맞이했다. 그 누구보다 열심히 파티를 했고, 아슬아슬할 정도로 장난이 심해졌다. 친밀한 사람이라면 알아차릴 만한, 어떤 자기 파괴적인 양상도 띠었다.

공감각이란 어떤 하나의 감각이 다른 영역의 감각으로 번지는 상태를 의미한다. 음악의 선율에서 색이 보이고 숫자들에서 소리가 들린다. 색깔에서 맛이 나거나 빨간색의 열기가 느껴지기도 한다. 공감각은 존 로크(영국의 철학자이자 정치사상가/옮긴이)가 트럼펫 연주 소리를 들을 때 진홍색을 보았던 어느 시각 장애인의 사례를 보고하면서 처음으로 세상에 알려졌다.

나는 공감각을 경험한 적은 한 번도 없지만, 그것이 어떤 감각을 의미하는지는 조금 알 것도 같다. 여러 기억이 시간에 따라 구획되고 일련의 추억으로 연결되어 우리 앞에 하나의 이야기로 줄지어 놓인다. 해안가에서 자라던 언니와 내가 어느덧 육지에 둘러싸여 있다. 그 변화는 어쩐지 의미심장하고 숨이 막힌다.

해안가에서는 아주 멀리까지 내다볼 수 있다. 수평선이 눈앞에 훤히 열려 있어 세상을 알 수 있으리라고 상상하게 만든다. 평평하고 파란 파도 위는 감춰진 것도 모호한 것도 없이 확 트여 있다. 바다는 수평선과 맞닿아있고, 우주는 파란 바다로 잠겨든다. 어린 시절 나는 바다 아래 신비로운 세계에 무엇이 있을까 떠올리면서도 전혀 두렵지 않았다.

파랑이 내게 자유의 감각을 준다면 초록은 아마존 우림을 떠올리게 한다. 250만 종의 곤충들이 구석구석 틈새마다 기어다니고, 그 수와 다양성이 너무도 빠르게 증가해 연구자들이 일일이 확인하고 이름을 붙이기도 힘든 그곳.

우리가 필라델피아에서 보낸 10년을 되돌아보면, 언니의 정신질환이 초록으로 점점 자라서 솟아나고 비틀리고, 통제 불가하고 위험한 뭔가로 변형되는 모습이 그려진다. 그 현상은 그것을 지칭할 이름이나 단어를 찾을 우리의 능력보다 더 빠르게 진행된다. 숲속의 뒤엉킨 뿌리들과 혼란, 엇갈리고 끊어진 가지들에 당신은 언제나 걸려 넘어진다.

07

새로 전학한 고등학교의 새내기였던 언니는 자기 방 창문을 몰래 빠져나가 상급생 파티에 갔다. 메인 라인에 있던 우리 집은 스페인 양식 외벽에 하얀 치장 벽토를 바르고 지붕에 빨간 타일을 얹은 주택이었다. 검은 창틀은 액자처럼 도드라져 보였다. 경사진 선녹색 언덕에는 가파르고 균열이 생긴 진입로가 있었다. 이따금 새가 앉거나 심한 바람이 불면, 테라코타 타일이 회색 아스팔트로 떨어져 고대 점토 유물처럼 깨지거나 크레파스처럼 뭉개졌다.

언니의 방과 내 방은 늘 그랬듯 벽 하나를 사이에 두고 붙어 있었지만, 노크로 모스 부호를 주고받기에는 우리가 너무 많이 자란 뒤였다. 둘 중 더 큰 방을 차지하고 싶어한 언니가 승리의 함성을 지르며 자기 방으로 뛰어 들어가면, 다정한 중재자인 엄마는 한결같은 미소를 지으며 윙크를 하고 내 귀에 속삭였다. "걱정하지 마. 네 방은 창문이 더 많아서 빛이 더 잘 들잖니."

새로 생긴 내 방을 나만의 공간으로 꾸미려고 최선을 다해봐도, 모든 근사한 것들과 10대다운 것들이 정점을 이룬 언니 방에 비할 바는 아니었다. 그 방에는 초대만 받아도 영광스러웠다. 방에는 언니가 모아둔 포스터들이 뒤죽박죽 쌓여 있고 엔틱 가구와 빈티지 장식들도 있었다. 벽에 붙은 포스터 속 매릴린 먼로가 나를 내려다보며 윙크했다. 어느 밴드 포스터는 테이프로 대충 붙여서 한쪽 귀퉁이가 느슨하게 말려 있었다. 나무 조각 장식들과 금속 십자가들이 걸린 침대 옆은 침울한 사원을 연상시켰는데, 그마저도 불가해한 순서로 걸려 있어 신성모독에 가까워 보였다. 무정부주의자. 혼돈의 조합. 방을 사용하는 10년간 내가 그 어디에도 변화를 주지 않은 데 반해, 언니는 자기 방을 끊임없이 재정비했다. 그 방은 살아서 언니와 함께 진화하고 자라났다.

언니는 가끔 나를 방으로 불러 침대에 앉히고 비밀을 털어놓았다. 자기가 처한 곤경을 말해주고는 내 손이 비틀리도록 새끼손가락을 걸어 부모님께 말하지 않겠다고 약속을 받아냈다. 언니의 비밀을 지켜주는 건 내 나름의 반항이자 언니와 한패가 되어 세상에 맞서는 방식이었다.

언니는 위조 신분증을 만들려고 나를 욕실로 불러 사진을 찍어달라고 했다. 이 역할을 진중하게 받아들인 나는 안간힘을 다해 카메라를 똑바로 들고 섰다. 도자기로 된 변기에 올라가 균형을 잡고 서서는 완벽한 구도를 위해 손을 뻗었다. 그러고는 그다지 호의적이지 않은

빛과 그림자를 알맞게 섞어서 차량관리국 카메라의 가차 없는 플래시를 그럴듯하게 흉내 냈다. 언니는 포토샵 초보라도 약간의 운만 따르면 이걸로 돈을 벌 수 있다고 믿었다(언니가 이베이에서 구입한 스캐너와 코팅기가 부모님에게 발각되면서 그 사업 구상은 물 건너갔다).

언니는 학교를 빠져나가 반려동물 용품점에서 도마뱀을 사서는 장난으로 친구의 책가방에 붙여둔 일화를 들려주었다. 수업을 빼먹고 시내에 갔던 이야기도 있었다. 그 이야기들은 내 기준을 너무나도 벗어나는 행동이어서, 나는 그저 페리스 뷸러(미국의 하이틴 코미디 영화 「페리스의 해방Ferris Bueller's Day Off」 속 주인공 이름/옮긴이)가 시내를 돌아다니던 장면을 떠올릴 뿐이었다. 당시 학교는 졸업반 학생들에게 자유시간에 학교 밖으로 나갈 특권을 주었다. 그러나 내가 졸업반일 때에는 간호사나 부모님에게서 받은 통행증을 제시해야만 수업이 없을 때 밖으로 나갈 수 있었다. 나는 그런 규율이 언니의 무모한 장난과도 관련이 있지 않았나 의심했다.

언니의 방 창문 중 하나는 집 뒤편 창고로 향하는 진입로 위쪽에 있었는데, 그 창문은 아래층 부엌 팬트리 천장의 지붕을 매단 짧은 줄과 연결되어 있었다.

어느 밤, 그 작은 창문으로 빠져나가려던 언니는 팬트리 지붕으로 내려가 아래 덤불로 뛰어내리려고 했다. 무성한 잎사귀들이 낙하의 충격을 완화해주리라 믿은 것이다. 언니의 친구들은 긴 진입로 끝으로 차를 끌고 와서 길가에서 기다리고 있었다. 하지만 창문을 빠져나가던 과정에서 언니는 미끄러졌고, 지붕 위 울퉁불퉁한 타일 위에서 멈추지 못하고 바닥으로 굴러떨어지고 말았다.

뇌진탕과 정신건강의 관계에 관해 배운 후, 이 순간은 내게 중대한 의미를 가지게 되었다. 최근 연구에 따르면, 반복된 두부 외상head trauma에서 비롯한 만성 외상성 뇌병증은 공격성, 자살 충동, 그리고 충동 조절력 감소를 비롯한 행동 변화로 이어진다고 한다.

2017년 「뉴욕 타임스The New York Times」에 실린 한 기사는 보스턴 대학교 만성 외상성 뇌병증 센터의 센터장이자 신경학자인 앤 매키 박사가 미국 프로 미식축구 연맹 선수 111명의 뇌를 연구한 사례를 보고했다. 전前 미식축구 선수 111명 중 110명이 만성 외상성 뇌병증과 연관된 신경 퇴행을 앓았다는 내용이었다.

언니는 그날 밤(을 포함해서) 이후 얼마나 많은 뇌진탕으로 고통받았을까? 대체 몇 번이나 파티에 가서 의자나 소파, 아니면 식탁에 올라갔다가 떨어져 머리를 박고 통증을 느끼면서도 웃어넘겼을까? 프로 운동선수들만큼 부상을 당하지는 않았겠지만, 그에 비교해서 아주 적지도 않았을 것 같다.

그러나 당시에 우리는 언니에게 물어볼 생각을 하지 못했다. 그러니까, 언니가 바닥에 머리를 박고서도 몸을 추스르고 일어나 부모님이 주무시니 소리 내지 말라고 친구들을 조용히 시켰을 때, CT 촬영을 할 기회도, 그리하여 경고 알람을 들을 기회도 물 건너간 것이었다.

언니의 아랫입술에서는 피가 뚝뚝 흘렀고, 상처가 깊어 꿰매야만 했다. 작고 거친 흉터를 남긴 그 순간을 한 친구가 찍어 페이스북에 올렸다. 언니는 머리가 젖은 채 초점이 흐린 눈을 휘둥그레 뜨고 있다. 턱 아래로 짙은 붉은색의 피가 강물처럼 흐른다. 회색 맨투맨 티셔츠를 입은 언니의 얼굴에는 아주 간단한 화장만 되어 있어 연한 갈색 피부에 생기가 넘치고 윤기가 흐른다. 언니는 파티를 위해 차려입을 생각조차 하지 않았다. 아주 당연하게도.

언니는 점점 더 난폭하고 신경질적으로 행동했고 이는 방종한 사교생활로 이어질 수밖에 없었다. 하지만 언니가 공공연하게 저지르는 장난질은 고등학생들이 높이 살 만한 행동들이었다. 누군가의 인기를 깎기보다는 더 부추기는 종류의 전설들. 언니는 나무로 조각한 남근을 학교 마스코트 조각상에 붙이는 것으로 시니어 프랭크(졸업반 장난/옮긴이)를 해냈다. 선생님들에게는 말대꾸를 하고 교실에서 나왔고, 합창부 선생님이 꾸짖자 칠판에 "멍청이"라고 써놓았다. 언니는 학기 중 결석을 보충하기 위해 여름 계절 학기를 들었는데, 하루는 일찍 퇴근하던 교감 선생님과 학교 주차장에서 마주쳤다. 그리고 선생님이 언니의 가방을 잡는 순간, 지퍼가 너무 많이 열리면서 깔끔하게 다려 입은 선생님의 외투 위로 물담배가 쏟아졌다.

또다른 언니의 전설(언니가 부풀려서 직접 전파한)은 말하자면 이런 내용이었다. 고등학교 졸업반이던 언니는 우리와 휴가를 보냈던 마서스 비니어드 섬에서 조그만 시내의 후진 선술집에 몰래 갔다가 우연히 몇 년 전에 졸업한 학교 선배인 어느 셀럽을 보았다. 세월과 열기의 흔적으로 부풀고 울퉁불퉁한 벽돌 보도와 무성한 나무들, 물막이 판자로 지어진 건물과 여러 상점에 둘러싸인 와중에도 언니는 곧바로 그를 알아보았다. 당시 그의 얼굴은 영화 포스터에도, 잡지에도, 가십으로 가득한 웹사이트에도 자주 등장했다. 나는 몇 주일 동안 그가 언니에게 문자를 보내도 놀라지 않았다. 사실 언니는 일부러 유명 인사에게 접근한 것이었다. 언니는 자기 방 벽에 붙은 매릴린 먼로의 포스터를 예술이 아니라 성공을 위한 설명서이자 미래를 향한 지침으로 보았다.

부모님이 언니에게서 휴대 전화를 압수하자 언니는 그 셀럽의 번호를 내 분홍색 모토로라 폴더폰에 저장한 뒤 계속해서 그와 문자를 주고받았다. 가끔 나는 휴대 전화를 열어서 그의 이름과 번호를 내 6학년 친구들에게 보여주기도 했다.

그가 출연한 영화를 친구들과 함께 볼 때면 "문자 한번 보내볼까?"라고 농담을 하기도 했다.

언니와 엮이면 내가 뭐라도 된 기분이었다.

언니는 자주 그리고 극적으로, 남자건 옷이건 생각이건 가리지 않고 사랑에 빠졌다. 내가 장단점을 따지고 신중한 고민 끝에 겨우겨우 결론에 이를 때, 언니는 두 번 생각하지도 않았다. 순수하게 본능에 따라 움직였고, 뭔가를 사랑하면 아주 깊이 사랑했다. 그것을 **반드시** 가져야만 했다. 망사 나팔바지든 알록달록 비즈 가방이든, 미적분 수업에서 만난 남학생이든. 실용성은 전혀 따져보지 않았다. 언니는 그것을 사랑했고, 그러므로 그것을 원했다. 그런데도 가끔은 일단 욕망하던 대상을 손에 넣으면 완전히 흥미를 잃기도 했다. 우리가 새로 기르기로 한 강아지가 바로 그런 경우였다.

쇼핑몰에 있는 어느 끔찍한 펫숍에서 개장에 갇혀 벌벌 떠는 조그맣고 볼품없는 몰티즈를 발견한 우리는 녀석을 릴리라고 부르기로 했다. 그 강아지는 치열도 삐뚤삐뚤해서 사육을 하거나 도그 쇼에 나가기에 부적합했는데, 그런 소름 끼치고 피상적인 이유로 분양 가격이 계속 내려갔다. 결국 강아지는 가격표에 빨간 엑스 표시를 단 채 새 가격을 책정받기 위해 구석으로 옮겨졌다. 무방비 상태에 놓여 불안해하는 강아지의 모습은 언니 내면의 어떤 원시적 본능을 부추겼다. 그 가엾은 강아지가 직면할 다음 단계는 안락사였다. 언니는 녀석을 우리 집에 데려가 키우기로 결정했다.

언니는 나를 가게 밖 복도로 데려가 말했다. "네가 엄마한테 강아지를 사달라고 조르면 엄마가 들어줄 거야. 너랑 나는 이제 한 팀이야." 나는 알겠다고 고개를 끄덕였다.

우리가 같이 칭얼대고 애원하자 딸들을 애지중지하는 엄마도 은밀히 강아지를 원하고 있었는지 못 이긴 척 우리에게 항복했다.

몇 분 뒤, 차에서 내 무릎 위에 앉은 강아지는 이동이 낯선 듯 덜덜 떨었다. 언니는 인상을 찌푸리며 불평했다. "얘는 매력이 없네. 네 강아지 해. 세일러는 내 거니까."

나는 오후 내내 강아지를 사달라고 조르던 언니가 너무도 빨리 마음을 바꿔버려서 충격을 받았지만, 한편으로는 언니의 변덕에 익숙하기도 했다. 언니의 극심한 열정은 금세 이랬다저랬다 바뀌어 나를 난처하게 만들었다.

수년간 언니는 주기적으로 개를 줬다 뺏었다. 기분에 따라 마음을 바꾸고 이제부터 이 개는 "내 것"이라고 주장했다. 그러든 말든 나는 행복했다. 릴리는 나처럼 내성적이고 순종적인 반면 세일러는 언니처럼 거칠고 활달했다. 놀라울 만큼 사람 같았던 녀석의 짙은 갈색 눈에는 영혼이 서려 있었다. 녀석은 가끔 현관 계단참에 앉아 그 눈으로 밤하늘의 별을 올려다보거나 자동차 팔걸이에 한쪽 앞발을 얹고 멍하니 창밖을 보았다. 언니가 뭐라고 하건, 두 반려견 모두 첫날부터 내 개 같았다. 세일러는 첫날 내 스웨터 안으로 숨어들었던 순간부터 나와 붙어 다녔다. 두 반려견과 나는 언니의 관심에 넋을 잃고, 언니가 엉뚱한 행동을 해도 달리 어쩔 도리 없이 언니가 우리 곁에 머물기만을 필사적으로 바랐다. 우리 셋은 늘 한배를 타고 있었다.

5학년이 된 내가 안경을 쓰게 되자, 언니도 안경을 쓰고 싶어했다.

포아이즈For Eyes라는, 너무 노골적이라 말장난 같기도 한 이름의 안경점에 가니 안경테들이 박물관의 전시품처럼 형광등 아래 죽 놓여 있었다. 나는 선반들 사이에 있는 약간 휜 거울 앞에서 안경테를 써보며 가장 "나답게" 보이는 안경을 골랐다. 문제는 내가 "나다워" 보이기를 염원하지 않았다는 데에 있었다. 내게 사춘기는 이상하고 달갑지 않은 방식으로 뻗쳐왔고, 유년기의 부드러움은 울퉁불퉁한 옹이들과 날카로운 날들로 대체되었다.

거울에 비친 내 얼굴을 볼 때마다 눈에 눈물이 고이면서 안경 유리 뒤편에 습기가 차올랐다. 안경은 우스꽝스럽고 흉했다. 콧날에 얹힌 안경은 무거웠다.

"여기 좀 봐! 나 진짜 똑똑해 보이지!" 언니가 옅은 갈색의 별갑鼈甲테 안경을 쓰고서 소리쳤다.

언니는 만화 속에서 남을 업신여기는 사서 캐릭터처럼 안경테를 콧날까지 내려쓰고는 머리를 헝클고 거울을 보며 웃었다. 언니를 데려온 이유는 언니의 의견이 내게 그 무엇보다 중요하기 때문이었다. 언니가 손을 댔다면 내 마음속에서는 다 금으로 변했다.

안경테 자체는 그리 비싸지 않아서 엄마는 언니에게도 도수 없이 투명 렌즈를 끼운 안경을 사주었다. 언니는 대부분의 수업에서 안경을 쓰고 눈을 가늘게 뜬 채 칠판을 보는 척했고, 반 친구들이 안경을 써보고 싶어하면 거절했다. 언니는 테 안쪽이 분홍색인 나와 비슷한 안경테를 골랐는데, 나는 그런 안경을 쓰지 않았더라면 절대로 친구들의 관심을 끌지 못했을 것이다.

언니가 8학년에서 고등학교 졸업반이 되기까지 우리는 같은 학교에 다녔다. 살면서 처음으로 그때 같은 선생님들 수업을 들었다. 나는 언니보다 5년 늦은 시점에 어쩐지 익숙한 이방인으로 선생님들의 수업에 모습을 드러냈다.

"레디?" 출석부를 부르던 선생님들의 목소리가 묘하게 커졌다.

학기 초 몇 주일 동안 선생님들은 나의 차분하고 조용한 행실이 마치 순진한 척이라도 되는 양 베일 뒤에 숨겨진 뭔가가 어서 터지기를 기다렸다.

그리고 마침내 자신들이 착각했음을 깨달았다.

"너는 네 언니랑 딴판이구나." 이 말을 몇 번이나 들었던지.

그들은 대단한 칭찬을 했다고 생각했을 것이다. 나의 얌전한 행실과 부드러운 목소리, 학업에 열심히 임하는 태도에 대한 진술이라고. 물론 선생님들도 언니의 개성과 재주를 좋아했다. 하지만 규칙을 따르지 않는 부분은 많이 힘들어했다.

그들은 내가 얼마나 간절히 언니를 닮고 싶어했는지 눈치채지 못했다. 문제를 일으키고 경계나 선을 넘고 싶었던 것은 아니지만, 나는 열망을 품은 소녀가 되고 싶었다. 언니처럼 보일지도 몰라서, 창백한 아일랜드 피부가 언니처럼 까무잡잡해질지도 몰라서 언니가 골라준 안경을 썼다. 유행과 상관없이 아무 색이나 섞어 입어도 모든 걸 딱 들어맞게 소화하는 언니만의 방식으로 언니의 옷을 입고 싶었다. 언니는 다채롭고 독특했으며 우주의 모든 것이 하나로 감싸진 존재였다. 우주 최고도 최악도 아니었고, 내게는 그저 언니가 우주였다.

우리의 옷 사이즈가 거의 비슷해지자 언니는 몰래 내 방에 들어와 내 맨투맨 티셔츠를 훔쳐 입었다. 집에 돌아와 운동복이나 다른 옷을 찾느라 서랍을 뒤지던 나는 뒤늦게 내 옷이 사라졌음을 알아챘다.

"엄마!" 나는 계단을 내려가며 여느 10대 소녀의 목소리로, 마치 일

상의 사소한 골칫거리가 본인을 향한 거대한 음모라도 되는 듯 소리
쳤다. "언니가 내 맨투맨 훔쳐갔어!"

그런 일은 자매가 사는 모든 집에서 늘 벌어지는 상황으로 이어졌
다. 말다툼과 엄마의 중재, 누가 누구의 물건을 가져갔는지에 대한 세
세한 집계, 그리고 종국에는 그게 무엇이든 분쟁을 일으킨 물건의 못
마땅한 반환. 언니는 내 옷을 복도에 던지며 소리를 질렀다. "됐어! 가
져가!"

돌려받은 내 옷에는 항상 담배 냄새가 배어 있었다. 그게 가장 큰
불만이었다. 담배 냄새는 세탁을 해도 천에 배고 섬유에 엉겨 있었다.
하지만 겉으로 그게 대단한 폐라도 되는 듯 행동하는 것과 달리, 사실
속으로 나는 한껏 기뻤다.

옷을 훔쳐가지 말라고 하면서도 내 물건 중 뭔가가 언니의 마음에
들었다는 사실보다 나를 들뜨게 하는 일은 없었다. 언니에게 훔쳐간
물건들을 돌려달라고 말하면서도, 언니의 관심을 끈 물건이 내게 중
요한 의미가 있다는 사실은 말하지 않았다. 언니가 가져갔던 물건은
내게 가장 소중한 물건이 되었다. 언니가 원했던 물건이라면, 언니가
인정했다는 뜻이었으니까. 내가 그 옷을 입는다면, 나 역시 인정받을
지 모르니까.

언니가 떠난 뒤 나는 이제 어떤 맨투맨 티셔츠가 내 것이었고 어떤
게 언니 옷이었는지 구분하지 못해 모두 입는다. 소매에 난 구멍으로
엄지손가락을 빼고 옷감을 문지르면 여전히 담배 냄새를 맡을 수 있

을 것만 같다.

언니는 사람들이 책으로 쓰고 싶어할 만한 소녀였다. 나는 그런 책을 읽으며, 혹은 그런 노래를 들으며, 한 사람에게서 인 불꽃이 얼마나 많은 이들에게 불길로 번져갈 수 있는지를 놀라워하는 소녀였다.

열여덟 살 때 언니는 엄마와 나와 함께 어린 조카의 선물을 사러 갔다가 실제 사람 크기의 바비 인형을 산 적이 있다.

우리는 커다란 호일 풍선부터 정원 손질을 위한 물건들과 눈삽에 이르기까지 모든 것을 파는 어느 정신없는 파티용품점에 갔다. 편의점과 파티 시티Party City의 중간쯤 되는 곳이었다. 물건이 가득 진열된 복도를 지나던 언니는 높은 선반에 놓인 인형을 보았다.

"맙소사! 나 저거 필요해"라고 소리를 꽥 지른 언니는, 내가 살면서 뭔가를 원했던 것보다 더욱 확신에 찬 얼굴로 그 실물 크기의 바비 인형을 원했다. 언니의 열정과 거리낌 없는 행복감 앞에서 반대는 불가능했다. 실용성이 전혀 없었지만 엄마는 인형을 사주었고, 언니는 즐겁게 가게를 나왔다.

언니는 그런 사람이었다. 언니의 기쁨에는 전염성이 있었다. 싸움, 골칫거리, 사건에 얽혀 최악을 경험했지만 상상할 수 없을 정도로 최고조에 다다르기도 했고, 어떨 때에는 바비 인형처럼 사소하고 우스운 것으로 우리 모두의 하루를 통째로 바꿀 수도 있었다. 나는 생의 대부분을 언니의 기분이라는 파도에 탄 채 물결의 움직임이 언니를 어느 방향으로 보낼지 읽는 법을 배우면서 보냈다.

위험 감행과 공격성은 두부 외상의 증상이기도 하지만 언니가 처음 말을 배우던 무렵부터 타고난 특성이기도 했다. 만성 외상성 뇌병증과 점점 심해진 충동성 사이에서 연관성을 찾는 것은 지나친 병리학적 해석일까? 아니면 이 모든 것들이 다 연결되어 있을까? 사실 두부 외상을 당한 이후로 언니의 기분 변화는 새로운 의미에서 해결이 시급해졌다. 어떤 사람의 인간적인 잘못과 정신질환의 가장자리를 구분하는 데에는 어떤 차이가 있을까?

언니는 어떤 힘이었다. 재미있고 거칠면서 예측 불가하고 여름 폭풍처럼 변덕스러운. 만약 언니를 파멸에 이르게 한 특질들이 언니를 너무도 사랑스럽게 했던 것들과 서로 다르다고 하면 마음이 좀 편해질까? 언니가 가진 어둠의 근원이 빛의 근원과는 달랐다고 하면 마음이 좀 나아질까?

그 바비 인형은 이내 잊혔지만, 수년 동안 언니 침실 구석에 앉아서 환하게 웃었다. 그리고 그 형광 분홍색 입술에는 드문드문 먼지가 내려앉았다.

08

내가 아홉 살이 되기도 전에 언니는 당시 개봉한 공포 영화들을 말 그대로 모두 보게 했다. 「링リング」은 여섯 살 때 봤고, 「힐즈 아이즈The Hills Have Eyes」는 아홉 살 때 봤다. 일곱 살 때에는 뉴햄프셔 숲속 조그만 오두막에서 「블레어 위치The Blair Witch Project」를 봤다. 가끔 공포 영화를 보자는 제안을 거절하면 대가가 따르기도 했다.

"이거 같이 안 보면 너랑 한 달 동안 말 안 할 거야." 언니는 말했다.

아무런 조건이나 최후통첩이 없을 때도 있었지만, 단지 언니랑 함께할 기회라는 단순한 사실 때문에 나는 영화를 봤다.

영화를 볼 때에는 베개로 화면의 반을 가렸다. 「링」에서 어린 소녀가 텔레비전 밖으로 기어 나오는 장면을 봤고, 「힐즈 아이즈」에서는 그 흉측한 남자들이 산 위에서 부드러운 사막을 내려다보는 장면을 봤다. 뭔가가 불쑥 튀어나오거나 섬뜩한 장면이 의식에 너무 깊이 새겨진 탓에, 지금도 나는 텔레비전 잡음이 들리면 일단 재빨리 도망간

다음 무엇이 나왔는지 묻는다.

커가면서 나는 차츰 "아니"라고 말하는 법을 배웠다. 공포 영화를 더는 보지 않았다. 최후통첩도 더는 없었다. 열한 살 때에 나는 무서운 영화를 절대 보지 않겠다고 다짐했다. 내 머릿속에 갇힌 그 이미지들은 언어만큼이나 쉽사리 접근 가능할 만큼 깊이 뿌리내렸다.

공포 영화들은 나와 언니의 관계에 결부되어 우리 삶에 엮어 들어왔다. 공포 영화 때문에 언니 방이나 부모님 방으로 건너가서 자는 일이 잦아졌고, 집에 혼자 있는 것을 싫어하게 되었다. 1925년에 지어진 오래된 우리 집은 삐걱거렸고, 유년 시절을 보낸 진기한 뉴잉글랜드풍 삼나무 지붕널 주택보다 더 스산했다. 두꺼운 시멘트 벽은 늘 차가웠으며 생명력을 빼앗는 하수구처럼 방의 열기를 빨아들였다. 방들은 더 웅장하고 휑뎅그렁해서 포근하고 북적대는 느낌이 덜했다. 원래는 우리가 손보려고 좋은 동네에 있는 허름한 집을 구했던 것인데, 집의 낙후는 시시각각 진행되고 있는 듯했다. 부모님이 집을 현대적으로 만들고자 애쓰는 만큼 집은 허물어지려고 기를 썼다. 그저 정체된 상태로 멀쩡히 돌아가게만 하려 해도 지속적인 유지보수가 필요했다.

오래된 나무 바닥이 삐걱거린 탓에 한밤중에도 머리 위에서, 복도 측면에서, 그리고 혹여 지나친 망상증이라도 도지면 바로 침대 곁에서도 또각또각 발소리가 들리는 듯했다.

마지막으로 친구를 우리 집으로 데려와서 잔 건 필라델피아 교외로 이사한 지 3년이 지났을 무렵이었다. 2007년 7월의 어느 밤이었고, 나는 5학년이었다. 그날 밤은 공포 영화의 어느 장면과 너무도 닮아 있었다.

아래층에서 들리는 고함에 친구와 나는 살금살금 층계 아래로 내려갔다. 부모님과 언니가 싸우는 일은 언니의 변덕스러운 기분과 격한 기질 탓에 내가 여덟 살(메인 레인으로 이사한 첫해이자 언니가 처음으로 두부 외상을 입은 시점)이 된 이후 점점 더 잦아졌다. 우리는 지난 몇 년 동안 언니가 조금씩 더 불안정해지는 모습을 지켜봐왔다. 언니는 질책을 받으면 폭력적으로 반응했다. 내 기억 속 첫 싸움은 내가 여덟 살 무렵에 언니가 엄마의 예쁜 금발을 한 움큼 쥐어뜯은 사건이었다. 하지만 집에 손님이 와 있을 때는 보통 그 정도로 폭발하지는 않았다. 언니도 상황을 알고 있었고, 우리도 모두 언니를 자극할 만한 행동은 피하려고 조심했다.

그러나 그날, 우리가 아래층에 내려갔을 때 엄마는 한 손으로 언니 얼굴을 움켜쥐고 있었다.

올라가렴, 어서 올라가! 엄마가 다른 쪽 손으로 내게 손짓했다.

나는 대체 무슨 일인지 묻고 답을 듣고 싶었지만, 그건 내 영역을 넘어선 일이었다. 늘 그래왔듯, 나는 엄마가 시키는 대로 했다.

위층으로 올라가기 전에 나는 언니를 한 번 더 슬쩍 보았다. 여전히 거울 속 내 모습만큼 익숙한 얼굴이었지만, 언니는 낯선 사람 같은 표정을 짓고 있었다. 사랑스럽던 얼굴은 사납고 이상하게 바뀐 뒤였다. 그건 내가 아는 얼굴이 아니었으며 내가 설득할 수 있는 누군가가 아니었다.

친구와 나는 위층으로 올라가 아래층 소동에 귀를 기울이려 문에 귀를 댔다. "이런 일이 자주 있어?" 친구가 물었다.

나는 어깨를 한번 으쓱해 보였다.

그 질문에 대한 진실을 감히 발설할 수는 없었다. 모든 아이들이 저마다 집에서 일어나는 은밀한 사건들에 대해 침묵하겠노라 맹세한다고 나는 믿었다. 서로에게 다가가면서도 각자 닫힌 문 뒤에서 어떤 참상을 보호하고 있다는 신성한 믿음이 있었다. 그렇기 때문에 우리 중 누구도 완전히 혼자는 아니었다.

이쯤해서 모든 정신건강 문제가 폭력으로 이어지지는 않는다는 사실을 언급해야 할 것 같다. 정신병 진단을 받았다고 해서 다른 이들보다 더 폭력적인 것은 아니며, 정신병이 폭력적인 행동에 대한 어떠한 구실도 되지 않는다. 적어도 이 경우에서만큼은 아니며, 그래서도 안 된다. 대중문화에 심각한 정신질환과 관련한 서사가 거의 없는 상황에서는 한 사람 한 사람의 이야기가 공통 사례로 설 책임을 지닌다. 하지만 우리 이야기의 진실을 말하자면, 언니는 이전부터 점점 폭력적인 성향을 띠기 시작했고 진단 이후로는 더욱 심해졌다. 사고나 감정에 관한 통제력을 잃었거나 보통 때만큼 제 기능을 하지 못해 좌절할 때, 혹은 단순히 타고난 기질이 그랬는지는 몰라도, 아무튼 언니는 이따금 공격성을 보였다. 누군가가 고통받는 동시에 당신에게 고통을 가할 때, 그 사람을 돌보는 일이 얼마나 힘든지를 인정하지 않는다면 부당할 것이다.

그날 밤 엄마는 언니를 차에 태워 병원으로 갔고, 아빠는 나와 내 친구와 함께 집에 머물렀다. 엄마는 왼쪽 광대뼈 부근에 혈종이 생겼고, 눈도 이후 몇 주일간이나 멍들고 부어 있었다. 언니는 정신병원으로 보내져 처음으로 의사의 소견을 들었다. 의사는 아무런 진단도 내리지 않고 언니를 보내주었다.

그날 이후, 친구를 집으로 데려오는 일은 더 이상 안전하지 않았다. 우리 가족의 안전을 보장하지 못하듯, 친구들의 안전도 더 이상 보장할 수 없었다. 언니는 열일곱 살이었다. 나는 열한 살이었다.

어릴 때 언니는 나를 바닥에 꼼짝 못 하게 한 다음 간지럼을 태우곤 했다. 내게 몸싸움을 걸며 "널 가만두지 않을 거야!" 같은 말을 했다. 발에 속도가 붙은 언니는 뒤꿈치로 모래를 차며 달려드는 황소 같았다. 나는 "조심해!"라고 소리치고 깔깔대며 달아났고, 내 발에 걸려 넘어지거나 소파와 쿠션 스툴 위를 뛰어넘어 다녔다. 언니가 "바닥은 용암이야!"라고 외치면 나는 쿠션 위만 밟고 뛰었다. 그때의 흥분은 항상 위험으로 타들어가는 가장자리에 있었다. 아드레날린이 치솟고 분위기는 급박해졌다. 늘 그랬듯 언니는 결국 나를 붙잡았다. 허공에 뛰어다니는 내 몸을 잡아 소파에 넘어뜨리고 두 팔을 머리 뒤로 넘겨 움직이지 못하게 한 뒤 나를 간질였다. 웃으면 웃을수록 조그만 불꽃들이 흉곽을 찌르는 것 같았다.

간지럼은 뭐랄까, 언제나 조금 이상하다. 고통스러우면서 동시에 기분을 좋게 한다는 점이 그렇다. 누군가 간지럼을 태우면 당신은 웃음을 터뜨리고, 그 화끈거리는 감각에 기분이 좋아진다. 해변에서 온종일 파도를 타고 뛰놀았을 때처럼 몹시 진이 빠지고 사지가 쑤신다. 하지만 이내 근육들이 수축하고, 통제를 벗어난 뚜렷한 감각이 인다. 재미를 위해 올라탄 놀이기구에서 금세 겁에 질리는 것과 같다.

몇몇 이론에 따르면, 간지럼은 점진적 방어 기제로 진화해왔다고 한다. 발, 겨드랑이, 배, 옆구리, 목처럼 우리 몸에서 가장 취약한 부분이 간지럼을 잘 타는 이유는 우리가 그 부분들에 가장 민감하기 때문이다. 이 이론이 사실이라면, 상대가 당신을 간질이도록 내버려두는 것은 당신이 그를 본질적으로 신뢰하고 있음을 말해준다. 개가 신뢰하는 상대 앞에서만 배를 내보이며 발라당 몸을 뒤집듯이. 우리는 상대가 안전하다는 믿음이 있을 때에만 가장 방심한 자기 자신을 드러낸다.

몇 년 동안은 언니의 공격적인 행동이 공격적인 척하는 놀이처럼 느껴졌다. 어떤 보이지 않는, 관통할 수 없는 선이 있다는 불확실한 믿음을 지닌 채로, 그 모든 위협을 사라지게 할 안전한 단어가 존재한다고 여전히 확신했다. 그러나 그날, 친구가 우리 집에서 자고 갔던 날은 달랐다. 나는 내면 깊은 곳에 있던 어떤 천진난만함이 사라져버렸음을 깨달았다. 이제 다시는 언니 앞에서 완전히 방심할 수 없을 것이다. 그날 이후 언니가 장난처럼 나를 쫓아왔을 때, 나는 진짜 공포의 기미를 마주했다. 심장박동이 빨라졌다. 내 허리 위에 올라탄 언니의 무게는 나를 압박했고 벌하듯이 너무 세게 조여들었다. 언니의 두 손이 무슨 일을 저지를지 더는 알 수가 없었다. 그날 저녁 언니에게 속수무책으로 당한 엄마는 처음으로 비명을 내질렀다. 그게 마지막이 아니었다. 우리는 전례 없던 영역으로 건너가버렸다. 지금 이 페이지에 다다르기까지의 여정 동안, 모든 것이 변하고 말았다.

나는 친구들에게 언니와 내가 보곤 했던 공포 영화에서처럼 우리 집에 유령이 나온다고 말하기 시작했다. 책장에 꽂혀 있던 책이 날아다니고 아무도 없는데 문이 꽝꽝 닫힌다고 이야기했다. 점점 더 심해지는 이 망상의 공포를 언니는 더 부추겼다.

"그거 알지, 걔들은 너 안 좋아해." 어느 날 언니가 말했다.

"누구?" 나는 곧 이어질 모욕을 경계하며 물었다.

"유령들 말이야. 걔들은 너를 이상한 애라고 생각해."

언니는 누르락붉으락하다 하얗게 질린 내 얼굴을 보며 웃었다.

물론 이것은 그냥 장난일 수도 있고, 환각의 시작이었을 수도 있다. 아니면 언니는 내가 모르는 뭔가를 정말로 알았을 수도 있다. 어떻든 간에 그때의 정서는 젖은 옷처럼 내게 달라붙었다. 나는 아치형 통로를 지날 때마다 조여드는 느낌에 주위를 둘러봤다. 내 방에서는 테일러 스위프트의 신곡(그림자에 숨어 있다가 유령처럼 달려든다는 내용의 가사가 나오는 노래 "Ours"로 추측된다/옮긴이)에 맞춰 춤을 추지도 않았다. 항상 나를 쳐다보는 시선들에 에워싸인 느낌이었다. 나날이 내 삶의 배경 어디에서나 그림자처럼 존재하던 그 느낌은 이후 수년간 계속되었다.

일반 담론에서 대개 우리는 환각과 일상을 구분한다. 환각은 때때로 심한 정서적 스트레스를 받을 때나 산소 결핍일 때, 생사를 넘나드는 순간이나 체외 유리遊離를 경험할 때, 아니면 환각제를 복용했을 때 일어나는 오류라는 것이다. 우리는 이러한 일탈적 조우들을 비일상적 소동이라며 털어내지만, 사실 환각은 일반적으로 인정하는 것보다 더 많이 우리의 근본을 이룬다. 환각은 종교들과도 밀접하게 결합되어 있다. 예언가는 성스러운 존재에게서 받은 메시지를 전해준다. 죽어버린 남편을 꼭 움켜쥐고 놓지 못하는 여인 앞에 젊은 시절 남편의 모습을 한 누군가가 다가와 그녀의 손을 부드럽게 잡아준다. 심지어 고대 동굴 벽화에 그려진 영적인 표현들, 가령 라스코 동굴에 그려진 움직이는 말들은 2개의 이미지가 겹친 형태로 일종의 유령을 연상시킨다. 심지어 세계에서 가장 많은 사람들이 믿는 종교는 한 남자가 죽은 뒤 부활해서 제자들 앞에 다시 나타난 이야기를 기반으로 한다. 이것은 정상 영역 바깥에 있는 것이 아닌가? 우리 사회는 의식이 용인한 생각의 일탈을 기반으로 세워졌다. 하지만 동시에 우리는 그것들에 겁을 먹는다.

지각 영역의 기이한 일들 역시 조금 덜 중요한 정신 가장자리에서 일어난다. 뇌는 접근 가능한 신호와 자극을 끊임없이 처리하는데, 정보가 제한적일 경우, 할 수 있는 최대한의 능력을 발휘해 그것을 다른 것으로 대체한다. 우리의 정신이 시각적 범위를 벗어난 움직임에 예민하게 반응하는 이유는, 그 움직임이 잠재적인 위협일 수 있기 때문이다. 뇌는 그 순간 본 것이 무엇인지 해석하기 위해 신속히 작동하고, 그렇게 서두르다가 쉬이 오류를 범한다. 우리는 무생물인 사물들에도 의인화된 동기를 부여하며 구름에서 얼굴을 보기도 한다. 이건 코, 이건 웃는 얼굴, 하면서 우리가 이해한 바를 세계에 각인시킨다. 살아 있다는 건 계속해서 무의미한 자극을 이해하는 일이다. 때로 우리는 실재하는 것을 보기보다는 분명히 있다고 믿는 것을 본다.

불가사의한 것들을 염려하던 한동안, 나는 애매한 것은 모두 피해 다녔다. 어둑한 복도, 길가 모퉁이, 흐릿한 거울, 먼지가 쌓여 제대로 파악하기 어려운 장소, 난데없이 들려오는 개 짖는 소리, 바람에 삐걱거리는 찬장, 망가진 배관.

더 어렸을 적에는 언니가 나와 친구에게 블러디 메리(분신사바 같은 교령술/옮긴이)를 하자고 설득했다. 우리는 욕실로 가서 주문을 열세 번 외우며 불을 껐다 켜기를 반복했다. 눈으로 보기 두려워했던 그 이미지는 우리 마음의 가장 중심에 꼭 들러붙어 더 강한 존재감을 뿜어냈다. 깜빡이는 불빛과 수도꼭지에서 흐르는 물소리 탓에 감각에 집중할 수 없게 되자, 마음속 공포는 너무도 쉽사리 뚜렷해졌다.

웬만하면 나는 그런 혼란을 면하고 싶었다. 욕실 문을 닫고 나서야 겨우 거울을 볼 수 있었다. 그제야 거울 속 등 뒤 저 멀리 구석에서 어떤 얼굴이 나타나리라 상상하지 않을 수 있었다. 매일 밤마다 작은 의자로 방문을 막아두었다. 처음에는 바닥 기울기 때문에 저절로 열리는 문을 막기 위해서였다. 하지만 나중에는 언니가 방에 들어오는 걸 막는 방어벽으로 작은 의자를 활용했다.

친구들은 마침내 우리 집에 유령이 출몰한다는 이야기를 믿었다. 나 역시 어떤 공포의 대상에 대한 확신으로 그 이야기들을 믿기 시작했다. 잘못된 근거로부터 달아나면서도 나날이 미쳐가는 공포 소설 속 주인공처럼 양쪽 어깨를 넘어다보았다. 우리 집을 둘러싼 그런 두려움, 짙어지는 경멸과 끝 모를 증오를 내가 만들어냈다. 친구들을 우리 집에서 재우거나 초대하지 않는 진짜 이유를 말하기보다는 이렇게 설명하는 편이 더 쉬웠다. 우리 집이라는 장소를 정말로 얼룩지게 하는 것은 우리 가족에게 더 가까이 다가온 공포였다. 그것은 우리의 고군분투와 심적 고통에서 뿜어져 나온 힘이자, 어느 시점에 이르면 언니가 도화선에 불을 붙여 전부를 다 태워버릴 수도 있다는 사실을 아는 데에서 오는 공포였다.

09

언니는 10대 초반에 다낭성 난소 증후군 진단을 받았다. 난소에 물혹이 여러 개 생기고 월경 주기 지연이나 장기간 무월경의 원인이 되는 호르몬 장애였다.

엄마 말에 따르면 언니는 호르몬이 증가하면서 기분 변화가 절정에 달했고 이마 가운데에 여드름이 폭발했다. 신체 내부에서 일어난 교전이 신체 징후로 드러난 것이었다.

이 장애가 폭발적인 성미의 원인이었을까? 아주 어렸을 적부터 완고했고 외곬 기질이 있기는 했어도, 이전까지 언니에게 폭력성은 없었다. 그것은 통제도 예측도 불가능하게 느닷없고 극적으로 분출되었다.

친구가 우리 집에서 마지막으로 자고 간 날 이후 언니의 "조절 장애 dysregulated"는 점점 더 악화되었다. 나는 이 용어의 편향성, 즉 누군가에게 할당된 하루치 정서 용량보다 넘치게 감정을 부었다는 듯한 암시가 싫다. 마치 감정이란 것은 고여 있으며 결코 임계점을 넘지 않는다고 말하는 것 같으니까. 물을 끝까지 채운 유리컵들을 떠올리게 하고, 차가운 금속이나 스테인리스-스틸처럼 번득이는 다른 모든 임상 용어들, 아니면 수술대나 손도 대지 않은 쇼룸의 부엌처럼 느껴지기도 한다. 이건 정상이고 저건 비정상이라고 구분하려고 모래 위에 그은 선 같다. 하지만 그렇다면 비이성적인 변덕의 부조리, 도무지 조절이 되지 않는 그 세계를 대체 어떻게 묘사할 수 있을까?

언니가 다낭성 난소 증후군 진단을 받은 해에 나는 뭔가가 골반 끝을 몹시 날카롭게 꼬집는 듯한 통증을 느꼈다. 가끔은 이 통증 때문에 변기 앞에서 몸을 웅크리고 누군가가 나를 발견할 때까지 끙끙 앓기도 했다. 어떨 때 그 감각은 파도처럼 덮쳐와 아주 정밀하게 찌르다가 이내 아무렇지도 않아졌다.

통증 때문에 내가 며칠 학교에 가지 못하자, 엄마는 나를 데리고 병원으로 갔다. 소아과 옆에 붙어 있던 진료실의 진찰대 위에 누으니 한 의사가 내 아랫배 위에 차가운 젤을 바르고 초음파 검사를 했다. 영화나 텔레비전에서 본 듯한, 언젠가 먼 훗날 아기를 가진다고 상상했을 때의 장면이었다. 초음파 기구가 내 살을 꾹 누르며 뭔가를 찾아다녔다. 그 움직임에 맞추어 배가 조금씩 올라갔다 내려갔다 했다. 화면에 나타난 조그맣고 둥근 혹들은 분화구와 그림자로 가득한 달 표면처럼 보였다. 그것이 바로 우리가 의심했던 난소 낭종이었다.

묘한 안도감이 들었다. 마침내 나는 그저 상상이면 어쩌나 두려웠던 감정에 대한 의학적 증거를 확인한 셈이었다. 눈으로 보지 못한다면 어떻게 알 수 있을까? 통증에 확실한 증거가 있어서 어찌나 안심이 되던지. 심지어 우리 자신의 고통도 다른 누군가가 체온계로, 실험을 통해, 정신과 의사의 진단으로 확인해주지 않으면 진짜처럼 보이지 않는다. 당신도 이게 보이나요? 우리는 묻고 싶어한다.

나는 그날 호르몬 피임약을 처방받았고, 약을 복용한 이후로는 한 번도 심한 증상을 겪지 않았다. 언니처럼 다낭성 난소 증후군 진단을 받지는 않았고, 연결되지 않은 모든 점들은 여전히 의아한 상태로 남았다. 마치 점 연결하기 그림을 중단한 아이처럼, 우리는 특정 생각과 진단들을 추적하지 않은 채 삶의 혼란 속에 남겨두었다.

다낭성 난소 증후군의 원인은 비정상적으로 높은 안드로겐(남성 호르몬이나 이와 비슷한 생리 작용을 가지는 물질을 통틀어 이르는 용어/옮긴이) 수치이며, 가임기 여성의 10퍼센트에게 영향을 준다고 알려져 있다. 엄마 역시 난소 낭종이 있었다. 임신을 준비하던 시기에 낭종을 발견했고, 그것은 언니와 내가 꽤 나이 차가 나는 이유 중 하나이기도 했다.

그러나 진짜 뜻밖의 결말은 따로 있었다. 다낭성 난소 증후군은 조울증과 조현병을 비롯한 심각한 정신장애와 연관이 있는데, 의사들이 언니를 두고 언급했던 병명 중에도 조울증과 조현병이 있었다.

뇌는 복잡하다. 홈과 굴곡으로 이루어진 모든 호두의 틈새에서 신경화학물질 반응이 일어난다. 뇌가 너무도 복잡하기 때문에 왜, 그리고 어떻게 정신병이 발병하는지는 아직도 대부분이 불분명하다. 그러나 분명한 진실들은 있다. 뚜렷한 유전적 소인과 트라우마 같은 환경적 요인들, 스트레스, 영양실조, 아니면 다낭성 난소 증후군과 같은 기존 질병. 그리고 언니의 변덕스러운 기질에 대한 답을 찾으려고 서적, 웹사이트, 주목받는 연구 등을 필사적으로 조사하던 엄마는 대마초 흡연과 정신병이 관련이 있을 수도 있다는 사실을 우연히 알게 되었다.

2011년 3월 "하버드 헬스" 웹사이트에 게재된 한 보고서는 2,000명의 10대 청소년들을 성인기 초기까지 추적 관찰한 연구를 다루었다. 대마를 최소 5번 피운 이들은 전혀 피우지 않은 이들보다 정신병 발병률이 2배 높았다. 5번이라니. 2배나 높아진다니. 즉, 대마를 5번만 피워도 위험률이 2배 높아진다는 이야기였다. 그리고 어릴 때 피울수록 증상의 시작은 3년이나 앞당겨질 수 있다고 한다.

같은 보고서에는 아래와 같은 내용도 실려 있다.

관찰 대상자들의 부모나 형제자매가 정신병을 앓은 경우, 그들이 대마를 피우지 않으면 대략 10퍼센트의 확률로 정신병이 발병했다. 하지만 대마를 주기적으로 피우면 위험은 2배가 되어, 5명 중 1명꼴로 정신병 환자가 되었다.

자매라면 이미 조현병 발병 가능성이 10퍼센트다. 나는 이미 조현병에 걸릴 확률이 10퍼센트나 되는 것이다. 이 통계 수치는 내 안의 귀신이 되어 나를 쫓아다니며 괴롭혔다. 옷장의 그림자였고 침대 아래서 나의 발목을 잡고 아래로 끌어당기는 손이었다. 하지만 여기에 대마까지 끼어든다면 위험도는 2배가 되어 20퍼센트가 될 수도 있다. 달리 말해, 내가 주기적으로 대마를 피우기로 한다면 정신병 발병 가능성이 20퍼센트나 되는 것이다.

페이스북에 있는 사진 속 언니는 안개 속에 숨어서 히죽히죽 웃는 고양이처럼 피어오르는 연기 기둥 위로 경계하듯 눈을 크게 뜨고 있다. 후에 알게 된 사실이지만, 내 친구가 우리 집에서 자고 간 그날 언니는 대마를 피웠다고 했다. 언니가 학교에서 자주 피운다는 건 알고 있었는데, 함께 피운 언니 친구들은 모두 멀쩡했다.

옥스퍼드 대학교 연구진들이 스웨덴의 병원 입원 기록과 범죄 유죄 판결 기록을 각기 구분된 연구에서 분석한 자료를 보면, 누군가 조현병(혹은 조울증)과 약물남용 장애 진단을 동시에 받았을 때 폭력 비율도 증가했다. 이 비율은 일반 인구를 비롯해 약물남용 장애는 없고 정신질환 진단만 받은 비교군과 대비해 확연히 높았다.

물론 이 연구는 여전히 진행되고 있으며, 해당 분야의 많은 연구진 사이에서도 의견이 갈린다. 잦은 대마 흡연이나 음주가 정신병을 야기할 수도 있지만, 다른 흥분제나 환각제가 원인일 수도 있다. 인과관계는 상관관계와 다르며, 현재로서는 어떤 확고한 결론을 끌어내는 것이 이 문제를 지나치게 단순화하는 것일 수도 있다. 게다가 만성 통증이나 불안으로 고통받는 사람들에게는 대마가 건강상 유익하다. 모두가 고유한 뇌 구조를 가지고 있기 때문에, 어떤 사람의 삶을 구한 것이 다른 이에게는 재앙을 초래할 수도 있으며, 그 반대가 될 수도 있다.

이 주제와 관련한 자료는 계속해서 쌓이고 있다. 하지만 이런 연구 중 많은 부분을 우리가 접할 수 없었던 당시에도 엄마는 꾸준히 최신 견해를 찾아보며 언니의 행동에 대한 기적적인 해결책이나 설명을 발견하기를 기다렸다. 내가 아직 10대 초반이던 무렵은 이러한 상관관계가 과학계에서 아직 풍설에 불과할 때였는데도, 엄마는 그 가능성에 대해 경고하곤 했다.

중요한 것은 뇌-인체 연관성과 관련해 탐구해야 할 주제들이 여전히 많이 남았다는 사실이다. 정신적으로 무너지던 와중에 언니의 이마에 계속 돋아나던 여드름이나 초음파 화면상으로 보았던 물혹 가득한 난포 주머니처럼, 나는 우리의 삶 아래로 스르르 미끄러지듯 들어온 감정적 변덕을 설명할 만한 신체적 징후들을 필사적으로 찾으려고 했다.

이윽고 내 신체에서도 다른 질병들이 불쑥 나타났다. 눈에 띄고 감각되기를 원하는 작은 방해물들이었다. 림프절이 부어 겨드랑이 아래 혹이 생기고, 배가 아팠으며, 찌르는 듯한 편두통이 있었다. 모두 다 만성 스트레스와 관련이 있었지만, 내게는 왠지 은밀하게 퍼지는 근원적 질병처럼 완전히 다른 원인이 있을 것만 같았다.

나는 내가 암부터 열대지방의 희귀한 전염병까지를 모조리 걸렸다고 확신했다. 그렇게 불안한 두려움과 희망적인 기대의 중간 지점에서 내 신체의 문제들을 찾는 데 집착하게 되었다. 내 안의 뭔가가 잘못된 것이 분명했고, 잘못된 것이 있어야만 했으며, 그리고 종국에 우리는, 그게 정확히 무엇인지 알아낼 터였다.

내가 그토록 절실하게 찾던 것은 무엇이었을까? 대체 왜 나는 내 몸에 그렇게 집착하게 되었을까?

"정신"이 꾸며낸 스트레스는 신체에 영향을 미친다. 이것은 사실이다. 머리가 빠지고 몸무게가 불며 여드름이 나고 위궤양이 생긴다. 스트레스는 심지어 당신을 죽일 수도 있다. 심장 마비나 뇌졸중을 유발하고 혈관을 파열시킨다. 불안 역시 우리의 손을 떨게 하고 심장을 빠르게 뛰게 하며 근육의 씰룩거림과 떨림, 식은땀과 가쁜 숨, 편두통과 복부의 통증, 그리고 분노를 유발한다.

사람들은 "상심증후군"으로 죽기도 한다. 극심한 슬픔이 심장 근육을 손상시키니 심근 경색과 비슷하다고도 할 수 있다. 새로운 연구에 따르면 우울증은 흡연이나 좌식 위주의 생활 습관 같은 다른 요인들만큼이나 여성의 골다공증 발병 위험을 높인다고 한다.

그런데 대체 왜, 반론의 여지 없이 이토록 명백한 연구 결과가 있는데도, 정신과 육체 사이의 연관성을 받아들이기란 본능적으로 이토록 힘들까? 왜 우리는 우선 구분하고 볼까?

심신 복합체는 고대 그리스 때부터 철학자들의 난제였다. 아리스토텔레스는 『영혼론De Anima』에 이렇게 썼다. "영혼과 육체가 하나인지 아닌지 묻는 일은 불필요하다. 이 말은 마치 밀랍과 그 모양이 하나인지 아닌지 묻거나, 아니면 일반적으로 한 사물의 질료와 그 질료를 구성하는 것이 하나인지 아닌지 묻는 것과 같다."

나는 인간의 정신에 질료와 생리 외의 뭔가가 더 작용한다고 인정하면서도 그것이 육체에 미치는 영향을 부인하거나 무시하는 행위는 방대한 인간 고통을 부인하는 것과 같다고 믿는다. 반대로 육체가 정신에 미치는 영향을 부인하고 무시하는 행위도 마찬가지다. 심리의 신경화학에서 의학적 원리를 떼어놓는다면 우리는 너무 많은 사례를 허공에 떠돌도록 두게 될 것이다. 정신질환을 오로지 영혼의 영역과 연루시키면, 우리는 의학의 혜택과 과학적 진보를 무시하게 된다. 게을러지고, 점점 더 무심해진다.

모겔론스병Morgellons으로 알려진 질병이 있다. 그 병을 앓은 사람들은 쓰라림과 온몸 구석구석으로 퍼지는 가려움증으로 고통받았는데, 가장 기이한 증상은 땅속에서 벌레가 기어나오듯 피부 아래서 작은 섬유들이 생겨난다는 것이었다. 이는 매우 희귀한 증상으로, 미국 질병관리본부에 따르면 2012년 10만 명 중 3.65명이 이 증상을 호소했으며, 개별 경험들은 매우 유사했다. 나는 이 내용을 레슬리 제이미슨의 글 "악마의 미끼"에서 처음 읽었다. 제이미슨은 이 질병의 모든 측면을 샅샅이 살폈고, 생리적 질병인지 아니면 과대망상일 수도 있는지 등 여러 가능성을 탐색했다.

그 글에서 제이미슨은 텍사스 오스틴의 한 침례 교회에서 열린 콘퍼런스에 참가한다. 그곳에서 만난 환자들은 자신들이 어디서 어떻게 그 질병을 얻었는지에 관해 다양하게 이야기한다. 그중에는 모겔론스병에 걸린 사람의 상처에 닿았던 물안경을 썼다가 병이 옮은 경우도 있고, 낚시 여행에서 발병한 경우도 있다. 내생모ingrown hair나 모래 파리가 병을 일으키기도 했다. 모든 환자가 드러내는 불길한 우려는 비슷했다. 그들은 자기 몸의 일부가 아닌 뭔가를 신체 내부에서 찾아내고자 했다. 모겔론스병에는 찌르고 비틀리는 느낌, 가려움증이 뒤따랐다. 사람들은 긁고 파내고 뜯고 문지르고 얼리고 살충제를 붓고 레이저를 쏘았다. 그 여파로 얼굴과 몸은 딱지 투성이가 되었고, 이후 치료가 덜 된 병변에서 섬유들이 나왔다. 온갖 색상의 그 물질은 실 같기도 하고 다른 것처럼 보이기도 했다. 어떤 이들은 그것을 뽑아 반찬용 밀폐 용기에 넣은 뒤 의사에게 견본품으로 가져갔다.

그 글은 모겔론스병이 정신병이라는 점을 전제한다. 모겔론스병은 많은 치료사가 이미 알고 있는 병과 비슷했다. 바로 기생충 망상증, 즉 피부 아래에 기생충이 있다고 믿는 망상이었다. 그런 증상이 존재하는 데에는 논리적인 이유가 있다. 진화론적으로 보았을 때, 인간에게 기생충은 근원적인 두려움의 대상이다. 인간은 당연히 자신에게 엄청난 위협이 되는 야생의 존재들에 거부감을 느낀다. 상한 음식, 세

균에 감염된 신체, 체액과 분비물 등. 외부의 뭔가가 우리 몸속에 들어와 기생한다고 생각하면 심히 불안하다. 115명의 환자에게서 나온 섬유를 검사한 연구진은 그것이 직물에서 나왔을 법한 면cotton 같은 물질이라고 밝혔다. 심지어 모겔론스병이 인터넷의 산물이라고 주장하는 이들도 있었다. 더 많은 사람들이 온라인으로 경험을 공유할수록 그 사례가 증가한다는 것이었다.

이런 일도 뒤따른다. 심기증(건강을 지나치게 염려하여 아무런 이상이 없는데도 자신이 병들었다고 생각하는 증상/옮긴이)에 걸리기 직전에 나는 WebMD(미국 건강정보 사이트)에 들어가 몇 시간씩을 보냈는데, 어떤 증상을 알고 나면 나도 그 증상을 겪었다. 심지어 이 글에서 섬유 같은 가는 실, 건조한 피부, 갈라짐, 화농성 상처, 피부 아래로 파고드는 생물체와 관련된 증상을 읽은 경험이 당신을 가렵게 만들지도 모른다.

그럼에도 제이미슨의 글은 공감이 필요하다고 주장한다. 근원이 뭐든 그 고통은 진짜이며, 우리는 그것을 존중해야 한다는 이야기다. 보이지 않는 질병을 앓는 사람은 고립된다. 미쳐버린다. 외로워진다.

오해의 소지가 있는 이분법 "육체냐 정신이냐"는 아마 "진짜냐 상상이냐"와 그리 다르지 않을 것이다. 그러나 왜 반드시 양자택일을 해야 할까? 고통은 결코 상상되지 않는다. 뇌는 **신체**이며, 물리적인 존재다. 우리는 신체가 다칠 수 있음을 받아들인다. 뼈가 부러지고 질병에 감염된다고 여긴다. 하지만 두뇌가 감수하는 상처는 무시한다. 우리에게 정신적으로 다치는 일에 대한 통제력이 있다고 생각하기 때문이다. 이 통제력은 보통 환상이다.

언니의 행동이 변하던 초기 몇 년간 나는 신체적 증상들을 살펴왔다. 내 고통이 잘 "정리되어" 담긴 상자를 가지기를 원했다. 그게 어떤 종류든 나와 언니의 치료에 집착했고, 이해 가능한 솔직한 진단을 듣고 우리를 괴롭히는 것에 직설적인 딱지를 붙이기를 갈망했다.

그 누구도 우리 가족에게 무엇이 잘못되었는지 말해주지 못했다. 그 원인은 내가 찾아야 했다. 정신건강 관리 시스템은 거의 태만하게 우리의 운명을 용인했다. 왜 단 한 명의 의사도 언니의 낭종과 기분 변화를 연결해볼 생각을 하지 않았을까? 왜 그 누구도 호르몬 조절 장애를 갑작스러운 폭력성의 원인으로 고려하지 않았을까? 우리 부모님은 이런 불합리를 직접 가려내고 해결해야만 했다. 어떻게 멈춰야 하는지 전혀 파악하지 못한 채, 눈앞에서 변해가는 언니를 지켜봐야만 했다.

엄마는 우리가 지나온 시기를 되돌아보며 가장 핵심적인 두 가지 사항을 답으로 내놓았다.

"우선, 정신질환은 정말로 실재해." 엄마가 말했다. "둘째로 정신질환 환자의 가족들에게 지원과 교육이 필요해. 자기 자신도 물에 빠졌는데 다른 사람을 어떻게 구하겠어."

만일 의료 시스템의 개입이 답이 아니라면, 충분한 가족 서비스, 심리 교육, 대응 기제 등 모든 것을 포괄하는 지원이 답이어야 한다. 안타깝게도 당시 우리 부모님과 나에게는 심리치료사를 찾아갈 여력이 없었다. 나머지 가족을 위한 상담은 고사하고 언니에게 들어가는 치료비만 해도 급속도로 불어나 재정 부담이 되었다.

그러나 언니의 상태와 관련한 비극의 아주 많은 부분은 그것이 왜 일어나는지 우리가 이해하지 못한다는 데에 있었다. 만일 우리가 알기만 했더라면, 이해하기만 했더라면, 언니 주변에 한데 모여 언니를 둘러싸고 바닥에서 일으켜 계속해서 언니가 자기답게 성장할 수 있도록 도울 수 있었을지도 모른다. 증상들이 완전히 진행되어 발현되기 전에 징후를 포착할 수 있었다면 말이다.

엄마는 증상이 너무 미묘하게 드러난 것을 유감스러워한다. 사실상 상황이 최악으로 치닫기 전에 한 발짝 뒤로 물러나 알아차릴 수가 없었다고. 당신은 아마 당신이 상황을 앞서서 바로잡을 수 있으리라 생각할 것이다. 조그만 소녀인 언니가 페인트 통에서 페인트를 찔끔 찔끔 흘리고 있으면 당신이 그 뒤를 기어가며 페인트가 카펫에 스며들기 전에 꼼꼼하게 닦아낼 수 있다고 말이다. 그렇게 평생을 바치면 그 작은 얼룩들을 따라다니며 닦을 수는 있을지도 모른다. 하지만 그런 방법으로는 결코 더 큰 문제를 관리하지 못한다. 생존을 위해 너무 애쓰느라 생각할 시간이 없다. 잠잘 시간이 없다. **크면서 괜찮아지겠지.** 당신은 말한다. **이게 정상이야.** 당신은 희망한다.

징후와 증상들이 일반에 거의 알려지지 않아 알아차리기가 너무나 어렵다면 어떻게 할 것인가? 당신의 딸이 정신을 잃어가는지 아닌지 확인할 정기 검진이 없다. 병원 대기실에도 객관식처럼 증상의 목록을 나열해놓은 표 같은 게 없다. 게다가 의학 전문가들은 다들 서로 다른 진단을 내린다. 그들은 자기주장을 내세우고 임상 용어들을 허공에 내던지며 당신이 알아서 이해하기를 기대한다.

혹은 이럴 수도 있다. 정신질환이 화두가 되면 사람들은 정신건강에 관해, 꾸준히 긍정적으로 내면의 건강을 유지하는 기술에 관해 이야기한다. 아무도 그것이 다른 것처럼 스펙트럼 장애라고 말하지 않는다. 배는 이미 출항했고 당신은 정신을 잃기 시작했는데, 무엇을 해야 할지 말해주지 않는다. 당신의 정신이 얼마나 소중하고 연약한 선물인지조차 말해주는 사람이 없다. 그것을 잃을 수도 있다는 사실을 그 누구도 말해주지 않는다.

심적 고통 역시 언젠가는 언니가 견뎌야 하는 문제였다. 언니는 자기가 원할 때면 여전히 아름답고 재밌고 매력적이었다. 그것이 언니의 퇴화에 가면을 씌운 탓에 겉으로는 너무 **멀쩡하고 눈부셨고**, 속만 썩어 문드러졌다.

엄마는 언니가 학교 앞에서 불안한 모습을 보였다고 했다. 우울하고 무기력하고 화가 난 사람 같았다고. 최악의 상황들이 엄마의 마음속에서 잡음처럼 계속 떠올랐다. 수업 중 언니가 책상에 비스듬히 엎드려 자거나, 복도에서 다른 여자아이한테 소리를 지르는 모습이 상상되었다. 엄마는 언니를 학교에 보내놓고서도 결국 불안을 견디지 못하고 학교로 전화해 언니가 괜찮은지 물었다.

"케이트요?" 교무실 전화를 받은 여성이 놀란 듯 되물었다. "케이트는 너무 잘하고 있어요! 그렇지 않아도 지금 저기 보이는데, 친구들과 모여서 웃고 있네요."

페이스북 피드에 있는 그 소녀는 유쾌하고, 근심이나 걱정도 없고, 다채롭고, 웃기고, 똑똑했다.

그랬는데, 사라졌다.

10

온전했던 언니의 정신은 생각의 행렬을 놓치거나 자다가 꿈에 미끄러져 들어가는 방식으로 천천히, 그리고 조용하게 나빠졌다. 제정신이었다가, 이내 제정신이 아니게 되었다. 언니는 자신의 가장자리부터 조금씩 조금씩 잃어갔다. 산사태는 하나의 돌이 다른 돌을 건드리면서 꾸준히 진행되다가 삽시간에 비극으로 번진다. 통제할 수가 없다. 이미 너무 늦었다.

심지어 지금도 나는 그것을 시간순으로 정리해보려고 애를 쓴다. 분명 사건은 늘어가는데 그때까지도 우리는 진단을 받지 못했다. 우리는 점점 커져가는 고통의 원인을 변덕과 변칙 탓으로 돌릴 수밖에 없는 상태로 대기실에 남아 기다렸다.

물론 대단히 아름다운 순간들이 그런 고군분투의 틈새로 구멍을 뚫고 들어오기도 했다. 하지만 인간 정신은 안타깝게도 일상의 평온보다는 극심한 공포와 두려움을 더 기억한다.

평화의 순간들을 되돌아볼 때면 특별히 기억나는 일화가 있다.

우리 동네에는 무성하게 자란 나무들 뒤편과 신호등 근처 땅이 기운 곳 군데군데에 사슴 출몰 표지판이 있었다. 어디를 가든 계속해서 같은 표지판이 나왔다. 검은 테두리에 안에 채워진 노란 형광색을 배경으로, 수사슴이 튀어나오려는 모습이 표현된 표지판이었다.

내가 중학생이던 12월의 어느 날, 엄마와 언니 그리고 나는 사무용 품점에서 원래 사무용으로 사용되는 작고 동그랗고 빨간 스티커를 샀다. 누구의 아이디어였는지는 모르겠지만, 그게 나였을 리는 없으니 아마 엄마나 언니였을 것이다(그런 과감하고 즉흥적인 생각을 내가 떠올리는 일은 없었다. 만일 떠올랐다고 해도 절대 입 밖으로 낼 엄두를 내지 못했을 것이다). 어쩐지 우리는 크리스마스가 되기 전 우리 마을에 약간의 연말 기운이 감돌 필요가 있다고 생각했다. 새까맣게 밤이 내려앉고 다음 날 학교에 가려면 잠자리에 들고도 남은 늦은 시각, 우리는 검정색 맨투맨 티셔츠에 검은 외투, 검은 모자까지 온통 검은색으로 챙겨 입었다. 언니는 지하 창고에 있던 여행용 가방에서 오래된 검은 스키 마스크도 가지고 왔다.

엄마 차에 올라탄 우리는 이미 모험에 들떠서 큭큭거리고, 은밀하게 서로에게 조용히 하라며 쉬쉬 거리다가 곧장 발작적으로 웃기 시작했다. 그날 밤은 모든 게 기대에 찬 반짝임으로 아름답게 빛났다. 마치 큰 행사를 앞둔 밤에 흥분해서 잠은 오지 않고 침대에서 미소를 감출 수 없는 것처럼. 깊은 밤의 하늘로 고요하고 부드럽게 덮여 있던 마을은 어떤 일이든 일어날 수 있는 장소 같았다. 숲속의 까만 바위들 틈새로 개울물이 흐르는 소리가 들려왔다. 달빛을 받은 모든 초록은 신비로운 은빛으로 변해 있었다.

차가 동네 고등학교 근처 사거리 교차로에 서자, 나는 차 뒷좌석에서 내려 언니를 따라 달렸다.

"내 등에 올라타!" 언니가 뜀틀놀이를 하듯 허리를 앞으로 숙였다.

나는 어릴 때처럼 언니의 어깨를 잡고 등에 올라갔고, 언니는 두 팔로 내 다리를 받쳐주었다. 나는 닿을 수 있는 데까지 높이 올라간 뒤 빨간 스티커를 조심스레 떼어내 표지판의 끝에 있는 수사슴의 코에 단단히 붙였다.

"야호!" 언니가 거칠게 환호성을 질렀다. "이제 루돌프 사슴 코가 됐어, 봐봐!"

"쉬, 우리 이러다 잡히겠다!" 내가 웃으며 대꾸했다.

짙은 어둠 속에서 마을 전체를 돌며 스티커로 공공기물을 훼손하던 우리는, 지루한 마을을 조금 특별하게 바꿔놓았다. 이제 그곳은 크리스마스의 기적이 일어날 진짜 산타 마을이 된 셈이었다.

너무 웃은 탓에 얼굴이 아팠다. 엄마는 심하게 웃다가 어느 순간 소변이 나올 뻔했다고 말했다. 다음 날 아침이 되자 마치 꿈을 꾼 듯했다. 길 잃은 동물들처럼 뛰고 고함치며 서로의 등에 올라탔던, 그 우스꽝스럽고 축제 같았던 지난밤이 모두 꿈 같았다. 그 밤의 황홀함은 기억 속에서 희미해졌지만, 다음 날 차를 타고 학교에 가던 우리는 우리의 창작물들을 보면서 다시 한번 크크크 웃었다.

나는 지금껏 누구에게도 그날 밤 이야기를 하지 않았다. 이 비밀을 범죄라도 저지른 양 숨기고 다녔다. 하지만 빨간 스티커는 1년 내내 반짝거렸다. 비가 오고 눈이 내려 떨어지거나 코팅이 벗겨지고 색이 바래도, 조그만 빨간 점들을 보면 세상에는 여전히 마법이 존재한다는 생각이 들었다. 모든 상황에도 불구하고 우리는 여전히 가족이었고, 다른 가족들과는 달라도 함께 뭉쳤다. 내게서 그런 영혼을 끌어낸 사람은 바로 언니였다. 언니가 끄집어낸 영혼은 어딘가 반항적이고 땅과 시간처럼 영원하며, 아침에 내린 커피와 고대의 흙만큼이나 강렬한 힘을 지니고 있었다. 언니는 나를, 내가 다가가고픈 사람으로 만들어주었다. 언니가 멀쩡하고 건강해서 언니다웠을 때에는 언니만의 가루를 우리 모두에게 뿌려주어 우리가 더 나은 사람일 수 있었다.

나는 계속해서 그 조그만 빨간 점들과 점들이 붙어 있던 모든 장면을 떠올린다. 우리가 그런 식으로 함께할 수 있었던 순간은 그때가 마지막이었다. 모두 함께 한 팀이 되어 바보처럼 굴었던 우리. 아빠는 여느 때처럼 어딘가로 출장을 가 있어서, 그런 기억 속에서는 항상 부재한다. 남아 있는 사람은 늘 우리 세 여자뿐이었다.

결국에는 다 이런 식이 아닐까. 더 이상 좋은 날이 없어지기 전까지는 나쁜 와중에도 좋은 날들이 있었다. 더는 희망이 없을 때까지는 희망이 있었다.

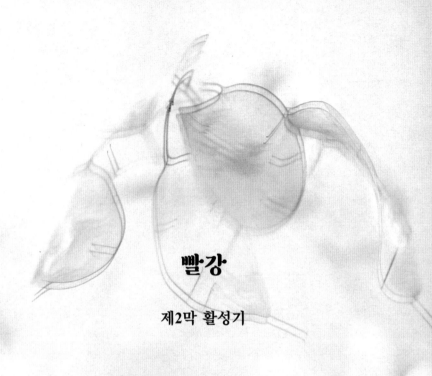

빨강

제2막 활성기

11

언니의 졸업식 불과 며칠 전까지, 부모님은 언니가 졸업식에 참석을 해도 되는지 어쩐지 몰랐다. 성적은 형편없었고, 고등학교 생활 내내 계속 나빠진 상태는 다른 많은 것들과 함께 잘못된 방향으로 소용돌이 쳤다. 마침내 언니가 학교를 1년 더 다니지 않아도 된다고 결정이 난 것은 무척 기쁜 일이었다. 이에 더해 언니가 졸업식에 참여해서 졸업장을 받을 수 있다는 허가를 받았을 때에는 새로운 시작을 맞는 듯했다.

학교를 상징하는 색이 빨간색과 흰색이었기 때문에 남학생들은 빨간 모자에 빨간 가운을 입고, 여학생들은 흰 모자에 흰 가운을 입은 채 좌석 앞줄부터 차례로 앉았다(2017년 학교위원회는 이 전통이 성별을 이분법적으로 나눈다는 점을 인식해 졸업생들 모두 빨간 모자에 빨간 가운을 입도록 규정을 바꾸었다).

졸업식이 있던 날 우리 가족은 야외 운동장의 북적이는 사람들 틈에서 가까스로 자리를 잡고 앉아 앞쪽에 옹기종기 모인 졸업생들을 찾느라 목을 길게 뺐다. 한밤중에 돌아가던 에어컨 때문에 새벽에 갑자기 온도가 떨어지면 바닥과 벽이 미끄러워지는 습한 5월의 어느 날이었다. 어렴풋한 분홍빛 석양을 배경으로 솜털 같은 구름이 피어오르고, 대기에는 원기 왕성한 여름의 약속이 배어 있었다. 문득 온 세상이 가능성으로 활짝 열린 것처럼 느껴졌다.

언니는 장미 자수가 놓인 하얀 원피스를 입었다. 장미는 너무도 생생해서 격렬해 보일 정도였다. 짙은 초록으로 수놓인 잎사귀들은 곧 하얀 천에서 튀어나올 듯했다. 어깨 위로는 웨이브가 들어간 금발이 부드럽게 흘러내렸다.

나는 언니의 스타일에 맞춰 자수가 놓인 상의를 입었다. 등이 파인 미색 홀터넥에 보라색과 파란색 꽃 자수가 놓인 옷이었다. 처음에는 조금 더 성숙하고 시크하게 보이려고 안에 민소매 셔츠를 입지 않았는데, 흰색 아치형 거울에 비친 나의 열두 살 먹은 몸을 보고는 꽁무니를 빼듯 얼른 안에 형광 분홍색 민소매 탑을 받쳐 입었다. 누구한테 잘 보이려고 그랬을까? 어린 시절에는 밝았던 금발 곱슬은 금색도 갈색도 아닌 흙색으로 변해가고 있었다.

옷을 다 입고 굽어진 층계를 따라 아래층 현관으로 내려가자 언니가 "너 오늘 예쁘네"라고 말했다. 이렇게나 과분한 칭찬은 드문 일이어서 가슴이 조여들었다. 언니가 본래의 자기다운 모습에서 점점 멀어지고 있던 그 순간에도, 즉 누군가의 보호자에서 누군가의 보호가 필요한 사람으로 바뀌어가던 바로 그 순간에도 나는 여전히 모래 위에 찍힌 언니의 발자국을 뒤따르고 있었다. 심지어 언니가 걸어간 길은 내가 따라갈 길이 아님을 알면서도 언니라는 틀에 나를 맞추며 언니를 닮은 사람이 되고 싶어했다.

그 순간 몇 년 전에 주니어 무도회에 참석하기 위해 그 계단을 내려가던 언니의 모습이 떠올랐다. 언니는 정확히 같은 공간에서 짧은 군청색 원피스를 입고 사진을 찍었고, 나는 위층에서 하이틴 영화의 한 장면을 보듯 감탄하며 그 모습을 바라보았다. 언니를 기다리던 파트너가 언니의 손목에 꽃 장식을 달았다. 두 사람은 어색하게 웃었고 카메라를 든 엄마는 그 장면을 담았다.

졸업식 날 언니는 진정 아름다웠다. 잃을 것 하나 없이 성취할 것만 가득한, 앞날이 창창한 소녀의 모습이었다. 언니는 온전한 미래를 눈앞에 둔 소녀였다.

졸업장을 받으러 무대에 오르던 언니는 약간 어수룩하게 코를 찡긋하며 활짝 웃었다. 그 표정에 내가 잠시 의아해하고 있을 때, 언니가 느닷없이 주머니에서 딸기처럼 빨간 하트 모양 선글라스를 꺼내 썼다. 그러고는 잠깐 멈칫하다 우리를 향해 손을 흔들었고, 우리는 모두 너무도 언니다운 행동에 웃음을 터뜨렸다. 오직 언니만이 할 수 있는 행동이었다. 지난 수년간 그 모든 혼란을 겪었음에도, 언니가 여전히 언니라는 증거였다.

언니는 앞날에 펼쳐질 온전한 미래를 앞둔, 한 소녀였다.

12

모든 이야기에는 티핑 포인트tipping point가 있다. 안정을 유지하다가도 최후의 한 번에 분열되고 만다. 이상적인 세계에서라면 나는 품위 있게 이 순간을 기대할 것이다. 영화에서는 극적인 절정에 다다르기 전 몽타주 기법을 쓴다. 뭔가를 암시하듯 배경음악의 음조가 바뀌며 위험을 알리는 날카로운 화음이 깔릴 때, 우리의 주인공은 괴물이 도사리고 있는 구석진 곳을 향해 접근한다. 관객들은 소리친다. **도망개! 도망개!**

그러나 진짜 인생에서는 그 누구도 우리에게 경고하지 않는다.

불안한 성향의 사람들은 같은 영화나 텔레비전 쇼를, 아니면 같은 책을 반복해서 보고 또 본다고 알려져 있다. 이러한 미디어 재시청은 "단순 노출 효과"에 의해 설명되거나 이미 본 것에 대한 선호로 이해될 수 있다. 혹은 "실험적 통제"로도 볼 수 있다. 앞으로 무엇이 다가올지를 아는 데에는 명상하며 읊조리는 노래에 맞먹는 진정 효과가 있기 때문이다. 그것은 세상에 질서가 있음을 재확인해준다.

나는 책을 봐도 마지막 쪽을 가장 먼저 읽는 사람이다. 영화가 끝나기도 전에 위키백과에서 영화의 줄거리를 찾아보는 사람이다.

다음에 무슨 일이 일어날지 알면 안심할 수 있다는 것이 여기에서의 교훈이다. 하지만 인생은 좀처럼 미리 경고를 보내주지 않는다. 바로 그게 핵심이다.

한창 살아가는 중에도 우리는 죽어가고 있다. 조앤 디디온은 "인생은 한순간에 변한다"라고 말했다.

이것이 우리의 한순간이었다. 여러 번 중 한 번이지만, 아무튼.

졸업 후 언니는 드렉설 대학교에서 강의를 듣기 시작했다. 우리 집에서 차로 30분 거리에 있는 학교였다. 그 무렵 언니는 막 룸메이트를 구해 도심 아파트로 이사를 나간 참이었다.

언니가 대학에 정식으로 입학한 정규 학생이었던 것은 아니다. 고등학교 성적이 너무 나빠서 입학할 수가 없었다. 대신 언니는 정식 입학을 희망하며 몇 가지 과정에 등록했다.

이른 성인기로 향하는 절벽 위에서 모든 것이 **시작되려던** 그 무렵에, 언니의 삶은 돌이킬 수 없는 변화를 겪었다.

첫 학기가 시작되고 겨우 한 달이 지난 10월 초의 어느 밤, 언니는 필라델피아의 밤공기를 쐬며 적갈색 사암으로 지은 건물의 현관 입구 측 계단 꼭대기에 서 있었다. 그때, 다른 학생이 언니를 에워싸듯 껴

안았다. 그가 누구인지, 언니가 알던 남자인지 아닌지는 모른다. 내가 아는 거라곤 두 사람이 기울어지면서 언니가 넘어졌다는 것뿐이다.

초등학교 때 의자에 앉아 등을 너무 뒤로 젖혔던 그 모든 순간들처럼, 가슴이 철렁 내려앉았을 언니를 상상한다. 근육의 수축, 갑작스러운 공포, 의자 가장자리로 향하며 무게 중심을 잡지 못할 때의 아슬아슬한 위기감과 터져 나오는 헛웃음.

다만 언니는 그렇게 운이 좋지 않았다. 언니는 제때 몸의 균형을 잡지 못했고 누군가의 도움을 받지도 못했다. 언니는 콘크리트 바닥에 머리를 박았다.

그리고 금이 갔다.

나는 필라델피아 어린이병원 중환자실 복도에 놓인 플라스틱 의자에 앉아 기다렸다. 지난번 내 팔이 부러졌을 때, 언니가 함께 이곳으로 와서 나를 몇 시간 동안이나 보살폈던 일을 떠올렸다. 이번에는 내가 언니에게 똑같이 해줄 수 있기를 바랐다.

급히 복도를 오가는 의사들과 환자를 누인 병상, 쇼핑몰에서 길을 잃은 아이들처럼 망연자실한 표정으로 그 뒤를 따라오는 가족들에게 방해가 되지 않도록 책가방을 벗어 의자 아래에 두었다. 나는 열두 살, 7학년 학생이었다. 머릿속은 온통 학교 시험과 바르미츠바, 바트미츠바, 그리고 SNS라는 조그만 수렁 생각에 빠져 있었다. 나는 양쪽 무릎에 양장본 교과서를 올린 채 균형을 잘 맞추며 종이를 넘겼고, 생각 없이 그냥 눈으로만 읽었다.

병원의 냄새는 분명 독이다. 소독약 냄새와 환자의 땀내, 쉰내가 서로를 능가하려 경쟁하는데, 그 싸움에서 더 나쁜 뭔가가 생겨난다. 바로 고군분투의 냄새다. 지는 싸움과 이기는 싸움이 동시에 일어나는 것이다.

나는 몇 시간 동안 복도에서 기다렸다. 엄마가 의사와 나누는 대화를 들으면서도 듣지 않으려고 애썼다. 언니는 우리와 몇 발자국 떨어진 공간에서 의식 불명 상태로 누워 있었다. 덴버로 출장을 간 아빠가 폭설로 호텔에 발이 묶이는 바람에 엄마는 혼자서 이 위기를 감당해야 했다.

들은 바에 의하면 구급차는 언니가 넘어진 뒤 그리 늦지 않게 도착했다고 했다.

엄마는 언니 옷에 흙이 묻어 있었다고 했다. 그러나 어쩌다 옷에 흙이 묻게 되었는지는 이해하지 못했다. 언니가 흙바닥으로 넘어진 걸까? 아니면 구조대원이 언니를 구급차에 싣기 전에 땅바닥에 눕혔을까? 뭔가 진짜로 심히 잘못되었음을 깨닫기까지 얼마나 걸렸을까? 언니 친구들은 정확히 언제 웃음을 그치고 겁을 먹었을까? 911에 전화한 사람은 누구였을까? 낯선 이든 지인이든, 우리가 언니를 잃은 그 순간 누가 그곳에 있었을까?

현장에 도착한 구조대원들은 언니를 조심스레 들것으로 옮겨 부드럽게 눕혔고, 몰려든 사람들 틈에서 들어올렸다. 그리고 구급차에 실은 뒤에야 기도를 확보하기 위해 가위로 옷을 자르고 응급 처치를 시작했다. 그들은 언니가 가장 아끼던 브라를 잘랐다. 이런 세세한 사항들은 이후 언니를 떠올릴 때마다 늘 함께 따라다녔다.

언니의 진단명은 외상성 지주막하 출혈이었다. 뇌를 감싸고 있는 뇌막 사이에 출혈이 있었다고 했다. 두피의 일부분이 찢어져 외과용 스테이플로 상처를 꿰매야 했던 일은 세세하게 기억이 난다. 작은 상처 부분의 머리카락을 밀어버렸다고 언니가 의사에게 항의했기 때문이다. 이제 와서 생각하건대, 머리카락이나 브래지어처럼 세세한 데에 집중한 건 앞으로 다가올 더 크나큰 변화를 회피하는 언니 나름의 방식이었을까? 내가 휘감듯 소용돌이치는 그 모든 거대하고 실체 없는 우려 속에서도 눈으로 보고 파악할 수 있는 육체적인 것들에만 집중했듯이?

혹여 상처가 낫는 데 방해가 될까봐 언니에게는 사흘간 진정제가 투여되었다. 그 기간 동안 엄마는 홀로 병실을 지켰고 나는 친구네 집에서 지냈다. 의사는 언니가 깨어나더라도 이전과는 다를 거라고 주의를 주었다. 잠시나마 엄마와 나는 혹시 언니가 긍정적인 방향으로 달라지는 건 아닐까 기대했고, 그 마음을 서로에게 털어놓았다. 언니가 넘어지기 전부터 뭔가에 대한 통제력을 잃고 힘들어했다는 사실을 부인할 수는 없었다. "정신 차리게 하다"라는 표현이 있지 않은가. 우리의 잠재의식은, 모든 반대 증거에도 불구하고 이 사고가 언니를 정신 차리게 해줄지도 모른다고 은밀히 희망했다.

언니가 의식을 회복해 면회가 가능해졌을 때, 동물의 털처럼 푸석해진 머리카락이 제일 먼저 눈에 들어왔다. 부은 눈은 피곤해 보였고 창백해진 피부 위로 주근깨가 도드라져 보였다. 우아한 이목구비와 조그마한 코, 큼직한 초록색 눈과 아이처럼 통통한 입술은 여전히 눈에 익은 그대로였다. 희미하게 빛이 번지는 새하얀 병상이 마치 후광처럼 언니의 얼굴을 밝혀주었다. 언니는 천사 같았다. 가브리엘 가르시아 마르케스의 단편 소설 「거대한 날개를 가진 아주 늙은 남자*Un señor muy viejo con unas alas enormes*」에 나오는 천사. 잊히고 추락해서 비바람에 찢기고 부서진, 그런 천사.

엄마가 나를 데리고 병실로 갔다. 나에게 조용히 걸어가서 다정하고 부드럽게 말하라고 당부하는 엄마의 모습을 보니 신생아였던 나를 집으로 데려갔을 때 어린 언니에게도 부드럽게, 조심스럽게 만져보라고 말했을 엄마의 모습이 연상되었다. 이제 우리의 입장이 뒤바뀌었을 뿐인데, 나는 언니를 처음으로 만나는 기분이었다. 왜 그랬는지는 몰라도, 그 순간을 되돌아보면 분명 그렇게 느꼈던 것 같다.

나를 본 언니의 입에서 처음 나온 말은 "네 머리 꼴이 역겨워"였다. 언니가 앉아 있던 새하얀 시트와 이불 더미가 어쩐지 병상이라기보다는 왕좌처럼 보였다.

나는 언니처럼 윤기 흐르는 머릿결을 가지고 싶어서 새로운 샴푸를 써본 적도 있다. 하지만 샤워를 하고 몇 시간이 지나면 다시 생기가 사라졌다.

속상했던 나는 벌겋게 달아오른 얼굴을 하고는 "언니는 더 건강해 보이네"라고 되받아쳤다.

긴장이 풀렸다. 나는 눈을 깜빡이며 눈물을 삼켰고, 우리 둘 다 머뭇거리다가 조용히 웃기 시작했다.

다투고 놀리던 그 잠깐의 순간은, 피상적으로나마 거의 일상 같았다. 하지만 언니가 다시는 예전과 같지 않을 거라던 의사의 예고는 옳았다.

그날 이후 며칠간 언니의 생각이 더는 언니의 것이 아니라는 점이 분명해졌다. 느닷없이 새로운 목소리들이 생겨나 언니에게 말을 걸었다. 그 목소리들은 그때까지 내내 숨어 있었던 걸까? 이 순간 이전의 모든 것은 심리학 교과서의, 페이지 가장자리에서 불길하게 따로 강조해 언급하는 "유전적 소인"이었을까? 그리고 그 이면에는 환경적 영향이 있고? 이 사건은 나머지 서사를 각기 제자리에 배치해 우리의 서사가 불가피한 결말을 향하도록 만들었다. 넘어졌고, 금이 갔고, 점화되었다.

13

언니가 머리를 다치고 불과 며칠 뒤, 엄마는 언니를 보며 순간 이렇게 생각했다. 저 아이가 날 죽이겠구나.

이제는 항상 그 낙상으로 기억할 사건 이후, 언니의 상태는 극단적으로 나빠졌다. 퇴원 후 언니는 회복을 위해 며칠간 집에 머물렀다. 외상성 뇌 손상을 입었기 때문에 항경련제(딜란틴, 퍼코셋, 페네르간, 정제형 세나)를 처방받았고, 이제 안정과 휴식을 취해야 했다. 하지만 언니는 충분히 쉬지 않고 다시 자신의 아파트로 돌아가서 자유롭게 지내고 싶어했다. 무엇보다도 언니는 담배를 피우고 싶어했다.

(후에 대학에 들어가 행동심리학을 공부하면서, 니코틴이 신경전달물질인 도파민을 증가시켜 조현병 증상의 일부를 억제하는 데 도움을 준다는 사실을 알게 되었다. 2001년 『정신의학 타임스_Psychiatric Times_』에 실린 논문 "니코틴과 조현병"에 따르면, 조현병 환자의 72퍼센트에서 90퍼센트가 주기적으로 흡연을 했다. 널리 알려진 사실에 의하면 담배는 조현병을 진단받은 많은

이들이 자가치료를 위해 이용하는 도구 중 하나다. 이런 내용을 과거에 적용해보니 훨씬 많은 부분을 이해할 수 있었다. 언니가 왜 그토록 담배를 원했는지, 왜 담배를 피우고 싶어 죽을 지경이었는지 알 것 같았다. 그리고 그 모든 퍼즐 조각들이 과거로 거슬러 올라가보면 딱 들어맞는다는 사실을 깨닫는 게 얼마나 잔인한 일인지도.)

언니는 여전히 키가 크고 늘씬했다. 여전히 피부가 까무잡잡했고 어릴 적 주근깨도, 면허증에 파란색이라고 기재되어 있는 날카로운 초록색 눈도 그대로였다. 언니는 계속해서 배드형 태닝 기계로 피부를 태웠고, 심지어 태닝숍 회원권까지 끊었다. 언니는 방금 막 구운 살갗에 여름 향과 양초 향이 풍기는 태닝 로션을 바르고 저녁 어스름이 깔린 대학가 거리로 나가 담배를 피웠다. 언니 앞으로 누인 가로등 기둥과 신호등의 그림자들은 스르르 기는 뱀들처럼 보였다.

부모님은 이 나쁜 습관들을 다 알고 있었다. 태닝 베드와 흡연은 치명적인 조합이었다. 언니는 담뱃갑을 압수당했다. 설교가 시작되었다. 싸움이 일어나고 그치기를 반복했다. 부모님은 언니에게 암에 걸린 폐의 사진을 보여주었다. 사진 속에는 부엌 싱크대 가장자리에 핀 곰팡이 같은 것이 작고 시커먼 구멍처럼 퍼져 있었다. 부모님은 엄마에게 피부암이 있음을 알리며 경고했지만, 따지고 보면 폐암이나 피부암은 언니가 가진 나쁜 습관이 초래할 최악의 경우도 아니었고 잠재되어 있는 가장 치명적인 가능성도 아니었다. 언니 앞에는 더 큰 싸움이 있었다. 어쩌면 당시에도 우리는 언니의 수명이 암 때문에 줄어들 만큼 충분히 길지 않으리라고 생각했는지도 모른다.

엄마는 의사가 내린 지침에 따라 갑자기 몸을 움직이면 더한 손상을 입을 수 있다고 반복해서 설명하며 언니를 침대로 돌아가도록 설득했다. 언니는 말을 듣지 않았다. 언니는 담배를, 그것도 **지금 당장** 원했다. 언니는 원하는 것을 손에 넣기 위해서라면 뭐든 할 것처럼 엄마를 노려보고, 위협하고, 밀고, 구석으로 몰아세워 소리를 질렀다.

이러다 죽겠구나. 엄마는 생각했다. 담배 한 갑 때문에 내가 죽겠어.

결국 엄마가 한발 물러서자 언니는 엄마를 밀치듯 밖으로 나가 차를 향해 달렸다.

폭력, 갑작스러운 변화, 두 사람이 된 것 같은 언니, 이 모든 것에 현기증이 났다. 언니의 눈동자는 초롱초롱하다가 금방 찌푸려졌고, 성격도 흥분한 듯이 자주 바뀌었다. 우리에 갇혀 굶주린 짐승처럼 분노하며 거칠어졌고, 원하는 것을 얻기 위해서는 뭐든 하고 모조리 파괴할 기세였다.

그때 언니는 미성년자 음주로 걸린 지 몇 주일이 지나지 않아서 운전을 금지당한 상태였다. 그러나 언니는 밖으로 나가 차에 올라탄 뒤 액셀을 밟아 가파른 진입로에 새까맣고 험악한 타이어 자국을 남겼다. 종국에는 이것이 우리의 가장 큰 두려움이 되고 말았다. 언니가 흥분한 상태로 과격하게 운전해 다른 누군가를 들이받고 본인이나 타인들을 다치게 하는 것. 이런 생각들은 여러 목소리가 언니의 머리에서 울려대듯 우리 머리를 쾅쾅 두드려댔다. 언니가 다치기라도 한다면? 언니가 우리를 죽인다면? 최악의 경우, 언니가 다른 누군가를 죽이기라도 하면? 아무 죄 없는 제삼자가 언니의 질병과 우리의 통제 불능 때문에 희생된다면? 우리 가족이 겪는 혼란이 하나의 비극이라면, 그것의 독성이 다른 누군가에게로 새어나가는 건 또다른 비극이었다.

언니가 집을 나가면, 나는 폭풍이 지나간 뒤 새들이 나무에서 벗어나듯 주춤주춤 집에서 나와서 훼손된 것은 없는지 살폈다. 진입로 쪽으로 나가보니 고무 타는 냄새와 배기가스 냄새가 섞여 올라오고 있었다.

몇 시간 후 집으로 돌아온 언니와 차는 멀쩡했다. 그다음에 무슨 일이 있었는지는 정확히 기억나지 않는다. 무슨 말들이 오갔고, 진입로로 들어오던 언니는 어떤 모습이었는지, 아니면 우리가 어떻게 언니를 맞이했는지. 기억나는 거라고는 오직 동요, 자극적인 움직임, 그런 다음 먼지가 가라앉던 몹시 희미한 감각, 그리고 손끝에서 아드레날린이 사라질 때의 부드러움뿐이다.

그것은 열두 살이던 내 신체가 적응하게 될 감각의 순환이었다. 내 몸의 체계가 다시 프로그래밍 되었다. 불꽃이 튀고, 세부적인 면면에 과하게 주목하다가, 그래 바로 이거야로 이어지는 감각의 순환. 나는 붉으락푸르락해졌다. 비유로서가 아니라 진짜로 붉어졌다. 피가 눈으로 몰리고 부신 호르몬이 증가해 온몸을 타고 흘렀다. 여기 있을까 다른 곳으로 갈까, 싸울까 도망갈까, 갈등하다가 기절할 것만 같은 느낌이 들었고, 보푸라기가 앞을 막은 듯 아주 작은 검은 구멍으로 시야가 흐려졌다. 그러고 나면 벼랑, 낙하, 마비가 이어졌다. 나는 폭력과 폭력에 대한 두려움이 완전히 별개임을 알게 되었다. 이 불안은 나를 겹겹이 벗겨냈고, 종국에는 신경이 바깥으로 돋아나 아주 경미한 파동에도 예민하게 반응하는 사람으로 만들었다.

외상성 뇌 손상이 성격과 사고에 미치는 영향에 대해 우리가 아는 대부분의 사실은 조직 검사와 사례 연구 등의 여러 시도와 오류를 통해서 추정한 것이다. 그리고 이와 관련해서 안타깝지만 분명하게 이해되는 유명한 사례는 아마도 피니어스 게이지가 당한 사고일 것이다. 19세기 중반 미국의 철도 노동자였던 그는 폭발물이 갑자기 터지면서 90센티미터 남짓한 쇠막대가 두개골을 뚫고 지나가는 끔찍한 사고를 당했다. 기적적으로 생존했지만, 왼쪽 안구와 좌측 뇌 전두엽의 대부분을 잃었다. 그의 친구와 가족들은 하나같이 "게이지는 더 이상 예전의 게이지가 아니다"라고 증언했는데, 그들의 증언은 교과서나 온라인 포럼에도 인용될 정도로 널리 알려져 있다.

  연구자들은 게이지가 공격적으로 변했다거나, 무기력해졌다거나, 아니면 어린아이처럼 정서가 불안해졌다는 등 그의 상태를 각기 다르게 과장해 기술했다. 나는 그게 무슨 느낌인지 알 것 같았다. 나는 사랑하는 누군가가 "더는 그 사람이 아닌" 걸 볼 때의 기분이 어떤지 안다. 바로 눈앞에서 누군가가 어떻게 더는 자기답지 않아질 수 있는지를, 나는 안다.

외상성 뇌 손상 이후 언니가 변했던 방식들을 보면, 훨씬 더 심한 뇌 손상이 극적인 성격 변화로 이어지리라 예상하기는 너무 쉽다. 하지만 신경 가소성(외부 환경의 양상이나 질에 따라 스스로 구조와 기능을 변화시키는 뇌의 특성/옮긴이)이라는 개념을 뒷받침하는 새로운 증거에 따르면, 언니와 달리 게이지는 예상보다 변화에 더 잘 적응했다고 한다. 사진 속에서 그의 얼굴은 한쪽 눈을 잃고도 여전히 잘생겼고 건강해 보이며, 머리는 매끄럽게 뒤로 빗겨져 있다. 왼손에는 문제의 쇠막대를 마치 탈환하기라도 한 듯 들고 있다. 게이지는 이후 칠레에서 역마차 기사로 새로운 커리어를 시작했다고 전해진다.

H. M.이라는 이니셜로만 알려진 어느 스물일곱 살 사내의 일화 또한 유명하다. 한 신경 과학자가 간질 발작으로 치료를 받으려던 그의 두뇌 양쪽 반구에서 해마의 앞부분을 흡입술로 제거했다. 수술 후 발작 증상은 많이 완화되었지만, 새로운 기억을 형성하는 능력도 함께 사라져버렸다. 심리학계는 이 사건을 통해 해마가 기억과 연관이 있음을 밝혀냈다.

이 모든 이야기를 하는 이유는, 구체적인 자료의 부재 속에서 신경 과학 분야가 해야만 했던, 정확히 규정할 수도 없고 미숙하기까지 했던 도약과 평가들에 주목하기 위해서다. 이 모든 사례를 소개하는 건, 언니가 예전과 같지 않으리라고 의사가 우리에게 말해줄 때, 그 역시 아는 바가 없어 어떤 변화가 다가올지 구체적으로 알려줄 수가 없었다는 사실을 언급하기 위해서다.

이 모든 걸 쓰는 이유는, 우리가 얼마나 준비되지 않았었는지를 말

하기 위해서다.

14

몇 주일 후 밸런타인데이에 언니는 자신의 집으로 돌아갔고, 얼마 지나지 않아 룸메이트들과 싸우기 시작했다. 언니가 병원에 있을 때 병문안을 온 친구들이었다. 이제 친구들은 언니에게 나가달라고 했다. 언니가 이상한 행동으로 겁을 주었다고 했다. 언니는 짐을 싸서 그 집을 나와야 했다.

사고 당시 건강상의 문제로 다음 학기 휴학을 허락받았던 언니는 가을에 다시 드렉설 대학교로 돌아가 새 학기를 시작했다. 언니는 또 다른 룸메이트를 찾아 다른 집을 얻고 다시 보증금을 냈다. 얼마 지나지 않아 새로운 룸메이트도 언니에게 나가달라고 요구했다. 그 룸메이트 역시 언니를 두려워했다.

결국 엄마는 언니가 혼자 지낼 아파트를 구해주기로 했다. 재정적인 희생이 따르는 결정이었다. 돈을 한 푼이라도 더 아끼도록 세심한 계획을 짜야 했다. 심지어 나의 대학 자금을 모조리 빼앗을지도 모를 지출이었다(겁이 났지만 그보다 더욱 심각한 언니의 필요 앞에서 내가 희생해야 함은 명백했다). 언니가 다른 사람들과 함께 지내기는 힘들다는 사실을 증명한 이상, 혼자서라도 평범하게 지내게 하려면 지푸라기라도 잡아야 했다.

2012년 9월부터 엄마는 두꺼운 가죽 장정 다이어리에 이 모든 과정을 시간순으로 기록했다.

신입생 때 구한 아파트에서 쫓겨나고, 접근금지명령을 받을 뻔함.

집으로 와.

룸메이트와 살던 아파트에서 쫓겨남.

혼자 지낼 집으로 이사.

이상한 행동을 해서 쫓겨남.

집으로 와.

여름 ➜ 대학 상담사 고용.

필라델피아 커뮤니티 칼리지(아파트, 혼자, 관리인들을 위협해서 쫓겨남).

집으로 와.

그 기록에서는 일련의 시작들이 반복되었고 그 시작들은 꾸준히 같은 결론으로 이어졌다. 엄마는 내가 여기 인용한 그대로 "집으로 와"라고 썼다. 사건의 재언급인 **집에 왔음**이 아닌, 도리어 지시문 같은 문장. 마치 지금도 언니에게 **집으로 와**라고 말하는 듯 보인다.

엄마에게는 한결같이 골몰하여 **앞으로 나아가는** 재능이 있었다. 어 떨 때 우리는 그런 성격을 투지나 인내, 아니면 기개라고도 불렀지만, 내게 그것은 말하자면 이타적 형식의 생존법으로 보였다. 결코 스스 로 관두는 **호사**를 누리는 법 없이, 한숨 돌리고 포기하고 패배를 인정 하고 신세를 한탄하는 대신, 엄마는 계속해서 살아갔고 끊임없이 시 도했으며, 할 수 있는 한 끝까지 최선을 다했다.

언젠가 엄마는 당시에는 생각에 결론을 지을 수가 없었다고 말했 다. 말 그대로, 생각할 시간이 없었다고. 오직 불가해하고 얽히고설킨 재앙들만 주위를 빙빙 돌 뿐이었다고 말이다.

"오롯이 나를 위한 시간이 단 한 시간만이라도 있었다면, 가만히 앉 아서 쉴 수 있는 딱 한 시간만 있었다면, 뭔가를 해볼 수 있었을 거야. 도울 수 있었을지도 모르지." 엄마는 말한다.

반면 아빠는 롤러코스터에 관여하지 않으려고 했다.

두 사람이 결혼할 무렵, 엄마는 엄습해오는 어떤 충동적이고도 절 박한 예감에 깜짝 놀란 적이 있다고 회고했다. 미래의 자녀 중 누구라 도 아프면, 영리하고 유식한 아빠가 실질적인 치료법이 없더라도 방 법을 찾아내리라는 예감이었다. 그렇게 엄마는 안심하고 아빠와 결 혼식을 올렸다. 아빠는 보이지 않는 힘으로부터 우리를 보호하고, 망 가진 핸들을 다시 발명해서라도 새로운 길을 찾아내 나아갈 사람이 었다.

엄마가 틀렸다고 할 수는 없지만, 가장 중요한 건, 아니 차라리 가장 아이러니한 건, 아빠가 정신질환 자체를 믿지 않았다는 점이다. 아빠는 그런 게 없다고 믿었기 때문에 "치료법"을 찾지 않았다. 언니의 행동이 그저 너무 많은 파티와 허약한 기질에서 기인한다고 간주했다. 그는 회사 일과 부도덕한 만남 속에 자기 자신을 던졌고, 거품에 불과한 언니의 혼란은 그 긴장이 최고조에 이르러야만 터뜨릴 수 있다고 믿었다. 그는 이 상황이 더욱 악화될 것이며, 그런 후에라야 더 나아질 수 있다고, 상처가 낫기 전에 곪거나 열이 내리기 전에 체온이 더 많이 오르는 것과 같다고 생각했다.

아빠만 그렇게 느끼는 건 아니었다. 우리 중 누구도 무슨 일이 일어나고 있는지 완전히 이해하지 못했다. 언니는 왜 멈추지 않지? 왜 마음을 다잡지 못하지? 분명 자기 생각과 행동을 통제할 수 있을 텐데, 여전히 자유 의지가 있을 텐데 대체 왜?

그런 순간에 진실을 명확히 보고, 겉보기에 "모든 것을 가진" 누군가의 내면이 그토록 취약할 수 있다는 점을 이해하기란 불가능하다. 우리는 언니 두뇌의 내부를 상상할 수조차 없었다. 목소리들과 환각, 편집증, 속삭임들. 직접 경험한 적이 없다면, 그 개념이 얼마나 낯설겠는가. 머리에서 목소리가 들린다고? 그 목소리는 이 단어들을 소리 내어 읽을 때 들리는 소리처럼 자신의 목소리가 희미하게 메아리치는 게 아니다. 정말로 완전히 다른 목소리다. 자신에게서 전위된 목소리. 그것은 건넛방 텔레비전이 켜져 있을 때 들려오는, 뉴스 앵커의 굵고 거칠게 울리는 목소리와 유사하다. 다만 당신의 머리 안에서 들릴 뿐이다. 두개골을 울리며 당신에게 뭔가를 하라고, 뭔가를 느끼라고 말한다. 당신은 듣는다.

언니는 엄마에게 아파트 입구 바닥 타일에 만자卍字 문양이 있다고 말했다. 그곳에서 살 수가 없다고, 그 건물은 나치의 소유라고 주장했다. 엄마의 마음속 구덩이는 커져갔다. 씨앗을 삼키면 속에서 덩굴로 자라난다는 동요 가사처럼, 움푹한 구덩이가 점점 커져만 갔다.

이건 아니야. 뭔가 잘못됐어.

엄마가 직접 가서 아파트 타일을 확인해 보니 타일 무늬가 만자 문양과 아주 약간 비슷하기는 했다. 언니의 망상이 조금은 진실이었지만, 그런 반응을 정당화할 정도는 아니었다.

어릴 때 언니는 할아버지 댁 창문을 통해 산타클로스를 봤다고 말하며 내 안의 마법이 늘 생생하게 살아 있도록 해주었다.

낙상 사고 이후 언니는 또 산타클로스를 봤다. 엄마에게 전화를 걸어 산타가 하늘에서 썰매를 타고 있다고, 자기도 그와 함께 날고 싶다고 말했다.

언니의 안전이 걱정된 엄마는 911이 출동하도록 했다. 언니는 대학 내 병원에서 약물 테스트를 받았다. 언니 몸에서는 약물 성분이 검출되지 않았다.

얼마 후 늦은 밤, 어떤 남자가 언니 집 거실에 와서 텔레비전을 수리했다.

그리고 나서는 어떤 여자가 한밤중에 잠든 언니의 머리카락을 잘라 갔다.

나날이 등장한 새로운 인물들은 언니의 의식 속으로 당당히 걸어 들어와 머릿속의 한 공간을 요구했다. 편집증에 시달리던 언니는 사람들이 자신의 마음을 읽을 수 있다고 주장했다. 전철에서는 어느 여성의 "생각이 악하다"며 그 여성을 향해 고함을 질렀다.

대학에 입학해 2학년이 되기까지, 비좁은 기숙사 부엌에서 전자레인지용 라면을 태워먹거나 새삼스레 예술사에 열정적으로 빠져버리거나, 아니면 침침한 남학생 클럽하우스 지하에서 춤을 추다가 맥주로 찐득해진 바닥에 구두 굽을 붙이고 있어야 할 나의 언니는, 그 사람이 되어 있었다. 지하철에서 만나면 당신이 숨어버리는 사람. 고개를 돌려 시선을 피해야 할 사람. 나의 **언니**, 그 재밌고 매력적이고 완벽한 언니가, 이제 지하철에서 격분한 미친 여성이 되어 있었다.

15

2011년 무렵 엄마는 미국 전역의 청소년들과 젊은 대학생들 사이에서 흔했던 애더럴Adderall 중독에 관한 기사들을 찾아 읽었다. 증상으로는 조울증으로 보일 정도의 감정 기복, 적의, 불면증, 망상증, 불완전 사고, 위험한 행동 등이 있었다.

이거였어. 엄마는 생각했다.

엄마는 언니에게 이 사실을 대학 내 간호사에게 알리게 했다. 그러나 언니 몸에서는 이번에도 약물이 검출되지 않았다.

검사를 받은 뒤 언니는 학장의 사무실로 찾아갔다. 그러고는 학장에게 고함을 치며, 그가 끔찍한 생각을 하고 있다고 우겼다. 학장은 보안 차량에 언니를 태워 펜실베이니아 대학병원의 정신병동으로 보내버렸다.

애더럴 중독이 아님이 밝혀지자, 엄마는 라임병Lyme disease은 아닌지 의심했다. 뉴잉글랜드에서 보낸 우리의 유년 시절이 떠오른 것이다.

어릴 적 우리는 대부분의 여름휴가를 낸터킷 섬 해변에서 보냈는데, 그곳은 진드기가 전파하는 질병 발병률이 미국 전역에서 가장 높은 곳이었다. 모래언덕 주위를 총총거리며 뛰어다니고 높이 자란 풀숲을 지나 해변으로 달려갔던 기억이 또렷하다. 하지만 내가 알기로 우리 중 누구도 진드기에 물리지 않았다.

결국 언니는 병원에 입원해 여러 검사를 받았다. 그리고 엿새 동안 입원한 끝에 마침내 진단을 받았다. 병원에서는 뇌 스캔, 혈액 검사, 라임 반응 검사 등 다양한 검사를 진행했고, 결국 조현병이라는 진단을 내렸다. 조현병이라는 결론이 나오기까지의 과정이란 양성 반응이 나오지 않는 것들을 하나하나 제거하며 결론에 다다르는 것이었다.

그 병명의 철자는 몇 번의 시도 끝에야 정확히 쓸 수 있었다. 나는 조현병schizophrenia의 철자도 심리psychology의 철자처럼 "p"로 시작할 거라고 생각했다. 그래서 처음엔 "pschitzo-fren-ia"로 잘못 썼다가 다음엔 "schitzo-frenia"로 잘못 썼다. 대체 정신분열(정신의학에서 조현병의 다른 이름은 정신분열증이다/옮긴이)이라는 게 무슨 뜻이지? 정신이 나가버렸나? 발음도 외국어처럼 이국적이고 웃긴 게, 역사 교과서에나 나올 법한 아주 오래 전의 희귀병 이름 같았다.

병명의 고대 그리스어 어원을 찾아보니 분열을 뜻하는 "schizo"와 정신을 의미하는 "phrene"의 합성어였다. 나의 언니가, 내 반쪽인 언니가, 분열된 정신을 가지게 되었다. 자아가 분열된 것이다.

정신질환에 관해서는 논쟁하기가 까다로울 뿐 아니라 확실히 설명하기도 거의 불가능하다.

진단도 모호하고 의사마다 다르다. 명칭과 용어들도 뱀이 자기 꼬리를 삼키듯 자기 안에서 돌고 돈다. 부분집합처럼 겹치는 용어들은 판독이 불가능한 암호 같다. 분열정동 장애schizoaffective disorder가 있고 정신분열형 장애schizophreniform disorder가 있는데, 이것들을 분열형 성격 장애schizotypal personality disorder와 혼동해서는 안 된다. 1형 양극성 장애가 있고 2형 양극성 장애도 있는데, 이 둘은 쌍둥이도 심지어 형제도 아니며, 구분된 기준에 의해서 진단된다. 조증도 있고 경조증도 있다. 1번과 2번처럼. 심리학의 세계는 어린이 말장난의 규칙 그물 같아서, 그 상태만큼이나 명명도 사람을 미치게 만든다.

편집 조현병paranoid schizophrenia, 긴장 조현병catatonic schizophrenia(신체 움직임이 억제되어 몸이 뻣뻣해지고 광분하는 병), 그리고 미분류 조현병undifferentiated schizophrenia도 있다. "미분류 조현병"에 관해 "조현병의 모호한 증상"을 넘어서는 좀더 명확한 정의를 알고 싶어 구글에서 검색하면, 관련 검색어 중 5번째로 빈도가 높은 질문은 "조현병 환자도 사랑을 할 수 있나요?"이다.

그리고 이렇듯 나는 병명의 의미를 풀지 못했다. 나는 정의들을 제쳐두었다.

당신이 사랑하는 누군가가 정신질환의 징후들을 보일 때, 당신은 정신장애 진단통계 매뉴얼에 명시된 골치 아프게 얽히고설킨 용어들의 미세한 차이를 생각하지 않는다. 당신은 그저 **내가 뭘 해야 하지?** 생각한다. **도와주세요,** 하는 마음이 든다. **제발.** 간절해진다.

오바마 케어의 일환인 환자 보호 및 부담 적정 보험법이 시행되기 전이었기 때문에, 언니에게는 보험이 없었다. 정식 대학생도 아니었으니 부모님은 병원에서 권하는 검사를 다 받게 하지 못했고, 돈에 쪼들려가며 겨우 비용을 감당했다. 그때 어느 사회복지사가 펜실베이니아 대학교에서 진행하는 뇌 행동 연구 프로그램에 무료로 참여하는 게 어떨지 제안했다.

그곳의 의사는 기능적 자기공명영상fMRI과 뇌파 전위 기록술EEG, 그리고 내시경 역행췌관 조영술ERP을 활용해 조현병을 치료할 새로운 약물과 치료법을 연구하고 있었다. 엄마는 처음에 정신과 약물에 거부감을 느꼈다. 하지만 그 의사에게는 다리와 발과 머리와 눈 등 온몸에 거미가 파고들어 기어 다닌다고 믿는 한 여성을 치료한 이력이 있었다. 그 의사는 자신이 언니 역시 치료할 수 있다고 믿었다. 의사가 그런 논리를 펼쳐오는데 거부하기는 어려웠다.

언니가 계속 알약을 먹어야 하는 상황에 순순히 따라주지 않아서(이런 고집과 저항, 강력한 의지를 담은 변덕은 전혀 낯설지 않았지만, 이제는 위험성이 커졌다), 항정신성 리스페리돈 주사도 맞히기 시작했다.

한 번은 주사를 맞으러 병원에 간 언니에게서 불안한 기색이 역력했다. 세상과 동떨어진 사람처럼 물리적인 주변 세계에 대한 이해가 흐트러지고 옅어진 듯했다. 언니는 대기실에서 소리를 지르고 자신을 달래러 온 병원 직원에게 고함을 쳤다. 그러다가 차가운 교도소 독방 같은 검사실로 끌려갔는데, 눈이 휘둥그레지고 동공이 확장된 게 어딘가 새파랗고 푸르른 바다에서 파도를 타는 것처럼 보였다. 언니는 다시 몸에 불꽃이 붙은 듯 악을 쓰고 비명을 질렀고, 이내 광기가 기어 나와 언니를 집어삼켰다. 언니는 엄마를 향해 잠복해 있던 암살자라고 했다. 꿈과 기억 사이 어딘가에서 길을 잃은 듯 보였다.

엄마가 어르고 달랜 후에야 언니는 겨우 거의 보통의 상태로 돌아왔다. 하지만 엄마가 병원을 떠나려고 하자 한 번 더 이성을 잃었다. 보안요원들이 와서 언니를 제압했고, 엄마는 다치지 않고 병원을 빠져나올 수 있었다.

언니는 그 이후에도 정신병동에 입원했다. 이번에는 입원 기간이 조금 더 길었고, 의료진은 복용 약물을 조정한 뒤 언니의 행동을 지켜보기로 했다.

그 순간에 엄마는 **미치**다라는 단어가 육체적으로 발현되는 모습이 어떤지 처음으로 이해했다고 한다. 일상적인 대화에서 "오늘 날씨 미쳤네"라고 할 때의 미치다가 아니라, 정말, 진실로, 확실하게 미쳐버린 모습이 어떤 건지를. 그 단어의 기원인 광기, 불안정, 혼란의 의미를. 현실로부터 동떨어져 어떤 보이지 않는 선이 지금 이곳에서 당신을 분리해놓는다는 것의 의미를 말이다. 언니는 어디로 갔던 것일까? **어떻게 해야 언니를 다시 데려올 수 있었을까?**

16

이 글을 쓰는 동안, 당신이 기적적으로 지금 손에 쥐고 있는 바로 이 페이지들을 쓰는 동안, 나는 엄마가 수년간 보관해온 공책과 기록의 조각들에 의지했다. 엄마는 주기적으로 뭔가를 발견했다. 언니의 옷장을 청소하고 침대 아래에 있던 상자들을 정리하던 엄마는, 점점 작은 구멍들이 생기던 우리의 현실을 둘러싼 확실한 사실들을 수집해야겠다는 어떤 급박한 충동을 느꼈다. 말도 안 되고 있음직하지 않은 현실에서, 경찰 보고서나 병원 기록, 처방전 같은 조각들은 뭐든 틀림없는 것을 증명했다. 그 모든 일이 진짜로 일어났었다는 단순한 진실을 말해주었다. 당시 우리는 결코 확신할 수 없는 나날들을 보내고 있었다.

이 기록들 안에서 과거는 놀라운 방식들로 되돌아온다. 손대기 뜨거울 만큼의 생명력은 내게 충격을 안겨준다.

그 기록들에는 다낭성 난소 증후군에 관한 미국 보건복지부의 자료들이 있다. 주황색으로 표기된 "다낭성 난소 증후군은 여성들의 다른 건강 문제에 위험을 제기하는가?"라는 제목 아래 정신질환에 관한 내용은 없다.

파일 안쪽에는 엄마가 하나하나 기입해둔 우리의 학번이 있다. 얇은 파란색 종이에는 펜실베이니아 의대 교수가 뇌 손상을 입은 언니의 병가 휴학을 드렉셀 대학교에 요청하는 내용이 적혀 있다. 날짜를 보니 2010년 11월 5일, 낙상 사고 이후 한 달이 지난 시점이다.

엄마가 학장에게 개인적으로 편지를 보내기 전 "빠른우편"이라는 도장이 찍힌 봉투 뒷면에 작성해둔 메모도 있다. 엄마는 다음과 같이 설명하며 양해를 구하고 있었다.

케이트가 자기를 통제하지 못하는 상황이어서 이번 학기를 제대로 다니지 못했습니다. 현재 펜실베이니아 대학병원 정신과와 신경과에서 지켜보고 있습니다. 치료도 받고 있고요. 저희는 케이트가 1월에 다시 학교에 다닐 수 있기를 바랍니다. 케이트도 많이 좋아졌고, 다시 학교에 다니기를 기대하고 있습니다.

"치료도 받고 있고요" 부분은 추후에 생각난 듯 줄 위쪽에 추가되어 있다. 치료받고 있음을 언급해 언니의 상태가 신경 문제가 아닌 행동 문제임을 강조하려고 했을까? 이렇게 하면 학장의 눈에 덜 "진짜"인, 약한 문제로 보였을까? 이 질문들은 낙인의 세계에서 고군분투하던 엄마가 자신의 딸을 지켜내기 위해 스스로 던졌을 질문들이 분명하다. 딸의 인생을 위해 싸울 때 반드시 다루고 지나가야 할 걱정들이었다.

아마도 예전 성적표가 들어 있던 것 같은, 내 이름이 적힌 어느 봉투 안에는 펜실베이니아 의대 두뇌행동연구소가 지원을 간청하며 보낸 명함이 들어 있었다. 또다른 환자 기록에는 2010년 11월 10일이라는 날짜와 함께 "단기 정신병적 장애"에 비뚜름한 동그라미가 그려져 있었다.

나는 이 날짜들을 보고 놀랐다. 뇌 손상을 입은 지 겨우 한 달이 지났을 뿐인데 언니는 이미 학교를 나와 연구 대상자로 등록되고 정신 장애 진단을 받았던 것이다. 그 시기를 되돌아보면 눈앞의 1미터 거리 너머도 볼 수 없었던 막연한 감정이 떠오른다. 폭우가 시야를 가리고 창문이 흐릿해지듯, 다음 날을 상상하는 일은 아무 소용이 없었다. 매일매일이 예측 불가였다. 진짜 혼란이 소용돌이를 일으키고 시간을 방울방울 떨어트려 물웅덩이를 만들었는데, 그 모든 일들이 이렇게나 **빠르게 부서졌던 건가?**

2010년 3월 24일 드렉설 대학교에서 온 서신은 언니의 공식적인 퇴학을 알렸다. 그다음으로 순서에 관계 없이 찾아낸 어느 종이에는 언니의 병원 주의사항이 나와 있었다. 언니는 거기에 페니실린 알레르기가 있다고 표시해두었다. 페니실린 알레르기가 있는 사람은 언니가 아니라 나였다. 어떤 이유에서인지, 별것도 아닌 이 발견에 내 눈이 따끔거렸다.

종이 더미 제일 아래에는 언니가 빼먹은 학기의 학업 일정표가 있었다. 그 뒷장은 대학 강의를 수강해도 좋다는 허가서 원본이었다. 밀물과 썰물처럼 오가는 시간 앞에서, 당신은 어느 해변으로 쓸려가 있을지 절대로 알 수가 없다.

나는 이 무효한 종이 더미에 담긴 순전한 고통과 혼란, 희망, 그리고 비탄에 감명받았다. 정신없는 메모로 가득한 엄마의 공책은, 회복을 향한 사라지지 않는 언니의 희망을 생생하게 능가했다. 의사들의 단어는 속이 텅 빈, 우리가 여전히 이해하지 못한 처분에 불과했다. 이 기록들을 한데 모아 깊은 슬픔에 어떤 논리를 부여하고자 했던 엄마의 마음을 떠올리니 울고 싶어졌다. 과거는 불가피해 보인다. 어째서 그때는 보지 못했을까?

나는 가능한 한 최대한 깔끔하게 다시 문서들을 정리해놓는다. 어쩌다 보니 어린 시절 나와 언니가 페리를 타고 함께 찍은 사진이 제일 위에 놓인다. 언니가 내 어깨 위로 팔을 두르고 있다. 색이 흐려지고 빛도 바래버렸다.

17

2015년 노스웨스턴 대학교는 「사이언스 데일리_Science Daily_」에 발표한 논문에서 외상후 스트레스 장애와 연관된 기억 차단에 관해 다음과 같이 설명했다. "상습적인 아동학대 등으로 스트레스를 받은 경험은 심한 정신적 외상을 입히며, 그 기억들은 뇌 안에 그림자처럼 숨어 있어 의식적으로 접근할 수 없다."

그 기억들은 뇌 안에 그림자처럼 숨는다.

나는 여기에서 **그림자**라는 단어에 주목한다. 그림자는 사물 자체보다 클 수도 있으며, 길게 늘어지고, 무시무시하고, 더 어둡다. 그림자는 불길하고 두려운 예감을 품게 할 뿐만 아니라 늘 불가사의하게 존재한다. 당신 주변을 계속 옮겨 다닌다. 정신적 외상을 초래하는 기억들은 **사라지지** 않고 단지 눈에 잘 띄지 않을 뿐이다. 기억들은 나름의 생명력을 가지며 때로는 사건 자체보다 더 크다. 그리고 늘 그렇듯 파악하기가 더 힘들다.

이따금 나는 우주 어딘가에 있는 대안 세계에서 우리가 끊임없이 탈출을 시도하고 있는 건 아닌지, 우리의 과거 자아가 여전히 생존을 위해 되풀이해서 싸우고 있는 건 아닌지 궁금했다. 가끔씩은 과거에서 완전히 벗어났다고 생각하기가 불가능했다.

당시 충돌의 기억들은 나의 뇌 속에 숨어 있다. 기억들이 그곳에 있는데, 달아나고, 변하고, 손에 잡히지 않는다. 나는 수년간의 기억을 잊고, 여러 순간들에 걸려 넘어지며, 학창 시절의 기억들에 발을 헛디딘다. 내가 겨우 열두 살일 때 언니는 외상성 뇌 손상으로 고통받았고 조현병이라는 진단을 받았다. 그 시절의 혼돈, 폭력, 비탄은 한창 발달하던 나의 청소년기 두뇌를 통과했다(최근 엄마는 나는 전혀 기억하지 못하는 나의 열네 살 생일 파티의 존재를 확인시켜주려고 애썼다. 내가 열네 살 때 생일 파티를 한 적이 없다고 강하게 우기자, 엄마는 파티 장소, 초대받은 친구들, 그리고 처음으로 남학생들을 초대했다는 사실까지 하나하나 짚어주며 기억을 되돌리려고 했다. 사진을 보고 나서야 마지못해 엄마를 믿었지만, 그 사진을 보는 순간에도 기억은 되살아나지 않았다).

내 신체는 나를 보호하고자 최악의 기억들을 감추었다. 그 과정에서 나는 기억의 윤곽만 남은, 신뢰할 수 없는 화자가 되고 말았다.

여기, 내가 기억해낼 수 있는 이야기들이 있다.

우리는 가방을 싼다. 엄마와 나는 짐가방에 위급할 때 입을 파자마와 밤에 필요한 화장품, 아침에 사용할 콘택트렌즈, 세수용 비누, 치약 등을 아무렇게나 집어넣고는 급할 때면 언제든 들고 나갈 수 있도록 커튼 뒤에 몰래 숨겨둔다. 가장 가까운 출구를 기억해뒀다가 최대한 신속하게 탈출한다. 집 안의 모든 곳이 화재 대피 훈련소다. 언니가 거처를 옮기는 과정에서 우리 집에 머물면 엄마는 내가 부모님 방에서 함께 자도록 한다. 그 방에는 발코니가 있다. 필요한 경우, 만일 그 지경까지 간다면, 우리는 아래층 덤불로 뛰어내려야 한다. 미리 알고 있으면 안심이 된다. 혼자 잘 때에는 가구로 방문을 막아둔다. 오래된 아메리칸걸 인형들이 가득 든 기다란 보관함이나 의자를 침대 발치에 둔다. 어릴 적 추억이 담긴 물건들이 문을 무겁게 누른다.

수재나 캐헐런의 자전적 에세이 『브레인 온 파이어Brain on Fire』에는 희귀성 자가면역 뇌염 증상이 나타나던 초기에 저자 본인이 조현병과 환각 증상을 보이는 장면이 나온다.

그녀는 병원으로 향하던 중 조수석에 앉은 새아버지가 자신을 "창녀"라고 칭하는 소리를 듣는다.

"지금 뭐라고 했어요?" 그녀가 따진다.

새아빠는 당황한다. 차 안에 적막이 감돈다. 그는 아무 말도 하지 않았지만, 그녀는 **들었다**. 정말로 들었다. 속삭임보다, 바람의 울림보다 더 큰 소리를. 그녀는 진짜로 물리적인 목소리를 듣는다. 그의 목소리를.

"씨발 방금 나한테 뭐라고 했어?" 언니는 우리에게 쏘아붙일 것이다.

다시, 또다시, 나는 아무 말도 하지 않았다. 그러자 또다시, 언니는 내 생각을 들을 수 있다고 말한다. 이번에도 또다시, 언니는 몸이나 감정으로, 혹은 대부분의 경우 둘 다를 사용해 악을 쓰고 나를 마구 몰아세운다.

정신착란 증상이 많이 발현되는 이 시기를 보통 "활성기active phase" 혹은 "병세가 심한florid 정신병" 시기라고 부른다. 이 단어는 개화開花를 내포한다. 조현병의 최종적인 결과로 꽃봉오리가 꽃을 피우는 것이다. 이 말은 꽃이 피는 모습을 빨리 감기로 보여주는 영상을 연상시킨다. 부드러운 꽃잎이 활짝 펼쳐지며 향기를 발산하는 그 장면을.

그러나 활성기의 조현병은 이 가운데 아무것도 아니다. 만일 이 병이 꽃이라면, 그 꽃은 으깨지고 일그러져 땅을 향해 피를 흘리고 있을 것이다. 그것은 알츠하이머의 시작과 다르지 않다. 조현병의 결말은 셀 수 없이 많으며, 결말 위에 또다른 결말을 쌓는다.

정신병이 격발하면 언니는 주변을 위협한다. 우리가 잠을 자는 도중 집에 불을 지를 거라 말한다. 우리는 그 말을 믿는다. 부엌칼이 어디 있는지 아는 언니는 그걸 휙 빼낼 것이다. 우리는 칼들을 숨기기 시작한다. 언니는 우리가 자기를 죽이려고 한다고, 계속 가둬두려 한다고 생각한다. 우리가 자기를 괴롭힐 거라고 한다. 그러나 언니가 먼저 우리를 괴롭힐 것이다. 우리가 할 수 있는 일이라고는 달아나는 것뿐이다.

언니가 부지깽이를 들고 뒷마당으로 나를 쫓아온다. 청동으로 된 무거운 전신 거울을 엄마에게 던진다(얼마 전 깨진 유리 조각들이 위층 발코니와 아래층 현관 입구에 흩어져 있는 사진을 봤다. 어릴 적에 깨졌던 그

거울처럼, 7년이 넘게 흐른 뒤 우리는 또다른 7년간의 불행을, 이번에는 스스로 유발한 것이다).

언니는 자는 아빠를 바벨 원판으로 내리친다(또다른 사진에서는 아빠의 귀가 염증으로 누렇고 시퍼렇게 멍들어 있다). 언니는 우리에게 도자기를 던진다. 엄마가 수년간 한 점 한 점 수집한 값비싼 이탈리아산 데루타 제품이다. 거실로 이어지는 바닥에 흩어져 있는 도자기 조각들을 찍은 사진도 있다. 사진 배경에 내가 신은 청록색 장화가 보인다. 언니는 그 밝은색만 봐도 내가 그곳에 서 있다는 걸 알았을 텐데, 당시에는 그조차 분간하지 못할 정도로 상태가 너무 멀리 가버렸던 것 같다.

내가 어렸을 때와 열둘, 열셋, 심지어 열네 살이 될 때까지도 엄마는 언니가 망상성 신경쇠약에 빠져들면 나에게 네 방으로 뛰어가서 문을 잠그라고 말했다. 나는 엄마가 시키는 대로 했다. 언제나 우리 개 두 마리를 데리고 내 방으로 올라가 문을 잠근 뒤 원목 문틀에 한참을 기대고 있었다. 몸을 덜덜 떠는 개들을 무릎에 앉히고 녀석들의 부드러운 털을 쓰다듬으며 "쉬" 소리를 내어 달랬다. "이제 다 괜찮아질 거야." 쉬, 이제 다 괜찮아질 거야. 그러면서 나는 나 자신도 달래고자 애를 썼다.

한동안은 이런 방법이 효과가 있었다. 언니는 나를 붙들고 신체적 위협을 가하거나 내가 있는 쪽으로 물건들을 던지면서도, 마치 나와의 사이에 어떤 선을 그어놓은 듯 결코 심각한 해를 가하지는 않았다.

뭔가가 매번 언니가 끝까지 나를 쫓지 못하도록 막아주었다. 어릴 때 세상으로부터 나를 지켜주었던 언니가, 이제 뇌 속에서 싸움을 벌여 나를 지켜주고 있었다.

그러나 조금 더 자란 나는 이러한 위기 속에 놓인 가족들에게서 떨어져 있는 상황을 더 이상 견딜 수 없었다. 엄마를 보호해야 했다(실제로 내가 도울 수 있는 건 거의 없었지만, 심각한 순간에는 아주 잘못되었을지언정 이 상황을 내가 통제할 수 있다는 판단을 내려놓을 수가 없었다). 나는 계속해서 개들을 숨기고 어떻게든 위험에서 지켜냈다. 더 이상은 숨어서 될 일이 아니었다. 언니를 자극하면 할수록 나는 더 위험한 상황에 처하게 되었다.

한번은 우리 가족이 머물던 해변의 펜션에서 언니가 나를 발코니 밖으로 밀어버리려고 했다. 그날 오전만 해도 사춘기에 들어선 나를 위로하며 세안제와 컨실러를 빌려줬었는데 말이다.

언니의 두 손이 내게 뻗어와 내 팔목을 꼭 움켜쥔다. 직접 고안한 수갑이라도 되는 양, 나를 죄수처럼 붙든다. 나는 반항하려 하지만 소용이 없다. 팔을 비틀고 움직일수록 덫에 걸려 무력해진다. 이제껏 내가 그토록 작게 느껴진 순간은 없었다. 엄마는 언니를 부르며 주의를 끌어 내가 탈출할 시간을 벌어준다. 이것이 우리가 생존하는 방식이다. 주의 돌리기 게임으로 서로 돌아가며 희생하기.

우리는 라크로스(하키랑 비슷한 스포츠/옮긴이) 채를 커튼 뒤에 숨겨둔다. 물론 실제로 그 채를 들고 방어할 만큼의 배짱도 잔인함도 우리에게 없음은 잘 안다. 아빠가 집에 있으면 우리는 어떤 상황도 만들지 않기 위해 되도록 가만히 있지만, 자주 그래왔듯 아빠가 집을 비우면 우리도 도망을 친다. 언니는 우리보다 강하다. 키와 체격이 더 크고 몸집이 단단하고, 절대 사그라지지 않는 분노로 타오르기까지 한다. 다른 선택지가 없다. 집에서 나오는 것만이 안전하게 머물고 살아남는 유일한 방법이다.

우리는 한밤중에 탈출하기도 하고 아침이나 하교 후, 스포츠 연습전, 예전 같으면 평화롭고 조용했을 일요일 정오에도 탈출한다. 그 혼돈에는 경계도, 시간의 틀도, 정해진 작동 시간도 없다. 어찌나 빠르게 변화가 일어나는지를 생각하면 아찔하다. 한참 실행 중인데 바뀐 명령이 입력된 로봇 같기도 하고, 초자연적이거나 심지어 디스토피아스럽기도 하다. 언니는 잠시 웃다가, 순식간에 엄마의 손에서 핸들을 가로채 우리가 탄 차를 도로 한가운데로 몰고 간다.

살면서 꽤 많은 시간 동안 두려움을 느껴보면, 떨림이 점진적으로 오지 않는다는 사실을 알게 된다. 조금씩 떨리기 시작하다가 점점 더 많이 떨리는 게 아니다. 그것은 한번에 불붙는다. 이제 이런 일에 익숙해진 당신의 신체는 두려움에 대비한다. 제대로 연습한 경주에 나간 것처럼, 노련한 운동선수의 근육이 연습을 기억하는 것처럼. 떨림은 크고 격렬하게 시작된다. 생각이 일관되게 자리를 잡기도 전에 당신을 점령한다. 이번에 나는 분명 깨질 거야. 당연히 내 몸은 더 이상 견딜 수 없을 거야. 당신은 생각한다. 나의 볼트와 나사가 제자리에서 풀려버릴 거야. 나는 풀리고 있어.

나는 책가방을 챙겨서 호텔을 전전하거나 공공도서관에서, 혹은 우리 차의 조수석에서, 텅 빈 주차장의 어디든 앉아서 숙제를 마무리한다. 차 앞좌석에 앉아 저녁으로 치폴레 부리토를 먹지만 충분히 먹고 소화시킬 만큼 쉬지는 못한다. 시험 공부는 주로 작고 특색 없는 집 근처 호텔 방에서 조악한 책상에 앉아 침침한 불빛 아래에서 한다. 호텔 입구에 들어설 때 혹시나 직원들이 우리 얼굴에 얼룩진 진실을 눈치채는 건 아닌지 불안해한다. 우리는 손에 잡히는 대로 아무렇게나 옷을 챙겨 입고 맨얼굴로 호텔에 들어선다. 눈에는 피로와 경계심이 깃들어 있고 이동장에는 개들이 있다. 주로 3명이 한 팀으로 다녔지만, 이제는 엄마랑 개들 옆에 나만이 쪼그리고 앉아 있다.

때로 나는 아는 사람을 만나면 어쩌나 걱정한다. 그들에게 뭐라고 말해야 할까? 어떻게 해야 그들을 이해시킬 수 있을까? 나는 언니를 사랑하고 언니에게는 잘못이 없다. 언니는 아프고, 본인 정신에 고문당하고 있다. 하지만 나는 여전히 겁이 난다. 아직도 괜찮지가 않다. 아침 수업에 들어간 나는 최대한 밝은 미소를 띤다. 가능한 한 다채로운 색상의 옷을 찾아 입는다. 밝은 셔츠에 밝은 책가방. 검은색과 회색, 그리고 어두운 톤을 맞춰 입는 깔끔한 스타일이 유행이지만 나는 개의치 않는다. 내 삶의 너무 많은 부분이 내 손을 벗어난 지금, 내가 통제할 수 있는 건 **이것뿐**이다. 이것만이라도 밝아야 한다. 이것만이라도 행복해야 한다.

나는 나만의 깃발에 색을 칠하고 언니를 생각한다. 아프기 전에는 언니도 줄곧 이렇게 했다. 화려한 하와이언 스키 점퍼와 무지개 부츠, 모든 선택에 묻어 있는 창의성. 그 소녀가 희미해지고 있으니 나라도 그 소녀의 일부를 유지한다. 언니가 되어가는 그 사람에 대한 저항의 몸짓이다. 나날이 언니를 표백하는 그 질병에 반하는 나의 항거다.

나는 믿음이 가는 어릴 적 친구 한 명에게만 언니의 상태를 넌지시 알려준다. 우리는 함께 듣는 수업도 없고 겹치는 친구들도 거의 없다. 우리의 우정은 진공 상태로 존재한다. 수업에 늦은 날 그 친구가 내 표정을 볼까봐 걱정하지 않아도 되고, 우리가 아는 다른 누군가에게 내 이야기를 떠들고 다닐까봐 불안해하지 않아도 된다. 무엇보다도 이것은 남들에게 드러낼 이야기가 아니며, 나는 언니의 사생활을 침해하는 위험을 감수할 수 없다. 비극의 뉴스는 마른 풀잎에 붙은 불꽃처럼 번지고, 끔찍하고 위험한 방식으로 사람들의 관심을 사로잡고 집어삼킨다.

그 친구를 직접 만나서 말하지는 않는다. 그건 너무 어려울 것 같아서 문자로 보낸다. 나는 내가 지난밤에 호텔에서 잤다고 친구에게 말한다. 우리는 한 달 동안 4번, 5번, 혹은 6번이나 경찰을 불렀고, 집 앞마당 잔디 위에서 조용한 이웃을 관객 삼아 가족 연극을 펼쳤다. 부엌 조리대 위에는 아직 작성하지 않은 접근금지명령 문서가 놓여 있었다. 엄마는 너무나 비통한 마음에 잠겨 끝내 그것을 작성하지 않았다. 나는 그 노란색 명령문의 강한 어조가 두렵다. 너무도 영구하고 공식적이고 사무적인 그 명령 문서는 집에 들어온 불법 침입자 같다.

점심시간에 친구와 나는 북적이는 카페테리아의 서로 다른 식탁에 앉았다. 내 친구는 자신의 옆자리 친구가 항상 행복해 보이던 때의 나를 회상하더라고 전했다. 화사한 햇살처럼 밝은 머리칼에 알록달록한 옷을 입은 내가 활짝 웃는 미소와 누를 수 없는 기쁨으로 가득해 보였다고. 그 친구는 **저런 애한테도 걱정거리가 있을까?** 하고 궁금해했다. **진실을 알면 좋을 텐데.** 내 친구는 생각했다.

나는 오래 전부터 나를 감추는 법을 알았고 자아를 둘로 쪼개어 분리된 삶을 살아왔다.

학업에 몰두했고, 가능하다면 우등생과 월반 학생을 위한 수업을 모두 찾아 들었다. 상상은 안 되지만 연기가 걷히면 보일, 희망이 기다리고 있을 미래로 나를 몰아붙였다. 나는 남들의 기대치에 맞춰 모든 것을 해냈다. 때에 맞춰 웃고 파티에 가고 춤을 추고 라크로스, 테니스, 스쿼시, 조정팀에 참여하고 봉사 활동을 하며 여유로운 척했다. 온 세상이 뒤집힐 때에는 때때로 지면에 딱 붙어 있는 게 가장 분별 있는 행동이다.

언니에게서 여러 개의 인격이 생겨난 후, 각기 다른 버전의 언니와 그들의 존재 속에서 나는 나만의 인격을 만들어갔다.

18

이 무렵 나의 독서 취향은 디스토피아와 판타지 쪽으로 기울었다. 『해리 포터*Harry Potter*』 시리즈와 『헝거 게임*The Hunger Games*』, 『트와일라잇*Twilight*』, 『어글리*Uglies*』, 『퍼시 잭슨과 번개 도둑*The Lightning Thief*』 등 명확한 적이 있는 이야기라면 뭐든 끌렸다. 그 모든 이야기는 선과 악이 명백해서 좋았다. 내 삶은 도덕률 파괴의 연속이었고, 나의 첫 친구이자 보호자였던 언니는 기대를 뒤집고 이제 내가 보호해야 할 사람이 되었으며, 나는 나를 언니**로부터** 보호해야 하기도 했다. 그 외의 다른 모든 측면에서 나는 늘 신중하게 경계를 정해두었고, 자진해서 다른 주변 상황들을 깔끔하게 정리한 뒤 엄청난 자부심을 느꼈다.

위 책들의 내용 중에서 나는 공공의 적과 맞서 싸우는 사람을 사랑했다. 공공의 적과 싸우는 데에는 명분이 있었다. 『해리 포터』 시리즈는 내게 아주 훌륭한 도피처를 제공했다. 그 작품에서 "죽음을 먹는 자들"이 부리는 마법의 색은 신뢰할 사람은 누구고 신뢰할 수 없는 사람은 누군지를 구분 짓는 뚜렷한 신호였다. 악당인 볼드모트는 **악하게 태어난** 자였다. 스네이프, 덤블도어, 해리는 좀더 복잡했지만 (심지어 작가인 J. K. 롤링은 이후 정치적 분열을 선동하는 인물이 되었지만), 주요 악당은, 정말이지, 종국에는 꽤 단순했다. 그는 사람들에게 해를 입히고 사라져야만 하는 인물이었다. 나는 그렇듯 확신을 가질 수 있는 것을 갈망했다. 그가 죽었을 때 독자들은 상실감을 느끼지 않았다. 오히려 카타르시스적인 안도감을 느꼈다. 마침내 모두가 안심할 수 있었다.

내 삶의 악당은 악당이면서 동시에 피해자이기도 했다. 나의 악당은 나를 아프게 했지만, 그녀 때문에 내 마음도 아팠다. 거기에는 승리도 없었고 오직 점점 규모가 커지는 새로운 패배의 방식들만 있었다. 나는 언니를 미워하고 싶었지만 미워하지 않았다. 언니를 온전히 받아들이고 싶었지만 그럴 수도 없었다. 그래서 나는 판타지 이야기들로 눈을 돌리고 꿈속에서 내 이야기 속 주인공이 되었다. 나의 잠은 선과 악의 서사에 잠식되었다. 생경한 유괴나 납치, 아니면 어두운 마법이 얽히고설킨 복잡한 이야기들이 꿈에서 펼쳐졌다. 나는 내가 창조한 악들에 맞서 싸웠다. 나는 승리했고 정복했다. 비로소 맞서 싸워도 내가 사랑하는 누군가를 해치지 않게 되었다. 더 이상 연민과 두려움을 동시에 손에 들고 곡예를 하지 않아도 되었다. 임무와 목표가 생겼다. 꿈속에서 누가 나를 붙들고 위협하고 때리면, 나도 그들을 때릴 수 있었다. 탈출할 수 있었다. 이길 수 있었다.

이따금 늦은 밤에 친구들과 함께 저급한 스릴러 영화를 보고 나면, 우리는 주인공과 같은 상황에서 싸울지, 아니면 살기 위해 도망칠지를 두고 논쟁을 벌이곤 했다. 그 질문은 현실과 동떨어진 한밤중의 사색 같은 것이었고, 욕실에 들어가 샤워를 할 때마다 욕실에 아무도 없음을 알면서도 **혹시 몰라** 습관처럼 샤워커튼을 치는 행위와 같았다.

내 친구들은 어떤 답을 해야 할지 몰라 깔깔대고 웃었다. 그저 추측해볼 뿐이었다. 나는 이미 답을 알고 있었기 때문에 웃지 않았다.

언젠가 이런 꿈을 꾼 적이 있다. 후드티를 입고 정체를 숨긴 어떤 악한이 나를 골목 모퉁이로 몰아간 뒤 칼을 휘둘렀다(항상 후드를 뒤집어 쓴 그는 슈퍼히어로처럼 가면으로 얼굴을 가리고 있다. 그 위로 드리운 그림자는 기형적으로 흔들린다).

꿈속에 등장하는 모든 사람은 예전에 본 적이 있는 사람이라는 이론이 있다. 사람의 뇌는 새로운 얼굴을 만들어내지 못하며, 무심결에 기억이 처리한 얼굴들을 재활용하기만 할 수 있다는 생각을 바탕으로 한 이론이다. 채소 가게에서 지나친, 멍든 사과를 살피던 여성, 주유소에서 기름을 넣어주던 멀쑥한 소년. 꿈에서 나를 공격하는 이를 마주하면 나는 절대 얼굴을 보지 않는다. 보는 순간 그 공격자에게 내면이 부여되기 때문이다. 그를 기다리고 있을 엄마, 실패한 꿈, 그를 잘 따르는 여동생, 그리고 아마 바로 이 순간으로 그를 이끌었을, 그와 나를 이 어두컴컴한 골목의 모퉁이로 몰았을 복잡한 유년 시절까지 말이다.

그 남자가 내게 더 가까이 다가오면 나는 손바닥으로 그의 머리 측면을, 한때 레슬링 선수였던 지인이 가르쳐준 대로 그의 고막 부위를 엄청나게 세게 때린다. 그의 코를 세게 밀쳐 뇌까지 울리도록 만든다. 그 누구도 다시는 나를 해치지 못하게 할 것이다. 시도조차 하지 못하게 만들 것이다(현실에서 나는 이 가운데 아무 행동도 하지 못한다. 실제 삶에서는 누가 조금 세게 내 손목을 잡기만 해도 뼈들이 덜걱거린다).

미친 듯이 흥분한 언니가 누군가를 해치지는 않을까? 어느 운 없는 사람이 괜히 언니와 같은 시각 같은 장소에 있다가 다치지 않을까? 아니면 누군가 언니를 해치지 않을까? 나는 늘 두려웠다. 어느 낯선 사람이 북적대는 건물 입구에서 언니와 부딪힌다. 언니가 그를 벽으로 밀치고 그의 새 셔츠에 침을 뱉으며 뭔가 끔찍하면서도 안타깝게도 사실인 말을 내뱉는다. 만일 그가 위험한 인물이라면? 그가 총을 꺼내 든다면? 나는 그에게 말해주고 싶을 것이다. "아픈 사람이에요. 제발 언니를 해치지 마세요."

인간성의 복잡함을 무시하면, 누군가는 판단 착오를 일으키고 무시무시한 참극에 연루된다. 그것은 아마도 인지 편견 중에서도 최악의 종류겠지만, 삶이 온통 헝클어지면 우리는 때로 어떤 형태든 단순함을 갈망하게 된다.

드물게도 다른 누군가의 진료를 위해서가 아닌 본인의 진료를 위해서 병원에 가면, 엄마는 아주 기본적인 의료 질문들 앞에서도 정서적인 지뢰밭을 맞닥뜨렸다.

"당신은 활동적인 편입니까?"

"음주를 하십니까? 흡연을 하십니까?"

"의료진이 알아야 할 알레르기가 있습니까?"

간단한 답이 이어지다 보면, 간단히 답할 수 없는 질문이 나왔다.

"집에 머물 때 안심이 됩니까?"

아니라고, 집에 있을 때 안심이 되지 않는다고 엄마가 그들에게 어떻게 설명해야 했을까? 당신을 위태롭게 하는 사람이 당신의 자녀라면? 그런데 그게 그 아이의 잘못이 아니라면? 그게 그렇게 간단한 문제가 아니라면? 그런 답변을 위한 단어가 존재하기는 할까? 엄마는 자기 딸을 겁내지 않는 게 맞다. 그는 당신의 **자**녀이며, 심장박동처럼 분리할 수 없는, 손바닥 들여다보듯 훤히 잘 아는 존재다.

나는 진료실에서 그런 질문을 받은 엄마의 기분이 어땠을지 상상한다. 가혹한 진료실 전구들이 스포트라이트를 비추듯 아래로 빛을 쏟을 때, 너무나 노출되고 너무도 사무적인 그 흔한 환경에서 대답을 해야 했을 때의 기분을. 엄마는 멈칫했을 것이고, 진료대에서 눈에 띄지 않을 만큼 움찔하며 눈가 잔주름이 더 돋보이도록 웃었을 것이다.

"네, 괜찮아요." 엄마는 하얀 이를 드러내며 밝게 미소 짓는다. 굵고 풍성한 곱슬머리가 그림을 감싼 액자처럼 엄마 얼굴 주변으로 흔들린다. 다시 또다시, 엄마는 티 나지 않을 만큼 거짓말을 한다.

『해리 포터』 시리즈에는 마법사들의 감옥 아즈카반을 지키는 간수들인 디멘터가 나온다. 망토를 뒤집어쓰고 허공을 떠다니는 영혼 없는 그 생명체들은 대기의 생명력을 빨아먹고 뭐든 밝은 것을 앗아간다. 그들은 차가운 안개와 함께 등장해 주변을 둘러싼 것들의 표면에 얼음을 입히고, 허연 입김을 뿜으며 숨을 내쉰다. 불빛이 깜빡거린다. 태양은 가려진다. 디멘터가 길고 검은 망토 밖으로 썩어가는 손을 조금씩 빼내면 끔찍한 절망의 감각이 뚜렷해진다. 디멘터는 외모만으로도 충분히 무시무시하지만, 그들이 정말 무서운 이유는 우리 인생 최악의 순간들을 다시 살도록 만드는 능력을 가지고 있기 때문이다. 디멘터는 우리를 끔찍한 옛 기억에 빠지게 하고, 좋은 기운은 빨아들인다. 여기에는 중요한 교훈이 있다. 우리를 망가트리는 힘이 이미 우리 안에 있다는 것. 그 힘은 외부의 개입을 요구하지 않는다.

『해리 포터』 시리즈의 작가인 J. K. 롤링은 디멘터가 가진 힘의 바탕이 자신이 직접 경험한 우울증이었다고 밝혔다. 이것은 몹시 정확한 비유다. 디멘터가 힘을 쓰면, 우리는 자기혐오로 가득 찬다.

이 생명체들과 싸우는 유일한 방법은 패트로누스 마법을 부리는 것이다. 패트로누스는 각자의 영혼을 상징하는 동물 형태를 띠며, 부드럽게 빛난다. 이 마법을 쓰려면 당신이 가진 기억 중 가장 행복한 기억을 떠올려야 한다. 전심을 다해 그 한순간에 집중하며 낼 수 있는 최대의 힘을 쏟아부어야 한다.

결국 대부분의 판타지 이야기에서 되풀이되는 주제는 바로 이것이다. 악은 언제나 사랑의 힘에 패배한다는 것.

　격해진 싸움을 피해 방에 숨어서 어릴 적 쓰던 조그만 파란색과 노란색 의자로 문을 막거나 문가에 서서 언니에게 정면으로 맞설 때면, 나는 대응 기세를 작동시킨다. 언니와의 가장 행복한 기억을 떠올리는 것이다. 그렇게 하면 나쁜 힘이 물러나기라도 할 것처럼, 언니가 내면에서부터 치유되기라도 할 것처럼, 있는 힘껏 집중한다.

　어릴 적 함께 해변에서 노닐던 기억을 떠올리면, 언니의 눈동자 색 같은 묵직한 해초들이 파도에 쓸려오고 산들바람에 모래가 날린다. 우리는 엉킨 밧줄을 집거나 바닷물에 닳은 나뭇가지들을 줍고 있다. 나는 그날 우리가 얼마나 부드러운 선율로 웃어댔는지, 얼마나 날카로운 소리로 비명을 질러댔는지를 기억한다. 그러고는 앞서 배운 교훈의 반대 역시 진실임을 깨닫는다. 우리를 다치게 하는 모든 것이 이미 우리 안에 있듯, 우리 자신을 구하기 위해 필요한 모든 것 역시 우리 안에 있다는 것. 나는 빛에 집중하기 위해서 최선을 다한다.

19

언니의 문제가 탁한 물처럼 흐려지고, 진단 내용이 바뀌고, 폭발적인 싸움이 일어나던 그 몇 년을 설명하려 할 때면, 나는 전쟁 용어들에 의지하게 된다.

싸움이 일시 중단되는 모든 순간은 **휴전**이었다. 나는 내 방문에 **바리케이드**를 쳤다. 엄마와 나는 언니의 질병이 우리를 향해 날아오는 미사일이라도 되는 양 그 **탄도**에 대해서 논의했다. 우리는 **달아났다**. 언니는 **전투적**이었다. 우리에게는 **전략**과 **퇴로**, **피신처**가 있었다.

당시 나는 역사 수업 때 본 병사들의 모습을 계속 떠올렸다. 극적인 풍경을 뒤로하고 말을 탄 사내들, 하늘 가득 피어오른 생생한 구름과 폭풍우가 몰아칠 듯한 불길한 색채. 우리는 과거의 전투들과 그 결과, 그리고 그 사건의 역사적 중요성을 외웠지만, 정작 내가 궁금한 건 전투가 벌어진 사이사이의 시간이었다. 병사들은 언제고 공격받을 수 있다는 사실을 알면서 어떻게 잠을 잤을까? 오싹할 정도로 평범하게 지나가는 시간들을 무엇을 하며 채웠을까? 옆에 촛불을 켜놓고 카드놀이를 했을까? 아니면 고향에 두고 온 삶에 관해, 그들을 기다리고 있을 여인과 가족들에 관해 이야기했을까? 앞으로 무슨 일이 다가올지 알면서도 멈출 능력이 없는 상황에서, 이런 기다림의 순간들은 실제로 싸우는 순간보다 더 나쁘지 않았을까?

듣기로는, 사랑하는 사람이 치매에 걸리면 그 사람이 원래의 모습으로 돌아오는 짧은 순간이 가장 비통하다고 한다. 당신을 아프게 하는 건 아마 희망일 것이다. 사랑하는 사람이 여전히 눈앞에 있음을 상기했는데, 그들이 다시 자기만의 정신 속 틈새로 빠져들면서 상실을 반복해서 겪는 것. 그것은 누군가를 잃는 가장 잔인한 방식 아닌가? 사랑하는 사람의 파멸을 지켜보면서, 그것을 멈추기 위해 할 수 있는 일이 아무것도 없다는 것? 안개가 드리웠다가 걷히는 그 명료한 여명의 순간은, 언제 그랬냐는 듯 병이 진행되는 상태로 되돌아간다.

물론 전쟁과 정신질환은 결단코 같지 않다. 하지만 정신적 외상의 고통을 잇는 특유의 실은 분명히 존재한다. 질병이 퇴행하는 중에는 희망의 창문이 열리지만, 그 희망은 폭력에 의해 멈칫한다. 나는 언니와 **전투**를 하고 있지는 않았다. 그러나 언니가 되어가는 그 사람, 냅킨에 번져가는 액체나 물속에 퍼지는 잉크처럼 언니의 뇌로 스며드는 그 장애를 가진, 언니가 되어가는 그 사람과는 늘 전투 중이었다.

며칠 혹은 몇 시간이라도 혼란이 안정되면 언니는 자기 자신으로 돌아왔다.

언니는 자기가 이렇게 되는 게 싫다고 우리에게 말했다.

자신이 되어가는 그 사람이 되고 싶지 않다고 했다. 그건 언니가 아니었다.

머리 부상을 당하고 불과 몇 달이 지나 조현병 증상이 엄청나게 심해져가던 2010년 5월 6일의 새벽 2시 16분, 언니는 내게 메시지를 남겼다.

여전히 조막만한 네 얼굴을 꼭 움켜쥐고 세상에서 가장 좋은 언니가 되겠다고 말해주고 싶어! 네게 잘해주지도 못하고 자랑스러운 언니도 아니지만, 그래도 네 덕분에 너무도 행복해! 다 내 잘못이야. 나는 절대로 돌아버린 모습을 네게 보이고 싶지 않은데 ㅎㅎ. 넌 정말 완벽하고, 뭘 하든 나는 따라할 수 없을 만큼 완벽하게 해내는 동생이니까!!!……

거칠게 행동하고 널 당황하게 만들어서 너무 미안해……조금 더 커서 나도 웃게 될 날이 꼭 왔으면 좋겠어.

어떻게 하면 나를 용서할 수 있을지 알려줄래? 이 세상 무엇보다도 널 사랑해. 너는 내 삶이야.……

혹시 나한테 궁금한 게 있거나 헷갈리는 게 생기면 바로 물어봐. 지금은 내가 누군지 기억이 나거든……그리고 나는 내가 다른 사람처럼 변하는 게 너무 싫어! 내가 약속할 테니까 할 수 있는 한 최고로 사랑하는 자매가 되자……돌아버린 언니를 위해 그래 줄 수 있겠니? <3<3

언니는 내게 고함치고 위협적인 행동을 보인 바로 직후에 이 메시지를 보냈다. 페이스북을 열었다가 알림에서 언니의 이름을 봤을 때에는 내 안에서 희망과 사랑이 번득였다. 그러고는 그다음 순간에 믿을 수 없을 정도로 피곤해졌다. 메시지에 쓴 단어 선택에서 언니의 성격이 생생히 드러났다(언니는 상황의 심각성을 대단치 않게 여기듯 "돌아버린"이라는 표현을 썼다). 여기 내가 아주 잘 아는, 어릴 적 나를 보호해주었던, 바보처럼 함께 놀곤 했던 언니가 있었다. 하지만 나는 언니가 다시 나를 떠나는 일이 시간문제라는 점도 잘 알았다. 오늘은 다르리라는, 이번만큼은 언니가 변하지 않으리라는 희망을 내가 어떻게 가질 수 있었겠는가?

언니는 늘 이런 식이었다. 한 사건이 벌어지고 나면 바로 사과를 했다. 거절하는 게 불가능에 가까운 사과였다. 진심 어린 후회가 깃든, 차분한 언니의 얼굴은 마음을 끌었다. 언니는 눈을 아래로 내리깔고 여린 코끝을 아래로 향한 채, 장난기를 약간 가미한 표정을 지었다. 입술은 아주 약간 위로 삐죽 내밀어, 마치 이 모든 논쟁이 대단한 농담이고, 사랑하는 사람들 사이의 단순한 오해라는 듯한 뉘앙스를 풍겼다. 그러나 이건 실제 상황이고 진짜였다. 나는 언니의 진심을 믿으면서도 언니가 그 약속을 지키지 못하리라는 사실을 잘 알았다. 언니를 믿지 못하면서도, 언니 때문에 가슴이 찢어졌다.

이후에도 언니는 내 파일이나 교과서 사이사이에 포스트잇을 붙여놓았다.

수업시간에 책을 펼치자 "미안해"라고 적힌 포스트잇이 나타났다.

"너 요즘 정말 예쁘더라!!!"라고 쓰인 포스트잇도 있었다.

심지어 어떤 날에는 "너는 세상 최고의 여동생이야!!"라고 쓰여 있었다.

화가 난 나는 그 말들을 믿지 못하고 그 네모난 형광 종이들을 마구 구겨서 쓰레기통에 던졌다가, 다시 꺼내어 조심스레 모퉁이들을 펴고 두꺼운 책 사이에 꽃잎을 말려 보관하듯 끼워두었다.

"누군가를 일으켜 세우려면 100번의 칭찬이 필요하지만, 파괴하려면 오직 한마디면 된다"라고 필기 공책 뒤에 갈겨썼다.

내가 하고팠던 말은, 이따금 언니가 원래 모습대로 돌아왔다는 것이다.

내가 하고픈 말은, 언니가 그 모습 그대로 머물러주었으면 했다는 것이다.

언니는 결코 그대로 머물지 않았다.

전쟁과 정신질환 사이에 모호한 유사성이 있듯이, 조현병과 치매 사이에도 어떤 연관성이 존재한다. 물론 조현병과 치매는 각기 다른 신경성 질환이기는 하지만, 조현병을 앓는 사람은 일반인보다 치매 발병 확률이 더 높다. 아무래도 조현병에 내재한 인지 기능 장애가 치매로 점차 이어지는 게 아닐까? 과학자들은 이 연관성을 아직 밝혀내지 못했다.

노인성 치매에 걸린 환자에게서 가장 먼저 나타나는 증상 중 하나는 이전과 같은 인지 수준으로 기능하지 못할 때 좌절감이 급격하게 커지는 것이다. 그 좌절감은 변덕스러운 반응, 통제 결핍, 그리고 정서 조절의 어려움으로 드러난다. 두뇌에는 비정상적인 단백질이 쌓여 아밀로이드반amyloid plaques과 타우 단백질이 형성되고, 조직이 수축해 신경들이 기능을 멈춘다.

이 책을 쓰기 시작할 무렵, 지역 도서관에 간 적이 있다. 나는 잡지 서가에 꽂힌 화려한 패션 잡지들과 경제지들 사이에 둘러싸여 있었다. 그때 한 중년 남성이 시끄럽게 의자를 끌며 내 옆에 앉았다. 그는 내 컴퓨터 화면에 열려 있는 워드 문서에서 아직 정리되지 않은 긴 목차를 보았다.

"무엇에 대해 쓰는 거죠?" 그가 물었다.

"조현병"이라는 단어는 여전히 내 목에 걸려 쉽사리 나오지 않았다. 그 단어를 크게 말했다가는 현 상태에 지장을 주지 않겠다는, 혹은 분위기를 가라앉히지 않겠다는 어떤 무언의 사회적 암호를 깨버릴 것만 같았다. 몇 번인가 그것을 언급했을 때 사람들은 내가 마치 그 질병을 흘리기라도 한 듯 쳐다봤다. 내 스웨터에 붙어 있던 그 유전자의 암호가 공기를 타고 번지기라도 한다는 듯이.

"저희 언니에 대해 쓰려고요." 나는 공손하게 웃어 보인 후 타자를 치기 시작했다. 아주 단순한 대답이었지만, 진실이 아니라고도 할 수 없었다.

이내 도서관 사서가 그 남자를 지나치며 인사를 건넸다. 두 사람은 자연스럽게 대화를 나누기 시작했고, 나는 그 중년 남성의 어머니가 최근 노인성 치매 진단을 받았다는 사실을 엿듣게 되었다.

그 남성이 비교적 수월하게 어머니 이야기를 꺼내는 모습은 꽤 충격적이었다. 그것에 관해 말하기란 의심의 여지 없이 엄청나게 고통스럽겠지만, 노인성 치매는 상대에게 바로 이해받고 누구에게나 동정받는다. 이 낯선 중년 남성과 나는, 각자가 사랑하는 사람이 인지 결손을 특징으로 하는 눈에 보이지 않는 신경성 뇌 질환과 싸우는 중이었다. 따라서 두 사례 모두 가족이 인지와 개성 표현에 어려움을 겪고 있었다. 하지만 나는 언니의 진단에 대해 입에 재갈을 문 기분인 반면, 그는 그렇지 않았다.

누군가에게 말을 해볼까 생각할 때마다 나는 뭔가에 가로막힌다. 친구들이 "미친 사람들"이라고 표현할 때의 목소리, 눈을 굴리며 찡그리는 표정이 절로 떠오른다. 당시 모든 인기 드라마 시리즈는 "정신병동 탈출" 에피소드를 다루는 듯 보였다. 할리우드 제작자들은 그걸 새롭고 재미있으며 명랑한 모험, 혹은 극적인 장면 전환 정도로 생각한 걸까. 이런 "정상적인" 드라마들은 눈에 보이지 않는 카드로 카드놀이를 한다거나, 옷을 거꾸로 입는다거나, 열심히 혼잣말하는 등 이상하지만 우습게 행동하는 환자들의 모습만을 보여줌으로써, 외부인이 환자들을 보며 소름 돋아하는 걸 허용하는 오류를 범했다.

언니가 조현병 진단을 받은 지 1년이 되어가던 무렵, 열네 살이던 나는 「프리티 리틀 라이어스Pretty Little Liars」에 나오는 인물들이 주립 정신병원 복도를 터벅터벅 걷는 장면을 보았다. 해당 에피소드는 외부의 영향에 취약한 관객들이 몹시 불쾌한 행동을 곧 정신질환과 동일시하도록 유도했다. 친구들이 눈을 가리고 비명을 지르는 내내 나는 화면을 보면서 그 순간 우리에게 가해지는, 보이지 않는 폐해가 무엇인지 생각했다. 학교에서 공식적으로 정신건강과 관련된 지식을 교육하지 않는 상태에서, 정신건강에 관해 알려줄 교사는 이런 고정관념뿐이었다.

우리 문화권에서 조현병은 놀라울 정도로 잘못 전해지고 있다. 병의 상태는 극적인 효과를 위해 과장되거나(구속복, 재갈, 눈이 시리도록 새하얀 정신병동의 벽들), 아니면 어딘가 모르게 가벼운 농담거리로 다루어진다. 평소 같으면 지적이고 똑똑하며 예의 바른 사람들이 정신장애를 얼마나 많이 오해하는지를 나는 오래도록 목격해왔다.

고등학교 졸업반 시절, 상급반 영어 선생님이 어느 작품에 나온 인물을 "조현병 걸린 것 같다"라고 묘사하는 걸 들었다. 해당 인물의 행동이 의도와 일치하지 않아서 인지 부조화가 생겼다는 의미였다. 선생님은 그 상태를 두고 "조현병 걸린 것 같다"라고 말했다.

이렇듯 잘못 전해지는 사례가 얼마나 많은지는 이루 다 말할 수 없다. 눈에 띄지 않을 정도로 거의 항상 존재하기 때문이다. **미친**이라는 단어나 **광기**, 혹은 **정신이 나갔다**라는 표현조차 본질적으로는 두부외상과 관련된, 정신적으로 건강하지 않은 상태를 암시한다.

2014년, 스물두 살의 언니가 병과 싸우느라 극심한 고통 속에 있

빨강

을 무렵, 인기 아역 스타 어맨다 바인스가 몇 번인가 이상한 트위터로 가족과 친구들, 그리고 다른 셀럽들을 비하했다가 헤드라인을 장식한 일이 있었다. 언론의 반응은 재빠르고도 잔인했다. 그녀는 농담거리가 되었다. 심지어 그가 양극성 정동 장애와 조울증 진단을 받았다고 밝혔음에도 우리 학교 친구들조차 모둠 활동 중이나 점심시간에 그녀를 농담거리로 삼았다. **친구들이 언니에 대해 알면 어떻게 생각할까? 나는 생각했다. 대체 어떻게 해야 이해시킬 수 있을까?**

다른 질문들도 뒤따랐다. 만일 내 친구의 부모님들이 우리 언니가 위험할 수도 있다는 사실을 알면, 친구들을 나와 어울리게 해줄까? 혹시 우리 엄마를 비난할까? **나까지 미쳐버리는 순간을 기다리는 건 아닐까?** 나의 약점이나 감정적 변덕도(말다툼하거나, 남자아이 때문에 울거나, 무리에서 다른 여자아이들과 싸우면) "건강하지 못하고" "안정적이지 않다는" 증거가 될까? 나는 그냥 입을 다물었다.

지난 몇 년간 정신건강에 관한 방대한 변호 작업이 이루어져 다소 오명을 씻었지만, 특히 불안 및 우울 진단과 관련된 정신장애들은 대중 논의에서 대개 실제보다 과소 대표된 경향이 있었다. 그리고 이 모든 작은 순간들이 계속 침묵을 조성했다. 1,000번의 미세한 차별은 연민이나 변화를 향한 작은 희망마저도 부식시켰다.

당신은 사랑하는 사람이 치매에 걸렸더라도 상대가 두려워하고 불안해하고 움찔하리라는 걱정 없이 그 사실을 말할 수 있다. 누군가가 그 말을 들어도 나까지 안전하지 않은, 무서운, 혹은 불쾌한 존재로 여기리라는 우려 없이 말할 수 있다. 조현병은 다르다. 조현병은 너무도 자주 분위기를 어색하게 만드는 말이자, 일종의 모욕이다.

고등학교 1학년의 어느 날, 학교를 마치고 집에 와 보니 언니는 차분한 상태였다. 우리는 어릴 때 그랬듯 우리만의 공간에서 함께 텔레비전 쇼를 시청했다. 하지만 나는 초조했다. 방 안에 흩어진 불안이 우리의 대화를 짓눌렀다. 나는 언니와 함께 있을 때 평온함을 누리고, 안도감 속에서 행복을 찾고 싶었지만, 그 순간을 믿지는 않았다. 언제 혼돈이 덮쳐올지 절대 알 수 없었다.

내가 한 손으로 수프 대접을 들고 다른 손으로 숟가락을 들어 수프를 입에 가져가고 있을 때였다.

"너는 왜 숟가락을 그렇게 잡니?"

언니의 목소리에서 온기가 싹 사라지고 차가움이 묻어났다. 등골이 오싹했다. 그 목소리에는 내가 숟가락을 잡은 방식에 대한 너무도 큰 분노가 담겨 있었다. 왜 나는 이 멍청한 숟가락 하나도 제대로 잡지 못했을까? 난 대체 뭐가 잘못된 걸까? 나는 생각했다.

이윽고 언니는 내게 모욕 세례를 퍼부었고, 그 앙심에 차고 신랄한 말들은 나의 내면 깊은 곳의 불안감을 울려댔다. 나는 이런 것들에 익숙했다. 충격을 줄 요인은 이미 사라진 뒤였다. 이제는 거의 무시할 수 있는 수준이었다. 거의.

언니는 내 코를 못마땅해했다. 내 웃음도, 윗입술이 너무 얇아서 활짝 웃을 때마다 잇몸이 드러나는 것도 싫어했다. 나는 왜 이리 멍청할까? 왜 이렇게 쓸모가 없을까? 말하자면, 모두가 나를 싫어하는 것 같았다. 나는 흉측한 마녀였다. 내 성적이 어떻든 누구도 관심 없었다. 나는 그저 "책으로 배운 것만 많은" 바보였다. 뭐 하나 제대로 아는 게 없었다.

그럴 때 나는 무엇을 해야 할지 알았다. 나는 무감각해졌다. 마치 잠든 아기가 깰까봐 조심하듯 대접에 조용히 숟가락을 넣었다. 싱크대로 가져가는 동안 사기그릇이 달그락거리지 않도록 최대한 가만히 받쳐 든 채 신경 써서 조심히 걸어갔다. 혹시라도 그릇이 흔들리면 언니가 어떻게 할까? 또 어떤 명분을 들이대며 가혹하게 굴까? 나는 어떤 식으로 눈에 거슬려 언니의 마음을 뒤틀리게 할까?

언니는 내 뒤에 바짝 붙어서 따라오는 내내 욕을 퍼부었다.

나는 가까스로 내 방에 들어와 문을 닫고 의자로 문을 막은 뒤, 무슨 일이 생겼는지 적어 엄마에게 문자 메시지를 보냈다. 두 팔로 무릎을 감싸고 바닥에 주저앉아 문에 등을 기댔다. 반쯤 먹은 저녁이 울렁이는 속을 휘젓고 다녔다.

나는 결코 편안해지지 않았고, 절대로 편안히 앉아서 쉬지 못했다. 단층선이 갈라지지 않도록 내가 아무리 애를 쓴들, 그건 중요하지 않았다.

무엇보다 최악인 것은 언니를 향한 내 믿음이었다. 언니 상태가 좋지 않음을 알면서도, 불안정한 사춘기 시절 나는 여전히 언니를 믿었다. 내가 나 자신이 되어가던 시기에 언니는 광기를 드러내기 시작했다. 내가 열한 살에서 열여섯 살이 되며 정체성과 자아 감각을 형성해갈 때, 언니는 내게 가치 없는 인간이라고 말했다. 나는 나를 싫어했다. 이제 와서 돌아보면 내게는 신체이형장애body dysmorphia가 있었다. 현실과 다르게 잘못 인지한 결함들에 집착한 것이다. 폭력 속에 살면 폭력을 흡수해 그것을 자기 자신이나 타인을 향해 드러내게 된다. 나는 자기혐오를 선택했다. 길고 힘들게 일한 날 밤 침대로 기어들어가고 싶은 것처럼, 나는 거울을 보면서 죽고 싶은 심정을 느꼈다. 나는 휴식을 갈망했다. 나는 나 자신에게 질리고 나 자신 때문에 아팠다. 나는 피곤했다.

해변에서 노는 그 조그만 소녀를 생각한다. 더 작고, 금발인, 크고 까무잡잡한 언니 뒤를 뛰어다니며 끊임없이 언니의 인정을 바라던 그 소녀를. 나는 내 삶에 그런 시기가 있었음을, 언니의 사랑과 관심 안에서 말할 필요조차 없을 만큼 안전했던 시기가 있었음을 기억한다. 그런 내가 이제는 소음을 낼까봐 불안해한다. 내가 어떻게 이 상황을 살아냈을까? 내가 왜 살기를 원해야 했을까?

정신장애는 한 사람의 삶이나 신체적으로 기능하는 능력 이상을 앗아가는 드문 질병이다. 정신질환은 여러 관계를 차츰 소모시킨다. 과거를 다시 쓰게 하고, 이전에 왔던 모든 것과 앞으로 다가올 모든 것을 얼룩지게 한다. 이것보다 더 나쁜 건 없다. 자기 자신을 잃는 것보다 더 무서운 일은 없다.

언니는 내가 무슨 생각을 하는지 안다며, 내 생각이 구역질 난다고 했다. 끔찍한 내 생각을 신도 다 안다고 했다. 모두가 다 안다고. 나는 그 말을 어떻게 받아들여야 했을까? 이제는 마음마저 안전하지 않았다. 조현병은 나까지 포로로 잡고 말았다. 고통의 시간에 갇혀 표현하지 않고 침묵하면서, 우리는 각자의 병으로 아파하는 가족이 되었다. 눅눅하고 눈에 제일 띄지 않는 장소에서만 서서히 진행되는 모든 사태가 그러하듯, 언니의 질병은 이 어둠 속에서 서서히 번져갔다.

20

엄마는 이 시기에 일어난 대부분의 사건을 혼자 감당했다.

언니가 정신병동을 나가고자 했을 때에도 엄마는 혼자 가정법원에 갔지만, 언니를 다시 정신병동으로 보내는 것 외에는 별 도리가 없었다. 언니가 쇠고랑을 차고 법정으로 들어설 때에도 엄마는 혼자였고, 판사가 언니에게 병원에 다시 들어가서 몇 가지 검사를 더 받으라고 명령했을 때에도 엄마는 혼자서 그 광경을 다 지켜봤다.

정신병원에서 의사들과 상담할 때에도 엄마는 대부분 홀로 있었다. 몇 번인가 나도 언니 병문안을 갔지만, 엄마는 내가 최악의 장면들은 보지 못하도록 막았다. 언니는 어느 때에는 온순해져 병상에서 엄마와 나란히 눕거나 리놀륨 바닥에 무릎을 꿇고 집에 데려가달라고 애원하다가도, 순식간에 돌변해 두 손으로 엄마의 목을 졸랐다. 범죄자처럼 침상 면 시트에 양손이 묶인 채 몸부림치며 말도 안 되는 독설을 뿜어대기도 했다.

무엇보다도 엄마는 혼자서 모든 결정을 내렸다. 아빠는 가족이 재정적으로 쪼들리지 않도록 일하느라 바빴다. 아빠는 언니의 문제를 해결하려는 우리를 도우려 최선을 다하면서도, 치료나 재활 센터들을 믿지는 않았다. 불굴의 사랑을 믿었지 "새로운 시대의 치료법"은 믿지 않았다. 모든 결정을 내리기까지가 전투나 다름없었다. 논쟁에서 엄마와 나는 한편이었고, 아빠는 다른 편이었다. 나는 치료 대상인 언니까지 거실에 불러 모아 회의를 주재하려 했고, 어린 청소년으로서 할 수 있는 최선을 다해 권위적이면서도 차분한 태도를 보였다. 나는 내가 중립적인 중재자가 되어 모두의 상이한 감정과 복잡한 관계들의 간극을 조정할 수 있다고 생각했다.

그럴 때 언니는 대부분 조용히 앉아 있거나 좌절감에 충동적으로 흥분했다. 어린 동생이 뭔가를 다 안다는 듯이 자기 상태에 관해 이야기하는 모습을 보는 일이 믿을 수 없을 만큼 모욕적이었으리라는 점을 나도 알았지만, 아무리 그래도 관여하지 않고 가만히 보고 있을 수만은 없었다. 하지만 나의 중재 시도는 수확을 거두지 못했다. 어떤 합의점을 찾아도 금세 물거품이 되었다. 그보다는 오히려 아빠와 나의 관계가 틀어져 아빠가 거의 이방인처럼 느껴지기에 이르렀다.

이후 2년 동안은 정신병 치료기관과 그룹홈, 그리고 치료 프로그램을 전전하던 시기로 흐릿하게 남아 있다. 순서가 어떻게 되었을까?

언니는 펜실베이니아 대학병원에서 마지막 입원을 마치고 집으로 돌아왔고, 그때부터 정기적으로 치료사와 정신과 의사의 진료를 받기 시작했다. 드렉설 대학교에서 퇴학당한 뒤에는 델라웨어 카운티 커뮤니티 칼리지에서 수업을 들으려고 했다. 언니가 인쇄한 종이 뭉치를 들고 내 방에 찾아왔던 어느 날을 기억한다. 언니는 피곤하고 지쳐 보였다. 피부는 창백하고, 한때 길고 윤기가 흘렀던 머리카락은 너무 자주 곧게 펴댄 탓에 끝이 갈라지고 부스스했다. 얼굴에는 제어가 되지 않는 경련이 일었다. 하지만 그 순간 내 방을 찾아온 언니를 보자 심장이 뛰었다. 심지어 그때도 나는 언니를 우러러봤다. 그때도 언니에게서는 타고난 빛이 흘렀고, 그 빛은 안에서부터 뿜어져 나왔다.

"카이, 나 대신 이 글 좀 꼼꼼히 읽어줄래?"

대학 에세이를 봐줄 능력이 없는 9학년이었던 나는 여섯 살이나 어린 동생에게 도움을 요청해야 했던 언니의 처절함을 이해하면서 잔뜩 기대하는 마음으로 들뜬 채 종이 뭉치를 받아 들었다. 천천히 자기 방으로 돌아가는 언니는 온통 슬픔에 잠겨 있었다. 그 모습을 보는 것만으로도 가슴이 저몄다. 우리는 "가슴이 저미다"라는 표현을 남발하는데, 그때의 느낌은 정말 물리적으로 저미는 감각이었다.

언니가 쓴 글은 거의 말이 될 법하지만 이해가 가지 않는 문장들로 가득했다. 구문들이 서로 부딪치다가 주제와 충돌했다. 내가 뭘 읽고 있는지 알 수 없었다. 예리함을 타고난 언니는 한때 글쓰기에 재주를 보이던 사람이었다. 언니가 가장 잘하는 것 중 하나가 글쓰기였다. 언니는 일기에 여러 인용문과 그에 따른 자기 생각들을 끼적여두곤 했다. 창의적이었기 때문에 토론에서 누구와도 맞붙을 수 있었다. 하려고만 하면 수월하게 작문 시험을 통과했다. 물론 조현병을 앓기 전에도 반항심으로 시험의 답을 아무렇게나 쓰기는 했지만 말이다.

그러나 이 글은 소홀히 쓴 수준이 아니었다. 그것은 명명백백한 고군분투였다. 글 속에서 언니의 생각이 이어지다가 미끄러지는 게 눈에 보였다. 사람들이 "네가 무슨 생각하는지 다 알아"라고 표현할 때처럼, 나는 언니가 자신의 생각을 짜임새 있게 만들려고 애쓴 흔적을 읽을 수 있었다. 하지만 언니는 문단은커녕 문장조차 제대로 끝맺지 못했다.

이건 언니가 쓴 글이 아니었다. 언니일 리 없었다.

매 순간 언니의 또다른 조각이 사라졌고, 나는 나날이 언니를 잃어가고 있었다.

나는 종이의 여백에 문장들을 더해 아이디어를 확장하고 문법을 바로잡는 식으로 글을 손봤다. 언니에게 글을 건네며 아주 잘 쓴 것 같다고, 혹시 원하면 대신 입력해주겠다고 말했다. 언니는 천천히 고개를 저었다.

"아니야, 그래도 고마워, 카일." 언니가 살짝 웃으며 대답했다.

내가 수정해준 대로 언니가 글을 다시 정리했는지, 아니면 그 과정이 너무 힘들어 결국 포기했는지는 모른다. 나는 무릎을 바닥에 대고 앉고 싶었다. 언니를 안아주고 응원하며, 나도 이해한다고, 뭐든 다 괜찮아질 거라고, 모두 다 용서한다고 말해주고 싶었다. 그러나 하지 못했다.

대신 나는 공허하고 끔찍한 심정으로 내 방으로 돌아왔다. 점차 사라져가는 언니를 속수무책으로 지켜보기만 했다.

이것이 조현병의 특징이었을까? 인지 기능 장애라는 핵심적 특성에 뇌 손상이 더해져 증상이 악화된 걸까? 어디부터 선이 그어졌을까? 언제부터 우리는 언니를 영구히 잃기 시작했을까? 나는 왜 어떤 순간과 이유를 특정하는 데 이토록 집착할까?

얼마 뒤 언니는 캘리포니아에 있는 마이클 하우스 치료 센터에 다녔다. 이후에는 여러 정신 재활 공동체에 입소했다. 그게 끝이 아니었다. 언니는 집에 왔다가도 치료를 더 받으러 다니느라 필라델피아와 캘리포니아를 오갔다. 브린마 병원에 입원했고 펜실베이니아에 있는 정신 재활 공동체에도 들어갔다. 맬번 치료 센터에서도 한 달간 지냈는데, 그곳에서는 정신병 증세를 보이다 보안팀에 붙잡혀 쫓겨났다. 몇 군데 재활 공동체에서도 폭력성을 분출해서 치료하기에 "부적합하다"는 판정을 받았다. 언니가 집에 없을 때 우리는 물리적으로는 안전했지만, 뭐랄까, 나는 역겨운 안도감을 느끼며 언니의 원래 모습을 더더욱 그리워했다.

이것이 심각한 정신질환을 앓는 사람과 함께하는 현실이다. 트라우마와 긴장, 입원, 얽히고설킨 사건들, 원인도 이유도 없는 심한 변덕. 그것들은 뭐가 뭔지 판독할 수도 없고, 시간의 흐름을 따라 무작위로 일어난다.

파티가 혼돈에 기여하기는 했겠지만, 혼돈의 기반은 아니었다. 파티는 오히려 자가치료 시도처럼 보이기도 한다. 하지만 파티를 자가치료 방법으로 선택하면, 기저의 증상들이 계속 방치된 탓에 더욱 미쳐 날뛰게 된다. 당시 여기저기서 문을 연 "이중 진단" 치료 센터들은 약물남용과 다른 정신질환을 동시에 앓는 이들을 위한 곳이었다. 그때만 해도 이중 진단은 비교적 새로운 개념이었다.

최근에 언니의 예전 대학 노트 사이에서 아마도 엄마가 보관해둔 것으로 보이는 노란색 가정분쟁 서류 뭉치를 발견했다. 소책자에서 뜯어낸 듯 한쪽 모서리에는 네모난 구멍들이 열을 지어 있었다. 종이들이 얇고 버석해서 마치 껍질 한 겹을 벗겨낸 종이 같았다.

우리 집에는 경찰차가 적어도 7-8번 왔었다. 파란색과 빨간색의 불빛이 창유리에 비치면 언니는 주립 병원으로 붙들려 갔다. 똑같은 상황이 반복되자 우리 집으로 출동한 경찰들의 얼굴은 점점 지쳐 보였다. 같은 집에서 반복해서 신고 전화를 걸어 계속 시간과 자원을 빼갈 때, 그들이 어떻게 생각했을지 상상해봤다. 왜 우리는 우리 스스로 통제하지 못했을까? 왜 우리는 언니를 제어하지 못했을까?

그러나 그럼에도 불구하고 우리는 믿을 수 없을 만큼 운이 좋았는지도 모른다. 우리는 언니의 정신병적 망상으로 삶이 위협받을 때 경찰에 신고하면 상황이 더 악화되지는 않는다는 믿음, 더한 위험에 처하기보다는 보호받을 수 있다는 믿음을 가지는 사치를 누렸다. 치료 옹호 센터에 따르면, 정신질환을 앓는데도 치료받지 않는 이들은 일반 시민들에 비해 공권력에 의해 살해당할 확률이 16배나 높다고 한다. 우리가 백인이라는 사실, 우리 집 우편번호가 교외 지역 번호라는 사실이, 언니와 우리가 폭력보다는 연민과 인내로, 총알보다는 진정제로 치료받을 가능성을 훨씬 높여주었다. 미국에서는 너무 많은 흑인 및 유색 인종 가족들이 공권력에 대해 믿음을 가지지 못한다. 우리의 투쟁도 이렇게나 힘든데 우리처럼 특권을 누리지 못하는 이들은 얼마나 고된 나날을 보낼지, 상상조차 할 수 없다.

정신건강 관리에서 회복과 재발, 기관의 거절, 경찰 신고, 의학적 개입의 실패를 겪는 이 모든 과정을 사람들은 "회전문"이라고 부른다. 안에 있다가, 밖에 있다가, 돌고 도는 회전문. 이 표현은 어린 꼬마가 호텔 로비 회전문 안에서 재미로 빙빙 도는 것과 같은 상황을 암시한다. 개인들은 기관에서 거절당하기를 선택이라도 한 듯, 실망과 비통함 사이를 돌고 돈다. 하지만 현실에서 이러한 건강관리 시스템의 실패는 회전문이라기보다는 회오리바람에 가깝다. 마치 핼러윈 의상을 입은 일곱 살 때의 나처럼, 사람들은 『오즈의 마법사』에 나오는 도로시가 된다. 다시 또다시, 미지의 풍경을 마주하는 그들은 오로지 **집에** 가기만을 원한다.

최악의 경우에는 정신병 장애를 앓는 개인들에게 노숙 외에 선택의 여지가 없다. 가족이나 친구와 함께 거주할 수 없고, 그룹홈과 보조 거주지의 규칙을 따를 수 없는 상태라면 어디로 갈 수 있겠는가? 이 점에서도 우리는 충분히 운이 좋았다. 재정적인 뒷받침이 가능했으니까. 하지만 그렇게 "운이 좋았다" 해도, 가족 모두의 의지에 맞서는 역풍이 없어도, 제대로 해결해보려고 처절하게 노력해봐도, 우리는 망가진 시스템 속에 있었다. 좋지 않은 환경이었고, 다른 많은 이들에게는 수천 배 더 불리할 것이다. 뭔가가 바뀌어야만 한다.

내 기억 속에 가장 선명하게 남은 시설은 매우 침침한 곳이었다. 입구에 깔린 카펫은 오래되어 때가 타 있었고 문을 닫고 들어서면 퀴퀴한 냄새가 위층으로 오르는 좁은 층계까지 이어졌다. 탁한 공기에는 고양이의 오줌 냄새가 스며 있었다. 엄마와 나는 둘 다 말문이 막힌 채복도를 따라 걸었다. 공동의 무능력에서 비롯된 동지애의 침묵이었다. 우리는 언니가 있는 방의 문을 두드렸다.

거실 창을 덮은 휘장이 밝고 푸르른 빛을 차단해 균열 간 부엌 바닥위로 그림자가 져 있었다. 열여덟에서 서른 사이로 보이는 몇몇 여성들이 텔레비전에서 흘러나오는 의미 없는 게임 쇼를 응시하고 있었는데, 그중 한 여성의 입이 살짝 벌어져 있었다. 그 모습은 열네 살이던나를 불안하게 만들었다.

언니도 그 여성들 중 하나였다. 입은 다물고 있었지만 다른 이들과마찬가지로 표정이 없었다.

우리를 보자 언니는 인조 가죽 소파에서 벌떡 일어났다. 그러고는만면에 열렬한 미소를 띤 채 "왔구나!"라고 외치며 우리를 껴안았다.

언니는 우리에게 자신이 머무는 방을 보여줬다. 어두웠다는 사실말고는 침실이 어떤 모습이었는지 기억나지 않는다. 벽이 무슨 색상이었고 침구는 어땠는지 묘사할 수 없다. 기억나는 거라고는 그것들에 특색이 없었다는 것. 다 비슷비슷한 갈색, 노란색, 녹색이었고, 우중충하고 칙칙해 마치 얼룩을 감추기 위한 것처럼 보였다.

엄마가 언니의 짐가방을 열고 옷들을 개는 동안, 나는 조심스레 언니의 침대 끄트머리에 앉아 머뭇거렸다. 언니는 늘 입는 밝은 색상 셔츠를 입고 한결같이 달달한 향수 냄새를 풍겼다.

나를 보는 언니의 얼굴은 들떠 있었다. 언니가 동생을 보며 지을 만한 표정은 아니었는데, 이내 나를 안더니 운전해서 와줘서 고맙다고 했다. 엄마가 초조하고 망연한 얼굴로 습관처럼 옷을 정리하고 주변 먼지를 털어내는 동안, 언니는 내게 학교 수업은 어떤지 물었다.

나는 내게 집중하는 언니를 보고 불안해졌다. 언니가 나를 놀려댔으면 했다. 평소처럼 "카일"이라고 부르거나 이마에 난 여드름을 가리키며 새로운 별자리가 생겼다고 말해주기를 바랐다. 나는 언니가 나의 언니처럼 행동해주기를 원했다.

약물은 그렇지 않아도 언니답지 않은 언니를 더욱 언니답지 않게 만들었다. 환각이 언니의 정신을 앗아갔다면, 약물은 언니의 정체성을 뺏어갔다. 언니는 이제 화를 내지 않고 격분하지도 않았지만, 더는 나의 언니 케이트가 아니었다.

그룹홈에 머물던 언니는 내가 처음 접해본 텅 빈 사람의 모습을 하고 있었다. 살아 있는데도 근본적으로 바뀌었고, 기존에 알고 사랑하고 싫어하는 모든 면면이 낯선 무늬와 익숙하지 않은 모양으로 뒤틀려 모르는 사람 같아졌다. 마치 연못을 헤집고 걸어가는 느낌과도 같았다. 물속에 언니가 있는 건 알겠는데, 나의 언니가, 내 첫 번째 친구가 분명 연못 안에 있는데, 물이 탁해진 채로 맑아지지 않아서 닿을 수가 없었다.

시설의 건물은 우리 집보다 훨씬 위엄 있었다. 차로 멀지 않은 거리였지만, 나무들이 빽빽하게 주위를 두르고 있어 운전해서 갈 때면 늘 폐쇄공포증이 심화되는 느낌이 드는 곳이었다. 그곳으로 갈수록 풍경은 점점 녹색으로 밀집되어 갔다. 그룹홈은 큰 건물 단지의 일부였다. 가을이라 문을 닫은 커뮤니티 수영장에는 물이 다 빠진 뒤였다. 소나무 가시들이 수영장 바닥에 쌓여 있는 게 흐릿하게 보였다. 바스락거리는 갈색의 낙엽들이 바람을 타고 건물 입구로 날려 왔고, 우리 신발 아래에서 조각조각 으스러졌다. 나는 그것들을 꽤 오래 쳐다보다가 이 낯선 건물에서 가족이나 친구들 대신 낙엽 더미들과 날마다 인사를 나눌 언니의 기분이 얼마나 나쁠지를 생각했다.

언니를 데리고 점심을 먹으러 나간 우리는 이야기를 나누고 음식을 먹으며, 마치 이 상황이 전혀 이상하지 않다는 듯 아무렇지 않게 행동하려 애썼다. 그리고 언니를 그룹홈에 내려준 뒤에는 침침한 복도를 지나고 층계를 올라 사라지는 언니의 뒷모습을 지켜봤다.

언니는 분노하지 않고 슬퍼했다. 집에 가면 안 되는지 물었다. 엄마는 갈라진 목소리로 아직은 그게 허용되지 않는다고, 의사들이 몇 주일 더 머무르라 했다고 대답했다.

차에 탄 엄마와 나는 라디오 소리에 각자의 생각을 파묻고 말없이, 희망도 없이, 두려움을 입 밖으로 토로하려는 마음도 먹지 못한 채 집으로 돌아왔다. 그 침침한 방에서 입을 헤 벌린 여자들과 함께 지내며 갈라지고 더러운 부엌 바닥을 오갈 언니를 상상하니, 이제껏 느껴보지 못한 비통함이 차올랐다. 내 몸에 균열이 일어나는 것 같은, 어떤 표현 불가한 죽음을 넘어서는 상실의 감각이었다. 비통하다는 말만으로는 설명이 안 되었다. 그것은 앞으로 살아갈 날을 허락받지 못한 어느 삶을 향한 깊은 슬픔이었다.

나는 예전에도 고통을 느껴봤고 두려움이 뭔지도 분명히 알았다. 살기 위해 달아나기도, 문을 잠그고 커다란 가구로 막아두기도 했으며, 돌에 맞아 바닥에 흩어진 창유리도 목격했다. 나는 고통에 낯선 사람이 아니었다. 하지만 이때 느낀 감정은 단순한 고통이나 통증이 아니었다.

그것은 차를 타고 집에 오는 내내 온몸을 뒤흔든, 너무 오래 뙤약볕 아래 놓여 그 열기를 견디지 못하는 진흙의 균열이었다.

21

펜실베이니아 대학병원의 한 의사는 언니의 뇌를 핀볼 머신에 비유했다.

언니는 작은 공이 구멍으로 들어가는 듯한 동작을 취하며 말했다. "정보가 들어가는데, 들어가서 여기저기로 조금씩 튀어 다니다가 다른 데로 나오는 거야."

나는 조그만 금속 핀볼이 언니의 부드러운 뇌세포 가장자리를 쿵쿵 찢는 장면을 상상했다. 비행을 시작한 어떤 생각이 부지불식간에 꼬여버리는 상상과 함께.

언젠가 한번은 집에 머물던 언니가 이웃집에서 소란스레 파티하는 소리에 예민하게 반응했다.

"사람들이 내 얘기하네"라고 엄마에게 말하던 언니의 눈빛은 상처와 의심으로 가득했다. "파티에 내 친구들이 있는데, 지금 다 내 얘기를 하고 있어."

언니 목소리에서 점점 분노와 좌절의 기운이 감돌았다.

"그냥 파티에서 나는 소리일 뿐이야, 케이트. 네 친구들이 아니야. 네 얘기하는 사람은 아무도 없단다." 엄마가 언니를 달래며 말했다.

언니는 엄마의 말을 믿지 않았다. 파티의 소음이 언니의 뇌로 들어가 여기저기 튀어 다니다가 뭔가 다른 생각으로 떠오른 것이었다. 아마 내면의 걱정과 두려움이 그 소음 끄트머리에 들러붙어서 형태를 변형시켰으리라.

정신건강 관리 분야에서는 그런 증상을 청각적 복합 인지auditory complex perception라고 부른다. 그리고 내가 조사한 바에 따르면, 신경과학자들은 중추신경계의 구조 변화와 조현병이 관련이 있다고 본다. 정신장애를 앓는 이들의 뇌에서는 상측두회와 일차 청각 피질(소리를 처리하는 부위)의 회백질이 감소한다고 한다. 확산 텐서 영상DTI과 기능적 자기공명영상을 사용한 한 연구에서는 관자놀이 부근과 전두엽 전체, 그리고 전측 대상회 영역에서 신경세포 연결성이 변질되었음을 발견했다.

이 가운데 어떤 용어도 내게 그다지 깊은 인상을 주지는 않는다. 다만 이 모든 용어는 나의 두뇌에, 모르긴 몰라도 아마 나의 중추신경계에 경고음을 울려댄다. "이것은 **진짜**"라고. 이것은 신경화학이다. 뇌에 특정 부분이 조현병에 연루되었다. 언니의 뇌 일부분이 위축되고 오그라들며 도와달라고 비명을 지르고 있다.

언니와 세상 사이의 장벽은 다양한 방식으로 높아져갔다. 언니의 정신병적 증상들이 늘어갈수록 언니는 외부 사회로부터 벽을 느꼈다. 그러면서 동시에 너무도 취약하고 민감해져, 나비의 날갯짓이 종국에는 수백 킬로미터 떨어진 곳에 태풍을 일으킬 수 있다는 나비 효과의 영향을 몸소 받는 듯했다. 언니는 나비이자 태풍이었으며, 오직 언니만을 향한 메시지를 암호화한, 비밀을 밝히고 거짓을 속삭이는 어떤 은밀한 조직으로부터 신호를 받고 있었다.

언니는 이제 머릿속에 있는 것과 머리 밖에 있는 것을 식별하지 못했다. 거리 모퉁이에서 들리던 목소리는 언니의 두뇌를 울리며 뭔가를 요구하거나, 언니의 가슴을 튀어 다니며 모욕했다. 산들바람에도 나부끼는 리넨 커튼이나 얇은 거즈처럼, 외부의 개입과 내면 사이의 보호막은 아주 얄팍하고 연약했다.

신경학자들이 조현병과 관련해 연구하는 뇌의 또다른 영역이 있다. 바로 두뇌 주름(접혀 들어간 고랑) 주위의 세포 바깥층(피질)으로, 인접 대상회paracingulate로 알려진 부분이다. 이 부분은 대개 우리의 상상을 담당하여 미래에 일어날 일을 예상하거나 타인의 생각과 기분을 짐작하면 활성화된다. 연구자들은 구조적 MRI 뇌 스캔 연구를 통해서 심한 환각을 경험하는 조현병 환자들의 인접 대상회 고랑 길이가 짧다는 사실을 알아냈다(개리슨 외. 2015).

어쩌면 이것은 삶에 유입된 은유적 장벽일지도 모른다. 그 물리적인 수축은 언니가 현실을 착각하게 만들고, 파티의 소음을 완전히 다른 것으로 변형시키도록 했다.

"대부분의 사람들은 나를 좋아한다." 새것인줄 알았던 공책을 펼치자 언니가 예쁜 글씨로 써둔 문장이 있었다. 정신병적 문제들을 일으킨 이후 언니가 자신에게 위안을 주고자 자신이 어떤 사람이었는지 되뇌며 쓴 문장이었다. 맞는 말이었다. 언니는 한때 어떤 의도나 노력 없이도 사람들의 사랑을 받았다. 인기는 자연스레 언니를 따라왔다.

그러나 언니는 자신이 안정적이지 않음을, 이제 더 이상 "평범하지" 않음을 알고 있었다. 언니의 친구들은 대학을 졸업하고 취업도 했다. 언니는 재활 센터와 정신병원을 들락거렸다. 뒤처지고 열외로 밀려나 앞으로 나아가는 또래 친구들을 지켜봐야 했다.

모든 가능한 방법을 찾아본 끝에 한 치료사는 언니에게 조그만 노란색 스쿨버스를 타고 그림 그리기나 만들기 활동을 하는 곳에 다녀보라고 제안했다. 치료 계획의 일환이자 "일상 되찾기"의 한 방식이었다. 시간을 보내고 다른 유치원생들처럼 "사회화"를 유지하기 위함이었다.

바닥을 찍는 언니의 모습에도 속상했지만, 이러한 운명을 체념한 듯 수동적으로 받아들이는 언니를 보는 일이, 예전 같으면 분노했을 언니가 가만히 수용하는 모습을 보는 일이 더 마음 아팠다. 화가 났다면 최소한 계속 맞서 싸웠을 것이다. 하지만 언니는 유치원 생활을 미화한 그 일상을 단념하고 받아들이는 듯 보였다.

언니는 고등학교 시절과 유년 시절의 케이트, "대부분의 사람들이 좋아했던" 그 케이트가 되기를 원했지, 다른 사람이 되기를 바란 게 아니었다.

아마 그래서 언니는 뒤에서 사람들이 수군거리는 목소리를 들었을 것이다. 자기가 어떤 진단을 받았는지 친구들이 알까봐 겁을 냈고, 이제 자신을 이전과 달리 생각할까봐 너무 두려워했으니까. 언니는 스스로도 자주 표현했듯 "돌아버린 케이트"가 되고 싶어하지 않았다. 그저 예전으로 돌아가고 싶어했다.

엄마는 언니를 차에 태워 이웃을 돌며 소음의 근원지를 찾아냈고, 그곳에 가서 차창 밖을 가리키며 말했다.

"봤지, 모르는 사람들이야. 네 친구들이 아니야. 네 이야기를 하는 게 아니란다."

고개를 끄덕이고는 있었지만 언니가 제대로 이해했는지는 알 길이 없었다. 핀볼 머신이 또 불발되었을까? 아래쪽의 레버가 생각을 계속해서 튕기고, 핀볼은 달그락거리며 여기저기로 튀고 있었을까?

언니 친구들은 하나씩 꾸준하게 언니 곁을 떠나갔다. 언니가 안쓰러우면서도 나는 언니 친구들의 입장을 이해했다. 가까이 두기에 더는 안전한 친구가 아니었으니까.

발달심리학에는 "마음 이론theory of mind"이라는, 주로 ToM이라 줄여 부르는 이론이 있다. 이 이론은 자신의 것과는 다른 타인의 신념, 의도, 정서, 지식, 정신 상태를 가늠하는 능력을 다루는데, 열거된 능력들은 대부분 네다섯 살 무렵에 발달한다. 마음 이론을 적용한 사례로는 인형 실험이 유명한데, 이 실험에서는 한 인형이 탁자 표면 아래로 어떤 사물을 옮기는데 다른 인형은 그 사실을 모른다.

"두 번째 인형은 어디를 제일 먼저 찾을까?" 실험자는 눈을 동그랗게 뜬 유아에게 질문한다. 만일 당신이 정답을 말했다면, 당신은 그 사물이 옮겨졌다는 사실을 두 번째 인형이 알 리 없다는 사실을 인지한 것이다. 즉, 당신은 사물이 원래 숨겨져 있던 지점을 답으로 말했을 것이다.

마음 이론이 이야기하는 특성은, 그 정의를 분해해보기 전까지는 너무나도 당연히 여겨져온 것들이다. **타인의 정신 상태를 인지하는 능력. 타인의 인지를 알아차리는 능력.**

이제 와서 돌아보면 내가 실은 언니의 관점을 고려하기를 그만두었던 건 아니었나 싶다. 나는 진정 언니가 보는 현실을, 내가 보는 것과는 너무도 다른 그 현실을 이해하려 노력했을까?

인식은 놀라울 만큼 쉽게 휘둘리고 불안정하다. 바람에 움직이고 변하며, 1,000가지의 서로 다른 요인들에서 영향을 받는다. 배가 고픈가? 빛이 당신의 각막으로 들어가기까지 어떻게 산란하는가? 당신의 신경에 제대로 불이 붙지 않고 있는가?

심지어 색상들도 주관적이다. 내가 파랑이라 이름 붙인 색을 당신은 초록으로 볼 수 있다. 혹은 당신에게 바다는 잔디의 색깔이고, 잔디는 파도의 색일 수 있다.

나는 언니의 관점으로 세상을 보기를 원했던 초등학교 무렵을 떠올린다. 언니의 눈이, 언니의 스타일이 내게 모든 것이었을 때를 떠올려본다. 우리가 안경점에 갔던 날, 언니가 최종적으로 안경을 골라준 뒤 집으로 돌아가는 차 안에서 나는 그 안경을 썼다. 동생으로서 대부분의 시간을 머물렀던 뒷좌석 창가를 통해 바깥을 내다보던 나는 충격으로 길고 느리게 심호흡했다.

"**잎사귀들**이 보여." 나는 엄마와 언니를 향해 큰 소리로 말했다. "사람들 눈에 나무 잎사귀 한 장 한 장이 다 보이는 줄은 전혀 몰랐어."

마법 같은 순간이었다.

그동안 나는 눈을 찡그리며 바닥에 떨어진 이파리를 주워 눈앞에 가져와야만 잎사귀의 복잡한 무늬와 형태를, 잎맥이 뻗어나간 길을 볼 수 있었다. 하지만 저 멀리 서 있는 나무는 그냥 초록색 얼룩에 지나지 않았다.

그런데 이 단순해 보이는 안경의 중재 덕분에 주변 사람들이 이 모든 아름다움을 아주 선명하게 볼 수 있다는 사실을 알게 되었다. 지금껏 내내 그곳에 있었던 것을 나만 놓치고 있었다.

그날 밤 이 세상은 너무도 생생히 살아 있었다. 젖은 도로 표면이 빛났고 하늘에 뜬 완벽한 별들이 반짝였으며 고속도로의 표지판들은 또렷하고 밝았다. 뜻밖의 새로운 세상이 주어진 기분이었다.

나는 언니의 인식도 이와 같지 않았을까 생각한다. 언니에게 필요했던 건 다시 세상을 선명하게 보게 해줄 제대로 된 안경이 아니었을까? 선명한 시야를 확보하기까지 검안사가 계속 갈아 끼우는 렌즈들처럼, 언니가 먹던 약도 거의 맞을 법하면서 잘 맞지 않았던 게 아닐까? 어쩌면 뚜렷한 초점을 돌려줄 약물이 손 닿는 거리 바로 바깥에 있었는지도 모른다.

콧물이 흐르면 그 원인이 독감인지 감기인지 부비동염인지 알레르기인지 전혀 알지 못한 채로 콧물약을 먹듯, 정신질환도 근본적인 문제가 아니라 증상을 치료한다. 이런 치료법은 불완전한 과학이며, 때때로 질병 자체보다 더 나쁘다. 진통제는 두통과 골절된 다리에 각기 다르게 작용하는 법이다.

제약 회사들이 환자의 적이라는 이야기도 정신건강 세계에서 흔히들 하는 이야기다. 그들은 한 인간을 갉아먹는다. "알약 하나 삼키는 게 뭐가 그리 대단해서?"라고 심리학 수업을 듣던 학생들이 묻는 걸 들었다. 그에 대한 나의 답은 "아주 많이"다. 나의 대답은 당신이 바라는 만큼 그리 간단하지가 않다. 물론 언니의 정서 조절력은 약물을 복용할 때 **정말로** 개선되었다. **그렇다.** 우리는 분명 안전해졌지만, 그것은 만병통치약이 아니라 희생이었다. 어느 정도의 안전은 확보했지만, 우리는 나날이 조금씩 조금씩 언니를 잃어갔다. 어쩌면 이러한 진실을 밝히는 게 잘못된 일일 수도 있다. 그럼에도 불구하고 우리에게는 이것이 진실이었다.

얼마 전 엄마는 언니가 먹던 약들을 보관해둔 대형 지퍼백을 보여주었다. 그 지퍼백은 분명 언니가 늘 굽던 설탕 쿠키를 담으려고 연말에 산 것이었다. 초록색 투명 비닐에 흰색 장식이 찍혀 있었으니까. 안에는 17종의 각기 다른 약들이 들어 있었다. 리스페리돈(항정신병제),

히드로코돈(뇌 손상용 진통마취제), 플루옥세틴(선택적 세로토닌 재흡수 저해제), 디발프로엑스(발작, 정신장애용), 올란자핀(조현병과 양극성 장애를 포함하는 정신장애용), 밸프로에이트(발작과 양극성 장애용) 등등이었다.

이 알록달록한 정제들에 우리의 온 믿음이 담겨 있었다. 검안사는 그 많은 렌즈 슬라이드를 다 써버렸다. 부작용들이 돌돌 감겼다. 화학물질들이 맞물려 반발했다. 핀볼은 계속해서 불발했다.

22

상태가 점점 더 악화되자 엄마는 언니의 긍정적인 태도와 주체 의식을 북돋울 방안으로 언니가 늘 꿈꿔왔던 모델 활동과 패션 일을 더 밀어주었다.

수년 전 청소년이던 언니는 엄마와 함께 쇼핑몰 구경을 다니다가 블루밍데일스 백화점의 새로운 얼굴을 뽑는 오디션에 참가하면 어떻겠냐는 제안을 받았다. 지나가던 행인들도 언니에게서 어떤 스타의 잠재성을, 밝고 눈부신 천상계의 아름다움을 알아봤다. 물론 오디션에 합격하지는 못했지만, 언니는 얼마 뒤 다른 에이전시에 스카우트되어 다수의 소규모 런웨이에 올랐고 카탈로그 광고나 마케팅 분야에서 모델로 활동하게 되었다.

한 광고지에서 언니는 마호가니 원목 바에 앉아 카메라가 아닌 곳을 바라보며 살짝 입을 벌린 채 경이로운 표정을 짓고 있다. 머리에 풍성하게 웨이브를 넣은 언니는 뭐랄까, 모나코 호텔에서 술을 낚아

채는 여배우 같기도 하고, 보석을 훔치는 여인 같기도 하며, 휴식을 취하는 공주 같기도, 뭐든 그 이상 같기도 하다. 다른 광고지에서 언니는 우아한 올림머리를 하고 대저택의 굽어진 계단에 기대어 서 있었다. 검은 드레스에 검은 힐을 신고 한쪽 다리를 앞으로 내민 모습이다. 누구든 순수하게 미소 지은 언니를 보면 당장이라도 고용하거나, 언니가 광고하는 집을 사거나, 아니면 직장에서 사랑을 찾는 로맨틱 코미디 영화의 주인공으로 언니를 캐스팅하고 싶었을 것이다.

잡지를 넘기다 보면 엄마가 개인적으로 가장 아끼던 장면이 나온다. 언니가 반들거리고 휘어진 원목 층계참에 앉아 있다. 빛을 받은 창문들로 게으른 오후 햇살이 들어온다. 검은색 맞춤 정장 바지에 갓 다린 듯한 흰색 버튼다운 셔츠를 입고 긴 진주 목걸이에 소매가 짧은 트위드 재킷을 입은 언니는, 그야말로 미국의 연인이다.

이 광고들을 보고 있으면 언니가 거의 살아갈 뻔했던, 결코 아픈 적이 없는 인생이 있는 다른 차원으로 빨려 들어갈 것만 같다.

또다른 사진에서 언니는 신부로 변신한다. 머리카락은 근사한 헤어핀으로 틀어올리고 젊고 발랄해 보이는 짙은 눈 화장을 하고 입술에는 분홍색 립스틱을 발랐다. 기다란 순백 드레스를 입고 손에는 샴페인 잔을 든 언니는 옆에 선 가짜 신랑과 잔을 부딪친다. 다이아몬드 목걸이와 귀걸이는 아침 햇살을 받아 찬란하다.

그렇게, 언니는 결혼한다. 잡지 「낸터킷Nantucket」에 실린 이 특별한 사진은, 모자에 달린 커다란 리본과 검은색, 흰색 줄무늬 상자로 잘 알려진 밀짚모자 브랜드 피터 비튼의 광고에 쓰였다. 언니는 사립학교 교복 색깔을 연상시키는 초록, 검정 원피스를 입고 깔끔하게 손질된 잔디 비탈 위에 앉아 있다. 훤칠한 남편과 세 아이도 있다. 어느 모로 보나 여름휴가 준비가 한창이다. 무엇보다, 언니는 행복해 보인다.

이 사진들을 한데 모아보면 하나의 서사가 탄생한다. 언니가 결코 하지 못했을 결혼식, 그리고 결코 낳지 못했을 자녀들. 나는 이 상상의 아이들과 상상의 남편을 보며 그들을 갈망한다. 11시 11분이 되면, 이 모든 게 현실이 되게 해달라고 소원을 빌고 싶다.

가만히 멈춘 사진을 봐서는 그 장면 속에서 들끓었을 초조하고 떨리는 에너지를 절대로 추측할 수 없다. 그러나 삶과 환상 사이의 혼란은 심지어 그 속에도 존재했다. 언니는 다른 모델이 더 예쁜 드레스를 입으면 견디지 못했다. 언니와 함께 촬영한 가짜 신랑이 늦은 밤 신부 들러리 역할을 맡았던 여성 중 한 명과 함께 귀가하는 모습에 배신감을 느꼈다.

"나도 알아, 진짜 최악의 사진인 거." 언니는 이 사진 중 한 장을 페이스북에 올리면서 우리는 듣지도 보지도 못한 누군가의 비난에 대답하듯 설명을 달고 스스로 이렇게 말했다. "정신이 나갔었나봐."

이 모든 사람이 다 같은 사람이었다고 말할 수 있을까? 완벽하게 포즈를 취하고 내게 화장하는 법을 가르쳐주기도 했던 사진 속 여자와 어느 여름날 발코니에서 나를 밀어버리겠다고 위협하고 부지깽이를 들고 쫓아오던 여자가 모두 다 같은 사람일 수가 있을까?

비록 언니의 삶은 중단되었지만, 사진들 속에서는 모든 게 잠시 가만히 있다가 이윽고 숨을 내쉴 것만 같다.

엄마는 언니를 격려하기 위해서 다른 방법들도 시도했다. 대학에서 정식 학위를 따는 일이 물거품으로 돌아가자 부동산 중개인 자격증 과정을 듣도록 한 것이다. 때때로 언니는 거실 탁자에 앉아 나와 함께 과제를 하곤 했다.

"그거 진짜 어려워 보이네." 나는 언니 어깨 너머로 여기저기 선을 긋고 뭔가를 다시 써놓은 공책을 보며 말했다.

"진짜 어려워." 언니가 침통하게 대꾸했다.

나는 열심히 고개를 끄덕이며 어설프지만 분명하게 언니의 자긍심을 높여주려 애썼다.

우리는 아침마다 언니가 일어나기를 기다렸다. 밤새 마법에서 풀린 듯 아침이면 침대를 박차고 나와 예전 모습으로 돌아오기를 기다렸다. 엄마는 언니에게 일기장을 사주며 자기 암시를 쓰라고 했다. "네가 스스로 통제가 안 된다고 느낄 때마다 **나는 괜찮아질 거야**라고 써보렴." 한 줄에 한 문장씩, 언니는 깔끔하고 동글동글한 손글씨로 반복해서 썼다.

나는 괜찮아질 거야.

나는 괜찮아질 거야.

엄마는 심지어 언니를 저버린 시스템을 직접 개선해보는 게 어떻겠냐고 제안하기도 했다. "네가 정신건강 관리 분야에서 성공적으로 회복한 대표 사례가 되는 거야. 사람들이 널 대단하게 보겠지. 다들 너처럼 되고 싶어할 거고. 네 이야기를 모두에게 알린다면, 정말 좋은 일이 될 수도 있어."

엄마는 낙인과 침묵, 그리고 변화의 필요성을 보았을 뿐만 아니라, 가장 좋게는 언니가 수치심의 경계를 깨뜨리고 심각한 정신장애를 앓는 이들의 현실에 빛을 비출 수 있다고 보았다. 게다가 언니는 본인이 어떤 진단을 받았는지 아주 잘 알았다. 언니는 타인을 도울 수 있을 정도로 충분히 공부했다. 엄마가 해당 주제에 관해 셀 수 없이 많은 책을 사주었으니까. 하지만 정보는 언니의 머릿속에 가만히 머무르지 않고 이동하다가 꼬여버렸다.

어떤 순간에는 언니도 도전 과제를 받아들였다. "나는 할 수 있어, 엄마. 엄마 말이 맞아. 난 할 수 있어." 언니는 말했다.

언니에게서 자신감의 번갯불이 일었다. 엄마의 조언은 언니의 새로운 목표가 되었다. 언니는 잡지 광고에 실린 사람이었다. 사람들에게 옷도 라이프스타일도 팔았다면, 인식도 팔 수 있었다. 언니는 분명 공감도 팔 수 있었다.

그러다가도 언니는 흔들렸다.

언니에게 붙은 꼬리표는 힘이 너무 셌다. 언니는 자신이 조현병을 앓고 있음을 사람들이 모르기를 원했고, 조현병을 **앓기**를 원하지 않았다. 예전으로, 마블헤드로, 고등학교 시절로 돌아가고 싶어했다. 어려움에 맞설 의향이 없었다. 그것은 너무나 무거운 짐이었다. 정신건강과 관련해서는 그나마 덜 심각한 우려들만이 머뭇머뭇 대화에 고개를 내밀기 시작했던 터라, 언니의 병은 분위기상 언급되기에 적절하지 않았다. 사람들이 정신장애를 어떻게 생각할까? 누가 진정으로 그걸 이해해줄까? 곁에서 살던 나도, 여전히 이해하지 못하는데.

언니는 길거리에서 지나다니는 사람들이 자기를 쳐다본다고 말하곤 했다. 백혈구가 병원균을 감지하듯, 주변의 모든 이들이 언니가 자신들과 같지 않음을, 사회 시스템과 어우러지지 않는 외부인임을 눈치챘다고 했다. 생물 수업에서 면역 반응이 일어날 때 활성화되는 Y자 형태의 항체에 관해 배운 기억이 난다. 선생님의 설명에 따르면, 그 항체들은 적을 공격한다. 그게 뭐든지 간에, 달라서 모르는 건 다 파괴하려 한다.

언니도 그렇게 느꼈을까? 적이 된 것처럼? 다른 존재가 된 것처럼?

나는 언니가 기다란 두 다리로, 화장기 없는 여린 맨얼굴로 필라델피아 시내를 걷는 모습을 상상한다. 지나가는 이들이 언니를 쳐다보고, 위아래로 훑는다. 왜곡된 현실에서 언니는 위협을 받고 사람들에게 발견된다. 사람들은 언니가 아프다는 사실을 알아챈다. 그들은 언니가 자신들과 같지 않다는 사실을 안다.

"네가 예뻐서 사람들이 쳐다보는 거야. 어딘가 이상해서 쳐다보는 게 아니라." 엄마는 몇 번이고 언니를 안심시킨다.

모델 일은 양날의 검이어서, 발산 수단이 되어주는 장점이 있는 반면 단점도 있었다. 그 일을 통해 언니는 통제 불가인 삶을 겨우 감추고 자신감도 가졌다. 하지만 증상 조절을 위해 섭취한 항정신병 약물 혼합제가 언니를 살찌고 붓게 하고, 머리카락을 가늘고 갈라지게 하는 등 외모를 바꾸어놓자, 그나마 남아 있던 자신감은 줄어들었다. 이제 더는 잃으면 곤란해질 만큼 자긍심이 줄었다.

나는 언니가 정신장애를 극복한 전형이 되어 다른 사람들에게 기둥이 되기를, 신경질환 환자들을 향한 연민과 이해를 끌어올려 빛 같은 존재가 되기를 소망했다.

어쩌면, 언니는 여전히 그럴 수 있는 사람일지도 모른다.

23

상태가 심히 나빠지면서 언니가 점점 더 자신을 잃어가자, 나는 11시 11분에 비는 소원을 바꾸었다.

"꿈을 이루게 해주시고, 가족들이 건강하게 해주세요. 그리고 언니가 좋아지게 해주세요"는 "언니가 좋아지게 해주세요"로 단순해졌다.

우리는 삶에 **너무** 많은 걸 바라지 말라고, 너무 욕심을 부리면 결코 좋지 않다고 배웠다. 나는 요령껏 소원의 범위를 좁혀, 진짜 필요한 데에만 집중하기로 했다. 없어도 살 수 있는 건 무엇인가? 간절히 필요한 것은 무엇인가? 답은 명료하고 현실적이었다.

내게 필요한 건, 언니의 상태가 나아지는 것이었다.

신앙이 기도로 바뀌는 순간이 있다. 무릎을 꿇고 앉아, 겸허한 마음으로 신에게 간청한다. 가진 모든 것에 대한 감사를 표하다가 결국에는 인정한다. "더 이상 이렇게는 못 살겠습니다." 나는 이제 어찌할 바를 모르는 상태에 이르렀다.

이 순간 누군가는 기적을 체험할지도 모른다.

다시 걷게 된 사내. 산소 호흡기의 플러그를 뽑기 바로 직전에 깨어난 중환자실의 환자. 믿음을 가지고 기도하라. 단순하게 구하라.

나는 기도하는 법을 몰랐어도 어쨌든 구하고, 구하고, 구하고, 또 구했다. 언젠가 언니가 가장 예쁜 드레스를 입고 교회에 가서 여동생이 태어나게 해달라고 기도했듯이. 다툼이 격해져 내 방에 들어가 방문을 걸어 잠그거나 차로 뛰어 들어갈 때, 언니가 내 뒤를 바짝 쫓을 때, 나는 두 눈을 감고 침착하게 중얼거렸다. "제발, 제발, 제발, 제발." 혹시 저 위에서 내 기도를 듣는 이가 잘못 듣기라도 할까봐 큰 소리로 말했다. 가로막는 게 있을지도 모른다고 넘겨짚기도 했다.

문화적인 한계 탓에, "주권자"를 상상할 때면 나는 영화「브루스 올마이티Bruce Almighty」에서 신 역할을 맡았던 모건 프리먼을 떠올린다. 영화 속에서 그는 휑한 무균실 같은 공간에 있고, 방황하는 영혼들의 기도 제목들은 한쪽 벽면의 회색 파일 캐비닛에 가득 끼워져 있다. 신은 업무는 지나치게 많고, 그에 비하면 인정은 받지 못하는 정부 관료처럼 틈이 날 때에만 그것들을 본다. 그렇기에 나는 하나만 구한다. 다른 파일들과 섞이는 위험을 감수할 수는 없다.

하늘이 뚫려 폭우가 쏟아지고 우리 팀 연습이 취소되게 해달라고는 기도하지 않는다. 시험이 뒤로 미뤄지게 해달라고도 청하지 않는다. 내면의 모든 초점을 한 가지, 오직 한 가지에만 맞춘다. 나는 계획적이다. 근면하고, 확고하다.

비가 내리지 않으면 나는 생각한다. "아마도 누군가가 맑은 날을 달라고 **간절히** 바랐겠지."

시험이 취소되지 않으면 나는 생각한다. "아마도 우리 반에 누군가가 **반드시** A를 받아야만 했을 거야."

보다시피 매우 의식적으로, 나의 바람을 낭비하지 않으려 신중하게 노력한다.

"꿈을 이루게 해주시고" 부분은 가장 먼저 잘려 나갔다. 가족이 영원히 사라지게 생겼는데 꿈이 다 무슨 소용인가? 꿈 따위 없어도 나는 살 수 있다.

필라델피아로 온 뒤부터 나는 늘 작가가 되기를 꿈꿔왔다.

2학년 때 내가 가장 행복했던 순간은 반 친구들과 함께 시집을 제작했을 때였다. 우리는 빈 종이를 하드커버로 감싼 책을 받았다. 아름다운 양장본이었다. 그 단단한 표지가 사랑스러웠다. 우리는 하이쿠를 쓰고 가느다란 촉의 마커로 넝쿨을 닮은 선을 그려 시 둘레를 꾸몄다. 내 영혼의 일부를 지면 위에 쓰고 둘레를 감싸는 느낌이었다.

4학년 때 최악의 순간은 『아기 돼지 삼형제*The Three Little Pigs*』를 읽은 뒤 이야기 창작 과제를 받았을 때였다. 에밀리라는 우리 반 친구가 이야기 도입에 덤불을 추가해 마지막에 가서는 돼지들을 덤불에 숨기고 거구의 악당 늑대에게서 살려냈다. 선생님은 에밀리를 끝도 없이 칭찬하며 수업 시간 내내 그 작품 이야기만 했다. 나는 질투로 들끓었다. 이야기의 모든 면면을 다 기억하며 그런 생각을 해내지 못한 스스로를 꾸짖었다.

7학년 때 가장 행복했던 순간은 수업 시간에 영어 선생님이 내가 쓴 글을 학생들에게 읽어보라고 돌렸을 때였다. 그는 삼촌 같기도 친구 같기도 한, 제자들이 다 좋아하는 재미있는 선생님이었다. 수업을 마치는 종이 울리자 선생님은 나를 교탁으로 불러 말했다. "이 글은 진짜 작품이야. 출판사에 투고하거나 어디 대회에 응모해봐."

양쪽 무릎이 후들거렸다. "투고라니요?" 나는 절박하게 물었다. "어떤 대회가 있는데요?"

"나도 잘은 모르는데, 찾아보면 있을 거야." 그가 대답했다.

나는 인정받은 느낌이 들면서도 초조했다. 조마조마한 마음에 얼굴이 상기되어 화장실에 가서 울다가 다음 수업에 들어갔다. 어디에도 투고하지 않았고, 글을 어디에 어떻게 보내는지조차 몰랐다. 하지만 나는 그의 말을 조심스레 받아서 지켰고, 절대 잃어버리지 않기 위해 내 연약한 갈비뼈 사이 어딘가에 감싸두었다.

열여섯 살 생일 때, 한 친구가 내게 선물로 티셔츠를 주었다. 그 티셔츠에는 이런 문장이 인쇄되어 있었다. "조심해, 그렇지 않으면 너 내 소설에 나오게 될 거야." 물론 나는 이런 방식에 동의하지 않으며, 무엇이든 보복적 글쓰기는 무가치하고 야비하며 비겁하다고 믿는다. 그러나 그 선물 이면에는 내가 정말 글쓰는 사람이 될 수 있다는 의미가 담겨 있었다. **나는 작가가 될 수 있을 거야.** 그 티셔츠는 마법에 걸린 물건이 되었다. 누군가가 나를 믿는다는 물리적인 표명이었다. 그 티셔츠는 지금까지도 내 서랍 속에 고이 보관되어 있다. 지금 입기에는 사이즈가 너무 작을 테지만 말이다.

이 모든 이야기의 본질은 나의 바람이 한결같았다는 데에 있다. 나는 다른 어떤 것도 바라지 않았다. 단 한 가지 말고는 더 이상 무엇도 바라지 않았다. 나는 오직 언니의 상태가 나아지기만을 바랐다.

그것은 가장 우선적이고 가장 중요한 소원이었다. 그 외의 모든 것은 옆으로 밀려났고, 잠시 멀어졌고, 희생당했다.

내 모든 힘을 한 가지 소망에만 집중해서 충분히 말한다면, 더욱 분명하게 드러낼 수 있을 것이다.

날마다 11시 11분이 될 때, 생일 촛불을 끌 때, 닭고기의 차골을 부러뜨릴 때, 속눈썹이 하나씩 빠질 때, 별이 떨어질 때, 네잎클로버를 찾았을 때, 털이 보송한 흰색 민들레 씨를 불 때, 나는 이 단일한 요청에 온 마음을 바쳤다. 그게 내가 구하는 전부였다. **제발.** 그게 다였다.

모든 부정적인 상황에도 불구하고 내 안의 일부는 여전히 필사적으로 최후의 기적에 매달렸던 것 같다. 경기의 판도를 바꾸는 4쿼터 스윙, 헤일메리 패스(미식축구에서 경기 막판에 역전을 노리고 하는 패스/옮긴이), 2막에서 맞이하는 운의 반전, 실험적 치료, 혼수상태였다가 갑자기 깜빡거리는 눈.

내가 언니의 회복을 구하지 않았다고 말할 수 있는 사람은 없다.

24

2014년 1월 8일, 나의 언니 케이트가 빨간색 노스페이스 외투를 입은 채 사라졌다.

다른 건 몰라도 그건 사실이다. 아무것도 이해가 되지 않는다.

극지방 추위가 몰아치는 와중에 한 여자가 벤저민 프랭클린 다리 한가운데로 걸어간다. 여자는 빨간색 노스페이스 외투를 입고 기다란 겨울 부츠를 신었다. 여자는 걸어가고, 그러다, 휙, 사라진다.

언니가 벤저민 프랭클린 다리 한가운데를 향해 걷는다.

나는 보안 카메라에 찍힌 사진들을 직접 본 적이 없다. 아마 그냥 모르는 편이, 직접 보고 확증하지 않는 편이 더 쉬웠을 것이다. 그게 정말 언니였을까? 확실한 건가? 그러니까 내 머릿속 이미지는, 내가 만들어낸 것이다. 정체된 이미지를 되돌릴 수가 없다. 그 이미지는 절대로 변하지 않은 채로 머릿속에서 맴돈다(바꾸려고 아무리 애를 써도 소용이 없다).

언니가 벤저민 프랭클린 다리 한가운데를 향해 걷는다.

케이트가 걷고 있다.

케이트가, 그러다, 휙, 사라졌다.

나는 머릿속으로 이 만트라를 반복한다. 소리 내어 말하면, 이미지가 동결되고, 되감기고, 느려져, 늘 똑같이 과열되고 가차 없는 속도로 이어진다. 애석하게도 늘 똑같은 반복. 나는 고함치고, 비명을 질러대고 싶다. **멈춰. 누가 언니 좀 멈춰줘요. 왜 아무도 언니를 붙잡지 않지?** 나는 이 이야기의 결말을 안다.

나의 언니가 벤저민 프랭클린 다리 위에 있다.

2014년 1월 8일, 언니가 벤저민 프랭클린 다리 위를 걸었다.

케이트가 걷고 있다.

휙, 사라졌다.

빛바랜 연보라

제3막 잔류기

시간이 흐르면 좋은 추억만 남고 다 잊게 되겠지.

— 언니가 떠난 뒤 처음 쓴 문장

25

언니의 마지막 밤에 대한 엄마의 기억은 다른 대부분의 기억과 마찬가지로 내 기억보다 선명하다.

언니는 좀처럼 말이 없었다. 정신병 때문도 분노나 절망 때문도 아니고, 그냥 무력하고 진이 빠지고 지쳐 있었다. 언니는 이제 집으로 돌아올 참이었다.

그때만 해도 언니는 도심에 있는 집에서 이사를 나와 우리 집에서 차로 겨우 5분 거리인 교외 아파트에서 지냈다. 그러나 혼자 살기 시작하자 언니의 증상은 나날이 심해졌고, 통제가 더욱 힘들어졌다.

그날 언니는 엄마 차 조수석에 앉았다. 초저녁에 엄마에게 전화해 차로 태워주지 않으면 혼자 걸어서 편의점에 가겠다고 했기 때문이다. 그 밤에 혼자서 바람 불고 번잡한 빙판길을 걸어간다니, 얼마나 위험할지 불 보듯 뻔했다. 엄마는 인도를 걷다가 미끄러져 또다시 머리를 다칠 언니를 상상했다. 한 번 더 뇌진탕을 앓았다가는 그나마 남아 있던 분별력마저 어떻게 될지 몰랐다. 엄마는 그런 상황을 생각하기도 싫었고, 즉시 차를 몰아 언니에게로 갔다.

두 사람은 앞으로의 계획을 논했다. 언니는 아직 모르고 있었지만, 부모님은 위임장을 신청하려고 준비하고 있었다. 언니는 다시 우리와 살게 될 예정이었다. 다시 리스페리돈을 먹고 매달 조증 발현 조절을 위한 주사를 맞아야 할 것이었다. 언니의 감정을 통제해주는 추가적인 약물도 필요하게 될 터였다.

언니는 이 약물들의 부작용을 잘 알았다. 체중 증가, 메스꺼움, 무감각증. 부작용은 언니를 좀비로 만들었다. 언니는 약 때문에 이미 죽은 느낌이라고, 세상과 상호 작용하고 살아가면서도 온전하게 감각할 수가 없다고 약을 싫어했다. 물속에서 비명을 질러댈 때처럼 둔하고 숨이 막힌다고 했다.

엄마는 그날 밤에 뭔가 잘못되었음을 감지했지만, 정확히 뭐가 문제인지는 알지 못했다.

언니는 담배 세 갑과 계산대 옆 진열대에 놓인 가벼운 내용의 책 한 권, 공책, 펜, 그리고 립밤을 샀다. 그러고는 밤늦게 혼자서 다시 편의점으로 가서 애드빌 PM(이부프로벤 성분의 소염진통제/옮긴이)을 샀다. 경찰은 그게 언니의 첫 시도였으리라고 추측했다(물론 언니는 중간에 포기한 것 같았다. 알약을 다 세는 것조차 너무 어려운 과제였다는 듯이).

"케이트의 고통이 느껴졌어. 그건 물리적인 감각이었어." 지금에야 엄마는 내게 말한다.

공기 중에는 뭔가 잘못되고 불안한 기운이 배어 있고, 하늘에는 축에서 벗어난 지구와 너무 밝게 빛나는, 혹은 전혀 빛나지 않는 달이 떠 있었다. 어딘가 잘못되었지만, 운명은 아직 결정되지 않은 상태였다.

그다음에 일어난 일을 되돌릴 수만 있다면 얼마나 좋을까. 집에 혼자 있던 내가 엄마에게 전화를 걸어, 잔뜩 겁을 먹고 울었던 그 순간을. 아빠는 회사에 있었고, 개들은 손님방으로 향하는 층계를 향해 짖어댔다. 나는 숙제에 집중할 수가 없었고, 혼자 있고 싶지 않았다. 어릴 적 언니와 함께 봤던 모든 공포 영화가 떠올랐고, 집에 누군가가 있는 것처럼 느껴졌다.

다음 날 있을 시험 때문에 스트레스도 받았다. 안타깝게도 그 불안 발작은 처음 겪는 일이 아니었다. 당시 내가 시달렸던 불안은 대단한 인생 문제들 때문이 아니라 학업, 성적 등 삶에서 내가 통제할 수 있다고 믿었던 소소한 문제들에서 비롯되었다. 하지만 어쨌든 나는 엄마가 필요해 전화를 걸었고, 엄마는 언니를 집으로 보냈다.

언니는 혼자 자기 집으로 되돌아갔다. 괜찮아 보이지 않았다. 한때 웃음과 활기와 카리스마로 가득하고 별난 구석도 있던 언니는, 온전한 정신을 지키고자 싸우면서 지치고 개성도 잃었다. 엄마는 언니가 아파트 안으로 들어가는 뒷모습을 보고 현관 비밀번호를 누르는 소리를 들으며, 안으로 들어가 문이 닫히면 집이 언니를 안전하게 품어주기를 희망할 뿐이었다.

엄마가 집으로 왔고 나는 계속 시험 공부를 했다. 시험과 완벽한 성적표는 항상 너무 **중요**했고 언제나 나의 온 **마음**을 **빼앗았다.**

엄마는 그날 밤이 영화의 한 장면처럼 느껴진다고 말한다. 시간은 멈췄고, 시계는 되감겼다.

"그 순간을 너무 많이 떠올려서 그렇게 느끼는 거겠지?" 엄마가 묻는다.

직접 경험한 현실이라기보다는 영화처럼 느껴질 때까지 그 순간을 계속 떠올리고 되돌려봤던 것일까? 아니면 아마 그건 모두 다 정해진 운명이었을까? 우리는 그저 비극으로만 달려갈, 보이지 않는 길을 걷고 있었던 걸까? 만일 그때를 다시 산다면, 실수들을 바로잡을 수 있을까? 아니면 그저 목적론적 시계공인 신처럼, 해야 할 말을 입 밖으로 뱉지 못한 채 영원히 애타는 상태로 남게 될까?

26

언니는 내 17번째 생일이 되기 사흘 전에 사라졌다.

생일 파티는 시내의 유명한 아시아 퓨전 음식점에서 하기로 예정되어 있었다. 19명의 여자친구들이 초대되었다. 언니는 초대받지 못했다. 지난 몇 년 동안은 혹시라도 언니가 환각 증상을 보이거나 발작을 일으킬까봐 걱정되어 생일 파티를 열지 않았었다. 이번에는 몰래 파티를 열기로 했다. 그러면 언니의 기분도 상하게 하지 않으면서 혹여 작은 행동이라도 언니를 자극할까봐 저녁 내내 가시방석에 앉은 기분을 느끼지 않아도 되니까.

엄마와 나는 속삭이고 곁눈질을 주고받으며 계획을 세웠다. 무엇보다도, 본인이 초대받지 않으리라는 사실을 알면 언니가 심한 충격을 받을 터였다.

슬픈 문학 작품에서 흔히 나오는 장면들이 있다. 소설 속 인물은 사랑하는 사람이 죽는 순간 그 즉시, 초자연적인 느낌으로 안다. 한 사

내가 잔디를 깎다 말고 아내가 아픈 것 같은 끔찍한 느낌에 동작을 멈춘다. 한 가족이 이번이 마지막일 것 같은 예감에 할아버지의 말씀을 들으러 급히 병원으로 향한다. 고동치는 순간, 펄럭이는 감각, 무언의 연결 감각.

나는 아무것도 느끼지 못했다.

언니가 실종되었다는 소식을 들은 처음 몇 시간 동안은 드라마나 리얼리티 쇼를 보는 사람처럼 냉담하고 무심했다. 돌아보면 두 눈까지 굴리며 말했던 것 같다.

"언니야 늘 사라지잖아." 걱정에 잠겨 닳아빠진 원목 마루 위를 서성이는 엄마에게 말했다.

틀린 말이 아니었다. 언니는 항상 그랬다. 술을 진탕 마시고 사라지거나, 술에 취해 친구 집 소파에서 정신을 잃었다. 우리에게는 늘 침묵으로 일관했다. 이번에도 전화를 받지 않았지만, 정상적인 영역을 벗어난 행동은 아니었다. 아직은 말이다.

"이번엔 달라, 카일리. 뭔가 잘못됐어." 엄마가 받아쳤다.

엄마의 걱정은 내 살갗에 스며들어 나의 걱정이 되었다. "뭔가 정말로 잘못됐어." 허공을 응시한 엄마가 두 손을 비틀면서 되풀이해 말했다. "경찰에 신고해야겠어."

경찰은 실종자 신고를 하기 전 24시간에서 72시간 정도를 기다려보라고 권한다. 대부분의 경우 실종자는 48시간 안에 돌아오기 때문이다. "대부분의 경우"라는 표현에는 "아직은"과 같은 사전 경고가 내포

되어 있다. 대부분의 경우. 아직은.

엄마가 경찰에게 말했다. "경관님은 이해 못해요. 걔는 상태가 좋지 않아요. 아픈 애라고요."

그날, 언니의 집으로 찾아간 엄마는 곳곳이 난장판인 집 안을 확인했다. 그것은 어느 부주의한 젊은이가 어지럽힌 정도도, 누군가 바삐 나가느라 아무 데나 쓰레기를 버려놓은 정도도 아니었다. 집 안은 위급하다고, 해결을 해달라고 외치고 있었다.

엄마는 잔뜩 쌓인 더러운 빨랫감과 어수선한 식탁, 깨진 머그잔을 사진으로 찍었다. 소파 위에는 베개들이 아무렇게나 나뒹굴었다. 탁자 위 피자 박스 옆에 세탁 세제 통이 놓여 있었다. 왼쪽에는 헤어 제품과 뚜껑이 없는 애드빌 PM병, 빈 사과주스 병과 약통, 무슨 글자인지 읽을 수 없는 밝은색 플래시 카드와 체리향 립밤이 덩그러니 놓여 있었다. 군데군데 담배로 지진 자국들이 잔디밭에 피어난 잡초처럼 여기저기 눈에 띄었다.

나는 엄마가 내면 깊숙한 동굴 속에서 딸이 사라졌음을 알아챘을 때조차, 온 마음과 전력을 다해서 딸이 사라진 게 아니기를 바라던 순간조차, 만일 언니가 그 순간 문을 열고 들어와 집에 있는 엄마를 보면 무슨 일이 일어날지 걱정하고 있었다는 점을 말하고 싶다. 계속해서 문을 흘긋대던 엄마는 익숙한 실루엣이 나타나기를 반쯤 기대했다. 당연히 처음에는 안도감이 밀려오겠지만, 금세 익숙한 두려움이 부풀어 오르고 입에서는 싸한 맛이 감돌 터였다. 자신의 집에 온 엄마를 발견했다면 언니는 얼마나 심한 말과 행동을 퍼부었을까?

부엌의 가스레인지 위에는 먹지도 않은 스크램블드에그가 차갑게 식어 있었다. 그 뒤로는 재떨이 같은 물건이 깨져 담뱃재와 엉겨 있었다. 토르티야 팩이 열린 채로 전자레인지 위에 있고, 그 앞에는 더러운 접시들이 놓여 있었다. 조리대 위에는 달걀 상자와 올리브 오일이 남아 있었다. 그 어디에도 "정리 정돈"의 감각은 없었다.

마지못해 한 팀의 형사가 된 우리는 점점 커지는 두려움을 안고서 눈앞의 모든 단서들을 샅샅이 살폈다. 최후의 빈칸을 채우고 싶지 않은 마음을 안고서, 본의가 아닌 수색의 길을 따라 터벅터벅 걸어갔다.

8번째로 폭행 신고를 했을 때, 경찰은 우리 부모님에게 언니를 상대로 접근금지명령을 신청하라며 이 시점에는 "엄격한 사랑법"이 가장 잘 통할 거라고 설명했다. 부모님은 그들의 말을 따르지 않았다가는 절박한 상황에서 경찰이 응답하지 않거나 구하러 오지 않을까봐 걱정했다. 이 "제대로 겁주기" 전략은 정신질환이 어떤 논리, 선택, 합리성, 자유의지를 따르기만 한다면 좋은 생각일 수도 있었다. 하지만 정신질환은 그렇지 않다.

언니는 불과 며칠 전에 병원에서 퇴원한 참이었다. 약도 받아오지 않았고, 심지어 응급 상황에 먹을 약도 없이 약국에 가서 제출해야 할 처방전만을 받아왔을 뿐이었다. 집주인은 언니의 이상하고 불안한 행동 때문에 이웃들이 민원을 넣는다며 퇴거 요청을 준비 중이라고 일러주었다. 언니는 이제 노숙자가 될 상황이었다. 어떻게 해야 할지 알 수가 없었다.

　욕실은 더욱 어수선하고 무질서했다. 바닥에 옷들이 잔뜩 쌓여 있고, 그 위에 흰색 수건 뭉치가 얹혀 있었다. 세면대에는 아이크림 통이 있었는데, 은색 뚜껑의 두 군데가 기형적으로 움푹 들어간 것으로 보아 화가 나서 던진 적이 있는 듯했다.

　이 모든 것들이 점점 더 큰 소리로 외치고 있었다. **뭔가가 잘못되었다.** 뭔가 옳지 않다. 엄마가 언니를 혼자 집에 내려준 그때부터 한참을 그렇게 외치고 있었을까? 혹시라도 귀를 더 기울였다면, 그전부터였을지도 모른다. 언니가 바닥에 머리를 부딪혔을 때, 아니면 하늘을 나는 산타를 보았을 때부터. 당시에는 바람에 섞인 휘파람 소리에 불과했을지 몰라도 이제 그것은 아우성이자 합창 소리가 되었다.

　집에서 발견된 공책들에는, 소녀 티가 묻은 동글동글한 필체로 쓴 파란색 글자들이 겁에 질려 침묵하고 있었다.

　한 페이지 상단에는 "케이트가 해야 할 일"이라고 크고 선명하게 쓴 제목이 있었다. 언니는 거기에 앞으로 해야 할 일들의 목록을 작성해 두었다. "일 구하기, 다시 학교 들어가기, 집 구하기, 술 마시지 않기, AA모임(anonymous alcoholics : 익명의 알코올중독자회. 알코올 의존 환자를 위한 단주 모임의 한 형식/옮긴이) 가기, 운동 다니기, 좋은 음식 먹기, 담배 줄이기, 방 정리하기, 남자친구 사귀기, 정신과 진료받기, 싸우지 않기, 현실 직시하기, 산책 자주 하기, 글쓰기." 목록 아래에는 희망적인 하트 그림 2개가 있었다.

뒷면에는 스스로에게 하는 말이 있었다. "생각을 너무 많이 하지 말자. 내가 상처 입힌 사람들을 차단하자. 세상에 다른 사람들도 많다는 사실을 알아야 해." 언니는 이 마지막 문장의 모든 글자를 두 번씩 겹쳐 써서 강조했다. 그리고 나서 한 줄을 띄우고, 마지막으로 가장 중요한 한 문장을 더 써두었다. "내가 무슨 생각을 하는지는 아무도 몰라."

언니는 지금 이곳의 현실에 집중하면서 분별력을 가지기 위해 다짐을 써본 듯했다. 큰일을 앞두고 스스로 기운을 북돋우며 연설을 준비하는 코치처럼. 나는 할 수 있어. 그러고는, 아니나 다를까, 긴장이 풀린 듯 푸념했다.

텔레비전이 내게만 말하는 것 같고, 내가 알아야 하는 것들을 말해주는 느낌이다.

라디오도 내게만 말하는 것 같고, 음악은 내게 전할 메시지를 숨기고 있다.

그러면 나는 정신을 잃는다.

화가 폭발하면 기분이 조금 나아질까 싶어 다른 사람들까지 기분 상하게 만들고 싶어진다.

그래도 내 기분은 전혀 나아지지 않는다.

아래쪽 중간에는 커다란 글씨로 이렇게 쓰여 있다. "정신병원은 떠올리기조차 힘들다. 내가 실제로 그런 곳에 있었다는 사실이 무서우 니까."

몇 장을 넘기자 이런 말이 나왔다. "내 인생이 너무 망가져버려서 세 상에 짜증이 난다. 스스로가 걸림돌이 되어 내가 원하는 내가 될 수가 없다. 화가 나고 너무 열받고 울분이 치밀어서 나를 죽이거나 주저앉 을 것만 같다. 이 정신질환이 내 일부인 건 공평하지 않다. 내 인생이 이토록 불운하고 좋은 삶이 될 수 없다는 게 너무 불공평하다. 나는 친구도 없고, 남자친구도 없고, 학위도 없다. 이전보다는 강해졌지만, 그래도 너무 약해서 이런 끔찍한 느낌이 들 때면 침착함을 유지하기 힘들다."

이전보다는 강해졌지만, 그래도 너무 약하다. 이 정신질환이 나의 일 부인 건 공평하지 않다.

공평하지 않아, 언니. 나는 말하고 싶다. 전혀 공평하지 않지. 그 어 떤 것도 전혀 공평하지 않았지. 언니 말이 옳아. 언니 말은 항상 옳았 어. 미안해.

기록을 추적하는 일련의 과정에서 언니가 반복적으로 쓴 문장도 발 견했다. "케이트는 천국에 간다. 케이트는 천국에 간다. 에디가 있는 천국. 에디."

엄마는 언니가 에디 세즈윅을 언급한 거라고 믿었다. 1960년대 사 교계의 명사이자 모델, 모든 방면의 "잇 걸"이었고 앤디 워홀의 뮤즈 였던 여인. 왜 그렇게 생각하는지 바로 묻고 싶었지만 묻지 않았다.

괜히 물었다가는 고통만 들출 것 같고, 고통을 들추면 결국에는 내가 얼마나 언니에 대해 아는 게 없었는지, 엄마가 얼마나 혼자서 외로웠을지 깨닫게 될 것 같았다.

나는 언니가 왜 그 여인과 자신을 연결 지었는지 상상할 수 있다. 아름답고 우아한 금발을 가진 그 여인은 정신질환 문제로 정신병원에 입원한 적이 있었다. 파티를 즐기고 예술적이었으며, 재미있고 모험심 넘치고 말썽을 일으키던 여인. 그녀는 젊은 나이에 바르비투르(진정제, 최면제로 쓰이는 약물/옮긴이)를 과다 복용하고 아마도 자살로 생을 마감했다.

언니의 집으로 갔던 엄마가 언니의 노트북을 가지고 왔다. 이제 내가 조사를 할 차례였다. 나는 언니의 모든 비밀번호를 알았다. 언니는 항상 언니가 사용하는 번호 그대로 내 비밀번호를 만들어주었으니까.

나는 거실 소파에 앉고 부모님은 내 맞은편에 앉았다. 언니의 치료 상황을 논하는 "가족 회의" 때가 아니고서 우리가 여기에 모이는 일은 거의 없었다. 언젠가 회의 중에 언니는 텔레비전을 부수고 스크린을 뜯어서 산산조각 내기도 했었다.

노트북을 연 나는 구글에서 최근 검색 기록을 살폈다. 이런 질문이 있었다.

"우리가 죽으면 무슨 일이 일어나나요?"

"죽음"이라는 단순한 제목의 위키피디아 페이지가 떴다.

그게 다였다. 언니가 검색한 건 그게 전부였다. 모호한 위키피디아 표제어 하나. 어쩐지 언니는 사후 세계에 대한 그 내용에 만족한 듯했다. 혹은 너무 지쳐서 추가 질문들을 하지 못했는지도 모른다. 나는 각 검색 결과들을 빠르게 빨아들였고, 끝까지 훑어보며 모두 삼켰다. 고통이 서린 신중함으로 반복해서 읽고, 암호를 찾아서, 음절 하나하나를 따라 읽으며 중요한 의미를 찾아갔다.

그 순간 감이 왔다. 이내 나를 덮쳐버릴 파도의 시작이었다. 내 비통함은 지진과도 같았다. 다시 균형을 잡았다고 생각하는 순간 무작위로 흔들어대는 여진이 모든 것을 파괴할 듯했다.

구글 검색 결과에 마지막 하나가 남아 있었다.

"스스로 죽는 방법은 무엇인가요?" 단순하고 정중한 질문이었다.

해당 링크는 레딧 페이지로 이어졌다. 제안들이 넘쳐났다. 보이지 않는 익명의 사용자들이 삶을 끝낼 도구들을 열렬히도 제시하고 있었다.

"벨트로 목을 매면 됨." 누군가의 댓글이었다. "영화에서 본 적 있는데, 꽤 쉬워 보였음."

"밧줄을 사용하면 어떨까?" 다른 이의 대댓글이었다.

"머리에 총을 쏘는 게 빠를 듯."

"다리에서 뛰어내리는 건 생각해봤어?"

나는 노트북을 덮었다. 심장이 복부 깊은 곳 어딘가로 쿵하고 떨어졌다.

27

다음 날 아침, 눈을 떠보니 두 눈이 부어 있었다. 이런 일은 전에도 몇 번인가 있었다. 잠들었다 일어나면 두 볼이 축축하게 젖어 있어 잠든 채로 울었다는 걸 알았다. 참으로 외로운 감각이었다. 당신의 신체가 당신 없이 계속해서 고통받고, 뼈와 신경과 혈관이 의식과는 완전히 별개로 뭔가를 감당한 것이다.

한때 언니와 함께 썼던 욕실의 거울을 보며, 아득한 호기심으로 욱신 거리는 눈 밑 얇은 피부를 눌러봤다. 굳이 화장으로 가리지도 않았다.

이 시점에 우리는 아직 언니에게 무슨 일이 일어났는지 정확히 알지 못했지만, 추측하기가 어렵지는 않았다. 그럼에도 수년간 언니가 일으킨 변덕스러운 사건들과 셀 수 없는 긴급 상황들을 처리하다 보니, 습관처럼 다음 날이면 학교에 갔고 하던 일을 계속하게 되었다.

나는 학교 입구 사무실에 "차가 밀려서" 지각했다며 모호한 변명을 하고는 메모를 하나 받아 형광등이 켜진 복도를 지나 체육관으로 향했다. 모든 것이 멍하고, 무겁고, 차갑게만 느껴졌다. 뭔가 묵직한 게 단단한 손처럼 가슴 위에 얹혀 있고, 한 발짝 한 발짝 디딜 때마다 바람에 맞서 걸을 때처럼 밀려나는 느낌이었다.

그날 아침에는 피구 시합이 있었다. 피구 라인 옆 아이들이 조금씩 모여 있는 곳에 책가방을 내려두고는 삐걱대는 나무 바닥 위에 서서 빨간 공이 내 몸을 때리고 가도록 두었다. 그 순간의 통증은 내게 잠시간 살아 있는 감각을 선사했다. 공들이 계속 내게로 날아왔으면 싶었다. 빨간 피구 공들에 묻히고 잠길 수 있다면, 공들이 내 숨통을 짓눌러준다면, 하고 바랐다.

선생님이 호루라기를 불자 나는 자리를 잡고 앉았다. 그 수업에는 친한 친구가 한 명 있었다. 나는 그 친구가 와서 내게 왜 늦었는지, 얼굴은 왜 퉁퉁 부었는지 물어주기를 기다렸다. 친구는 묻지 않았다.

대신 그 친구는 "이번 주말 네 생일 파티가 너무 기대돼!" 같은 말을 했을 것이다. 이번 주에 파티는 없을 거라고 대답한 기억이 있으니까. 왜 그렇게 말했는지는 나도 모르겠다. 그 밤 이후에는 내가 내 신체를 온전히 통제하고 있는지도 자신이 없었다. 언니도 항상 이런 느낌이었을까?

점심때가 되자 파티에 초대된 친구 19명 모두가 파티 취소 소식을 전해 들은 모양이었다. 휴대 전화 문자 수신함이 "미리 좀 알려주지 그랬어?" 같은 문자로 넘쳐났다. 친구들은 불과 며칠을 남기고 파티를 취소한 나를 무례하다고 생각했다. 이미 선물은 샀고, 환불이 안

되는 물건들도 있었을 테니 말이다.

할 뻔했던 생일 파티의 모든 콘셉트를 떠올리자 죽고 싶어졌다. 언니를 초대하지 않은 파티였다. 언니의 반응에 대한 두려움이 언제 적 일인가 싶었다. 이제는 언니의 반응을 보기 위해서라면 목숨이라도 바치고 싶었다. 그보다 더한, 과거의 나와 앞으로 될 수 있는 나, 바로 이 순간으로 이끈 모든 생각들과 노력하는 행동, 극미한 실수마저도 다 바칠 수 있었다.

학교를 마친 후 엄마는 나를 차에 태워 우리가 지난 10년간 늘 지나다닌 길로 차를 몰았다. 녹색 잔디밭과 느슨하게 매달린 신호등, 한때 내가 좋아했던 석조 주택들이 보였다. 하지만 그날, 엄마는 언덕을 지나 갓길에 차를 세웠다. 무슨 일이 일어난 것도 아닌데, 그 순간 이제 아무것도 돌이킬 수 없음을 감지했다. 공기가 변하고, 목구멍에서 신맛이 올라오고, 팔에 난 부드러운 털이 살짝 곤두섰다. 어쩐 일인지 몰라도, 어떤 방식으로든, 누가 말해줄 필요도 없이, 이제 그 무엇도 이전과는 같지 않음을 깨달았다.

엄마는 경찰이 벤저민 프랭클린 다리의 보안 카메라에 찍힌 사진들을 찾아냈다고 말했다. 단어가 연상시키는 것들이 신속하게, 제멋대로, 멍한 상태의 내게 들어왔다.

벤저민 프랭클린 다리.

벤저민 프랭클린—우리가 다녔던 퀘이커 학교.

이신론—운명, 섭리, 숙명, 운명 예정론.

제멋대로 뻗어가고 용서가 없는 무심한 우주.

보안 카메라에 찍힌 사진은 분명 두 장면을 보여주었다. 하나에는, 고개를 숙이고 걸어가는 어느 젊은 여자의 윤곽이 보인다. 그녀가 입은 밝은 빨간색 외투는 피가 튄 듯 눈에 띈다. 마지막 순간에 언니는 터무니없이 선명했다.

다음 사진은 1분 뒤에 찍힌 것이다. 그 사진에는 여자가 없다. 1분 간격으로, 여자는 사라졌다. 사진들 속에 다른 사람은 없다. 보도와 차도의 높이도 완전히 달라서, 누군가 그녀를 잡아갔을 가능성은 없다. 오직 하나의 가능성만 남는다.

그녀는 뛰어내렸다.

나는 이 내용을 설명하는 엄마의 입 모양을 쳐다보고, 엄마의 밝고 파란 눈동자는 내 얼굴을 제외한 다른 곳으로만 향했다. 나의 가슴을 끌어안은 안전벨트는 바로 이 감정에서 우리를 분리하려는 듯, 이 죽음과 재앙에서 보호하고자 설계된 듯 나를 제약했다. 나를 옥죄었다. 나는 레딧 사용자의 댓글 "다리에서 뛰어내리는 건 생각해봤어?"를, 부모님께 그 이야기를 했을 때 바뀌던 표정들을 떠올렸다. 이도 저도 아닌 충격과 참상에 대한 자각. 나는 하나뿐인 언니가 차갑고 상쾌한 바람이 부는 겨울밤을 마지막으로 걸었을 모습을 상상하려 했지만 할 수 없었다. 그 장면은 너무도 낯설 뿐 아니라 언니에 대해 내가 지금껏 알았던 모든 것들과 전혀 조화를 이루지 못했다. 그것은 내 삶 바깥에 있는 사실이었고, 다른 어딘가에서 읽히는 파편이자, 잡으려고 손을 뻗는 순간 증발해버리는 생각이었다.

비탄에 대한 우리의 신체 반응에는 진짜라고 하기에는 너무 극적인 면이 있다. 우리는 벽에 몸을 댄 채 미끄러지고, 이내 단단한 바닥 위에서 구겨진다. 상실의 중력은 그 나름의 물리적 법칙을 발명한다. 우리는 그 자리에서 무너져내린다. 가슴은 무릎에 닿고, 머리는 바닥에 가까워진다. 그렇게 따뜻한 노면에 누워 단단한 대지 위에 우리 몸을 누르면, 어쩐지 더 단단하고 안전한 기분이 든다.

두려움은 당신의 뇌를 둘러싸 양쪽 관자놀이에서 피를 빼가고, 이내 신호를 잡지 못한 텔레비전의 잡음 같은 흐릿한 소리를 남긴다. 당신은 어릴 적 언니가 놀릴 때 그랬듯이 양쪽 귀를 막고 싶다. 듣지 않으면 진실이 당신을 건들 수 없을 것만 같다. 그것은 마치 영화 속 등장인물이 되어 주변에서 펼쳐지는 액션을 보는 것과 같다. 내 손이 진짜 내 입을 막고 있나? 내가 왜 양 손바닥을 관자놀이에 대고 있지? 현실에서 사람들이 이렇게 행동했었나?

그리고 당신도 나와 같다면, 제일 먼저 메스꺼움을 느낄 것이다. 복부 깊숙한 데서 헤집고 다니던 담즙이 거의 올라왔다가 나오지 않고 내려간다. 메스꺼움이 완전히 사라지는 법은 결단코 없다. 당신이 다리를 지나거나 옛날 사진을 볼 때면 다시, 또다시 찾아온다. 당신은 생각한다. 토하고 싶다. 그것을, 이 나쁜 느낌을 단 한 번이라도 빼낼 수 있다면 새로운 현실을 감당할 수 있을 텐데. 그러면 정화되고, 해방되고, 탈출할 수도 있을 텐데.

엄마가 찾아낸 택시 기사가 그 이야기를 확증했다. 그는 언니가 목적지로 가는 내내 거의 말을 하지 않았다고 증언했다. 정중하기는 했는데 너무 조용했다고. 그는 언니를 다리 입구에 내려주었고, 언니는 보도로 걸어갔다.

언니의 휴대 전화 신호가 그 시점에 사라졌다. 물속에 빠지거나 아주 높은 곳에서 떨어졌을 때처럼.

부모님은 직접 다리를 건너며 언니가 지나간 길을 따라 어떤 암시나 혹시 그래피티 벽면에 남겨놓은 메모는 없는지 살폈다. 아무것도 없었다. 듣기로는 언니가 한번 지나가는 말로 다리에서 뛰어내리고 싶다고 한 적이 있었다고 했다. 실제로 걸어서 다리를 건너며 물을 내려다보고 되돌아온 적도 있었다. 이미 한번 언니의 마음을 돌려놓았으면서, 그날 밤에는 돌리지 못한 것이 뭘까 궁금했다. 도대체 어떻게 내가 언니의 생각들을 그토록 태평하게 받아들일 수 있었는지는 더욱 시급하게 궁금했다. 대체 나는 언니에 대해 얼마나 무지했단 말인가?

하늘색 철강 아래로 기찻길이 돌출되어 있었다. 경찰은 보도 난간에서 뛰어내리는 사람의 대부분이 절대 물로 바로 떨어지지 않는다고 했다. 기찻길에 부딪히지 않으려면 난간에서 힘차게 몸을 던져야 한다는 이야기였다. 언니는 분명 아래에 기찻길이 있다는 사실을 알았을 것이다. 예전에 갔을 때 봤을 테니까. 언니는 뭘 하든 건성으로 하는 법이 없었다. 심지어 마지막 순간에도. 분명 지쳐 있었을 텐데도 언니는 단호했다.

이 모든 것들은 사실이다. 고쳐 쓸 수 없는 진실들이다. 경찰, 형사, 그리고 얼마쯤 거리를 둔 타당한 방관자들처럼 이야기에 등장하는 다른 모든 이들에게 이 사건은 종결되었다. 다 끝난 일이다. 슬프고 비극적이지만, 그럼에도 불구하고 끝은 끝이다.

비탄에는 결코 종결이 없다. 비탄은 창문에 난 균열 같아서 밤이 되면 차가운 외풍이 새어 들어온다. 비탄은 희망의 부재 속 희망이다. 비탄은 "없다"라고 하는 대신 "잃어버렸다"라고, "죽었다"라고 하는 대신 "곁을 떠났다"라고 말한다. 전자의 표현을 사용하면 확정적으로 멈춘 지점을, 즉 회복 불가하고 되돌릴 수 없음을 인정하는 꼴이 될 테니 말이다. 이야기는 여기까지다.

당신이 갈망한다면, 많이 굶주렸다면, 변명거리를 찾는 일은 가소로울 만큼 쉽다. 당신이 반한 남자가 당신에게 답장하지 않은 이유, 직장에서 실수한 이유, 언니가 절대로 집에 오지 않는 이유. 답을 찾으려 하면 답은 있다. 타당해 보이지는 않을지라도, 도취되기 쉬운 답은 있는 법이다.

다리의 보안 카메라에 찍힌 사진들을 확인하고 얼마 뒤, 나와 부모님은 근처 교회에 갔다. 빌라노바 대학교의 예배당이었다. 때때로 크리스마스이브 예배를 드렸던 곳이었다. 언니와 나는 합창단에 서서 킥킥대거나 목소리를 더 잘 들리게 하려고 큰 소리로 노래를 했었다. 우리의 입 모양은 할머니가 크리스마스 때만 되면 장식해두던, 불그스레한 얼굴로 캐롤을 부르던 작은 조각상의 입처럼 작고 까만 동그라미 모양이었다.

횅한 겨울 꽃나무가 늘어선 긴 입구로 쌍둥이처럼 솟은 오래된 첨탑이 길고 흐릿한 그림자를 드리웠다. 스테인드글라스로 장식된 창문이 하얀 벽과 바닥, 그리고 짙은 갈색의 신도석 위로 색색의 잔물결을 일으켰다. 예배당의 공기는 우리처럼 차갑고 텅 비어 있었다.

우리는 조용하고 엄숙하게 걸어 들어가, 빈 예배당 안쪽 따로 떨어진 신도석에 비틀거리며 비스듬히 앉았다. 우리가 발을 내디딜 때마다 발소리가 거대한 기둥을 울렸다.

우리는 무릎을 꿇고 애써 기도했다.

언니가 살아 있기를, 혹 살아 있지 않다면, 그렇다면, 시신이라도 찾을 수 있기를 기도했다. 언니의 영혼을 위해서도 기도했다. 누군가의 영혼을 위해 기도한다는 게 무슨 의미인지 잘은 몰랐지만, 언젠가 누군가가 나를 위해서도 똑같이 해주기를 바랐다.

양팔을 굽힌 다음 내 주먹 위에 머리를 기대었다. 두 손을 모아 깍지를 끼고 단단한 나무 바닥에 무릎이 아플 때까지 무게를 실어 앉았다. 그 통증이 순간적으로 지금 여기 이곳에 있는 나를 직시하게 했다. **진짜 일어나고 있는 일이구나.** 나는 생각했다. 마치 어느 영화 세트장에 우연히 들어가 예정에 없던 배역을 맡은 느낌이었다.

놀랍게도, 그 순간 내가 언니에게 했던 마지막 말이 떠올랐다. 언니가 우리 집 뒷문으로 나가는 부엌 모퉁이에 서 있을 때였다. 언니는 사이즈가 큰 맨투맨 티셔츠를 입어서 어려 보였다. 화장은 하지 않고 머리를 포니테일로 질끈 묶고 있었는데, 의기소침하고 지친 모습이었다.

"한번 안아봐도 돼, 카일스?" 이전에는 거의 들어보지 못한 작고 애원하는 듯한 목소리로 언니가 물었다.

순간 그러다가도 금세 미친 듯 흥분하거나 환각에 빠질까봐 잠시 겁이 났지만, 어쨌든 가까이 다가가 두 팔을 언니에게 둘렀다. 마지막으로 나의 언니를 안았다.

"사랑해." 언니가 말했다. "너도 아직 날 사랑해?"

"그야 당연하지." 나는 짜증스럽게 대꾸했다. "내가 언니 사랑하는 거 알잖아."

우리는 몸을 뗐다. 언니는 가볍게 고개를 끄덕이며 내게 살짝 웃어 보인 뒤 문을 통해 밖으로 나갔다.

내가 언니에게 한 마지막 말은 "사랑해"였지만, 이러한 깨달음은 예상보다 별로 위안이 되지 않았다. 나는 그 말을 마지못해 내뱉었고, 심지어 약간의 화도 섞였던 것 같다. 내가 해야 했던 말은 "사랑해, 언니. 나는 언제까지나 언니를 사랑할 거야, 무슨 일이 있어도 우리는 함께 극복할 거야, 약속해. 우리가 이걸 이겨내는 거야"였다. 내가 해야 했던 행동은 언니를 붙잡고 의자에 앉혀서, 혹시 할 이야기는 없는지 묻는 거였다. 문을 잠그고, 언니를 절대 내보내지 말았어야 했다. 평생의 후회가 따른다면 그깟 마지막 말이 무슨 소용일까.

예배당에서 그 순간을 떠올리던 나는 내게 의지할 만한 공공연한 종교적 배경, 말하자면 이전부터 성립된 신과의 담론이 있다면 얼마나 좋을까 생각했다. 종교 그 자체보다는 의식과 절차를 원했고, 그 걸 믿고 싶었다. 누군가가 비탄의 감정을 나누려고 쓴, 오랜 시간 전해져온 기도문을 암송하고 싶었고, 그것이 효과가 있다고 믿고 싶었다. 나는 11시 11분에 빌었던 그 모든 소원이 중요했고 의미가 있었기를 간절히 바랐다.

어릴 적에 읽었던 주디 블룸의 소설 『안녕하세요, 하느님? 저 마거릿이에요 Are You There God? It's Me, Margaret』가 뇌리를 스쳤고, 혜성 꼬리의 잔해처럼 그 흔적을 따라가다 보니 내가 잘려버린 느낌이 들었다. 필라델피아 타운하우스 침대에 누워 잠들기 전 그 책들을 집어삼키듯 읽을 때 같은, 그렇게나 어렸던 적이 정말 내게 있었던가? 정확히 언제 그런 순수함을 잃은 것일까? 다시 돌아오기는 할까?

아무리 간절하게 기도하고 날것으로 찢긴 듯 너덜너덜해져도, 나는 교회 안에서 언니를 감각하지 못했다. 어렴풋이 보이는 십자가에 심장이 스며들도록 간절하게 빌어도 언니는 느껴지지 않았다. 언니는 대리석 바닥의 찬기 속에도, 성모 마리아의 베일로 덮은 얼굴에도 없었다. 그 어디에도 없었다. 너무도 공허하고 메마른 솔잎과 라벤더향, 그리고 뜨거운 밀랍이 녹는 양초들 냄새뿐이었다.

아마 그곳에서 언니의 존재를 느끼지 못한 일이 결국 우리를 울린 듯하다. 부재를 넘어선 부재의 감각. 마침내 무릎이 쑤시고 몸이 경련을 일으켰다. 말없이 주차장으로 나온 우리는 각자의 비통함에 잠겼다. 그게 한 가족으로서 뭔가를 함께한 마지막 순간이었다.

결정적인 증거의 부재, 마지막으로 우리에게 주어진 증거의 파편들, 실종된 시신, 불가능성, 행위 자체의 기이함, 그 모든 것이 병적인 기대를 질질 끌게 만들었다.

이런 기분을 "모호한 상실ambiguous loss"이라는 용어로 표현한다는 사실을 나는 최근에야 알게 되었다. 이것은 종결이나 뚜렷한 이해가 없는 상실감이다. 질문을 남기고, 치유를 지연시킨다. 모호함과 미지의 상태는 항상 당신을 기다리게 만든다. 가능성에의 약속은, 그게 얼마나 희미하든, 어떤 확신보다 더 가혹하다.

언니가 아팠을 때 나는 진단이 나온다는 사실 자체에 자주 놀랐다. 그 정도 규모의 혼돈을 언어로 담을 수는 없을 것 같았으니까. 지금은 아주 깔끔하게 하나의 임상 용어로 묘사되는 게 우리를 덜 외롭게 하는지 더 외롭게 하는지 궁금하다. 임상 용어로는 심지어 가장 거대하고 엄청난 고통도 꽤 단순하게 축소될 수 있다.

우리는 극 소용돌이와 눈 폭풍을 지나 봄의 해동기를 맞이하기까지 차분히 시신을 기다렸다. 매일 무시무시하고 병적인 종류의 희망을 걸었다. 아빠는 스쿨길 강에 직접 가서, 길게 자란 풀과 잡초들 사이사이로 익숙한 얼굴이 없나 헤집고 다녔다. 하지만 결국 찾지 못했다. 헬리콥터 수색도 했고 다른 실종자 시신들을 찾아 신원을 밝히기도 했지만, 언니는 절대 나오지 않았다. 우리는 결코 언니를 찾지 못했다.

28

당신의 남은 인생에 "죽고 싶다"라는 표현이 얼마나 흔한지 알게 되면, 당신은 충격을 받을 것이다. 그 기분 나쁜 농담은 사람을 자동으로 움찔하게 만든다. 미소 짓거나 웃어넘기겠지만, 속은 뒤틀리고 뒤집히며 인격은 불안에 떤다. "다리에서 뛰어내리고 싶다"라는 말의 구체성은 깜짝 놀라게 하는 데에서 그치지 않고 가느다란 양쪽 발목을 잡아 당신을 물속으로 끌고 가고, 물에 빠진 당신은 발을 차고 소리를 내지르게 된다. 나의 언니가 정말로 이걸 했다니라고 생각하면서. 누군가 그 말을 할 때마다(그렇다. 상상하는 것보다 훨씬 더 자주 사람들은 그런 말을 한다), 그 표현에 놀라고 만다. 어찌나 아득하고 끔찍한 표현인가. 다리에서 뛰어내리고 싶다라니. 당신은 그토록 생생하고 섬뜩한 뭔가가 가족에게 정말로 일어났다는 게 어떤 의미인지 절대로 완전히 이해하지 못할 것이다.

"오늘 코치님이 연습 취소 안 하면, 나 진짜 다리에서 떨어질 거야."

"상사가 일을 하나만 더 주면, 창문 열고 뛰어내릴 거야."

"떨어질 거야", "뛰어내릴 거야"……저들은 자신들이 내뱉은 말이 얼마나 잔인한지 알까? 누군가의 꿈이 그 장면에 잠식되었음을 알기나 할까?

사람들과 무난하게 어울리며 잘 지내기는 한다. 할 일도 열심히 해서 주변 사람들을 안심시킨다. 다 털어내고, 어깨를 한번 으쓱해 보인다. 무엇보다도, 이제는 침묵이 습관이 된다.

우울감이 절정에 이르렀을 때에는 높은 건물을 올려다보거나 층계 아래를 내려다보면서 **여기서 뛰어내리면 죽을까?**라는 생각을 먼저 하게 된다. 실제로 죽기도 전에 교실에서, 친구네 집에서, 강의실에서, 이 작은 죽음들을 1,000번쯤 겪는 것이다.

처음에는 주변 사람들이 조심하고 말도 걸러서 한다. 그러나 얼마 가지 않을 테니 걱정 말기를. 어느덧 살아감의 폭력 속으로 떠밀려가게 될 것이다.

언니가 스스로 죽음을 택한 지 사흘이 지났는데, 고급 스페인어 반 선생님이 숙제를 해오지 않았다며 0점을 준다. "죄송해요, 정신이 없었어요. 며칠간 너무 힘든 일이 있었거든요." 이 단순한 설명을 하는 데에도 눈물이 나지만, 가까스로 해낸다. 이 무렵에는 아주 작은 기능만 수행해도 스스로가 자랑스럽다. 선생님은 교무부에서 알려줘서 이미 알고 있지만, 유감스럽게도 예외는 없다고 말한다. 1년 뒤, 그 선생의 여동생이 죽는다. 선생은 몇 달간 휴직한다. 어쩐지 내 탓처럼 느껴진다. 내면의 분개가 그 일을 유발하기라도 했다는 듯이.

신체 조직 안에 아주 많은 고통과 분노와 절망이 억눌려 있음을 알게 된다. 이가 덜덜 떨린다. 머릿속은 윙 하는 소리와 방랑하는 에너지로 흐릿하다. 상실은 세상으로부터 나를 지키려 남아 있던 어떤 보호막을 벗겨버렸다. 온 인류의 고통이 한꺼번에 감각된다. 늘 침착하고 단정한 사람이었지만, 여기까지다. 이제 당신은 아무 죄 없는 마을 사람들에게 용암을 분출할 태세를 갖춘 화산이 되었다.

같은 주, 당신은 학교 자습실에 앉아 있다. 보통 방과 후에 숙제를 하거나 이따금 의무적인 친목 활동을 하는 곳이다. 책상들은 반원 형태로 모여 있다. 당신은 제일 끝자리에 앉는다(예전에 어땠는지 돌아보고서야 행동에도 이런 미묘한 변화가 생겼음을 눈치챘다. 이제 당신은 늘 다른 학생들과 떨어져 자리를 잡는다. 단단히 붙인 두 다리는 친구들이 아닌 문 쪽을 향한다. 두 팔을 가슴 앞에 철근처럼 둘러 당신을 외따로 가둔다. 스스로를 보호하기 위해서가 아니다. 자기 자신을 보호하려는 어떤 희망 따위는 더 이상 쓸모가 없다. 내면의 뭔가가 잘못되었고, 이제 다시는 완전히 재정비될 수 없음을 안다. 온전하고 어린 타인들을 볼 때마다 가슴속에서 득득거리는 짐승에게서 안전하게 거리를 두려 애쓴다).

오늘은 모둠 친구들에게 형제자매 중 한 사람을 묘사해야 한다. 잔인한 타이밍에 무작위로 던지는 우주의 농담에 대고 큰 소리로 웃고, 하늘을 향해 비명을 지르고, 「트루먼 쇼The Truman Show」에서처럼 제4의 벽을 깨고 **나를 가지고 노는군!**이라고 외치고 싶다. 하지만 그러는 대신 선생님을 쳐다보면서 마음을 전해본다. 살려주세요, 살려주세요, 살려주세요, 살려주세요. 선생님은 당신이 보내는 텔레파시를 이해하지 못했고, 아마 눈에 뭔가 들어갔겠거니 생각한 듯하다. 결국 당신은 언니가 정확히 나흘째 행방불명 상태이고 사망한 것으로 추정되는 와중임에도, 그 자리에 계속 앉아서 모두의 근사한 형제자매 이야기를 듣는다. 그러다 차례가 오면 "나는 외동이야"라고 말한다. 그 말을 내뱉으면 입 안에 독이 퍼진 듯 신맛이 올라온다. 처음으로 이 거짓말을 했지만 분명 마지막은 아닐 것이다.

이 모든 일의 본질적은 교훈은 바로 세상이 무심하다는 것이다. 언니가 정신질환으로 아플 때에는 뻔하고 간단한 문제를 겪는 친구들을 질투하곤 했다. 이전에는 교무부의 그 누구도 당신이 겪는 심적 고통을 몰랐기 때문에 어떤 시험도 미뤄준 적이 없다. 언니를 피해 호텔 방문을 걸어 잠근 채 숨어서 밤을 보내고 와서는 졸린 눈을 깜빡거리면 누군가 알아채기를, 누구라도 제발 알아주기를 바라면서 교실에 앉아 시험을 쳤을 뿐이다. 이제는 안타깝게도 상황이 확실하고 투명해졌다. 언니가 사라졌다. 양상만 본다면 문제는 오히려 간단해졌다. 학교에서도 알고, 선생님들도 알고, 친구들도 알고, 그렇게 여기까지 왔다. 당신의 세상은 끽 소리를 내며 멈추려는데, 나머지 사회는 계속해서 흘러간다. 이제껏 모든 순간을 살면서 이토록 깊은 외로움을 느낀 적은 없다.

엄마는 언니가 태어났을 때 지구가 회전을 멈추지 않는다는 사실을 믿을 수 없었다고 회상했다. 사람들은 살던 날들을 계속 살아가고, 월마트에 장을 보러 가고, 우체국에 볼일을 보러 가고, 조그만 사무실 책상 앞에 침착하게 앉아 있다. 어쩜 그들은 모든 게 변했음을 모를 수 있을까? 케이트가 여기 있는데.

언니가 죽었을 때도 똑같다. 지구가 태양 주변을 온전히 한 바퀴 돌아 22번의 공전을 완수하고 어림잡아 8,275회 자전한 뒤에 언니는 떠났다. 어쩜 사람들은 모든 게 변했음을 모를까?

사람들은 "네가 겪는 일들을 상상할 수조차 없어"라면서 "상상하고 싶지 않아"라고 대놓고 말하지 않는다. 알다시피 이것은 안타깝게도 인간이 가진 공감 능력의 필연적인 한계다. 만일 이 사회가 모든 상실을 껴안으려 들면 세상은 기능을 멈추고 말 것이다. 우편도, 배달도, 경제도 없다. 하지만 계속되는 애도 상태에서 비탄에 잠겨 세상이 쉼 없이 돌아가는 것을 지켜보는 것은 가장 모진 일이다.

애도의 한가운데에 있을 때에는 그 어떤 것도 뚜렷이 볼 수 없다. 고통받는 와중에 생각나는 거라고는, 왜, 왜, 왜, 왜뿐이다. 학교 복도를 걸어가다가도 멈춰 서서 목소리가 완전히 갈라져 더는 나오지 않도록 소리를 지르고 싶어진다. 고통이 마침내 끓어 넘쳐서 붉고, 붉고, 붉고, 붉은 거대한 줄무늬를 이루어 엉망진창이 되는 장면을 만들고 싶어진다.

그러나 그냥 계속 상냥하게 웃으며 눈물 덩어리를 삼킨다. 다정하게 잘 둘러댄 이메일을 쓰고, 황폐해진 가족의 비공식 대변인이라도 되는 양 위로 문자에 답장을 보낸다. 심지어 이모티콘이 찍힌 문자를 받아도, 그 하늘색 눈물방울 하나 찍힌 작고 노란 동그라미 얼굴 이모티콘에 "유감이야"라고 한마디 덧붙어 있어도(당신은 눈물 찍힌 얼굴 이모티콘을 정말로 많이 받을 것이다. 휴대 전화를 열면 온통 제조된 동정들이다. 빌어먹을 생일 파티를 앞두고 문자들이 넘쳐났듯이 말이다), 당신은 품위 있게 대응한다. "언니가 죽었는데 이딴 이모티콘으로 위로가 되겠니"라고는 보내지 않는다. 불편한 진실에 대해 진심 어린 대화를 나누는 능력이 없는 우리 세대를 저주하지도 않는다. 언제나 그래왔듯 이 "착한 소녀다운" 반응을 보인다.

(시간이 흘러 분노가 누그러지면 타인의 비탄 앞에서 그저 무력한 자신을 발견하게 된다. 그 어떤 행동도, 편지도, 기념물도 상실로 인한 공간을 채울 만큼 크지 않다. 그 결핍은 수그러들 줄을 모른다. 괜히 잘못된 단어들을 늘어놓을까 두려워하고, 침묵의 이유를 양면성이 아닌 무력감으로 여긴다.)

당신은 캐서롤(오븐에 넣어서 천천히 익혀 만드는 음식. 비탄에 빠진 사람에게 위로를 담아 선물하기도 한다/옮긴이) 역시 선망해왔다. 진짜 캐서롤을 먹고 싶어서가 아니라, 그것이 공동체의 지지를 상징하기 때문이다. 하지만 그 어떤 캐서롤도 받지 못한다. 자살, 특히 애매모호한 자살은 당신의 집 입구에 검은 매트를 깐다. 모든 자연스러운 애도 절차를 미뤄버린다. 시체가 없으면 장례식도 없다. 사망증명서가 없으면 그 어떤 것도 현실로 감각되지 않는다. 원칙상 고통의 위계를 믿지 않았지만, 이제는 믿게 된다.

수업 시간에 당신은 광기와 창의성의 관계에 대한 논의를 멍하니 듣는다. 천재성은 흐릿해진 현실감 속에서 더욱 잘 발휘되어, 극작가들은 누군가의 목소리를 듣고, 실비아 플라스는 오븐에 머리를 들이밀고, 반 고흐는 귀에서 피를 내뿜는다. 이것은 진실일지도 모른다. 본래 탁월한 사고는 종종 일탈적이라고 간주되었기 때문에 불안한 정신과 연관 지어졌다. 당신의 관점은 엄청나게 많은 관점 중 하나여서 한정되고 맹목적이다. 하지만, 천재의 기행은 두뇌의 장애가 아니다. 진짜 광기가 당신에게 가져다준 것은 언니의 죽음뿐이다.

파티 날짜가 임박해 초대했던 친구들에게 17번째 생일 파티가 취소되었음을 공식적으로 알린다. 정확히 2014년 1월 10일 오후 4시 10분에 문자를 보낸다. "정말 정말 정말 미안하지만 파티는 안 하기로 했어. 우리 언니 케이트가 수요일 아침에 스스로 목숨을 끊어서 지금은 그 어떤 것도 축하할 기분이 아니야." 이 거침없는 진술에 지금에야 놀란다. 진정 당신이 이토록 노골적인 사람이었던가? 수년간 언니의 사생활을 지켜주려고 조심스레 짜깁기하던 방식은 사라졌다. 그동안은 모서리를 부드럽게 다듬고, 대놓고 드러내지 않으려 완충 작용을 해주는 단어들을 선택해 함축적으로 말해왔다. 혼란의 안개 속에서 학교를 마친 당신은 엄마와 함께 방 안의 갈색 가죽 소파에 앉아 뭐라고 써서 보낼지 논의하곤 했다. 여기가 진정 당신이 착륙한 곳인가? 두개골이 달걀처럼 깨지고 노른자가 흘러 나올 만큼 마음이 튀겨져버렸나?

페이스북에 만들어놓은 그룹명은 "시큰한 열일곱"이다. 장난으로 지은 이름인데 더는 웃기지가 않다. 예지력이 깃든 이름이다. 그룹 채팅창에 띄운 메시지로 구성원들을 놀라게 해놓고서는 이미 선물을 샀다면 미안하다고 사과한다. 이런 세세한 것까지 챙겨야 한다니, 그 자리에서 얼어붙고 만다. 친구들이 화내는 게 싫고 누구도 파티에 가서 맛있는 음식 먹으려다 괜히 속았다고 느끼지 않았으면 좋겠다. 언니가 죽었다. 지금껏 아는 사람이 죽은 적은 없었다. 이웃도, 조부모도, 심지어 반려견도 다 살아 있다. 그런데 순서도 없이, 깊은 저 바닥으로 곧장 거꾸러지고 말았다.

당신은 뭐든 돌발적으로 깨닫는다. 깨달음은 매번 상실감을 불러온다. 언젠가 태어날 당신의 아이들은 결코 이모나 이모부를 가지지 못한다. 사촌도 없고, 친척들이 떠들썩하게 북적거리는 가족 모임도, 파티도, 연말도 없다. 당연하게 여기던 "언젠가"라는 개념이 사실 대단한 축복이었음을 깨닫는다.

몇 주일이 지나 언니가 택한 타이밍이 그저 우연의 일치인지 생각해보다가, 그 질문이 마침내 막 피어난 두려움의 안개를 뚫고 들어오면 당신은 얼음 깨는 송곳에 찔리고 만다. 언니가 일부러 당신의 생일을 택한 건 아닌지? 그것은 어떤 메시지였나? 엄마는 아니라고, 아니라고, 그건 말도 안 된다고 거듭 말한다. 언니는 너무 정신이 없어서 그날이 무슨 날인지조차 몰랐을 거라고. 모르지, 결코 몰랐겠지만, 어찌되었건 날짜는 의미심장하다. 당신이 열여섯이던 어느 날, 언니가 살아 있다가 실종된다. 다음 날 당신은 열일곱이 되고 언니는 죽었다. 열여섯은, 심지어 열여섯인 그 순간에도, 너무나도 어리게 들린다. 이제 앞으로는 생일을 축하하지 않겠지. 적어도 온전히 축하하는 일은 없을 것이다.

사흘 뒤(너무도 늦게) 채팅방의 친구들에게 다른 사람에게는 절대 말하지 말아달라고 당부한다. 당신은 몰랐겠지만 메시지를 캡처한 화면은 이미 돌고 돌아 다른 학년으로, 누군가의 형제자매에게서 또다른 누군가에게로, 결국에는 언니 친구들에게까지 퍼진 뒤다. 이내 당신과 당신 엄마는 언니를 알던 사람들의 전화를 좌우로 받아낸다. "무슨 일이 일어났는지 저희에게도 알 권리가 있어요." 그들이 말한다. 맞다(모두에게 권리는 있다), 하지만 매일 밤 당신도 겨우 추측해볼 뿐인 일에 대해 누구에게든 확실하게 말해주기란 매우 어렵다.

이때 당신의 가면은 벗겨진다. 당신은 누구든 당신이 보낸 메시지를 캡처하고 완벽하고 총체적으로 황폐해진 당신 인생을 선정적으로 다뤄 하찮은 뒷담화 거리로 전락시키는 사람을 향해 검푸른 얼굴을 해 보인다. 이미 스트레스가 많은 엄마의 삶을 스트레스로 넘치게 만든 여자아이를 찾아 마녀사냥에 나선다(메시지를 보낸 사람은 결국 당신이지만, 타는 듯한 속쓰림에서 기인한 공황은 표출되기가 더 쉽다). 이제 더는 언니를 보호할 수 없고, 실패할 수 있는 가장 어마어마한 방식으로 이미 실패했지만, 적어도 엄마를 지킬 수는 있으니 여기에 혼신을 다해본다. 알다시피, 깊이 들어가면 그 여자아이의 잘못이 아님에도 당장 그때는 증오의 대상을 찾는 일이 위안이 된다. 혹시 화살이 잘못 향하더라도 그렇다. 모르긴 몰라도, 돌아보면 당신은 비탄 속에서 그리 괜찮은 사람이 아니었다.

상실 후 첫 주에는 이런 비슷한 사건들이 조금씩 발생한다. 그러다가 다시 삶을 재개한다. 토요일에는 친구의 집 파티에 가고 일요일은 SAT 시험 계획을 세운다. 누군가는 이러한 특성을 두고 힘이냐 무력감이냐 논하겠지만, 오직 당신만이 진실을 안다. 당신은 형언할 수 없는 혼수상태다. 이어진 나날들의 기억을 너무 많이 잃는다. 심지어 그 당시 당신이 깨어 있기는 했었는지도 궁금하다.

그 일이 있고 하루 혹은 이틀 뒤, 한 친구가 하교 후 차를 태워준다. 당신의 엄마는 너무 무력해져서 차를 태워주지 못했다(엄마의 확고부동함에 대해 첨언하자면, 이런 일은 딱 한 번뿐이었다). 친구에게 긴 진입로 끝까지 차로 들어가도 된다고 말해준다. 물론 다시 돌아 나가기가 번거롭다는 점은 당신도 안다. 친구는 한숨을 내쉬며 묻는다. "면허는 대체 언제 딸 거야?"

당신은 바로 임시 면허증을 받고, 첫 필기 시험에서 100점을 맞는다. 두 번째로 좋아하는 숫자다. 하지만 도로 주행 시험은 너무 불안하다. 부모님은 운전을 가르치다가 퇴직한 이웃을 고용해 마을 주변에서 운전 연습을 하도록 해준다. 그의 발은 늘 비상 브레이크에서 1센티미터 위에 대기하고 있다. 당신은 그가 하라는 대로만 정확히 따라해 그를 불안하게 한다. "본인의 직감을 믿어야 하는 순간이 있어."

그가 걸걸한 목소리로 말한다. 분주한 교차로에서 옆으로 빠져야 하는 순간, 그는 대신 결정해주기를 거부한다. 차들은 쌩하고 계속해서 지나가고, 끼어들 공간은 점점 더 좁아진다. 뒤로는 기다리는 차들이 줄줄이 서서 참을성 없이 클랙션을 울린다. 당신의 두 손 아래 그 육중한 금속의 무게와 힘이 당신을 떨게 만든다.

언니는 반대였다. 필기 시험에서 계속해서 떨어져서 차량관리국 직원까지 불안하게 만들었다. "혹시 무슨 진단받은 적 없어요? 난독증이든, 뭐든?" 그러나 실전은 언니에게 문제가 아니었다. 언니는 기회가 주어지자마자 자신감 있게 운전석에 올라탔을 것이다. 눈에 훤히 보이듯 핸들을 쥐고 무모하고 방관적인 태도로 액셀을 밟았을 것이다. "이런 운전 게임을 해봤거든요. 게임이나 진짜 운전이나 같은 거잖아요"라고 태연하게 말했을 것이다.

그러나 당신의 친구 말이 옳다. 당신은 열일곱이다. 두려움을 극복하고 진작에 도로 주행 시험 날짜를 잡았어야 한다. 당신은 짐이고, 자기혐오는 의지를 조각내버린다.

"나무에 들이받고 싶은 마음이 없어지면 딸 거야." 당신은 날카롭게 쏘아붙이며 재빠르고 어색하게, 기어인지 손잡이인지에 걸린 책가방 끈을 확 잡아채 조수석에서 나온다. 그러고는 버럭 쏘아붙인 일을 곧바로 후회한다. 내뱉은 숨이 만든 엷고 하얀 연기를 다시 빨아들이듯, 내뱉은 단어들을 몸속으로 빨아들이고 싶다.

당신은 이 반응이 친구를 불안하게 한다는 점을 알지만, 친구에게 충격을 주고 싶었던 듯하다. 무엇보다도 그건 수년간 당신이 내뱉은 말 중 가장 솔직한 말이다. 차를 탈 때마다 당신은 마을에 빽빽하게 자라 있는 키 큰 소나무 중 한 그루가 당신 위로 넘어지는 지긋지긋한 환영에 시달린다. 면허 시험을 위해 운전 연습을 할 때에는 핸들이 살아서 뱀의 맥박처럼 스스로 손바닥을 빠져나간다. 단 몇 미터만 왼쪽으로 도로를 벗어나도 경련이 일고 가려운 느낌이 들어 도랑으로 빠질 것 같다. 당신은 스스로가 끔찍한 결말을 맞이해도 싸다고 믿는다. 그날 밤 엄마에게 전화를 건 사람은 당신이었다. 언니에게 구명보트가 가장 시급한 순간 그것을 빼앗은 사람. 짓밟히고 뭉개진 자신을 마음속에 그려보면 위안이 된다. 법적인 관점에서는 이 사실 하나만으로도 당신은 면허를 따지 않는 게 맞다.

진입로의 얇은 빙판길로 스케이트를 타듯 올라간다. 잔디 위로는 발이 빠질 만큼 눈이 쌓였다. 경찰이 부모님에게 거대한 얼음에 관해 설명하던 걸 기억한다. 꽁꽁 언 강. 당신의 엄마가 이에 대해 말해줄 때 당신은 거실에 앉아 있었다. 창가의 노란색 안락의자에 앉아 모든 것이 더 나았던 어릴 적에 요새라고 생각했던 나무들과 경사진 마당을 내다보고 있었다. 어떤 이유에서인지 당신과 당신 엄마는 이전에는 단 한 번도 함께 이 안락의자에 앉아본 적이 없고, 앞으로도 다시 앉는 일은 없을 것이다. 엄마는 두 눈을 감고 콧등을 꾹꾹 누르며 설명을 이어갔다. 강이 녹을 때까지는 시신을 찾을 수 없을 것 같다네.

항만 관리소장은 꽁꽁 언 강에 세게 부딪치는 일이 시속 320킬로미터로 달려오는 화물열차에 치이는 파괴력과 맞먹는다고 설명했다. 아마 유해를 찾지 못하리라고 덧붙이면서.

이따금 영화나 역사 교과서, 소설 속에 강에서 발견된 시신(이 또한 자살이라는 주제와 마찬가지로 당신의 예상보다 흔하다)이 나온다. 그 묘사는 항상 노골적이고 자극적이다. "물고기들이 그녀를 뜯어 먹었다"라거나 "얼굴이 너무 불어서 신원 확인이 힘들었다"라는 식이다. 당신은 매번 반사적으로 탈출구를 찾는다. 교실의 네모난 출입문, 창문, 관자놀이를 누르는 상상 속 권총의 선득한 냉기. 당신은 그 내용을 밀어내고, 당신과 분리해서 생각한다.

미국 문학 상급반 수업에서 다음으로 다루는 작품은 윌리엄 포크너의『내가 죽어 누워 있을 때*As I Lay Dying*』이다. 이 남부 고딕물은 빈곤한 가족이 죽은 엄마를 그녀의 고향에 묻어주고자 떠나는 여정을 세세히 다룬다. 작품에 나오는 단어들은 여러 번 화장실에 가야 할 만큼 당신을 불안하게 만든다. 당신은 차분하게 아무 설명도 없이, 매끄럽고 얇은 판으로 된 복도 통행권을 집어 든다. 등 뒤로 문이 닫히면, 빈 복도를 마구 달려간다. 화장실 세면대에 팔을 기댄 채 수도꼭지에서 흐르는 물이 소매 끝자락에서부터 번져 당신을 더 무겁게 가라앉히는지도 모르는 채 가만히 서 있는다. 또다시, 게워내고 싶다. 이번에도 또다시, 아무것도 나오지 않는다.

가장 추상적인 형태의 죽음을 당신은 결코 제대로 이해할 수 없을 것이다. 우리는 어째서 한 신체를 점령했다가, 낯선 이와 상호 작용하고,

숨을 쉬고, 눈물을 짜내고, 근육을 늘려 미소를 짓고, 무릎을 긁히고, 그 피부 세포가 다시금 아무는 모습을 보다가, 그 신체를 비우고 떠날까? 당신은 그것을 자연에서도 봐왔다. 나무에서 떨어진 잎사귀에서 초록이 빠져나가면 갈색으로 말라비틀어진다. 음식이 상하는 것도 봤다. 하지만 인간의 의식이 사라질 수 있다는 생각은 끝내 온전히 이해하지 못할 것이다. 언니는 구글 검색 결과에 얼마나 쉽게 회유되었던가. 심지어 죽음 앞에서도 당신과 언니는 너무나도 다르다.

그 일이 있었던 다음 날인 1월 9일, 고급 물리학 시험을 보기 위해 앉아 있는 당신의 시험지는 한 시간이 지나도록 텅 비어 있다. 평소 좋은 성적을 거두던 과목인데도, 연필을 들어 방정식을 쓰려고 할 때마다 연필을 다시 집어 들고 있다. 뇌가 멈춘 상태다. 시험지는 여러 번 시작을 실패한 흑연 점들로 가득하다. 단 1초도 "언니가 실종되었다"라는 생각에서 벗어나지 못한다. 그 생각은 다른 어떤 것도 스며들 공간이 없을 때까지 정신의 모든 틈으로 번진다. 아주 짧은 순간에도 언니의 이름이 불도저처럼 침입해 뇌 조직의 스펀지 더미를 밀고 들어온다.

시험 종료를 알리는 종이 울리자 당신은 질문하려고 줄을 선 학생들 뒤에 가서 선다. 모든 학생들이 나가기를 기다렸다가 혼자 남아 설명하고 싶은데, 한 학생이 남아 있다. 당신의 차례가 오자 선생님에게 (이름조차 적히지 않은) 텅 빈 시험지를 내민다. 목에서는 잘 준비해둔 말 대신 인간 같지 않은 목소리가 꺼억꺼억 비집고 나온다. 당신은 바로 그 자리에서 발작적으로 무너져내린다. 선생님은 정중하게 남은 학생을 교실에서 내보내고 다음 시간(그의 점심시간) 내내 당신을 위로한다. 그것은 영원토록 높이 살 만한 행동이다.

이후 학교를 다니는 내내 그 교사는 주기적으로 당신의 안부를 묻는다. 교무부와 다른 선생님들에게 사정을 알린 사람 역시 그 교사다. 그는 당신의 엄마에게도 전화를 걸어 괜찮은지 묻는다. 시인인 그의 아내와 그는 당신에게 글쓰기 책들을 선물하며 한때는 그 무엇보다 간절했지만 이제 망가지고 퀴퀴하게 상해버린 미래의 꿈을 격려한다. 당신은 절대로 그의 친절을 잊지 않을 것이다. 그는 인간 본성의 최고치를 일깨워준 사람이다.

가족 방 한쪽 벽에는 당신과 언니의 얼굴을 그린 목탄화가 하나씩 위아래로 걸려 있다. 당신이 여덟 살, 언니가 열네 살 무렵 그린 것이다. 두 그림은 두꺼운 금색 액자에 끼워져 있다. 당신은 언제나 언니의 그림을 더 좋아했다. 화가는 웃을 때 언니 눈가에 번지는 잔주름까지 완벽하게 그렸다. 당신의 그림은 싫다. 악동 같았던 당신은 8월의 무더위 속에서 한 자세로 있기가 힘들었다. 결국 당신은 가만히 있지 못했고, 엄마가 화가에게 사진을 보내줘야 했다.

잠시 두 그림을 보는 중에, 논리 정연한 사고가 부재한 모든 곳을 분노가 차지한다. 순간 당신은 언니에게 화가 치민다. **대체 언니는 왜 그랬을까?** 그러자 진짜 좌절이 시작된다. 좌절은 당신 자신을 향한다. 이전에는 결코 언니의 폭력적 충동을 이해하지 못했지만, 이제는 눈에 보이는 모든 것을 파괴하고 싶다. 심장을 잡아 뜯고 온몸을 안에서부터 밖으로 찢어버리고 싶다. 당신은 벽을 때리고 주먹으로 그림을 다시 또다시 두드린다. 주먹이 그림을 칠 때마다 메아리친다. 왜, **왜, 왜, 왜.**

남은 모든 힘을 전부 쏟아낸 뒤에야 당신은 자기 자신으로 돌아온다. 그림은 한쪽으로 비스듬히 기울었지만 유리는 깨지지 않았다. 당신은 너무도 무능하고 약해서 저 멍청한 유리 하나 깨지 못한다. 언니는 애증을 동시에 품은 증인처럼 아랑곳없이 웃는다. 앞으로 당신이 살아가는 내내 언니는 그런 이중적인 증인이자 벽에 걸린 소녀로만 남아 있을 것이다. 당신은 소파에 주저앉아 몸을 웅크리고 소리를 지르고 울부짖다가 뇌가 자비로운 잠으로 수그러들면 마치 죽은 듯이 깊이 잠든다. 몇 주일간 손가락에는 마디마디마다 작고 동그란 멍이 남는다. 당신이 완전히 변했었다는 유일한 물리적 흔적이다. 당신은 여전히 살아 있다는 사실을 상기하려고 주기적으로 팔을 꼬집어본다.

사람들은 점점 괜찮아질 거라고 말한다. 시간이 모든 상처와 아픔을 치유해준다고. 그게 꼭 진실은 아니다. 고통은 결코 줄어들지 않는다. 그저 당신이 더 커져서 그것을 백팩처럼 짊어지고 다닐 만큼 강해지는 것뿐이다. 그렇게 지내다 보면 고통을 짊어지고 있다는 사실조차 거의 잊고 만다. 비탄은 우리가 단련하는 어떤 근육과도 같아서, 무릎을 삐거나 뼈가 보일 만큼 살을 베면, 깊은 곳에 그것이 여전히 존재함을 알게 된다.

하루가 끝날 무렵, 당신은 영어라는 언어가 채워넣지 못한 틈새와 균열을 보면서, "비통함"이 그중 하나가 아님에 다행스러워한다. 비탄은 상실도 아니고, 고통도 아니고, 부재도, 심적 고통도, 분노도 아니다. 비탄은 그 자체로 모든 것을 아우르는 하나의 실체다. 비탄은 당신 외부에 존재하는 이인칭이다. 논리적인 설명이 거의 불가능하다. 비탄은 "나"를 모두 가져다가 고속도로 가장자리에 쌓여 진창이 되었다가 봄이 오면 녹아버릴 회색 눈 더미로 만들어놓고는 아무런 해결책도 제시해주지 않는다. 당신은 현실에서 유리된다. 미각을 잃어 늘 가던 식당에서 포장해온 볶음밥의 맛을 느낄 수도 없다. 촉각을 잃어 친구와 가족들이 등을 토닥이는 손길이 에어캡으로 감싼 듯 둔하다. 당신과 엄마는 조용히 저녁을 먹으며 하염없이 코미디 쇼 재방송을 보지만, 어디에서 웃어야 할지 모른다. 당신은 잠자코 앉아서 「원 트리 힐One Tree Hill」의 9개 시즌 187편을 내리 보지만, 기억하는 줄거리는 하나도 없다.

흐트러지는 인간의 정신을 지켜보는 데에는 어딘가 불쾌한 면이 있다. 언니가 정신을 놓아버리는 모습을 지켜보면서 그런 느낌을 받았는데, 이제는 바로 당신이 우주의 중심과 당신을 연결하는 어떤 숨겨진 실을 잃고 말았다. 이제 "나"는 누구일까? 내가 존재하기는 하나? 나 자신을 되찾고 싶기는 한가?

빛바랜 연보라

29

그날 밤 언니가 사라지기 전까지 벤저민 프랭클린 다리는 수백 번도 더 지나가본 곳이었다. 그 옆으로도 위로도 근처로도 지나가봤지만, 다리에 대해서 생각해본 적은 한 번도 없었다. 그곳은 그저 필라델피아의 랜드마크일 뿐이었다. 호텔 로비마다 흑백 사진으로 액자에 넣어 걸어둔 중요한 곳. 그것은 늘 거기에 있었고, 우리 집에서 차로 겨우 30분 거리였으며, 저 멀리 우리 앞에 서 있는 조용한 위협이었다. 이제 와서 과거를 돌아보면, 그것은 어디에나 있는 너무도 명백한 존재였다.

우리가 처음 필라델피아로 이사를 와서 번잡한 거리를 지나 새로 살 집에 도착했을 때에도 그 다리는 그곳에 있었다. 핼러윈 파티를 하며 이웃을 돌 때에도 그곳에 있었다. 그것은 내가 길을 걷다 재주넘기를 할 때 나를 보았다. 우리가 초록이 무성한 외곽으로 이사할 때에도 지켜보았다. 언니가 층계참에서 넘어졌을 때에도, 구급차를 타고 병원에 실려 갈 때에도 다 보고 있었다.

고등학교에서 조정 연습을 하던 어느 날, 어느 팀원이 아침 일찍 잠에서 덜 깬 상태로 우리가 연습하던 스쿨길 강의 오염 상태를 안타까워했다.

"그리고 만약에 누가 벤저민 프랭클린 다리에서 뛰어내리면 **여기**까지 떠내려올 수도 있어." 경주용 전신 유니타드를 입은 한 여자아이가 말했다.

그녀는 코를 찡그렸고, 그 말을 듣던 나머지 아이들은 진절머리를 치며 한목소리를 냈다. "웩!"

나는 아무 생각이 없었다. 그 말이 사실인지 확인할 생각도 없었기 때문에 연습하던 강이 다리의 상류인지 하류인지 조사해보지도 않았다. 다만 보트에서 강으로 뛰어들어 몸의 반 정도가 물에 잠기자, 불안이 엄습했다. 연습 후 머리 위로 보트를 들어올려 강가로 끄집어낼 때에도 같은 마음이 들었다. 강물이 내 몸과 머리와 입술을 타고 주르륵 흘러내렸다. 하지만 너무 깊이 생각하지는 않았다. 그것이 내 언니의 시신일 수도 있기 전까지는 말이다.

그것이 나의 **언니**이기 전까지는.

한 소녀가 벤저민 프랭클린 다리 한가운데로 걸어간다.

고등학교 졸업반이던 해 4월에 나는 라이프 인 컬러Life in Color라고 불리는 클럽음악 "페인트 파티"에 참석했다. 언니가 사라진 지 4개월 가까이 되어가던 무렵이었다. 나는 여전히 삶의 붓놀림에 따라 살아가고 있었다. 늘 가던 파티에 참석하고 하던 시험 공부를 하고, 여전히 과열된 집착으로 대학 입시를 준비했다.

학교를 빠진 날도 있었다. 혼자 은둔하며 집에 머무는 편이 좋을 것 같았다. 하지만 얼마 가지 못해서 사실상 얼마나 할 게 없는지 깨달았다. 할 말도 어찌나 없던지. 장례식을 치를 시신도 없고, 세울 계획도 없었다. 언니의 옷들은 여전히 언니 옷장에 걸려 있었다. 언니의 신발들은 문가에 놓여 있었다. 청소할 것도, 싸야 할 짐도 없었다. 단 하나, 규정하기 힘든 어떤 장면 말고는 아무런 답이 없었다.

벤저민 프랭클린 다리 한가운데로 걸어가는 케이트.

나는 그냥 학교로 갔다. 시험을 쳤고 스포츠 연습을 했고, 방과 후 이력서 잘 쓰기 동아리에도 참여했다. 누구든 한 번도 비통한 심정을 겪어보지 않은 이의 눈에는 내가 얼마나 "멀쩡해" 보였을지. 얼마나 정중하고 냉정해 보였을지. 내가 슬퍼하지 않는 듯 보인 이유가 정말로 슬퍼하지 않았기 때문이라는 걸 알았다면 좋겠다. 나는 격분하지도 흐트러지지도 않았다. 여전히 기다리고 있었으니까.

나는 언니가 돌아오기를 기다리고 있었다.

콘서트에 가기로 결정한 이유도 언니가 사라지기 전까지 늘 가던 곳이기 때문이었다. 뭐든 원래 하던 대로 하기로 결심했다. 아무것도 변하지 않으면, 아무 일도 일어나지 않은 것처럼 될지도 모르니까. 혹여 언니가 돌아올지도 모르니까.

공공연히 언니를 애도했는데 언니가 다음 주에라도 우리 집 현관으로 들어온다면 얼마나 난처할까! 돌아온 언니는 나를 얼마나 어리석게 볼까!

그리고 자신이 죽었다는 소식이 모두에게 전해진 걸 알면 또 얼마나 분노할까. 온라인 추모장이 열려 촛불이 타오르고 기도문들이 읊어졌다면, 그 모든 걸 없었던 일로 다시 되돌리기란 얼마나 힘든 일이겠는가.

"딱 몇 주만 사라진 건데, 뭘 그리 극단적으로 생각해!" 언니는 그 초록색 눈동자를 굴리면서 소리칠 것이다.

언니가 사라지고 일주일 뒤, 나는 내 하얀색 책상 선반에 붙어 있는 포스트잇을 발견했다. 언니가 쓴 메모였다. 리놀륨 바닥으로 된 학교 복도에 종이 울리기 10분 남은 시점이었고, 나는 서둘러 옷을 껴입는 중이었다.

바지를 허벅지까지 끌어올렸을 때 밝은 주황색의 네모난 종이가 시야에 들어왔다. 심장이 튀어나올 뻔하다가 목구멍 언저리에 걸렸다. 공포에 비틀거리던 나는 이내 두려움과 필사적인 희망을 안고 안도했다.

포스트잇에 적힌 말은 **사랑해 카일**이었다. 언니가 나를 부르던 별칭이었다. 아직 소녀 티가 나는 언니 손글씨였다. 언니였다. 케이트. 이건 언니였다. 언니가 여기에 왔다. 나는 매끈한 나무 바닥 위로 거의 미끄러질 듯이, 어린 시절 갓 세탁한 양말을 신고 언니와 함께 미끄러지기 대결을 벌이던 날을 떠올리며 충계를 뛰어 내려갔다.

여러 시나리오가 뇌리를 스쳤다. 언니가, 살아서, 내게 메시지를 보냈다. 손에 오렌지주스 한 잔을 들고, 수줍은 듯 씩 웃으며, 장난꾸러기 같은 얼굴로, 부엌에서 날 기다리고 있다.

"널 깨우려던 건 아닌데"라고 말하겠지.

"나 집에 왔어." 언니가 말하겠지.

아니면 아마 언니는 정말로 사라져, 반대편 세상으로 떠났을지도 모른다. 아마 언니는 영혼의 형태로 내게 접촉을 시도하고 있는지도. 여전히 사랑한다고 말하려고. 자기는 잘 지낸다고 말하려고.

"엄마!" 하고 소리를 지르는데 단어들이 고속도로에서 연쇄충돌한 차들처럼 서로 걸려 넘어지고 엉켜, 한 줄을 말하는데도 음절이 부딪혔다. "엄마, 내 책상에 이게 있었어."

나는 그 소중한 주황색 네모 포스트잇을, 증거를 내미는 형사라도 된 듯 자랑스레 부엌의 검은색 화강암 아일랜드 식탁 위에 놓았다.

"아, 그래! 며칠 전에 청소하다가 소파 뒤에서 찾았어." 엄마는 요 며칠 지을 웃음을 그러모은 듯 살짝 미소 지었다. 억지로 웃다 보니 눈은 그대로인데 입 모양만 살짝 옆으로 올라간 쉼표처럼 보였다.

"네가 보면 좋아할 것 같아서, 네가 의지할 만한 걸 주려고 가져다 놨어."

나는 천천히 고개를 끄덕이며 울지 않으려 애썼다.

"아, 물론이지. 고마워." 나도 엄마에게 억지웃음을 지어 보였다.

❖ ❖ ❖

4월 5일 밤은 계절에 어울리지 않게 몹시 추워서, 딱 붙은 셔츠에 형광 치마를 입을 만한 날씨가 아니었다. 스프레이 총으로 사람들을 향해 쏘아대는 페인트에 흠뻑 젖기에는 너무 추웠다.

언니가 사라지기 전까지 나는 한 번도 술을 마신 적이 없었다. 현실에서 방향 감각을 잃는 일을 받아들일 수 없었다. 혹여 아주 작은 소란이나 아주 작은 분출이라도 점점 자라고 부풀어 나 역시 있지도 않은 속삭임을 듣고 벽 너머로 춤추는 환영들을 보기라도 하면 어쩌나 싶었다.

언니가 사라진 이후에도 나는 여전히 술을 즐기지 않았지만, 가끔 마실 때면 액체가 뇌의 흐름을 늦춰 단순한 사실들도 이해를 못할 만큼 완충 작용을 해주는 것이 좋았다. 누군가 이야기를 시작하면 귀에 솜뭉치를 끼우고 듣는 듯한 효과가 있었다. 술을 마셔도 끔찍하고 끔찍한 진실들이 떠올랐지만, 그래도 그것들이 내게 와닿지는 않았다. 그 진실들은 거의 터무니없어질 때까지 떠다니고 여기저기 튀어 다니기만 했다.

한 소녀가 벤저민 프랭클린 다리 한가운데로 걸어간다.

콘서트가 열리던 날 밤, 나는 플라스틱 파인트 잔에 든 싸구려 보드카를 꿀꺽꿀꺽 목으로 넘겼다. 많이 취하지는 않았지만, 덕분에 추운 날씨와 곧 내 머리로 후두두 떨어질 페인트에 아랑곳하지 않을 만큼은 멍해졌다. 누군가 스쿨버스를 대절해 우리 친구들을 콘서트장으로 바래다줬는데, 찢어진 갈색 인조가죽 좌석에 앉아서 수업에 가는 꼬마였던 과거를 회상하니 너무나 우습다는 생각이 들었다. 내가 어마어마한 실수를 저질렀다는 사실을 인지한 건 콘서트장에 도착해서였다.

라이프 인 컬러 콘서트가 열린 곳은 펜스 랜딩으로, 벤저민 프랭클린 다리 옆에 나란히 자리한 센터 시티 필라델피아의 부둣가였다.

버스에서 내리자마자 나는 그것과 정면으로 마주쳤다. 그것은 내가 지금 뭘 하는지, 그동안 어디 있었는지 알고자 했다. 잔인한 야수처럼 어둡고 흐릿하게 내 앞에 버티고 서서는, 테크노 비트가 쾅쾅 울리며 나의 두뇌로 흘러들고 뼈와 신경 말단을 달가닥거리게 하는 걸 지켜보았다. 문득, 다리 위에 어떤 여자가 보이지 않을까 하는 생각이 들었다. 다리 한가운데를 향해 걸어가는 어떤 여자. 다리 한가운데서 사라져버린 여자. 저 위에 있던 사람이 언니였나? 언니는 지금 내가 보일까? 언니는 지금껏 내내, 누군가 감히 다리 위를 올려다보기를 바라며 기다리고 있던 걸까?

다시 메스꺼워지기 시작했다. 다리를 향해 돌을 던지며 소리를 지르고 싶었다. 그것은 너무 거대했고 언니는 너무 작았다. 그것은 언니를 이용했다. 언니가 보도를 따라 걸어오게 해 난간 아래 물결을 바라보게 만들었다. 언니를 유인했다. 귀에다 거짓을 속삭였다. 그렇다면 잘못은 다리에 있었고, 다리는 지금 여기서 다시, 나를 놀리고 조롱하고 있었다.

분노의 눈물이 볼을 타고 흘러내려 눈가에 붙여둔 한심한 플라스틱 보석 장식이 너덜거렸다. 멍청이. 모든 게 한심했다. 이 추운 4월 밤에 짧은 치마를 입고 오다니. 심지어 좋아하지도 않는 음악이 쿵쾅대는 콘서트에 오다니. 페인트를 뒤집어쓴 채, 언니의 23번째 생일을 열흘 앞둔 날 언니의 암살자를 쳐다보고 있다니.

그러네, 오, **망할**, 이제야 깨닫다니. 열흘 후면 언니의 생일이었다. 언니가 기념하지 않을 첫 번째 본인 생일. 멍청이, 멍청이, 멍청이.

나는 친구들에게 먼저 간다고 문자를 보낸 다음, 환하게 물든 운동화를 신고 빛을 내는 플라스틱 팔찌를 낀 취객들을 조심스레 빠져나왔다. 분주한 도심에서 덜덜 떨며 엄마에게 전화를 걸어 혹시 태우러 올 수 있는지 물었다.

"슬픈 일 있어? 콘서트에 왔으면 즐겨야지!" 어떤 남자가 불쑥 얼굴을 들이밀며 말했다.

"우리 언니가 저 다리에서 뛰어내렸어"라고 대꾸하고 싶었다.

엄마가 도착하자 나는 죄송하고 감사하다고 말했지만, 왜 일찍 콘서트장에서 나와야 했는지는 말하지 않았다. 저 다리가 나를 위협했다고 말하지 않았다. 너무 춥고 몸이 좋지 않아서, 집에 가야할 것 같았다고만 말했다. 혹시 저 다리가 엄마도 위협하느냐고, 조롱하느냐고는 묻지 않았다.

뚝뚝 흘러내리는 페인트 때문에 카시트가 얼룩질까봐 수건을 깔고 앉았다. 몸을 떨게 하는 추위가 가실 때까지 두 손을 뜨거운 바람 앞에 댔다.

나는 몸을 돌리지 않았다. 혹여나 저기 다리 위 한가운데에 빨간 얼룩이 있을까 마지막으로 딱 한 번 더 확인하기 위해 백미러를 보지는 않았다.

빨간 외투을 입고 긴 부츠를 신은 한 여자. 걸어가는 여자.

그러다, 휙, 사라졌다.

30

트롤리 딜레마라는 사고 실험은 널리 알려져 있다. 이 가상의 딜레마에서는 다섯 사람이 묶여 있는 선로로 기차가 돌진한다. 당신에게는 두 가지 선택지가 있다. 갈림길에서 전환기를 당겨 한 사람만 묶여 있는 선로로 방향을 틀거나, 아니면 아무것도 하지 않고 그냥 다섯 사람이 죽게 두는 것. 이 시나리오는 최대 다수의 최대 행복을 창조하는 것이 도덕률이라는 원리를 바탕으로 제안되었다. 하지만 하나의 선택지는 행동을 요구하고 다른 선택지에서는 수동성의 사치를 누릴 수 있다. 당신이라면 어떻게 하겠는가. 다섯 사람을 구하기 위해 한 사람을 죽일 것인가?

나는 우리 가족 네 사람이 맞이할 여러 미래를 상상했다. 우리 쪽으로 오고 있는 기차가 비극임은 분명했다. 나는 거리를 둔 채 어떤 나쁜 일이 곧 닥치리라는 마음의 준비를 했다. 내 혈관을 타고 흘러 다니는 형용 불가한 생각은 나는 무엇에서 살아남을 수 있을까?였다. 한 낯선 사람이 자신을 방어하다가 언니를 죽이는 일. 언니가 우발적으로 우리를 죽이는 일. 만일 우리 삶이 공리주의 실험인 트롤리 딜레마에 빠졌다면, 후자가 가장 환영할 만한 시나리오일 것이다. 그 상황에서라면 내가 살아서 결과를 보지 않을 테니까.

최악의 시나리오는 언니가 우리 부모님을 모두 죽일 가능성이었다. 나는 언니가 참석하지 않은 장례식을 떠올렸다. 정신병증의 열기가 가라앉은 후 언니가 느낄 회한을 상상했다. 감옥의 시멘트 바닥을 터벅대면서 철제 벤치로 걸어가는 내 운동화를 마음속에 그려보았다. 그때부터는 오직 언니와 나만 남겠지. 이전까지 엄마가 짊어졌던, 언니를 돌보는 부담은 오롯이 내 어깨로 내려앉을 테지.

발달심리학 연구에서, 놀이는 어린이들이 세상과 세상 속 자신들의 위치를 이해하는 학습 도구로 이해된다. 아이들은 어른들을 흉내 내고 본보기 삼아 사회에서 자신들의 궁극적 역할을 준비하며 특정 행동이나 몸짓을 연습한다. 아이들은 "의사놀이"를 하며 플라스틱 청진기를 친구의 가슴에 가져다 대고, "소꿉놀이"를 하며 그들만의 조그만 세상에서 청소와 요리를 한다.

아이 때의 우리는 좀더 복잡한 정서들도 연습한다. 인형들끼리 서로 결혼시켰다가 바로 다음 날 헤어지게 만든다. 이야기를 지어 놀이터에서 그것을 연기한다. 심지어 슬픔도 연습한다.

친구네 집에서 자던 어느 날, 침침한 조명 아래서 우리는 "누가 내 장례식에 와서 울까?"라는 이름의 놀이를 했다.

여덟 살이 하기에는 어두운 놀이였다. 세세하게 상상한 시나리오 속에서 우리는 갑작스러운 비극으로 죽음을 맞이하고, 반 친구들은 추도식에 참석한다. 우리는 관 앞에 늘어선 긴 줄을 그려봤다. 선생님들이 우리의 생기 없고 평화로운 얼굴 앞에 무릎을 꿇고 앉는다. 우리를 심하게 괴롭히던 아이가 눈물을 쏟으며 그동안 얼마나 완전하고 완벽하게 못되게 굴었는지를 고백한다. 누가 말을 할까? 뭐라고 말할까?

보다시피, 나는 이렇게 대비했다. 트롤리 딜레마를 고려했고 최악의 상황을 시나리오로 만들어 연기했다. 하지만 이것, **자살**이라는 상황은 고려하지 못했다. 나라면 모를까, 늘 확신과 자신감이 넘치던 언니가 이 결말을 맞으리라고는 상상하지 못했다. 어떻게 이토록 눈멀 수가 있을까? 어떻게 모든 걸 계산해보고도, 그걸 빠트릴 수가 있었을까?

나는 좋아하는 남자아이에게 뭐라고 문자를 보낼지 언니에게 조언을 구하곤 했다. 그러면 내 휴대 전화를 뺏은 언니는 내가 달려들어 전화기를 되찾기도 전에 재치 있는 매력을 담아 문자를 보내버렸다. 언니가 아프고부터 나는 언니가 혹시 페이스북으로 내가 아는 사람들에게 말을 걸지는 않을지, 내가 좋아하는 남자아이에게 말도 안 되고 충격적인 뭔가를 보내지는 않을지 걱정했다. 나는 언니를 차단해 언니가 내 연락처 목록을 보지 못하도록 했다. 언니가 내 대학까지 따라와 새벽 3시에 기숙사 방 문을 두드리고 룸메이트들을 겁먹게 하지는 않을지 초조해했다.

정작 앞으로 무엇을 우려하게 될지 알기도 전에 예상하는 근거 없는 두려움에는, 침울한 의미에서 모순적인 측면이 있다. 나는 비탄이란, 단순히 말해 상상의 실패가 아닐까 생각해본다. 아무리 예상해본들 한 사람의 그 어마어마한 부재에는 대비할 수가 없다.

31

과거의 어느 날이 번득 떠오른다. 언니가 사라지기 여드레 전 나는 새해맞이 파티를 하러 친구들이 여럿 모인 어느 집 지하에 갔다. 그 거대한 집의 입구는 철문으로 단단히 막혀 있었다. 친구 부모님이 집을 비우신 덕분에, 다른 학년 학생들까지 집의 모든 뒷구멍이란 뒷구멍을 찾아 들어와 복도와 침실을 차지했고 층계참 위에 삼삼오오 무리 지어 있었다. 우리는 그날을 위해 진짜 드레스와 힐을 신고 2014년을 알리는 조그맣고 빛나는 왕관까지 머리에 얹었다! 2009년 이후에는 사실상 의미가 없는 안경이었지만, 어쨌든 두 눈에 구멍이 뚫린 플라스틱 새해맞이 파티 안경도 썼다. 우리는 서로에게 "2014년은 우리의 해가 될 거야!"라느니 "고등학교 온 뒤로 시간이 너무 빠르지 않아?" 같은 말을 했다. 나는 몇 번이고 드레스를 샀다가 환불한 끝에, 목 주변이 은색 보석으로 장식된 아주 깔끔한 원피스를 입고 갔다. 언니가 우리 욕실 화장품 통에 두고 간 온갖 립스틱과 머리끈 틈에서 아이라이

너를 찾아 화장도 했다.

시곗바늘이 자정을 향해 갈 무렵 나는 지하에 가득 들어찬 친구들과 아는 아이들 틈에 있었다. 우리는 다 함께 위아래로 뛰면서 타임스 스퀘어의 카운트다운에 맞춰 숫자를 외쳤다. 5! 4! 3! 2! 1! 나는 속으로 이전과 똑같은 결심과 소원들의 목록을 생각했다. 있는 그대로에 결코 만족하지 못하고 더 많은 것을 구하면서. 2014년은 다를 거고, 더 **나아질 거야. 언니도 함께 좋아질 거야. 모든 게 정상으로 돌아갈 거야. 나는 꿈에 그리던, 언니도 인정할 만한 대학에 들어갈 거야. 그리고 이제 내가 빌 줄 아는 소원은 오직 하나뿐이었다. 언니가 좋아지게 해주세요.**

새해를 알리는 종이 울리는 순간 내 앞에 있던 한 친구가 손에 든 잔을 흔들다 뒤로 쏟고 말았다. 찐득찐득하고 달콤한 그린애플향 보드카가 내게 쏟아져 머리에, 눈에, 드레스에 스몄다. 누가 보기도 전에 나는 복도로 나가 곳곳의 잠긴 문손잡이를 돌리며 욕실을 찾았다. 마침내 찾아 들어간 욕실에서 나는 작고 네모난 화장실 휴지에 물을 적셔 얼굴에 묻은 술을 닦아냈다. 이유는 정확히 모르겠지만 눈꺼풀 안에 눈물이 고이더니 이내 눈가로 새어 나왔다. 이제 겨우 12시 2분, 2014년이 된 지 2분이 지난 시각이었다.

금기에서부터 길조까지, 새해를 둘러싼 미신은 많은 문화권에 존재한다. 미국 남부에서는 콜라드(양배추의 일종/옮긴이)와 동부 콩을 먹으면 행운이 온다고 믿는가 하면, 뉴올리언스 사람들은 왕 케이크 한 조각을 먹으면 행운이 온다고 믿는다. 라틴 아메리카 사람들은 빈 여행가방을 끌고 돌아다니면 새해에 여행을 가게 된다고 믿는다. 포도 12알 먹기, 빨간색 속옷 입기, 지갑에 (부의 기표인) 현금 넣기, 자정이 되는 순간 누군가에게 입 맞추기 등도 미래의 운을 불러온다. 심지어 불꽃놀이나 시끄러운 소리를 내는 문화도 시끄러운 소음이 악령을 쫓아낸다는 전통에 뿌리를 둔 것이다.

새해 전야가 실망스러운 날인 이유를 잘 설명해주는 연구도 있다. 1999년에 시행된 연구인 "행복의 추구와 평가는 자멸적일 수 있다"에서 연구진들은 큰 기념행사를 계획한 사람들이 그날 가장 불만족스러워했다는 결과를 발표했다. 해당 연구에서 그들의 결론은 물리학 이론인 하이젠베르크의 불확정성 원리를 바탕으로 도출되었는데, 이 이론은 입자의 에너지를 측정하려 할 때 관찰자가 관찰 대상에 근본적으로 영향을 미칠 수밖에 없다는 내용을 골자로 한다. 행복을 감시하고 적극적으로 즐거움을 추구하면, 어쩔 수 없이 스스로 결과에 영향을 미치게 되어 있다는 뜻이다.

나는 2014년을 제대로 시작하고 싶었다. 이번만큼은 바로 그해, 모든 게 다 괜찮아지는 해가 되리라는 어떤 조짐과 상징을 바랐다. 그런데 나는 새해가 되자마자 첫 몇 분 동안 홀로 이유도 모른 채 욕실에 앉아 울고 있었다. 그저 단순한 실망감 때문이었을까? 아니면 내 마음속 어딘가 움푹 꺼진 곳의 본능이 작고 빨간 빛을 깜빡이며 경고 신호를 보냈던 것일까? 여드레 후면 언니가 죽게 될 터였다. 그날, 새해 전야를 언니가 어디서 무엇을 하며 보냈는지는 알 수 없다. 언니는 이미 알았을까? 이미 계획 중이었을까? 어떤 결심도, "그래도 최고의 해"가 될 수도 있다는, 파묻힌 희망이 뿜는 그 어떤 흐릿한 반짝임도 없었을까?

그간 살아오면서 언니와 나는 미신이나 어떤 신호들, 그리고 신화에 기대어 서로를 잃지 않으려 애썼다. 보도에 균열이 간 곳은 피해 다녔고 쪼개진 조각 위를 뛰어넘어 걸었다. 11시 11분이 되면 소원을 빌었다. 이 모든 신호와 미신들 끝에 아무것도 없었던 걸까?

2014년 1월 마지막 주, 그러니까 언니가 실종되고 한 달 가까이 되었을 때, 내 친구 줄리아가 자기 집에서 생일 파티를 열었다. 나는 익숙한 걸음으로 위층 줄리아의 방으로 올라갔다. 친구들과 내가 우리끼리만 아는 농담과 서명으로 벽을 가득 채워둔 방이었다. 줄리아의 방에서는 발랄한 대화가 오갔다. 나는 줄리아의 책상에 선물을 올려두고 침대 모퉁이에 가서 앉았다.

그보다 일주일 전에는 스포츠 연습을 하다 말고 손에서 감각이 사라진 순간이 있었다. 스쿼시팀이 고등학교 근처 시설에서 경기를 하는 중이었다. 우리는 흰색 치마에 흰색 폴로셔츠에 흰색 운동화까지 온통 흰색을 입어야 했고, 화학 실험실에서나 쓸 법한 고글도 써야 했다. 코치가 우리의 동작을 평가하며 지켜보는 가운데 나와 친구는 계속해서 공을 쳐 넘겼다. 그 단단하고 좁은 코트와 환하고 밝은 사방

벽, 짙은 빨간 선들. 빠르게 강타한 조그맣고 까만 공은 움직임을 수 그러들일 줄 모르고 왔다 갔다 왔다 갔다를 반복했다. 공은 내가 세게 치면 칠수록 더 세게 돌아왔다. 멈추지 않고 돌아오는 공을 보자 불현듯 내가 지금껏 해왔던 모든 일처럼 경기도 덧없이 느껴졌다. 그 모든 고통과 애씀, 상담을 신청하고 언니를 재활 프로그램에 보냈던 나날들. 우리가 무엇을 시도하든, 언니의 병은 계속해서 돌아오고 나 빠지고 악화되었고, 결국 불가피하게도 우리는 언니를 영원히 잃었 다. 그토록 많은 희망과 그토록 많은 노력은, 대체 무엇을 위한 것이었 을까?

고등학교 1학년 때, 엄마와 함께 정신질환에 관한 세미나에 참석한 적이 있었다. 강연 장소는 시민문화회관의 칙칙한 지하로, 우리는 차 를 타고 몇 개의 마을을 지나쳐 그곳으로 갔다. 나는 학교에서 긴 하 루를 보낸 후라 진이 빠지고 지칠 대로 지쳐 있었지만, 언니가 입원해 있던 정신병원에 병문안을 가려면 그 세미나에 참석해야 했다.

청중 좌석 가장 뒷줄로 가서 접이식 플라스틱 의자에 앉았다. 한 의 사가 파워포인트 화면을 띄운 채 강연을 하고 있었다. 그의 단조로운 목소리가 나를 서서히 잠재웠다. 나는 파도를 타는 부표처럼 매초마 다 머리를 심하게 위아래로 흔들다가 턱과 뺨이 아래에 닿으면 전류 가 흐르기라도 한 듯 번뜩 눈을 뜨고 자세를 고쳐 앉았다. 서서히 퍼 지는 신경질환이 느긋하게 언니를 죽이고 있음을 의사가 설명하는 동안, 나는 위아래로 위아래로 고개를 흔들었다.

이제, 그 조그만 스쿼시 공이 왔다 갔다 하고 있었다. 내가 얼마나 힘을 가해 라켓을 휘두르든, 그것은 갔다가 다시, 부메랑처럼 돌아왔다. 나는 그저 공이 그만 오기를, **제발 그만 좀 오기를** 바랐다. 헛되고 무력하게 느껴졌다. 세미나에서 졸던 기억이 떠올랐다. 언니의 섬세하고 어린애 같던 손글씨가 기억났다. **케이트는 천국에 간다.** 언니의 구글 검색과 내가 크고 작게 언니를 저버린 수만 가지의 방식이 생각났다. 언젠가는 내가 시험 공부를 하고 있을 때, 언니가 나를 내려다보고 서서 그게 그렇게 중요하냐고 소리친 적도 있었다. 그 무엇도 중요하지 않았는데, 그때는 왜 몰랐을까? 위아래로, 위아래로, 왔다 갔다 왔다 갔다, 나는 늘 내가 추구하는 것들을 향해 나아갔다. 그리고 이제는 아침에 일어나 전날 밤에 꾼 꿈을 잊듯이, 이런 흐릿한 현실로 돌아가는 일이 불가능함을 깨달았다. 아침 햇살 아래서, 내가 무엇을 그토록 왔다 갔다 하면서 좇았는지, 꿈속에서는 그리도 중요해 보였는데도 기억이 나지 않았다.

코트 벽면 가장 아래쪽 틴에 맞고 튕겨 나온 공이 뜬금없이 멈췄다. 공은 아무 소리도 없이 굴러갔고, 그 공을 보던 나의 팔은 아래로 축 쳐졌다. 얼굴을 만졌는데 누구도 튼 적 없는 수도꼭지가 열린 듯 물이 흐르고 있었다. 새로 공을 치려고 몸을 돌린 친구가 나를 보고는 동작을 멈추고 물었다. "너 다쳤어?" 나는 고개를 가로저었다. "너 괜찮아?" 친구가 가까이 다가왔다. 나는 다시 고개를 저었다. 입속에서는 단어들 대신 흐느낌만 버글거렸다.

"나 쓰러질 것 같아." 친구에게 말하는 도중 코트는 작은 회색 점들로 점점 변해갔다.

"탈의실에 가 있어, 코치님께 설명하고 바로 따라갈게." 친구가 즉시 대답했다.

나는 코치님이 내 눈물을 보지 못하도록 고개를 돌린 채 묵직한 유리문을 밀고 나왔다. 점수를 잃은 데에 화가 났다고 오해받을 수도 있다는 생각이 얼핏 들자, 연약한 나 자신이 당혹스럽고 수치스러웠다. 위층에 간 나는 이마에 물을 뿌리고 여성 탈의실에 있는 등받이 의자에 앉아 근처 탁자 위 가지런히 개어진 수건들을 멍하니 바라보았다. 탈의실 한쪽에서는 100마리 벌이 날듯 윙윙거리는 에어컨 바람이 공격적으로 불어와 팔에 닭살이 돋았다. 친구가 왔을 때 나는 미안하고 고맙다고 말했다. 곁에 앉은 친구는 내가 설명하고 변명하려 애쓰는 동안 다정하게 위로를 건넸다. 탈의실 들락거리던 여자들은 나를 업신여기거나 동정하는 표정을 지었다.

"언니가, 죽은 게 다가 아니야." 나는 더듬거리며 말을 이었다. "더 있어. 예전부터 훨씬 많은 일들이 있었어. 언니가 좀 안 좋았거든. 한동안 아파서."

이 친구와 나는 여덟 살인가 아홉 살부터 알고 지냈다. 지금껏 내내 친구였는데, 나는 정신질환에 관한 그 어떤 이야기도 꺼낸 적이 없었다. 이제는 너무 늦은 듯했다. 모든 걸 설명하기에는 너무 늦어버렸지만, 어쨌든 나는, 심지어 나조차도 이해가 어려운 말들을 중얼거리며 계속 애를 썼다.

내가 조금 진정되자 친구는 나를 데리고 다시 연습장으로 갔고, 나는 계속해서 미안하다고 말하며 고마움을 표했다. 고마워, 그리고 신경 쓰게 해서 정말 미안해. **정말 너무나도 미안해.**

줄리아의 생일 파티에서 친구들이 오늘밤에 누가 오고, 내일은 어디를 갈지 이야기하는 동안 나는 가만히 듣고만 있었다. 외떨어진 풍경에 홀로 앉은 이방인이었다. 나는 더 이상 그들의 언어로 말을 하지 않았다.

저녁 식사를 할 시간이 되어 아래층 부엌으로 내려간 우리는 아일랜드 식탁 스툴에 둘러앉았다. 줄리아의 엄마가 분홍색과 보라색 프로스팅으로 장식한 하얗고 네모난 케이크를 내왔다.

"여기 봐봐." 줄리아가 케이크에 적힌 글자들을 가리키며 말했다. "네 생일 파티를 못 했으니까, 내 케이크로 같이 축하하면 좋을 거 같아서."

케이크에는 **17번째 생일 축하해, 카일리와 줄리아**라고 쓰여 있었다.

모르긴 몰라도 그 작은 배려는 누군가가 나를 위해 한 일 중에 가장 근사한 일이었다. 그러나 나는 그런 대우를 받을 자격이 없다고, 내 생일은 축하할 가치가 전혀 없다고 느꼈다. 그동안 정말 무슨 일들이 있었는지는 누구도 알지 못했다. 내가 언니의 질병, 이제는 언니의 죽음에도 연루되었다고 느낀다는 사실을. 그날 밤 사진 속 우리는 함께

촛불을 불고 있고, 반짝이는 내 눈 아래 양쪽 뺨은 그날 입었던 탱크
톱의 버건디 색처럼 상기되어 있다. 그날, 일곱 살 이후 처음으로 나는
언니가 좋아지게 해달라는 소원 대신 다른 걸 빌었다. 바로 "미안해"
라는 공허한 주문이었다.

미안해미안해미안해.

친구와 친구의 부모님께 아낌없이 감사를 표한 나는 자리를 떠도
무례하지 않은 시점에 부엌을 나와 다락 근처의 거의 사용하지 않는
욕실로 들어갔고, 한동안 차가운 타일 바닥에 주저앉아 애써 숨을 골
랐다.

그러고는 마침내 지하실로 내려가 친구들 틈에 합류했다. 우리 반
친구들과 근처 사립학교에 다니는 아는 아이들까지 여럿이 더 와 있
었다. 내가 몇 년이나 좋아했던 남자아이도 보였다. 그 아이를 보자
예전 어느 여름날 데이트에 나갈 때 언니가 뭘 입을지 정해주었던 일
이 떠올랐다. 언니는 셔츠와 목걸이를 골라주고, 약간 굽이 있는 샌
들을, 내 발에 물집과 흉터를 남긴 금장 달린 신발을 골라주었다. 내
발목에는 그날을 떠올리게 하는 하얀 선들이 여전히 남아 있다. 언니
는 내게 일단 나가라고 격려한 뒤 나를 겁쟁이라 부르며 눈을 굴렸고,
"알코올의 힘"을 빌려보라며 술을 한 잔 마셔보라고도 했다. 물론 바
로 거절했지만, 그 제안은 나를 웃게 만들었고 데이트에 나갈 수 있을
정도로 긴장을 풀어줬다.

이제 언니는 없다.

방을 서성이고 돌아다니다 친구들의 눈을 보면, 이 한 가지 생각만이 머리에서 튀어나와 어느 의사가 말한 핀볼처럼 왔다 갔다 했다.

　알고 있어? 나는 주변의 모두에게 묻고 싶었다. 그 캡처 화면을 아직 못 본 거야? 우리 언니가 죽은 거 아니? 내가 무슨 짓을 했는지 알고 있냐고?

　촛불을 불며 소원을 빈 건 그날이 마지막이었다. 이후 수년간 나는 모든 희망들을 상상 속 상자에 넣어놓고 썩도록 방치했다.

32

한번은 어느 심리치료사가 자기 반려견의 죽음과 나의 상실을 비교했다. 반사적으로 불쾌감을 느꼈다. 언니는 개가 아니다. 중요도가 같을 수는 없다. 언니가 실종된 그 주에, 반 친구 하나가 미적분 시험을 치르다 말고 반려견이 아파서 집중을 하지 못하겠다며 울면서 교실을 나갔다. 내 머릿속 생각들은 은하수처럼 흩어지고 해체되었으며 불완전해졌다. 나는 이를 갈았고, 턱을 꼭 문 채로 시험을 치러냈다.

그러나 이제는 심리치료사가 했던 말의 의미를 이해한다.

비탄은 은연중에 후회와 연관된다. 나는 무능과 실패의 감각이 자살을 겪은 데에서 비롯되었다고만 생각했다. 어찌 보면 그렇기도 하다. 자살을 비통해하는 사람은 종종 "복잡한 슬픔", 수치심과 책임, 허무한 후회에 빠진다. 하지만 수년 뒤, 내 반려견(마블헤드에서 우리에게 왔던 사랑하는 세일러)이 열일곱의 나이로 단지 나이가 많이 들어서 죽었을 때, 엄마와 이웃 아줌마는 녀석을 수건에 싸서 뒤뜰에 눕힌 뒤

의식이 흐려지는 와중에도 풀숲 사이로 꽃을 피운 야생화를 보도록 해주었고, 나는 예전 심리치료사의 말을 떠올렸다(그로부터 2년 뒤 반려견 릴리가 죽을 때 나는 처음으로 몹시 괴롭고, 터무니없고, 견딜 수 없을 정도로 외로운 생각에 빠졌다. 언젠가는 나만 홀로 남아 생전의 언니와 부모님을 기억하겠구나).

심지어 반려견의 죽음 앞에서도 당신은 자기를 비난한다. 세일러는 충분히 좋은 삶을 살았을까? 야외에서 더 놀고 싶지는 않았을까? 반려견 전용 공원에 가서 마음껏 자유롭게 내달리고 싶기도 했겠지. 기관지염 걱정은 잊고 다른 개들과 함께 실컷 물을 마시게 했다면 좋았을 텐데. 사료 대신 목초로 사육한 소고기와 유기농 자연식을 직접 만들어줬어야 했나? (사실 녀석은 위장이 너무 예민해서 강아지 때에는 브랜드 거버에서 나오는 아기 소시지만 먹을 수 있었지만, 이성적으로 이때를 회고하기는 힘들다.) 언니와 나 둘 중 누군가가 목소리를 높이면, 심지어 스포츠 경기를 응원할 때에도 우리 개들은 몸을 떨었다. 그런 반응이 혹시 수년간 겪은 혼돈의 부산물이 아닌가 하는 생각을 떨칠 수 없었다. 개의 외상후 스트레스 장애인 것이다. 그 생각을 하면 내 속이 바싹 말라버렸다.

죄책감은 자살과 사촌간이라, 돌이킬 수 없는 관계다. 나는 엄마에게 전화를 걸어, 언니와 함께 있어야 했던 엄마를 집으로 오게 했다. 그것은 분명 실재한 행동이고 실체가 있는 후회다. 하지만 모든 상실에는 어떤 형태로든 회한과 자책이 따른다. 딸에게 나는 충분히 좋은 사람이었나? 조부모님께 편지를 더 자주 써야 했던 건 아닐까? 내가 "사랑해"라는 말을 해야 할 만큼 자주 했었나?

우리는 결코 충분했다고 느끼지 않는다. 했던 말도 후회하고 하지 않은 말도 후회한다. 애도 앞에서 우리는 모두 불충분하다. 우리는 모두 말도 안 되게 작은 존재다.

33

한 가지 해명. 어느 날 당신은 평행우주에 관해 알게 된다.

처음에는 단순하고 정말 순수하게, 대부분의 해로운 이야기에 빠지듯 시작된다. 친구네 파티에 갔는데 누군가가 드라마 「섹스 앤 더 시티Sex and the City」 이야기를 꺼낸다.

"잠깐만!" 한 친구가 말을 끊는다. "섹스 인 더 시티Sex in the City인 줄 알았는데."

논쟁이 시작되고 만델라 효과라는 용어까지 나온다. 어딘가에서 누군가가 근거 없는 사실을 말했는데, 대중은 제대로 확인하거나 생각해보지 않은 채 섣불리 그 오류를 믿는다.

친구들 모두 휴대 전화를 꺼내고, 당신도 용어의 유래를 검색해서 읽는다(넬슨 만델라가 감옥에서 사망했다는 헤드라인을 분명히 봤다고 누군가 말한 이후, 대부분의 사람들은 그가 살아 있음에도 불구하고 옥살이 중에 사망했다고 믿게 되었다). 어린이책 시리즈인 『베렌스타인 곰가족The

Berenstain Bears』의 정확한 철자를 둘러싼 혼동에 관해서도 알게 되고, 누군가는 "a" 대신 "e"를 넣어 "베렌스테인 곰가족The Berenstein Bears" 이 맞다고 주장한다는 사실을 알게 된다. 오스카 마이어Oscar Meyer의 철자는 사실 "e"가 아니라 "a"를 넣은 오스카 마이어Oscar Mayer라는 것도. 좋다, 물론 이것들은 단순히 모음이 바뀐 사례다. 하지만 흥미로운 사회적 착각은 여기서 끝나지 않는다.

당신은 모노폴리 게임의 마스코트인 모노폴리 맨이 단안경을 썼다고 맹세했을 수도 있고, 과자 이름은 단수형 치즈-잇Cheez-It이 아니라 복수형 치즈-잇츠Cheez-Itz가 아니었냐고 물을 수도 있다. 그리고 젠장, 애니메이션 캐릭터인 호기심 많은 조지에게 꼬리가 있다고 믿었고, 만화에서 그 원숭이가 꼬리로 그네를 타는 장면을 봤다고 했을 수도 있다. 내 말이 맞지 않나? **맞다.**

이 문제의 해답은 바로, 다중우주론이다.

당신이 물리학자가 아니더라도 과학을 너겟처럼 아주 단순화해서 이해할 수는 있다. "우주론적 지평선"이라는 용어는 정보를 모으기 위해서 우리의 상상이 닿는 최대 거리를 가리킨다. 우주는 무한으로 팽창하기 때문에, 아마 언젠가는, 알 수 없고 관찰도 불가능한 지점이 오기 때문이다.

당신은 이 용어를 듣자마자 기뻐한다. 그것은 빨갛게 물든 수평선 아래로 해가 가라앉는 모습을 물 위에서 지켜보던 예전의 삶을 상기시킨다. 당신은 이와 똑같이 움직이는 우주를 상상하며, 신비로움에 빠져버린다.

아직 학교도 들어가기 전, 가족과 함께 차를 타고 먼 길을 가던 중 뒷좌석에 앉아 창밖을 내다보던 날을 떠올린다. 때는 밤이었고 어딘가 산 근처를 지나고 있었으니 아마 스키 여행이었을 것이다. 당신은 어릴 적, 스키 타는 것을 좋아했다. 세찬 바람을 맞으며 발아래로 산이 움직이는 감각. 당신은 누구도 들을 수 없으리라 생각하며 자유롭게 노래를 불렀다. 당신이 두뇌 부상과 낙상, 균열의 공포에 휩싸이기 전이었다.

차에 탄 모두가 조용했고, 당신은 나뭇가지 사이로 하늘의 얼굴 같은 달을 보았다. 길을 따라 빠르게 달리는데 달은 같은 거리를 유지한 채, 어떻게 해도 떨쳐지지 않는 나쁜 생각처럼 당신을 따라왔다. **달이 나를 따라오네.** 당신은 말했다. 당신은 어렸고, 어리바리했고, 자신이 특별하고 신비롭다고, 무엇보다 우주의 중심이라고 이성적으로 믿었다(훗날 초등학교에서 태양 중심의 우주 모형과 지구 중심 모형을 배울 때, 당신은 코페르니쿠스가 미쳤다고 생각했다는 사실을 인정했다).

당신은 언젠가 하늘의 별이 온 세상 해변의 모래 수보다 많다고 들었다. 우리가 인간의 두뇌에 관해서보다 우주에 관해 아는 것이 더 많다는 이야기를 들은 적도 있다. 우주는 너무도 광대한 텅 빈 캔버스처럼 보이는데, 어째서 우리가 우리 자신의 정신보다 우주를 더 알 수가 있다는 말인가? 그 사실에 화가 난다. 그러다 당신은 언니를 생각하고, 언니를 쳐다보며 놀라서 말을 잇지도 못하고 돕지도 못하던 모든 이들을 떠올린다. 그리고 슬프게도 당신은 이게 진짜임을 알게 된다. 뇌보다 더 빈 캔버스는 결코 없다는 사실을.

어떤 이론에서는 아무리 많은 입자 패턴이라도 한계는 있으니 만일 우주가 영원히 팽창한다면 아마 스스로 반복되기 시작할 것이라고 본다. 거리에서 당신의 도플갱어와 마주치는 것처럼, 아마도 어딘가에 또다른 우주가 있을 것이다. 그곳에서는 당신의 모든 선택이 미묘하고 결정적인 방식으로 다를 것이다. 어느 우주에서 그 드라마는 정말로 "섹스 인 더 시티"로 불릴지도 모른다. 어느 날 아침 당신은 빨간색이 아닌 파란색 스웨터를 골라 입을 수도 있다. 그리고 아마도 한 우주에서는, 당신의 언니가 살아 있을 것이다.

그래, 당신은 생각한다. 그래, 바로 이거야.

이 토끼굴에 빨려 들어가기란, 당신이 늘 상상했던 사랑에 빠지는 방식처럼 매혹적일 뿐 아니라 극히 자연스럽기까지 하다. 최근 겪은 그 어떤 일보다도 수월하다.

충분히 이성적인 당신은 이 가운데 많은 부분이 추측에 근거한다는 사실을 알고, 만델라 효과는 인간 기억의 암시 감응성으로 설명된다는 점도 안다. 우리가 기억하는 그 어떤 것도 감응에서 자유롭지 않기 때문이다. 하지만 2014년 1월 8일, 세상은 더 이상 이해되지 않았고, 비통한 자에게는 이 간절한 생각만이 마지막 생명줄이 되어주었다. 당신의 17번째 생일을 사흘 앞두고 다른 세상이 시작되었는데, 뭔가 잘못되지 않았다고 누가 장담할 수 있는가? 어쩌면 별들의 전선들이 엇갈렸을 수도 있고, 과거로 되돌려 언니를 되찾을 길이 있을지도 모른다. 이 모든 게 단순한 오해일 수도 있다. 이런 일이 일어나지 말았어야 했다는 걸, 당신은 안다. 당신은 안다.

태양계 끝자락을 탐사하기 위해 발사된 보이저 1호와 보이저 2호에 실린 다양한 금제 음반에 어떤 지구의 소리들이 담겨 있는지 당신은 배운다. 웃음소리, 다양한 언어로 건네는 인사말, 새들의 지저귐, 돌고래가 물로 뛰어드는 소리, 음악, 그리고 지미 카터 대통령의 메시지. 외계 생명과 접촉하려는 희망으로 우리 인간의 소리를 우주에 크게 울려 퍼트리는 콘셉트는 친숙하다. 그 녹음 소리는, 당신처럼 허공을 향해 노래한다.

당신은, 이제 어느 날이건, 누구든, 뭔가가, 그곳에서 녹음된 소리를 들을 거라고 생각한다. 어쩌면 우리가 너무 늦기 전에 다른 차원으로, 더 나은 곳으로 건너갈 수 있을지도 모른다.

이 길로 계속 가면, 만일 이 우주의 구멍에 더욱 빠져들면, 언니가 그랬듯이 당신도 현실 감각을 잃을지도 모른다. 당신의 일부는 해방되기를, 마침내 내려놓을 수 있기를, 느끼는 대로 바스러지기를 갈망하지만, 당신은 이 세계에, 지금 이곳에 발을 딛고 있어야 한다. 그래서 놓아주려 해봐도, 그 빛나고 중독성 있는 해명은 계속 버티고 서 있다.

몇 주일 뒤, "애도의 다섯 단계"라는 제목의 인쇄물 뒷면에서 언니가 사라지고 처음 맞는 언니의 생일날 엄마가 언니에게, 딸에게 쓴 편지를 발견한다. 그것은 사과의 쪽지이자 러브레터다. 그다음 엄마는 신에게 해명을 요청한다.

"주님." 격식 없이 신을 부르는 짙은 두 글자에 비난이 담겨 있다.

"왜 이런 일이 일어나게 내버려두셨죠? 왜 이런 고통을 주시나요? 왜 제 딸이 아프게 그냥 두셨고, 제가 더 잘 돌보도록 돕지 않으셨나요? 왜죠?"

그녀는 마지막 질문 한 줄로 편지를 마무리했는데, 어쩐지 글자가 더 작아지고 어투는 온순하다.

"제발 아이를 돌려주시면 안 될까요?"

빛바랜 연보라

34

2004년 크리스마스 다음 날, 인도양에서 발생한 해저 지진이 인도네시아 해안에 해일을 일으켜 약 23만 명의 목숨을 앗아갔다.

많은 글들이 이 비극을 다루었다. 이루 말할 수 없는 참상에 부모님과 남편, 두 아들을 잃은 소날리 데라냐갈라는 『천 개의 파도*Wave*』를, 실종된 손주를 찾아다니던 어느 할아버지를 목격한 에마뉘엘 카레르는 『나 아닌 다른 삶*Lives Other Than My Own*』을 썼다. 두 회고록 모두 해일 피해가 가장 컸던 스리랑카를 배경으로 하는데, 재앙이 닥치기 전까지 그날이 얼마나 평범했는지를 묘사하며 유사한 충격을 서술하고 있다.

"처음에는 아무 생각이 없었다. 바다가 평소보다 우리 호텔이랑 조금 더 가까워 보였을 뿐이다. 그게 다였다. 파도의 하얀 포말이 모래사장 끝까지 올라오더니 갑자기 바다 쪽으로 쓸려 내려갔다. 이제껏 모래사장에서 물이 저렇게나 멀리 빠져나간 적은 없었는데……스티

브는 샤워 중이거나 화장실에서 책을 읽고 있었을 것이다. 우리 두 꼬마 녀석은 뒷베란다에서 크리스마스 선물을 가지고 노느라 시끌벅적했다"라고 데라냐갈라는 썼다.

"정말 이상하게도, 처음에는 잘못되어 보이는 게 없다." 카레르는 말한다. "모든 것이 정상으로 보인다. 그러나 당신은 뭔가 정말로 이 상황을 알아채기 시작한다. 해안이 너무 멀리 떨어져 보이고……보통은 절벽 끝과 해변 사이 거리가 18미터 정도 된다. 그런데 지금은 모래사장이 한참 멀리까지 뻗어 있다. 옅은 햇살을 받아 평평한 잿빛으로 반짝반짝 빛나는 게, 썰물 때의 몽생미셸을 보는 듯하다."

2004년 해일은 자연재해 대비와 위험 개선 측면에 근본적인 변화를 가져왔다. 이제는 지진계와 검조기, 해양에서 일어나는 아주 작은 지진을 감지하는 부표들도 마련된 상태다. 2007년에는 인도양 해일 경보 및 완화 시스템이 개시되었다. 해저에는 조기 경보를 발동할 수 있는 센서들이 설치되었다.

싱가포르 지구 관측소장 케리 시는 CBS 뉴스와의 인터뷰에서 이렇게 말했다. "2004년의 사건은 인도양에 기술이나 그와 관련된 사람들의 인식, 혹은 기반 시설 대비 등이 아무것도 없었다는 사실을 매우 뚜렷하게 보여주었습니다."

NOAA 해일 프로그램은 미국 해일 경보 시스템을 운영하며, 일주일 내내 하루 24시간을 요원이 상시 감시하는 2개의 시스템을 작동시키고 있다. 특정 지역에서는 여전히 서비스가 부족해 지역에 따라서 엄청난 격차가 있고, 그때와 마찬가지인 과실들도 발생한다. 비극은 언제든 또 일어날 수 있다. 그래도 전반적으로 세계는 더욱 경계심을 가지게 되었다. 해안가 마을에서는 더 많은 비상 훈련이 실시된다. 앞으로는 이 정도 심각한 규모의 재난이라도 예방할 수 있다는 희망이 생겼다.

진실로 끔찍한 일이 일어나면, 우리는 사소한 면면과 세부 사항들, 일어난 순서에 초점을 맞춘다. 이런 세세한 사항들이 어떤 식으로든 우리를 안심시키는 걸까? 그 어떤 것도 다시 평범해질 수 없음을 알기 때문에 일상적인 부분에 초점을 두는 걸까? 바닷물이 묘하기는 했지만 우려할 정도는 아니었고, 이상했어도 위협적이지는 않았다. 그저 아름다운 날이었다. 이제 다시는 똑같은 방식으로 아름다운 날은 없을 것이다. 결코 다시는 상실 없는 삶의, 흠 하나 없이 맑은 하늘은 없을 것이다.

아니면 우리를 진짜 화나게 하는 건 어떤 징후의 결핍일까? 비극은 예감 없이도 닥칠 수 있다. 자연재해는 아이들이 크리스마스 선물을 가지고 놀고 있을 때에도 당도할 수 있다. 우리 삶에 구조와 도덕성을 부여하려고 사용하는 이야기 그릇은 더 이상 적합하지 않다. 해피엔딩을 맞기 위해 선행善行이 꼭 필요하지는 않다. 고통은 선의 영향을 받지 않는다.

언니가 죽던 날, 나는 시험 공부를 하느라 스트레스를 받고 있었다.

시험을 잘 치르는 일은 긴요하고 절실해 보였다. 그날 밤 나는 포근하고 편안하게 이불을 덮은 채, 순진하게도 모든 것이 근본적으로 변해 버렸다는 사실을 모르고 있었다.

나는 거의 열일곱이 된 열여섯이었다. 여전히 불행은 불안과 어떤 예감 뒤에 온다고 믿었다. 미신과 11시 11분의 소원 빌기도 맹목적으로 믿었다. 경고나 어떤 조짐이 보여 불행이 당신을 으스러뜨리기 전에 역사를 바로잡을 기회가 있다고 믿었다. 삶이 무작위로 벌어지는 만일의 사태와 우연한 만남들과 예견할 수 없는 복잡한 문제들로 어질러진 것임을 아직 이해하지 못했다.

물론, 우리가 무엇을 알아봐야 하는지 알았다면 신호들이 있기는 했다. 많은 징후가 있었다. 어릴 적 기행, 청소년기의 저항, 끝없는 파티, 폭력이 시작된 난장판, 현관 타일 바닥에서 만자卍字가 보인다던 환각, 점점 고조되던 긴장감. 두부 외상, **다시는 예전과 같지 않을 거라**던 의사의 경고. 언니 자신도, 우리가 들을 기회가 오기도 전에 공책에 도움이 필요하다고 쓰고 있었다. **이전보다는 강해졌지만, 그래도 너무 약하다.**

해일이 몰려오기 전에도 아마 징후가 있었을 것이다. 해저의 지각 변동, 모래의 이동, 물결의 떨림, 점점 심화되는 진동. 문제는 그것들을 감지할 측정 기구가 없었다는 데에 있다. 신호를 보냈다고 해도 그것을 포착할 기술이 없다면 무슨 소용인가? 조짐이 보여도 경보를 울릴 기반 시설이 없다면 그게 다 무슨 소용이란 말인가?

우리는 무엇을 알아봐야 할지 교육받지 못했다. 설령 교육을 받았다고 하더라도, 효과적으로 우리를 도울 시스템이 존재하지 않았다. 나는 변화가 가능해져서 언니의 사례들이 그 어떤 징후로 작용해 사람들에게 도움을 주었으면 좋겠다. 다음번에는 너무 늦기 전에 경고벨이 울리기를 간절히 희망한다.

35

이후의 고등학교 생활은 묘하게 일순간이었다가 천천히, 느리다가 또 눈 깜빡할 사이에 지나간다.

3학년 무도회가 4월에 열린다. 불과 두 달 **지났을** 뿐이다. 당신은 브이넥과 가리비 모양 치맛단이 돋보이는, 허리를 묶는 스타일의 짙은 파란색 플레어원피스를 입는다. 이베이에서 구입한 옷이다. 모험하는 셈 치고 샀는데 기적적으로 아주 잘 맞는다. 언니가 어떻게 생각할까? 심지어 요즘도, **특히** 지금, 당신은 언니가 어떻게 생각할지에 집착한다. "언니가 하늘에서 너를 지켜보고 있을 거야"라는 사람들의 말은 위안이 되지 않는다. 실제로 언니가 저기 하늘 어딘가 신비로운 구름 속에서 아래를 살펴보며, 당신의 모든 행동과 말에 사사건건 트집을 잡는 상상을 한다. 숟가락을 잡는 법, 웃음소리까지도. 언니의 트집은 한때 신체적인 데에만 국한되었지만, 이제는 모든 곳에서 언니의 존재를 느낀다.

대부분의 3학년 학생들은 무도회가 시작되기 전에 사진을 찍으러 친구네 집으로 가고, 부모들은 무도회장 뒤뜰에서 삼삼오오 어울린다. "미안해." 엄마가 차에서 당신을 내려주며 말한다. "미안해, 나는 아직 사람들을 마주할 준비가 안 됐어." 엄마는 장을 보러 갈 때에도 누군가 자신을 발견하고 다가와 애도를 표할까봐 통로 사이사이로 사람들을 피해 다닌다. 엄마의 입은 바싹 마르고, 나오던 말도 오그라든다.

돌아보면, 그 기간 내내 엄마가 어떻게 당신을 뒷바라지할 수 있었는지 의문이다. 그녀의 몸무게는 급격히 준다. 골밀도도 낮아진다. 발을 디딜 때마다 아프다(당신은 이렇듯 신체에서 드러나는 비탄의 양상을 보며 계속해서 충격을 받을 것이다. 가슴을 찌르는 듯한 통증을 느끼고, 양쪽 어깨는 본능적으로 자기방어의 태세를 취해 텅 빈 몸통 쪽으로 구부러진다. 당신은 상실을 겪으면 정신과 정서가 많이 힘들다는 사실을 알았지만, 이런 신체적 증상은 전혀 예상하지 못했다). 당신의 고통보다 한없이 클 엄마의 고통을 상상하면 선득해진다. 이러한 고통에서 살아남은 사람이 있기나 한지 경이로울 정도다.

이 고통을 떠올리고 심장이 있던 자리에 난 굶주린 구멍을 생각하면, 바로 지금 이 순간, 에어컨이 빵빵한 강의실에서 인간 의식의 특성을 논하고 있을 모든 철학자, 신경과학자, 학자들에게 알려주고 싶다. 당신은 그들의 이론들을 들어본 적이 있다. 사람의 두뇌는 컴퓨터 장치, 즉 업로드하면 영생이 가능한 소형 저장 장치와 흡사하다는 이론. 당신은 그들이 완전히 잘못 알고 있다고 알려주고 싶다. 아직 열일곱밖에 안 되었지만, 이에 관해서라면 그 누구보다 더 확실히 알고 있다. 영혼은 뇌에 있는 게 아니라, 당신의 흉곽 사이, 바로 거기에 있다. 암호화 기술로 인간의 발화 패턴을 예측하거나 우리의 질문에 답하는 인공지능의 프로그램화는 가능할지 모른다. 스트레스를 받을 때에도 우리는 관자놀이, 즉 머리에 단검을 댄 듯한 편두통을 앓는다. 하지만 우리 영혼이 돌이킬 수 없이 망가지고 나면 아픈 곳은 머리가 아니다. 우리는 가슴팍에서 격렬한 결핍을 느낀다. 이제 막 영혼이 망가진 당신은 그 사실을 잘 알고 있다.

무도회가 시작되기 전 모임에서, 친구들의 부모님이 계속해서 다가와 드러난 팔의 맨살을 쓰다듬고 안심하라는 듯 축축한 손을 잡고 토닥이며 괜찮은지 묻는다. 그들은 믿기 힘들 정도로 선하고 사려 깊지만, 그 이야기가 나올 때마다 당신의 눈가는 뿌옇게 흐려진다. 그렇게 뿌연 눈으로 당신은 휙 사진 찍는 곳으로 따라간다. 애도와 사진, 조의와 사진. 반복한다. 손목에 얹은 무거운 꽃 장식은 예민한 피부에 붉게 화난 선을 남긴다. 당신은 혹시 당신의 미소가 미친 사람처럼 보이지는 않는지 궁금해한다.

몇 주일 전 당신의 아빠는 떠났고, 부모님은 갈라섰다. 그는 자신만의 새로운 미래를 찾는 방식으로 딸의 죽음을 감당했다. 엄마를 떠나고(그 과정에서 당신도 떠나고) 오래 전 알았던 어떤 여자와 살기 위해, 당신이 어린 시절을 보낸 집에서 나가버렸다. 당신의 부모님은 5년에 걸친 길고 지난한 이혼 절차를 밟게 될 테지만, 당신은 아직 모른다. 그 사이 당신은 단 두 번만 아빠를 만나게 될 테지만, 이 또한 당신은 아직 모른다.

당신의 삶 자체가 닫혀버렸다. 남은 가족들은 조금 더 친밀해졌지만 다른 인간관계는 파리 떼가 땅으로 떨어지듯 섬멸했다. 넷이 둘이 될 때 그 차이는 얼마나 큰지. 그 흐릿한 슬픔에 질식하지만 않는다면 거의 아늑하게 느껴질 지경이다.

당신은 두 가지 입장 사이에서 갈등한다. 언니의 실종이라는 주제가 싫지만, 차라리 묻어버리고 싶지만, 동시에 누군가가 그것을 물어봐주기를 간절하게 원한다. 당신은 모든 것이 정상일 때로, 정상일 때가 있기라도 했다면, 돌아가고 싶지만, 다시는 돌아가지 못할 거라고, 그럴 수가 없다고, 결코 온전히 정상적일 수는 없을 거라고 인정하고 싶어한다.

다음 해 당신은 미국 중고등학교 우등생 클럽 시상식에 참석한다. 이름순으로 줄을 서서 강당 밖에 선다. 이제 곧 무대에 올라 증명서와 작은 핀을 받게 될 텐데, 예전에 언니가 물담배를 쏟았던 그 교감 선생님이 명단을 확인하다가 멈칫한다. "레디?" 그녀가 카랑카랑한 목소리로 이름을 읽는다. "케이트 가족이니?" 당신은 마른 침을 꿀꺽 삼킨다. 네, 라고 대답한다. "그 친구는 어떻게 지내니?" 교감 선생님이 묻는다. 다정한 말투다.

"잘 지내요." 당신은 억지로 웃는 입 모양을 지어보지만, 치아가 어긋난 직소 퍼즐처럼 어색하다. 심장이 빠르게 뛴다. 앞줄에 있던 남학생이 문을 향해 걸어간다. 강당 안에서 관객들의 우렁찬 박수 소리가 들린다.

"어느 학교에 다니니, 아니면 벌써 졸업했나?" 교감 선생님은 여전히 명단에서 눈을 떼지 않은 채 묻는다. 만일 그녀가 고개를 들어 당신의 눈을 봤다면, 혈관을 통해 흐르는 공황을 알아챘을까? 전조등에 비친 채 꼼짝도 하지 않고 선 사슴, 아니 어쩌면 이미 차에 치여 상처 부위가 벌어진 채 길가에 버려진 사슴 같은? 그 순간 당신은 피부와 뼈와 여전히 뛰는 심장으로 이루어진 것 이상도, 이하도 아니다.

재빨리 머리로 계산기를 돌린다. 언니가 스물둘에 죽었으니 지금은 스물셋일 것이고, 대학을 졸업한 지도 1년이 지났을 것이다.

"언니는 드렉셀 대학교에 갔어요." 당신이 대답한다. "지금은 패션쪽에서 일해요." 당신은 좋은 의도로, 대화를 마무리하기를 희망하며, 추가 사항까지 덧붙인다.

"너무 잘됐구나!" 교감 선생님은 기쁘고 심지어 안심하는 말투다. "정말 기분 좋은 소식이야." 그녀는 진실하게 웃어 보이고, 당신은 그 웃음을 믿는다. 당신도 웃어 보이려 애쓰지만 식은땀 때문에 이마선이 따끔거린다. 잠시 동안, 이 대안 현실의 가능성이 당신을 휘감도록 내버려둔다. 언니가 가질 수도 있었던 인생. 이제 당신이 무대에 오를 차례다.

교장 선생님과 악수를 나누는 동안에도 대기 중에 나눈 대화 때문에 양쪽 무릎이 달가닥거린다. 이제야 이 성과를 위해 당신이 치른 대가가 무엇인지 깨닫는다. 이 줄에 서서, 또렷하게 새겨진 A들과 완벽한 GPA를 받으려고 대체 무엇을 희생했는지를. 당신은 그날 밤 엄마에게 걸었던 전화, 언니에게서 엄마를 빼앗았던 전화를 떠올린다. 그 기억의 그늘에서 이 핀은 너무 작고, 이 증명서는 말도 안 되게 얇다. 당신은 증명서를 치아로 찢어버리고픈 동물적 충동을 느낀다.

줄을 서 있을 때 뒤에 있던 남학생이 혹시 대화를 엿들었을까? 당신의 언니가 죽었음을 아는 아이라면, 당신을 병적인 거짓말쟁이라고 생각했을 것이다. 당신 스스로도 왜 거짓말을 했는지 잘은 모르지만, 일단 한번 내뱉고 나서는 멈출 수가 없다. 진실은 매끄럽게 흘러나오기를 거부하고, 나오던 길의 끄트머리를 붙들고서는 쉰 소리와 뒤틀린 소리만 뱉어낸다. 반면 꾸며낸 이야기는 버터 녹듯 부드럽게 흘러나온다.

며칠 뒤, 당신은 상급 스페인어 수업에서 단순한 질문을 주고받으며 회화를 연습한다. "¿Còmo se llama?" 당신의 이름은 무엇입니까? "¿De dónde eres?" 당신은 어디 출신입니까? "¿A que colegio vas?" 당신은 무슨 학교에 다닙니까? 그런 다음, "¿Tienes hermanos?" 당신은 형제자매가 있습니까?

당신은 상대 여학생에게, 아니라고, "no tengo hermanos"라고 대꾸한다. 그녀는 아닌데, 잠깐만하고 멈칫한다. 그 여학생은 너한테 언니가 있지 않으냐고, 자기 언니와 같은 학년이 아니었냐고 묻는다. 아니라고 계속 고개를 가로젓는데 구토감이 올라온다. 그 대답은 어떤 언어로 해도 난해하다. 당신은 언니가 있습니까? 당신은 답을 모른다.

엄밀히 말해 무해한 질문이지만, 그 질문은 당신에게 회복할 수 없는 상처를 입힌다. 그 질문은, 나오리라고 예상하지 못했던 면접이나 교사 상담, 그리고 데이트 중에도 셀 수 없이 나온다.

졸업 무도회 때 입을 드레스를 입어보던 당신은 단상에 올라 3개의 분리된 거울에 비친 자기 모습을 본다. 당신은 바닥까지 닿는 깔끔한 드레스를 입었다. 걸을 때 드레스가 밟히지 않도록 길이를 손보는 중이다.

엄마는 모퉁이 안락의자에 앉아 있다. 내게 형제자매가 있냐고 직원이 물었는데, 엄마가 반응하지 않는다. 당신은 엄마의 시선을 피한다. 당신과 엄마 두 사람 모두 이 언어 지뢰와 정중한 거짓에 익숙해졌다.

당신은 검은색을 입었다. 당신이 결코 입은 적 없던 장례식 의복의 색상이다. 검은색은 당신에게 잘 어울리지 않고, 잘 어울린 적도 없었다. 당신이 한때 총천연색을 **사랑했던** 게 기억난다. 당신은 언니가 더는 입을 수 없게 된 옷들을 언니의 상징처럼 입고 다닌 사람이다. 한때 언니가 부여했던 생기는 그녀의 부재와 함께 다 빠져나가버렸다. 검은 드레스는 가뜩이나 창백한 당신의 피부를 더 창백하게 만든다. 당신이 언니보다 더 유령 같다.

당신은 "외동이에요"라고 직원에게 대답한다. 그 말이 목구멍에 배어들자 날것의 버석한 모래를 삼킨 듯 어디선가 흙 맛이 난다.

대학에 가니 그 질문은 후렴구처럼 거듭 찾아오는 길동무가 된다. 처음 몇 주간 끊이지 않는 대화는 분위기를 띄우려는 피상적인 이야기들과 김빠진 농담으로 점철된다. 하지만 그 질문에 대답하기란 간단하지 않아서 매번, 어떤 맥락에서든 당신을 놀라게 한다. 가슴 언저리의 뭔가가 꼬이고 비틀린다.

당신은 보스턴에 있는 대학에 진학하기로 한다. 내면의 뭔가가 가족의 뿌리와 가까워지면 더 좋아지고 안정될 것만 같다. 당신은 필라델피아에서 자랐지만, 당신 외에 가족 누구도 그곳을 집으로 느낀 적이 없다. 엄마는 예전에 자주 놀러 갔던 뉴잉글랜드의 해안가 마을 낸터킷 섬 해안가로 이사해 바다와 파도 곁에 머물며 안정을 찾으려 한다. 두 사람은 서로를 집착하듯 걱정하고, 분리는 그 자체로 상실이 된다. 2인조로 아주 많은 상황에서 생존해낸 두 사람은, 이제 닻이 풀어진 채 세상에 홀로 떠다닌다.

두 사람은 서로 돌아가며 "꼭 몸조심해야 돼"라고 당부한다. 스트레스나 두려움에 대한 반응이기도 하지만, 아무 일이 없을 때에도 그런다. 두 사람 모두 이 암호화된 메시지 아래 깔린 의미를 안다. 너는, 엄마는, 살아 있어야만 해. 당신은 엄마가 잘 챙겨 먹도록 만드는 일을 임무로 삼아 있지도 않은 식욕을 드러낸다. 그것만이 당신이 만들 수 있는 눈에 보이는 차이이기 때문이다. 엄마가 건강하게 살아남도록 하는 것. 엄마가 할 수 있는 일이라고는 샤워를 하고 당신을 학교에 데려다주는 일뿐인 날도 있었다(당신은 마침내 면허를 따기는 했지만, 여전히 운전대를 잡아도 될지 정신건강 상태를 믿을 수가 없다). 엄마는 모든 곳이 아프다. 씻을 때의 수압도 고통이고, 가죽 시트에 앉아 다리를 움직일 때에도 관절을 사포가 감싼 듯 아프다. 그럼에도 그녀는 여전히 당신을 위해 이 모든 것을 한다. 당신은 친구들이 파티와 주말 계획을 취소한 척 가짜 이유를 들며 주말 내내 엄마와 집에 있어야 한다고 한다. 엄마는 "파티 취소된 거 정말이야?"라고 묻는다. 당신은 "진짜라니까"라고 대꾸한다. 언니가 죽기 전에는 한 번도 거짓말을 한 적 없는 당신이, 이제는 거짓말쟁이가 되었다.

이 모든 일이 엄마를 위함이었다고 말하면 고결할 테지만, 사실은 그녀가 당신을 서 있게 하는 유일한 힘이다. 두 사람은 모두 섬이고, 두 사람의 관계는 서로를 향해 뻗은 팔처럼 단 하나의 다리가 되어준다. 당신이 대학에 다니는 동안에는 엄마가 잘 챙겨 먹도록 할 사람이 없다. 엄마가 외출은 하는지 확인할 사람도 없다. 당신은 날마다 적어도 네 번씩 엄마에게 전화를 걸어, 숨을 쉬고 있는지 확인한다. 서로의 휴대 전화에 위치 추적 기능을 추가해 몇 시간씩 앉아 위성 조감도를 들여다보며, 조그만 회색 얼룩으로 보이는 집에서 엄마가 나오기를 기다린다. 가장 쉬운 길은 스스로를 내려놓는 것이지만, 상대가 살아남아야 하기 때문에 그 길을 택하지 않는다.

빛바랜 연보라

1년 전에는 지역 카페의 환한 조명 아래서 얇은 합판 탁자를 사이에 두고 면접관과 마주 앉아 입시 면접을 보았다. 그 남자는 전문적이고 단정하며 묘하게 위협적이어서 어느 친구의 아빠를 연상시켰다. 언니가 죽은 지 딱 1년 되는 날이었다. 당신은 여전히 그날을 어떻게 기념해야 할지 모르는 채였는데, 면접관이 하필 그날 그 시간에 보자고 한 것이다. 면접 대상자인 당신이 어떻게 감히 날짜를 조정할 수 있겠는가? 가벼운 몇 마디 대화를 나눈 뒤, 그는 당신이 예상하지 못한, 하지만 예상했어야 했던 질문을 던졌다.

　"학생에게 가장 중요한 롤모델은 누구인가요?"

　뇌리에 처음 스친 사람이 엄마여서, 당신은 그냥 솔직하게 엄마라고 대답한다. 그는 실망한 듯, 아니면 당신의 무지와 본인의 상대적인 연륜과 무한한 지혜에서 비롯한 자기만족에 빠진 듯, 약간 비난 어린 눈빛으로 당신을 바라본다.

　"그건 전형적인 실수예요." 그가 말한다. "학생이 조금 더 크면, 세상에 부모님보다 훨씬 대단한 사람들이 가득하다는 걸 알게 되겠지요. 하지만 아직은 어리니까. 아직 인생 경험도 많이 없고."

　그날 면접에 오는 대신 해야 했던 일들의 긴 목록(엄마에게 꽃을 사드리고, 언니를 위한 기념행사를 준비하고, 언니 이름으로 자원봉사를 하고, 아니면 적어도 밤에 조용히 언니를 기억하며 회고하는 시간이라도 가져야 했다)이 압박했기 때문일까. 아니면 단지 면접관의 우쭐한 얼굴과 한 번도 만난 적 없는 엄마를 그런 식으로 일축해버리는 태도 때문일까. 이유가 무엇이건 간에, 당신은 독백 속으로 빠져든다. 당신은 면접관에게 말한다. 맞아요, 세상에는 당신이 떠올릴 수 있는 학문적으로 뛰어난 사람들이 얼마든지 많겠죠. 좋아하는 작가랄지, 존경하는 인도주의자들, 활동가와 연구자들이요.

그들의 업적이 놀라울지는 몰라도, 그 사람들이 날마다 세상과 어떻게 상호 작용하는지 모른다고 당신은 말한다. 그들이 식당에서 서빙하는 직원들에게 고맙다고 하는지, 낯선 사람들에게 웃어주는지, 자녀와 배우자 혹은 반려동물은 어떻게 대하는지 모른다고. 당신이 분명히 아는 것은 당신의 엄마가 지금껏 만난 그 누구보다도 더 고통받았다는 사실과 그녀가 어떤 행동을 선택해도 정당화될 만큼의 충분한 상실을 겪었다는 점이다. 하지만 날마다 그녀는 만나는 모든 사람들에게 친절하다. 날마다, 아침에 일어나면 몸을 쭉 뻗어 사지의 통증과 뼈 마디마디의 고통을 떨쳐내고 다른 사람들 같으면 그저 침대에 파묻혀 있었을 상황에서도 한발 한발 앞으로 걸음을 내디딘다. 당신은 면접관에게 바로 이런 사람이 되고 싶다고 말한다. 엄마처럼 강인하고, 엄마처럼 친절한 사람이 되고 싶다고.

아니나 다를까, 면접은 제대로 시작도 하지 못한 채 얼마 가지 않아 지지부진하게 마무리된다. 다른 의도가 있다기보다는 아마 화제를 바꾸려고 그랬겠지만, 그가 혹시 형제자매가 있냐고 물었을 때 당신은 아니라고, 당신의 언니가 정확하게 1년 전 오늘 죽었다고 말한다. 이 말을 하며 당신은 울지 않고, 울 것 같은 충동도 느끼지 않는다. 좌절감이 선명히 드러난다. 당신은 내면의 어두운 부분이 가혹한 말들로 채찍질하는 것을 즐긴다. 당신의 고통이 그를 향해 사납게 던질 수 있는 뚜렷한 무엇이라고 상상한다. **나의 고통을 느껴보세요.** 당신은 생각한다. 내가 무엇을 잃었고, 앞으로 **무엇이 없는 채로 영원히 살아가야 하는지를 좀 아시라고요.**

당신은 그 대학에 들어가지 못하고, 이유가 궁금하지도 않다.

보스턴에 간 당신은 4명이 함께 쓰는, 4개의 책상과 4개의 트윈침대가 각 모퉁이에 자리한 작고 네모난 방으로 들어간다. 자고 오는 캠프를 제외하면 당신은 언니가 아닌 다른 사람과 방을 함께 써본 적이 없다. 엄마와 당신은 습한 8월의 어느 날 커다란 짐가방들과 침구를 들고 비좁은 계단을 3층까지 오르느라 정신이 없다. 두 사람 모두 마음이 두려움과 공포로 가득해 말이 없다. 엄마는 당신의 가장 좋은 친구이자 당신이 세상에서 가장 좋아하는 사람이다. 이는 언니가 아프기 전이나 죽기 전에도 마찬가지였지만, 숱한 생사고락의 순간들을 함께 겪다 보면 그 사이에 특별한 유대가 생긴다. 하지만 두 사람이 서로를 위해 아주 많이 희생할 수 있는 것도, 항시 함께일 때라야 가능하다. 이제 두 사람은 비통함에 가까스로 반만 살아 있다. 이렇게 서로의 곁을 떠나야 하는 것이 잔인한 운명 같다.

밤이면 당신은 깨어서 낯선 천장과 천장을 타고 춤을 추는 익숙지 않은 그림자들을 응시한다. 당신은 돌돌 감기고 긴장한 태엽 감은 완구처럼, 아침 첫 햇살이 비추기를 기다린다. 뭉툭한 수면제들을 꿀꺽 삼킨 다음 혈관의 뜨거운 에너지가 그 약들을 태우고 해체하다 당신을 안락하게 잠재우기를 잠들기 전까지 상상한다. 당신의 정신은 늦은 밤 시트콤에 나와서 끝없이 말하는 수다쟁이처럼 꺼지기를 거부한다. 당신은 무의식에 빠져들기까지 새들이 서로 지지귀는 소리에 귀를 기울인다.

다음 날 당신은 침대 옆쪽 울퉁불퉁한 벽돌에 언니와 당신의 사진을 드림캐처처럼 걸어둔다. 두 살인가 세 살이던 사진 속 당신은 언니가 입혀준 노랑 바탕의 검정 물방울무늬 옷을 입었다. 뒤에 서서 허리를 굽히고 두 팔을 당신의 어깨에 두른 언니는 자랑스럽게 자기 작품을 선보이고 있다. 당신의 조그만 발은 아이들이 좋아하는 분홍색 디즈니 공주 구두를 신고 있다. 신발은 사이즈가 몇 단계나 커 보인다.

문제는 이곳으로 오기 전에 전략을 세우지 않은 것이다. 그래서 한동안은 그 질문을 받을 때마다 대중없이, 정서 대역폭과 상황의 요구에 따라서 대답한다. 대부분 당신은 외동이라고 답한다. 한번은 어느 남학생이 그 대답에 이죽이죽 웃으며 "왠지 알 것 같아"라고 말한다. 당신이 외동처럼 보인다는 것이다. 수업을 듣기 위해 교정 내 버스에서서 이동 중이었는데, 그 순간 당신은 너무나도 근본적으로 오해받고 있다고 느낀다. 누군가가 당신을 진실로 알게 되는 날이 다시금 오기나 할지 궁금하다. 버스에 매달린 플라스틱 손잡이를 잡은 당신의 무릎에는 감각이 없다.

몇 번이고, 특히 방심하고 있을 때나 부지런히 샌드위치를 씹느라 위장이 공중제비를 돌 때, 그 질문이 날아들면 당신은 반사적으로 고개를 끄덕이며 있어라고 답한다. 그러면 계속 질문이 이어진다. 언니가 몇 살이야? 무슨 일 해? 둘이 사이 좋아? 혹여 언니가 사라지지 않았더라도, 이런 줄줄이 질문들에 누군가를 당황시키지 않고 답하기란 불가능했을 것이다. 언니가 어딨냐고? 정신병원에 있을 가능성이 크지. 사이는 좋으냐고? 한때는 언니가 세상의 전부였지만, 언젠가부터는 스스로 벽을 치고 막아야 했어. 당신의 모든 대답이 나머지 사람들에게 수수께끼처럼 들리지는 않을지 의문이다. 혹시 당신이 의도치 않게 앞뒤 가리지 않는 무심함으로 누군가를 다치게 하지는 않았는지도 우려스럽다.

결국 당신의 불일치들은 당신을 따라잡는다.

학교에 입학하고 몇 주일 뒤, 당신은 새로 사귄 친구들 몇 명과 좁은 기숙사 방에 빽빽하게 둘러앉아 있다. 셀럽을 만나본 이야기가 하나둘 나오기 시작하고 모두가 웃는다. 아무 생각 없이 당신은 언니가 아직 10대일 때 마서스 비니어드에 갔다가 그 배우를 만난 이야기를 꺼낸다. 당시를 떠올리니 웃음이 나고, 잠시, 언니의 여동생이었다는 사실을 다시금 만끽한다. 그 전설적인 케이틀린 랜츠 레디가 내 언니였지.

버스에서 만났던 남자아이가 제일 먼저 대꾸한다. "잠깐만," 그는 우쭐한 형사처럼 날카롭게 묻는다. "너 외동이라고 했잖아." 당신의 모든 피가 두 뺨으로 몰려오고 사지는 차갑게 식어버린다. "우리가 사실 전에도 이 얘길 했었거든. 네가 토미한테는 언니가 있다고 해놓고 나한테는 없다고 했어. 왜 그런 거짓말을 하는 거야?" 방 안에 있던 모두가 당신을 향해 고개를 돌린다.

당신은 초조하게 웃으며 이색한 기침을 콜록거린다. 눈가에 눈물이 차오르고, 이해할 수는 없지만, 딱 한 번 학교에서 선생님께 꾸지람을 듣던 기억이 떠오른다(6학년 때, 어떤 허가서에 제때 부모님의 서명을 받아오지 못한 당신은 엄마의 필체를 흉내 내 비뚤비뚤 서명을 위조했다. 적어도 세 번은 지웠다가 진한 흔적을 남기고 다시 썼는데, 그 노력이 너무나도 둔해서 떠올리면 마음이 아프다. 선생님은 당신을 복도로 불러내 팔짱을 낀 채 부드러운 목소리로 꾸짖었다. 당신의 명청한 위장 노력에 애써 웃음을 참는 듯했지만, 그래도 엄한 말투에 당신은 웅덩이에 뛰어들어 그의 발밑 파란색 타일 아래로 숨어들고 싶은 심정이었다).

"아, 그게." 태연하고 대수롭지 않은 목소리를 유지하려 애쓴다. 하지만 갈라지고 이상한 박자를 타고 말이 나온다. "음, 맞아, 미안한데, 내가 언니가 있었는데, 더 이상 없어서."

의식 어딘가에서 당신의 두뇌는 더 유창하게 말하는 방법을 알지만, 이 정중한 표현이 지금의 상황을 모면하게 해준다. 게다가 그 말은 대충 진실 아닌가? 당신에게는 언니가 있었지만 지금은 없다. 이 단순한 사실에 담긴 상실감은 가슴속 뜨거운 쇠붙이의 온도를 다시금 높인다.

보스턴으로 이사할 때 당신은 언니를 남겨두고 간다는 이상한 감정을 잃았다. 어릴 적 당신은 언젠가 대저택을 사서 언니네와 양쪽에 한 가족씩 살면서, 아침은 공동 부엌에서 같이 먹자고 말했었다. 부모님은 당연히 건너편 집에 살고.

언니가 왜 필라델피아에서 살기 싫어했는지 이제는 이해한다. 언니는 항상 떠나온 뉴잉글랜드로 다시 돌아가 예의 그 바다와 파란색을 보며 살고 싶어했다. 이제 언니에게는 그럴 기회가 없어졌다. 혹여 또 다른 우주에서 시신을 찾는다면, 언니의 재를 어릴 적 놀았던 바위 투성이 해변에 뿌려주거나, 아니면 품에 늘 데리고 다닐 텐데. 하지만 이제 언니는 자신이 경멸하던 도시에 영구히 갇혀버렸다.

이러한 상황들을 겪으면서 당신은 두 가지 버전의 자아가 동시에 존재한다고 느낀다. 세상에 드러나는 당신은 차분함과 유쾌함을 유지하는 반면, 흐린 상상 속 또다른 당신은 힘없이 주저앉아 몸을 공처럼 웅크리고, 가엽고도 가엽게 손과 무릎을 바닥에 대고 있다. 이 대안 현실은 너무나도 실제 같아서 손바닥 아래 까끌거리는 러그의 감촉과 가장자리의 거친 천이 다리에 빨갛게 자국을 남기는 게 느껴질 정도다.

그 남자아이가 상당한 배려로 말을 더듬어가며 중얼중얼 사과를 건넨다. 그 순간이 지나간 뒤에는 그 일로 인해 하루가 산산이 부서진 듯 느껴진다. 그 남자아이에게 "걱정 마, 네 잘못이 아니야"라고 말하고 싶다. 정말로 그 아이의 잘못은 아니니까. 하지만 그 말을 꺼내는 순간 눈물이 날 것 같다. 고맙게도 당신의 룸메이트가 대화의 주제를 딴 데로 돌려준다. 모두들 하던 대로 대화를 나누고, 당신은 침묵한 채로 내내 앉아 있는다. 두 손은 마치 담요를 만지듯 힘없이 맥주 캔을 매만진다. 마침내 자리를 뜨려고 일어나자, 방금 막 장거리 달리기를 마치고 온 사람처럼 온 근육이 아프다. 당신은 자기도 모르는 사이 몇 시간 동안 긴장으로 온몸을 웅크리고 있었음을 깨닫는다.

시간이 지나며 다시 또다시, 당신은 언니에게서 받은 끝없는 영향들이 당신의 이마에 또렷하게 새겨져 있지 않음에 놀라고 만다. 당신이 이 색깔 옷을 입은 이유는 언니가 예쁘다고 말한 적이 있기 때문이라는 사실을 그 누구도 직감하지 못한다. 당신은 한 사람으로 이루어진 나라, 즉 언니의 문화에서 생겨난 언니의 말투를 쓰는데, 아무도 그 유래를 모른다. 언니는 당신 없이 5년을 살았지만, 당신에게는 언니가 전부다. 공공연히 언니를 지우는 일이 얼마나 쉬운지, 당신은 우려스럽다.

당신은 누군가의 의지에 의해 여동생으로 존재하게 되었고, 이후 **17년 동안** 여동생이었다(3일은 올림한다). 옷을 빌리고 방과 침대를 같이 쓰고 비밀과 심적 고통을 공유했다. 둘은 손을 잡고 모래성을 쌓았다. 양동이에다 유리 몽돌을 잔뜩 모아 담았고, 고운 모래를 조심스레 파서 젖은 시멘트 같은 질감을 만들어 마법처럼 얕은 물이 차올라 물웅덩이를 이루도록 했다. 당신은 주로 비밀을 옮기는 사람이었지만, 이제는 그 모든 것을 홀로 삼킨다. 꽤 성숙해진 언니가 현실적으로 믿을 리가 없을 때에도, 당신은 갈색 소의 젖에서는 초코우유가 나온다고 장담했다. 몇 달 뒤 언니는 당신이 사실 입양되었으며, (당신과 생년월일이 같은) 오스트레일리아 가수 코디 심프슨이 당신의 쌍둥이 남매라고 우긴다.

당신은 소리친다 "언니가 **싫어**."

문을 쾅 닫고, 울고, 언니가 없었으면 하고 바라기도 했다.

깔깔거리고 웃으며 "언니 **사랑해**"라고 말하기도 했다.

너무 심하게 간질이면, 고통스러워 눈물이 차오르기도 했다.

당신은 고아나 홀아비라는 단어처럼 당신이 무엇인지를 말해줄, "나는 한때 누군가에게 무엇이었어요"라고 말해줄 적절한 단어가 있었으면 한다. 조그만 꼬마일 때에는 말할 필요가 없어 입을 다물었지만, 이제는 비탄에 잠겨 입을 다문다.

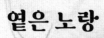

옅은 노랑

제3막 회복기

36

대학교 2학년 때 학교 동아리 학생들과 함께 파인 스트리트 인이라는 남성 노숙자 시설에서 봉사 활동을 시작했다. 우리는 일주일에 한 번 기차를 타고 보스턴 도심에 자리한 그리 눈에 띄지 않는 산업시설로 향했다. 그곳에 도착하면 금속 탐지기와 가방 스캐너가 설치된 보안 검사대 앞에 한 줄로 늘어선 남자들이 출입 순서를 기다리고 있었다. 직원 출입구로 가려면 그들을 지나 옆문으로 들어가야 했다. 그럴 때마다 나는 죄책감을 느꼈다. 줄을 서지 않아도 되는 특권은 그 보호소에서 나란 존재가 대체로 그렇듯, 침입자가 된 기분을 느끼게 했다.

이따금 우리는 머리에 위생모를 쓰고 그날의 메뉴를 플라스틱 식판에 떠 담으며 식사 배급을 도왔다. 식사시간이 끝나면 식탁을 닦고 바닥에 떨어진 음식 부스러기와 냅킨을 쓸어 담은 뒤 구석구석 얼룩들을 닦아냈다. 연말이 다가오면 식당 안은 그럭저럭 구색을 갖춰 종이 눈꽃들과 천장에 달린 배너, 커다란 빨간색 리본이 달린 화환들로 꾸

옅은 노랑

며졌다. 언젠가 한 번은 근무시간에 위층 사무실로 올라가 식당이 내려다보이는 커다란 유리 창밖을 내다보며 기부받은 옷들을 크기와 종류별로 나누는 작업을 하기도 했다. 하지만 대부분 우리 동아리의 역할은 대기실에서 사람들과 함께 머무는 것이었다.

좁은 경사로를 따라가면 거무죽죽한 타일 위로 파란색 사물함과 급식실에 어울리는 벤치들이 늘어서 있었다. 공기 중에는 씻지 않은 몸의 냄새가 배어 있었다. 몇 개의 붙박이 텔레비전 화면에서는 뉴스와 스포츠 경기 중계가 한창이었고, 다른 언어권의 영화들이 방영될 때면 화면 아래로 자막이 부지런히 흘러갔다.

파인 스트리트 인에서는 많은 서비스를 제공한다. 뉴잉글랜드 지역에서 가장 규모가 큰 노숙 서비스 시설로, 하루에도 2,000여 명의 남성과 여성 노숙자들이 들락거린다. 장기 거주 프로그램과 회복 서비스, 그리고 직업 개발 훈련을 운영하는데, 우리는 이곳에서 매일 밀어닥치는 방문자들을 맞이해 그들 옆에 앉아 대화를 나누고 저녁 시간 전까지 도미노 게임 등을 함께하며 평범한 대화를 주고받는다.

노숙을 하는 개인들은 너무도 자주 간과된다. 우리는 거리에서 종이 상자에 뭔가를 써놓고 동전 몇 개를 담은 깡통을 앞에 둔 남자를 지나쳐 걷는다. 전철역 쓰레기통을 뒤지거나 쇼핑 카트에 이런저런 물건을 가득 담아두고 층계참에서 서성이는 여자를 보면 다른 길로 돌아간다. 어쩌면 누군가는 잠시 멈춰 서서 현금을 꺼내려 지갑을 뒤적이고, 혹은 그들과 마찬가지로 고개를 살짝 까딱하며 작게 "안녕하세요"라고 말하겠지만, 대부분은 하던 일을 계속하며 지나친다.

사람들이 너무 무정해서 그런다고는 생각하지 않는다. 오히려 그런 행동은 생존 방식의 일환일 것이다. 자연스러운 본능과 학습된 행동은 우리가 스스로 경계를 늦추지 않도록 만드니까. 길모퉁이에 있는 그 남자가 위험할 수는 있다. 기차에서 예수의 재림에 관해 혼자 중얼거리는 그 여자가 미쳤을 수도 있다. 그녀는 나의 언니일 수도 있다. 두려움은 우리를 제압해버린다.

노숙이 직면한 그 어마어마한 과제 앞에서는 누구라도 충격을 받을 것이다. 2019년에는 단 하룻밤에 총 56만7,715명의 미국인이 노숙을 경험한 것으로 나타났다. 시민 1만 명 중 17명꼴이다. 이 비인간적인 숫자는 사기를 꺾고 절망감을 안긴다.

봉사자인 우리 동아리원들의 역할은 그 사람들 스스로가 다른 이들의 **눈에 보인다**고 느끼도록 하는 것이었다. 우리는 만나는 사람마다 악수를 나누며 그들의 가족들과 관심사에 관해 물었다. 어느 방문자는 항상 우리 동아리원들에게 자신이 가장 좋아하는 음악을 들려주고 싶어했는데, 스포티파이를 열어 크랜베리가 부른 "좀비"를 조금 크게 트는 바람에 옆 테이블에 앉은 사람들을 방해한 적도 있다. 몇몇은 내게 하트, 블랙잭, 진러미 같은 카드놀이를 가르쳐주었다. 가끔씩 방문자 중 누군가가 나를 찾아와서는 정말 오랜만에 자신이 "정상"인 것처럼 느꼈음을 고백하며 감사를 표하는 일도 있었다. 반면 그들과 섞이려는 우리의 노력에 따가운 눈총을 보내거나 투덜거리는 이들도 있었다. 마침내 부엌으로 불려가 고무장갑을 끼고 앞치마를 두른 뒤 뭔가 눈에 보이는 쓸모 있는 일을 할 때면, 나는 거의 항상 안도감을 느꼈다. 단지 사람들의 이야기만 들으며 앉아 있는 것은 충분하다고 느껴지지 않았다.

게다가 우리가 누구인가. 대학을 다니는 특권을 누리는 한 무리의 학생들이, 그들 사이에 둘러앉아 그들이 처한 곤경을 이해하는 척한 다고? 교대 근무가 끝나면 우리는 다시 기숙사 방으로 가서 시험 공부를 하고, 주말에는 근처 바에 가며, 다음 주가 돌아오기 전까지 마치 짐을 싸두듯 이 모든 봉사 활동을 깔끔하게 봉해둘 뿐이다.

대학에 지원할 때 나는 그 어떤 친구에게 고백했던 것보다 더 솔직한 이야기를 썼다. 우선 언니에게 무슨 일이 있었는지 간략히 정리했다. "글쓰기와 심리학을 공부해서 정신질환에 관한 오해를 밝혀내고 싶다"고도 썼다. 두 가지의 차이라면, 글쓰기는 소명이고 심리학은 열정이었던 것 같다. 그 둘을 결합해서 안 될 이유가 무엇인가?

하지만 복수 전공 과정을 밟으면서 글쓰기는 뒷전으로 밀려났다. 나는 임상 분야로 진로를 정해 이상심리학, 신경과학, 그리고 정신건강 관리 분야를 공부하기 시작했다.

학생들이 가득 찬 강당에 앉으면, 모든 곳에서 언니가 보였다. 나는 조현병에 관한 수업에서 토론과 논쟁에 참여했다. 언니의 뇌에서 일어났을 법한 화학적 반응을 묻는 시험 문제에 떨리는 몸을 진정시키며 답했다. 무심한 태도로 거리를 두려 애썼다. 변해가던 언니의 성격은 교수의 파워포인트 화면을 채운 빽빽한 텍스트 속에서 수학 방정식처럼 깔끔하게 정리되었다.

그 변화 과정은 미국정신의학회가 "한 사람이 생각하고, 느끼고, 행동하는 방식에서 일어나는, 겨우 알아차릴 정도의 변화들"이라고 특징지은 전구기prodromal phase로 시작되었다. 학교나 직장에서의 수행 능력이 저하되고, 집중에 어려움을 겪거나 금단 증상을 경험하는 국면이었다.

다음 단계는 급성acute, 혹은 활성기active phase로, 뚜렷한 정신병적 증상이 나타나며 공식적으로 사고 장애thought disorder 진단을 받는 시기였다. 조현병을 셰익스피어의 희곡에 비유한다면, 이 국면을 "하강부falling action"에 빗댈 수 있을 것이다. 모든 것이 결말을 향해 풀려가는, 되돌릴 수 없는 지점 말이다.

마지막은 잔류기residual phase라고도 불리는 회복기recovery phase다. 이 시기에는 정신병적 증상이 줄어들고 환자에게 우울감이 "잔류한다." 이 용어는 유리 세정제 윈덱스의 광고를 연상시킨다. 광고에서 세정제를 뿌린 뒤 솔이나 종이 타월로 거울을 닦으면 하얗고 뿌연 잔여물이 남는데, 잔유물은 간단하게 제거된다. 이 마지막 단계, 마지막 장에서는, 기능할 수 있는 능력이 주기적으로 돌아온다. 환자는 일시적인 회복을 경험하게 될지도 모른다.

모든 것이 너무도 딱 떨어졌다. 명확한 시작과 중간, 그리고 끝. 잘 정돈되고 조직적으로 요약되어 있었다. 그러나 현실은 전혀 그렇지 않았다. 실제 순간에는 그 어떤 것도 서사의 흐름 안에 담아내기가 힘들었다. 어떤 사진을 너무 갑작스럽게 얼굴에 가까이 대고 보는 것과 같아서, 종이의 냄새를 맡고 잉크의 금속성은 느낄지 몰라도 이미지 자체는 로르샤흐 테스트(잉크의 얼룩 같은 무의미한 무늬를 해석해 사람의 성격 등을 알아내는 검사/옮긴이)처럼 분간하기가 어려웠다.

언니가 처음 아프기 시작한 무렵부터 엄마는 일련의 주요 사건들을 종이에 기록해 『영혼을 위한 닭고기 수프*Chicken Soup for the Soul*』의 그럴듯한 페이지들 사이사이에 끼워놓았다. 펜을 바꿔가며 우리가 알았던 것과 결코 모를 것들을 시간순으로 정리한 기록이었다. 그 종이에는 두 가지 큰 질문에 대답해보려 애쓴 흔적이 있었다. 무슨 일이 일어났으며, 왜 일어났는가?

엄마는 발생 순서에 따라 마지막 10여 년 동안 긴장을 고조시킨 사건들을 정리했다.

미성년자 음주로 걸림—3번.
케이트가 머리를 박아서 입원.
박사님이 케이트를 입원시킴(302호?).
부동산 중개인 과정을 듣는다!

목록은 몇 쪽이나 계속 이어졌고, 이따금 검은색으로 흘려 쓴 글씨를 파란색 펜으로 덧칠하고는 여백에 세세한 내용을 써두기도 했다.

뭔가 중대한 사항이 기억나서 다시 쓴 듯했다.

"케이트가 대체 몇 번이나 입원했는지 모르겠다." 파란색 펜으로 쓰여 있었다.

엄마는 무의미에서 의미를 찾으려 애쓰며, 그 혼돈에 어떤 잘 짜인 구조를 만들어주고자 했다. 어쩌다 우리는 선로에서 이만큼이나 벗어났을까? 뭐가 잘못되었고, 그 이유는 무엇일까?

그 기록에서 엄마는 답할 수 없는 질문에 대한 답을 찾고 있었다. 사건이 단 하나만 있었던 게 아니고 숨겨진 실마리 따위도 없었으니 답이 존재할 리 없는데도 말이다. 언니는 아팠고, 언니의 질병은 정신에서 발생한, 눈에 보이지도 추적할 수도 없는 최악의 종류였다.

주요 사건의 내용들은 점점 더 극적이고 절망적으로 변해갔다. 유년기의 장난은 폭행과 위험을 넘어섰다. 폭력은 격렬해지고 예상 불가한 것이 되어갔다.

무질서에 의미를 부여하는 방법은 무엇인가?

엔트로피의 서사는 어떻게 창조하는가?

언니의 광기가 심화됨에 따라 우리 가족은 필사적으로 삶에 구조를 부여하기를 원했지만 우리의 삶에는 형태가 없었다. 우리의 삶은 그릇이 깨끗해지도록 싹싹 긁어먹은 듯 텅 비어 있었고, 우리 자신도 텅 비었다.

임상적 정의 너머 언니의 삶은 다른 어떤 삶과 마찬가지로 엉망진창이며 아름답고 고통스러웠다. 그것은 진짜였고 인간적이었다. 모

옅은 노랑

호한 장면들이 차례로 스친다. 누더기처럼 낡고 낡은 언니의 홀치기 염색 맨투맨 티셔츠. 내게는 절대로 빌려주지 않았던 코바늘 니트 티. 어릴 적 해변에서 보았던 파란 물결. 언니를 삼켜버린 강물과 언니를 휩쓸어 가고는 결코 되돌려주지 않는 물살. 우리가 자주 놀곤 했던, 테라코타로 마감된 수영장. 어린 시절 집 근처 해변으로 하얗게 부서지던 포말과 해마다 가까워지던 파도. 어느 여름날, 우리가 타파딩고라고 이름 붙인 바다표범이 저 깊은 바다에서 우리에게 인사를 건네듯 회색 머리를 깐닥거리던 게 눈에 선하다.

이제 나무 꼭대기들 위로 에메랄드 녹색이 드리운다. 우리가 청소년기를 보낸, 육지로 둘러싸인 펜실베이니아. 나뭇가지 사이사이로 흘러드는 반짝이는 햇살은 뜨겁고 지글거리는 도로의 차들 위로 여러 패턴의 문양과 그림자를 드리운다.

그리고 나면, 격렬하고 앞뒤도 맞지 않는, 사건 그 자체의 빨강이 고개를 든다. 너무 빠르게 스쳐 흐릿하게 보이는 멈춤 표지판처럼. 언니가 마지막으로 입고 나갔던 외투의 색처럼. 언니가 맞이한 최악의 순간, 언니의 뺨으로 격동하며 몰렸을 피처럼. 그리고 언니가 가장 아끼던 체리향 립밤의 색처럼.

그리고 종국에는 하락의 구간, 칙칙한 연보라색이 등장한다. 오랜 시간 빛이 바랜 언니의 침구 색깔이다. 치유와 상실은 시간이 흐르면서 옅은 노랑처럼 창백해진다. "잔류"의 우울감은 우리 각자의 몫으로 남는다.

결국 그것이 바로 정신건강 관리의 핵심적인 고군분투 아닐까? 인간(영혼, 관계, 우리를 우리이게 하는 것들)과 냉정한 의학(객관성, 거리감, 진단에 따른 분류) 사이에서 벌이는 곡예. 의학은 개성과는 정반대이며, 집단으로 구분 지으려고 고안된 것이니까.

나는 계속해서 교수님들이 아무것도 이해하지 못한다고 느꼈다. 누군가 과장된 손짓으로 조현병을 두고 농담하면 나는 가만히 입을 다물고 들었다. "벽들이 나한테 말을 걸어요!" 수업을 듣던 학생들은 단조로운 수업 중 잠깐의 쉴 틈에 감지덕지하며 웃음을 터뜨렸다. 나는 조용히 지하층 빈 화장실로 가서 청록색 타일 벽을 발로 차며 비명을 삼켰다.

다큐멘터리나 사례 연구 속에는 어디에나 언니가 있었다. 지금껏 우리의 경험이 얼마나 흔한지 전혀 깨닫지 못하고 살았다. 한때는 너무도 다른 세상의 일 같았던 그 증상과 혼돈들이 내가 읽는 모든 교과서에 가득했다. 우리는 혼자가 아니었다. 우리는 결코 혼자인 적이 없었다.

언니의 정신질환이 급격히 심화되는 조짐이 처음으로 보일 무렵, 엄마는 자기계발 서적들을 어마어마하게 사 모으기 시작했다. 엄마 침대 옆으로 쌓아 올린 책들은 무너져내릴 듯 아슬아슬했다. 엄마는 온갖 종류의 신앙 서적과 상실 및 생존 이야기, 신경학자들의 증언이 담긴 책들을 섭렵했다. 흰색 종이에 인쇄된 검은색 활자들 사이에서 뭔가를 찾을 수 있을지도 모른다고 확신했다. 이전에는 생각지도 못했던 어떤 논리를 말이다. 차곡차곡 쌓인 책들은 엄마의 침대 발치에서부터 옷장 주위로 요새를 이루어, 엄마와 세상 사이에 놓인 방어벽이 되었다.

한번은 엄마가 내게 말했다. "잘 들어봐. 내가 드디어 이해했어. 우리는 교과서야. 그게 바로 우리야. 우리가 바로 거기 있다고." 엄마는 긴 숨을 내쉬었다. 그러고는 말을 이었다. "조금 일찍 알았더라면 좋았을 텐데."

나는 엄마를 이해하려고 노력했다. 어떻게 우리 삶이, 이토록 독특하며 상실과 상처로 점철된 우리 삶이, "교과서"일 수 있을까? 우리 상황의 그 어떤 것도 교과서적이지 않았다. 만일 그랬다면 왜 우리는 상황을 바로잡을 수 없었다는 말인가? 만일 그러한 기능 장애가 흔하고 평범하다면, 쉬운 해결책은 어디에 있었나? 적어도 그것이 우리만의 문제였다면 비난도 비교도 하지 않고 견딜 수나 있지. 게다가 당시에는 나의 엄청난 고통이 실은 꽤 평범하다는 말을 듣는 일이 어쩐지 모욕적이기도 했다.

그러나 이제는 엄마의 말이 무슨 뜻인지 이해한다.

나는 노숙자 시설에서 자주 언니를 발견했다. 복도에서 나를 가까이 끌어당겨 자신이 외계인에게 납치되었으며 그들이 자신의 파란 혈관에 칩을 심어놓았다고 고백하는 남자는 언니와 다름없었다. 모퉁이에서 혼자 중얼거리며 누군가를 설득하듯 일방적인 논쟁을 벌이는 노신사 역시 언니와 같았다. 한번은 어떤 방문자가 내게 자신이 잠든 사이 누군가 자신의 머리카락을 잘라버렸다고 말했는데, 언니가 똑같은 이야기를 했던 날이 떠올라 숨통이 탁 막히는 느낌이었다.

최신 통계에 따르면 약 1.2퍼센트의 미국인이 조현병 진단을 받는다. 그런데 나는 어디에서나 조현병을 본다. 조현병 진단이 그 환자들을 사회 가장자리로 내몰기 때문에, 진단을 내리기가 어려워진 탓일 것이다. 아니면 내가 그저 일반 사람들보다 조현병 증상에 더 예민해서, 아주 미미한 증상이라도 보이면 나의 말단신경이 그 신호를 감지하거나, 내 유전자 암호가 일종의 자석처럼 거기에 끌리는지도 모르겠다.

노숙자가 되는 원인으로는 다른 것들도 많다. 적절한 거주지 부족, 제도적 인종차별과 가난의 대물림, 실업, 저임금, 그리고 부양 정책의 실패. 하지만 정신질환과 약물남용도 무시할 수 없는 한 부분을 차지한다. 파인 스트리트 인 자원봉사자의 핵심적인 역할은 이 남성들이 스스로가 눈에 보인다고 느끼도록 하는 것이었는데, 때로 나는 그들 모두가 너무나 또렷하게 보인다고 느꼈다. 하지만 다른 어떤 때에는, 고백하건대, 그들에게서 오직 언니만을 본 건 아닌지 모르겠다.

다음 해 여름 나는 정신장애 진단을 받은 여성들을 돌보는 낸터킷의 한 그룹홈에서 일하게 되었다. 주로 조현병 환자들이 지내는 곳이었고, 나는 글쓰기를 내려놓고 임상 연구에만 매달리고 있었다. 언니를 죽인 질병을 공부하는 데 시간을 쏟으며, 그렇게 좇다 보면 어떤 식으로든 속죄가 이루어지거나, 과거를 다시 사는 기회가 생길지도 모른다고 느꼈다. 나는 내가 비극의 순환에서 탈출했다고 믿으면서도, 동시에 그 비극을 다시 체험하도록 스스로를 몰아붙였다. 엄마 역시 유사한 방식으로 대처했다. 미국정신과협회와 국내 학대보호소, 그리고 약물남용방지협회에서 자원봉사를 하는 식이었다. 당시를 돌아보며, 지금 나는 스스로에게 묻는다. 우리는 진정 과거의 경험을 토대로 다른 사람에게 봉사하려고 했을까, 아니면 그저 우리 스스로를 벌주고 있었을까?

내가 일했던 기관의 환자들은 모두 50대 후반이나 60대로 연령대가 꽤 높았다. 총 5명이었고, 다들 망상과 환각에 시달리기는 했지만 대부분 의외로 아주 다정했다. 언니가 예전에 지냈던 임시 가정 형태가 아닌 이곳은 장기 돌봄을 위주로 하는 곳이었다.

때때로 우리는 야외에 나갔다. 나는 조그만 버스처럼 생긴 녹슨 밴을 운전해 매력적인 유적지 마을 자갈길 위를 금방이라도 바퀴가 터질 듯 위태롭게 덜컹거리며 달렸다. 우리는 근처 해변에서 저 멀리 떠오르는 고래를 보았고, 바위처럼 보이기도 하는 그들의 판판하고 빛나는 등을 감상했다. 뜨거운 7월 햇살을 받으며 홈메이드 아이스크림을 사먹기도 했다. 지역 할인 상점들을 돌아다니며 온갖 옷들이 진열된 틈에서 마음에 드는 옷을 고른 적도 있다. 매일 그림 그리기 시간이 되면 거실 목재 테이블에 둘러앉았고, 구석의 낡은 라디오에서 흘러나오는 노랫소리가 들렸다 끊겼다 하는 와중에 기하학적 형태의 만다라를 차분하게 색칠했다. 우리 지역에는 회복 지원 봉사자들이 부족했다. 같은 산하 단체의 비슷한 기관과는 달리, 내가 근무하는 시간에 오는 사람은 나밖에 없었다. 나는 수 주일간 교육을 받은 뒤 약물 관리 프로그램과 기본 치료 방법을 배워 주에서 자격증을 땄다. 그럼에도 나는 충분히 준비되었다고 느끼지 않았다. 늘 실수할까봐, 애먼 소리를 할까봐, 주워 담을 수 없는 잘못을 저지를까봐 두려웠다. 내 행위의 결과가 무엇일지 잘 알았고, 내가 돌보는 환자들이 얼마나 취약한지도 너무 잘 알았다. 나는 낮에도 저녁에도 야간에도 일했고, 어르신들을 약속 장소에 태워다주고, 나날이 개인별 재활 루틴을 챙기면서 항정신병약을 관리 기록하고 모든 그룹 프로그램을 이끌었다.

그곳에도 자주 언니가 있었다. 언니의 목소리도 들렸다. 어느 환자가 이 집에 침입하려는 스파이들이 있다고 우겼을 때, 나는 그 소리가 근처 인도로 지나가던 가족이 낸 평범한 소란일 뿐이라고 설명했다. 언젠가 한 어르신이 내게 채소 가게 복도에 있던 한 남자가 사악한 생각을 품고 있다고 모의하듯 속삭였을 때에도 어르신에게서 언니를 감지했다. 이러한 순간들이 한데 모이자, 언니가 살아갔을지도 모를 미래를 내다보는 고통스러운 열쇠 구멍이 뚫리는 듯했다.

그 어르신은 자주 바깥에 나가 담배를 피웠다. 조그만 나무 벤치에 앉아 앞마당에서 보이는 거리를 마주 보거나, 아니면 뒷마당에서 서서히 부식되어가는, 거의 누구도 타지 않는 한 쌍의 그네를 바라보았다. 후텁지근한 여름 공기 중으로 담배 연기가 피어오르는 모습을 보니 언젠가 언니가 지붕에서 줄담배를 피우던 모습이 떠올랐다. 언니는 자신이 아래로 추락한 적이 있는 자기 방 조그만 창문 밖으로 기어올라 그곳까지 올라갔다. 언니의 뒷모습 윤곽이 눈에 선했다. 무릎을 끌어안고 몸을 약간 앞으로 기울인 채 새들이 부드럽게 짹짹거리며 나무와 나무 사이를 날아다니는 초록 들판을 건너다보던 언니. 나는 언니가 나를 보지 않을 때 눈을 가늘게 뜨고서는 언니의 두개골을 들여다볼 엑스레이 고글이 있으면 좋겠다고 생각했다. 저 헝클어진 금발 안쪽에는 무엇이 숨어 있을까?

그해 여름, 노숙자 시설에서 그랬듯이 언니는 모든 곳에 존재했다. 그런데 언니와 다른 사람들 사이에는 아주 중요한 차이점이 있었다. 환자 중 누구도 폭력적이지 않았다는 점이다. 물론 그룹홈 내에는 다양한 안전장치들이 마련되어 있었다. 날카로운 칼들이 보관된 사물함 서랍은 잠겨 있었고(요리할 때 칼이 필요하면 관리자에게 요청해야 했다), 약물이 보관된 상자도 굳게 잠겨 있어 그 누구도 약물을 남용할 수 없었다. 그렇다고는 해도, 나는 단 한 번도 위협적인 느낌을 받지 못했다. 자연스러운 온화함은 마치 연령의 특성 같았다. 조현병의 양성적 증상(환각, 망상)은 약화되는 반면, 음성적 증상(무관심, 무쾌감증, 사회성 위축과 의욕 상실)은 그대로 유지되거나 심화되는 경향이 있었다. 어쩌면 언니의 머리 부상이 폭력적인 성향을 강화한 원인인지도 모른다. 또다른 차이로는 어르신들 사이에서는 인지 기능 저하가 확연하게 나타났다는 점, 울혈성 심부전, 갑상선 기능 저하, 만성 폐쇄성 폐질환 등이 높은 확률로 발병하는 등 신체 건강 부작용이 있다는 점이 있었다.

어느 날 한 환자에게 무엇을 읽고 있냐고 물었다. 어르신은 기다렸다는 듯 활짝 웃으며 읽던 책을 내 손에 쥐어주었다. "가져요!" 어르신이 말했다. 나는 거의 30분 동안 책을 줄 필요가 없다고 설득해야 했다. 다음 날, 차를 몰고 서점으로 가서 같은 책을 산 뒤 어르신과 함께 읽었다. 어르신은 인쇄 용지에 시 몇 편과 짧은 감사의 말을 쓰고 돈까지 끼워서 내게 주었다. 혼란스러워하던 차에, 한 직원이 내게 와서 그 어르신이 나를 시험하는 중이라고 귀띔해주었다. 어르신의 돈을 받으면, 자신을 감시하는 정부 측 사람이라고 확신한다는 것이었다. 나는 매번 어르신께 받은 돈을 돌려드렸고, 그때마다 어르신의 만면에는 안심의 미소가 번졌다.

그 환자는 하루에도 몇 번씩 먼지 쌓이고 복잡한 사무실로 찾아와 자신이 새로 생각해낸 "발명품"에 관해서 설명했다. 그 발명품들은 대개 이미 존재하는 물건이었지만, 어르신은 모호한 표현, 이를테면 "이동 가능한 침대인데, 튜브형 수영장처럼 부풀릴 수가 있어" 등의 말로 그것을 재창조했다. 하지만 어떤 때에는 몇 시간 동안 망연하게 벽만 바라보고 앉아 있다가 아주 가끔씩만 자리에서 일어나 무릎을 구부리거나, 양팔로 작은 원을 그리는 등으로만 움직였다.

운전에 능숙하지 않은 내가 시설 차량을 망가뜨릴까봐 잔뜩 겁을 먹으면, 어르신들은 목을 길게 빼고 백미러를 살피며 내가 까다로운 구간을 무사히 빠져나오도록 도왔다. 어느 환자는 내가 아주 작은 종이컵에 아침 약을 가져다주며 기분이 어떤지 물어볼 때마다 똑같이 손사래를 치며 일축하듯 대답했다. "아, 나는 괜찮지! 여기 있는 것만으로도 너무 감사해." 나는 무릎을 꿇다시피 앉아서 어르신이 겪었던 우울과 자살 충동들에 대해 들었다.

내가 거의 항상 의지하다시피 한 환자도 있다. 그 어르신은 다른 환자들에 비해 아주 차분했다. 신중하고 침착하며 기민해서 언제든 기꺼이 웃을 준비가 되어 있었다. 하지만 머물던 안식처에서 외출해 짧은 볼일을 보거나 활동에 참여할 때면, 공황 상태에 빠져버렸다. 나는 어르신에게 그녀가 얼마나 매력적이고, 지적이며, 유능한 사람인지를 상기시켜야 했다.

"어르신 손에는 필요한 모든 도구가 있어요. 저도 초조할 때가 있어요. 심지어 전화를 걸거나 가게에서 도움을 요청할 때도요. 하지만 저도 할 수 있으니 어르신도 분명 해낼 수 있어요. 늘 저를 도와주시잖아요!"

찌는 듯한 열기가 내리쬐던 어느 한갓진 오후, 에어컨 실외기에 등을 기댄 채 그 어르신의 케이스 파일을 하나하나 들추던 나는 그녀가 3인칭 시점으로 쓴 자서전을 읽게 되었다. 외출할 때마다 매번 들리는 목소리에 관해 설명한 그녀의 글을 읽고 비로소 나는 나날이 그녀가 억눌러야 했을 내면의 혼란을 깨달았다. 언니가 휘갈겨둔 메시지들이 떠올랐다. 라디오에서 들려오던 메시지와 에디 세즈윅이. 보이지도 않고 들리지도 않았지만, 정신질환의 표면 아래 언니의 불안과 의심들이 얼마나 진정으로 도사리고 있었는지가. 한참을 사무실 의자에 앉아 케케묵은 파일 냄새가 밴 공기를 들이쉬던 나는 손에 이마를 파묻고 순진하고 둔감하게, 그리고 극심하게 슬픔을 느꼈다.

그 여름 나는 다른 파트타임 일도 하고 있었다. 여름휴가를 보내러 와서 캐시미어 스웨터 한 장에 400달러가 넘는 돈을 지불하는 휴양객들이 방문하는 고급 부티크 일이었다. 내 상사는 청소 도구실을 임시로 개조한 사무실에서 종일 숫자들을 처리했고, 최신 디자이너 제품들과 상류층의 신용카드 거래에 집착하며 시간을 보냈다. 옷을 개고 쇼윈도에 상품을 전시하며 계속해서 먼지를 날리는 그곳이, 내게는 그룹홈의 그 어떤 어르신들보다 더 광기 서리고 비정상적으로 느껴졌다. 내가 하는 다른 일에 관해 묻던 상사가 나를 이상한 눈초리로 쳐다봤다.

"생각해보니까……전에 식료품점에서 그 할머니들 돌아다니는 거 본 거 같아." 상사는 무슨 음모라도 말하듯, 이 마을에서 그러한 존재를 인정하기가 수치스럽다는 듯 조용히 말했다. "그 사람들 미친 거잖아, 안 그래?"

그 순간 내 안에 있던 낙인의 두려움과 비겁함, 그리고 언니의 평판을 지켜내려던 우리의 욕심이 결국 우리 모두에게 대가를 치르게 했다는 사실이 떠올랐다. 나는 높은 급여에도 불구하고 그 대화 이후 얼마 가지 못해 일을 그만두었다. 그러고는 오히려 더 많은 시간을 그룹홈에서 보내기로 했다.

나는 내가 일했던 시설의 환자들에게 너무 큰 연대감을 느꼈던 것 같다. 매시간 두어 번씩 마음이 찢어졌다. 노숙자 시설에서처럼, 근무를 마치고 새로운 직원과 교대할 때가 되면 불안해졌다. 정문을 나와 여름의 미풍 속으로 걸어갈 때면 죄책감과 안도감으로 마음이 아팠다. 만일 환자가 내 언니였다면, 나에게는 문을 열고 나갈 곳도 없었을 것이다. 언니의 질병은 우리 가족을 잠식하고, 우리의 일부가 되어 모든 것을 집어삼켰다. 그런데 어째서 지금은 이리도 쉽게, 너무도 선명히 언니를 떠올리게 하는 어르신들을 뒤로한 채 짙푸른 땅거미 속으로 걸어 나온다는 말인가?

학계와 임상 분야에서의 여러 경험을 통해 나는 직접 겪을 때에는 그토록 희귀하고 숨 막히고 고립되게 느껴지던 일들이 보편적인 이야기라는 사실에 소스라치게 놀랐다. 보스턴 지하철 플랫폼에서 한 남자가 지리멸렬하게 늘어놓는 설교를 들었을 때 나는 다른 승객들과 다름없이 휴대 전화만 들여다보았다. 하지만 속에서는 가슴이 팽창했다가 수축해 또다른 심장박동처럼 격렬히 흉곽을 압박했다. **저게 언니일 수도 있었는데.** 나는 생각했다. 언니를 도울 능력 없이 무력했던 것처럼, 그를 도울 능력이 없음에 같은 무력감을 느꼈다. 전철에서 내린 후에는 늘 그랬듯 정상 호흡을 되찾는 데에 시간이 걸렸다. 나는 엘리베이터 안에서 눈을 꼭 감은 채 맥박이 차분해지기를 기다렸다.

처음으로 필라델피아를 떠나 쥐 죽은 듯이 조용한 집 새 침대에 혼자 누운 엄마는 거의 8년 만에 처음으로 잠을 잔 것 같다고 말했다. 밤새 엄마를 깨우는 전화벨 소리도 울리지 않았고, 방문의 경첩을 시험하듯 문이 덜컥 열리는 일도 없었다. 누군가 새로 입원할 일도, 침대로 와서 탁탁 두드리는 소리를 들을 일도 없는 상황을 믿을 수가 없었다. 이제 엄마는 위기에 대처하기 위해 반쯤 깨어 있지 않아도 되었고, 가방을 미리 싸둘 필요도, 긴급 전화번호를 써서 챙겨둘 필요도 없었다. 그곳에서는 오직 먼 바다에서 밀려온 파도가 모래와 부딪치며 포효하다 다시 빠져나가는 잔잔한 자장가만이 들려왔다.

만약 언니가 아프던 예전에 단 **하룻밤**이라도 온전히 잘 수 있었더라면, 분명 뭐든 다르게 시도해볼 수 있었을 거라고 엄마는 확신했다(물론 실제로 할 수 있는 모든 일을 다 했지만, 엄마에게는 아쉬움이 남아 있었다). 그 생각은 엄마를 반으로 줄여버렸다.

심지어 수년이 지난 지금도 엄마는 화가 난 채로 잠에서 깬다고 말한다. 다른 어떤 날이기 이전에, 일단 그날은 딸이 없는 또다른 하루일 뿐인 것이다.

이따금 나는 내면 깊숙한 곳에서의 전투가 중단되었음에 스스로 안도하고 있지는 않은지 걱정스럽다. 더는 우려할 게 없어진 평화. 깨어 있는 상태의 나는 "이제 언니는 더 나은 곳에 있을 거야"라거나 "적어도 언니는 더 이상 고통받지 않아"라고 경솔하게 스스로를 위로한다. 그룹홈에서 만난 어르신들을, 나의 언니가 생존했다면 앞으로 살게 되었을 그 삶들을 생각하기도 한다. 하지만 거의 매일 그러듯 꿈에 언니가 나타나면, 나는 단 한 방울의 두려움도 느끼지 않는다.

분주한 거리를 걷고 있다. 흐릿한 여러 얼굴들이 내 옆을 스친다. 여러 색감, 형체, 날카로운 호루라기 소리, 달구어진 시멘트 냄새와 하루 지난 핫도그가 끓는 물에 삶기는 냄새. 길을 지나려 고군분투하는 동안 옆으로 택시들이 빠르게 지나간다. 공기는 배기가스로 묵직하다. 걸을 때마다 내 발바닥은 녹아가는 찐득찐득한 껌 위에 달라붙은 듯 더 나아가지 말자고 애원한다. 하지만 나는 가야만 한다. 나에게는 임무가 주어졌다. 대체 왜, 누구를 만나러 가는지 기억나지 않지만, 그래도 중요한 임무다. 그 어떤 것도 나를 막지 못한다.

나는 벽돌 길을 따라 방향을 홱 꺾는다. 저 멀리 밝고 푸른 하늘 조각이 보인다. 나는 가까워진다. 그때 언니가 지나간다.

전혀 기대하지 않았지만 그곳에는 언니가 있고, 언니는 명명백백하게 나를 향해 걸어온다. 사람들 틈의 그 얼굴, 결코 다시 보리라 예상하지 못했던 그 여자는, 거울에 비친 내 얼굴만큼이나 친숙하다.

꿈속에서 언니는 늘 건강하지 못하다. 무의식조차 건강한 언니를 상상하지 못할 만큼 나는 충분히 희망적이지 않다. 언니는 약물에 취한 듯 인사불성의 불구가 되었다. 너무 깡마르고, 아픈 얼굴에다, 오물인지 헤로인 주삿바늘 자국인지가 온몸을 온통 뒤덮었다. 나는 개의치 않는다. 언니가 **살아 있다.**

나는 내 계획을 잊고, 할 수 있는 한 가장 **빠르게** 달려간다.

엄마는 거의 꿈을 꾸지 않지만, 언니가 꿈에 나올 때면 꼭 세일럼 마녀재판 꿈이라고 한다. 마블헤드 세일럼 마을에서 오래 전에 일어난 그 일을 꿈에서 본다고. 우리는 어릴 때 가끔 그곳에서 핼러윈을 보내며 유령이 나타나는 집들을 방문하고 "유령선" 투어도 했다. 학교에서 견학을 갔을 때에는 그 재판에 관해 배웠다. 이후 언니와 나는 모두 고등학교 영문학 수업에서 아서 밀러의 『시련*The Crucible*』을 읽었다.

그곳은 우리가 한때 정말로 장악했고, 지금도 손만 뻗으면 닿을 듯 친숙한 곳이다. 엄마는 꿈에서 우리가 거기에 있는 모습을 본다. 때는 1600년대 후반이고, 언니는 주술을 부렸다는 혐의를 받는다. 언니가 표적이 된 이유는 조현병 증상들 때문이다. 다른 사람들은 조용히 잘 지내는데, 언니만 비명을 지르고 몸을 비튼다. 다른 누구도 보지 못하는 사람들을 언니만 보는 환각 증상을 보인다.

엄마의 꿈에서 언니는 주술을 부렸다는 이유로 산 채로 구덩이에 던져져 불에 탄다. 우리는 꼼짝없이 붙들려 와서 마을 사람들이 언니 주위를 빙 둘러싸고 비난하는 동안 몸을 비틀고 비명을 질러댄다. 그러다 고개를 들면 비탄에 가슴이 짓이겨지고 광기에 정신을 잃은 내가 보인다. 눈 깜빡할 사이 두 아이가 그렇게 사라진다.

악몽 이야기를 하던 엄마는 환생에 관해 궁금해한다. "가능하지 않을까? 우리가 진짜 그 당시에 있었을지도 모르잖아. 실수를 반복하고 계속해서 케이트를 잃는 운명을 짊어진 거라면."

엄마의 금발 곱슬머리가 얼굴을 감싸고 있다. 어렸을 적, 머리를 말아주는 고데기를 알기 전에 나는 엄마가 세상에서 가장 완벽한 머리카락을 가진 행운의 여인이라고 믿었다. 언니를 잃기 전까지는 엄마가 절대로 꺾이지 않는 사람이라고도 생각했다.

나는 엄마에게 환생은 불가능하다고 말한다. 환생하는 건 영혼인데, 언니가 잘못된 이유는 순전히 육체적인 것, 즉 신경화학적인 것이니까. 만일 환생이 진짜라면 언니는 건강하고 행복하게 다시 태어나고 우리는 다시 언니를 찾을 것이다. 하지만 그렇다면 새 삶에서는 누구도 언니를 구할 필요가 없을 것이다.

엄마가 눈을 깜빡이며 눈물을 삼킨다.

"네 말이 맞아, 고마워." 엄마가 내게 말한다.

나는 자신감 있게 고개를 끄덕이지만, 정작 그날 밤 잠들기까지, 어쩌면 조현병과 관련된 역사상의 모든 오해는 내게 이르기 위해 일어났을지도 모른다고 생각한다. 선사 시대 사람의 유골에서 처음 발견된, 끔찍한 오판에 따라 유행했던 천공술(두개골에서 "사악한 영혼" 부분을 제거하는 수술), 고대 그리스의 사혈과 불순물 제거, 19세기의 격리와 정신병원, 1950년대의 뇌엽 절제술, 그리고 오늘날 그 노숙인들의 눈빛까지 모두.

나는 언니와 언니가 느낀 무언의 고통, 그리고 나의 무지와 오해들을 본다. 언젠가 경찰관이 나를 가파른 우리 집 진입로 옆으로 불러 세워 대체 무슨 일인지, 뭐가 잘못되어 또다시 가정 폭력 신고를 했는지 묻던 장면이 떠오른다.

이건 절대로 멈추지 않을 거야. 나는 생각했다. 평생을 언니에게서 도망치며 살게 될 거야. 평생 두려움에 떨면서 삶을 허비할지도 몰라.

"뭐가 잘못됐는지 알고 싶으세요? 잘못된 건 없어요." 나는 허공에 대고, 세상을 향해, 언니를 향해, 경찰관에게, 발밑에서 졸고 있는 무심하고 냉담한 잔디와 우리가 죽든 살든 고통받든 아랑곳하지 않고 머리 위에서 쉼 없이 짹짹거리며 날아다니는 새들을 향해 외쳤다. 언니가 우리 머리에 던진 도자기처럼 산산조각난 우리의 삶이 마치 아직은 괜찮다는 듯 계속되는 그들의 뻔뻔함은 얼마나 대단했던가. "답은 간단해요! 단 한 가지 잘못된 건 언니가 미쳤다는 거죠. 정신이 나간 거요."

경관은 언니와 더 멀찍이 떨어지도록 나를 진입로 끄트머리까지 데리고 가더니, 우리 뒷마당에 우거진 초록 나뭇가지 아래서 미쳤다는 표현이 얼마나 상처를 줄 수 있는지 설명했다. 그의 설교를 듣던 나역시 당연히 그의 말이 옳다는 사실을 알았다. 내가 그 말을 내뱉은게 잘못되었고 잔인하며 심지어 위험하다는 사실도 잘 알았다. 그 표현은 언니에게 상처를 주려는 잔인한 의도로 던진 비방이자 꼬리표였다. 내뱉는 즉시 주워 담고 싶었지만, 그 말은 이미 고요한 공기 중에서 우리의 다른 실수들과 함께 진동하고 있었다.

그 후회는 선명했다. 가슴을 단단히 짓누르는 손처럼, 물속으로 끌어당기는 젖은 옷가지들처럼. 우리는 완벽한 천사가 아니며, 따라서 완벽한 희생자도 결코 되지 못한다. 나의 멍청함, 그리고 내가 언니에게 했던 말과 행동들이 언니가 최후의 결정을 내리는 요인이 되었을지도 모른다는 나쁜 증거들 때문에 몹시 괴로웠다. 이 삶에 계속 머물지, 아니면 떠나버릴지 고민하던 언니가 혹시라도 그 순간을 떠올렸을까?

이것이 소위 조현병의 세 번째 국면이라고들 말하는 회복의 모습이다. 언니에게는 회복이 없었다. 오직 우리, 남은 가족에게만, 언니가 남기고 떠난 잔여물을 그러모아 그것들로 뭐든 보다 나은 것을 만들려고 애쓰는 우리에게만 해당하는 단계다. 우리는 과거를 만회할 기회를 위해서라면 뭐든 내려놓을 수 있었고, 그래서 계속 앞으로 나아가려 하면서도 늘 과거의 자석에 이끌렸다. 회복 과정에서 당신은 평화가 자유처럼 느껴진다는 것을 알게 된다. 그리고 자유는 엄청난 죄책감처럼 느껴진다는 것도.

37

노숙자 시설에서 자원봉사를 시작하고 몇 달이 지난 후, 나는 심령술사의 집에 발을 들였다.

나는 스무 살이었고, 언니가 실종되어 사망했다고 추정된 지도 3년이 된 참이었다. 애도 3년이면 당신은 "평정"을 되찾도록 기대받는다. 이제 상실과 우울을 "극복했어야만" 하는 시기다. 더욱 강해지고, 고통을 겪는 과정에서 더 단단해짐과 동시에 여전히 사랑과 추모의 마음으로 온화해야만 한다. 이 가운데 내게 해당하는 사항은 하나도 없었다. 나는 필사적으로 변화를 갈망했다.

스위스계 미국인 정신과 의사 엘리자베스 퀴블러 로스는 1969년 『죽음과 죽어감On Death and Dying』이라는 저서에서 이러한 정서적 틀을 애도의 5단계인 부정, 분노, 타협, 우울, 그리고 수용으로 정리했다.

이 이론은 널리 퍼져서 사회 구석구석 거의 모든 분야에 영향을 미쳤고, 대부분의 단계는 실제로 일리가 있었다. 하지만 애도의 마지막 단계, 즉 수용에 이르기를 강조하는 데에는 문제가 있었다. 슬픔은 예측 불가할 뿐만 아니라 거의 절대로 선형적이지 않다. "극복하기"에 초점을 두고 앞으로 나아가며, 무슨 지뢰밭이라도 되는 양 능숙하게 단계들을 뛰어넘도록 하는 건 그 자체로 광기의 한 형태인 비통함의 실체를 오해하도록 만든다.

언니가 사라진 첫 주, 나는 교회에서 무릎을 꿇고 앉아 하느님께 나의 왼손을 드리겠다고 기도했다. 아주 진지하게 상상 속 대화를 나누던 도중, 상당한 권력을 가진 법관이 포커페이스를 한 채 내 의도를 예리하게 포착하고 있다고 느꼈다. 그래서 나는 왼손으로도 신발 끈을 묶을 수 있고, 근육을 단련하면 연필을 쥐고 글을 쓸 수도 있다며 합리화했다.

아무 일도 일어나지 않자 나는 내 팔을, 그런 다음 한쪽 다리를, 다시 두 다리 모두를 내놓겠다고 했다. 그리고 끝내는 "눈에는 눈"이라는 원칙을 떠올리며 공정하게 내 삶을 드리겠노라 애원했다. 앞으로 모든 게 달라질 거라고 신에게 말했다. 언니를 돕겠다고. **제발, 내가 다 바로잡을 테니 제발 한 번만.**

나의 교섭에는 어떤 교활함도 없었다. 나는 내 생각이 변화를 가져오거나 과거를 되돌릴 수 있다고 진정으로 믿었다. 언니가 한때 환청을 들었듯이, 누군가는 내가 하는 말을 확실히 들을 수 있으리라고 믿었다.

나는 애도의 단계에서 앞으로 갔다가 다시 뒤로 밀려나기를 반복했다. 자주 화가 났고 명랑함이라는 허물 아래에서 부글부글 끓었다.내 룸메이트의 언니들이 대학에 놀러왔을 때에는 어릴 적 나와 언니가 그랬던, 하지만 언니가 아프고 나서는 하지 못했던 방식으로 친구와 친구 언니가 서로 놀려대는 모습을 보고 질투를 했다. 언니 생일에는 사방이 꽉 막힌 좁은 클럽 화장실에 앉아 세상에서 가장 외로운 사람처럼, 이 행성에서 가장 비루한 존재가 된 기분으로 울었다. 보푸라기만큼이나 작고 하찮으며 가장 외로운 개미만큼이나 쭈그러진 존재가 된 기분이었다. 그러한 감정을 숨겼던 보통의 날과 달리 그날 밤 나는 다른 룸메이트와 그녀의 남자친구를 신입생 방 복도의 더러운 회색 카펫 위에 세워두고는 모든 걸 다 쏟아부었다.

"우리는 절대로 저렇게 지낼 수가 없게 됐어." 숨이 넘어갈 듯 흐느끼던 나는 하고 싶은 말을 제대로 설명하지도 못했다. "다시는 저런 자매가 될 수 없다고. 왜 우리는 저렇게 지내지 못하는 건데?"

나는 친구들이 형제자매와 다투는 모습을 볼 때마다 내면에서 뒤틀리는 분노를 억누른다. 그들이 다투는 건 당연하다. 모든 형제자매는 다툰다. 언니와 나도 인정사정없이 싸웠으니까. 그런데 친구들은 본인이 뭘 가졌는지 알기나 할까?

진짜 질문, 즉 문제의 골자로 곧장 접근하려 들면 마음이 너무 아팠다. 그래서 빙 둘러갔고, 문제를 다른 이들에게 돌려버렸다. 대체 왜 나는 내가 가진 게 무엇인지 알지 못했을까? 어째서 나는 언니의 존재를 당연하게 여겼을까?

역설적이게도 애도의 다섯 단계는 원래 죽음을 애도하는 사람들을 위한 것이 아니었다. 퀴블러 로스 박사가 쓴 책은 불치병에 걸려 본인의 죽음을 받아들여야 하는 환자들을 위한 것이었다. 이후 『상실 수업On Grief and Grieving』에서 박사는 이 다섯 단계를 상실에 적용하는 데 초점을 맞추었다.

애도가 선형적으로 진행되어서 당신이 느끼는 가장 낯설고 터무니없는 감정이 정의되고 설명된다면 위안이 될 수도 있다. 하지만 우리가 "올바르게" 애도하지 못한다는 생각은 위험하다. 현대인들은 대체로 전통적인 애도 의식들을 따르지 않는다. 우리는 누군가가 "괜찮다"라고만 말하기를 원하고, 스스로도 그렇게 말하고 싶어한다. 나는 빅토리아 시대의 미망인처럼 온통 새카맣게 입고는 "조심스레 대해주세요"라고 적힌 베일로 얼굴을 덮고 다니고 싶었다. 애도에 관한 예의를 다룬 책도 있었으면 했다. 보호의 격식을 사회적 규범으로 정리해서, 삶이라는 법정에 서면 일시적 심신미약 조항으로 변호할 수 있도록 말이다.

나는 수년 동안 언니의 질병을 감추었고, 극심한 공포와 두려움, 심적 고통을 내면으로 삭였으며, 몸속 세포들이 그것들을 다 흡수하도록 두었다. 언니가 떠난 후의 슬픔도 똑같이 처리했다. 고통을 꽁꽁 싸매서 제쳐두고 결단코 적절히 다루지 않았다. 그 결과, 이제 내면에서 그것이 피어나서는 가장 불편한 순간에 거품처럼 일어난다. 나는 필사적으로 언니가 죽기 전의 나로 돌아가고자 했다. 유년기의 명랑한 소녀가 아닌 다른 누군가로 꼬리표가 붙는 일이 너무 두려워서 슬픔을 처리하기보다는 깊숙이 감추었다. 많은 고등학교 친구들과 거의 연락을 끊었고, 예전의 삶을 부인했다. 나는 슬픔에 손상되지 않은 누군가가 되고 싶었고, 그래서 또다른 나를 창조해냈다.

어린 나이에 자신이 더는 살 가치가 없다고 느끼게 만드는 유의 심각한 상실을 경험하면, 그 상실이 세상을 두 곳으로 가르는 만灣이나 건널 수 없는 심연이 되어버린다. 주변 사람들은 두 부류로 나뉜다. 진짜 소중한 사람을 잃어봐서 나를 이해하는 사람. 그리고 이해하지 못하는 사람. 내가 친구들을 보면서 했던 생각은 '너는 몰라. 안다고 생각하겠지만, 그 마음을 상상할 수 있다고 믿겠지만, 절대로 몰라. 네가 겪기 전에는 진정으로 알 수 없고, 그때는 너무 늦어'였다.

이따금 폭풍을 앞두고 숲이 갑작스레 고요해지듯 대화 중에 침묵이 내려앉으면, 나는 느낄 수 있었다. 그 공허함, 불안정한 눈빛과 생각들. 내게서 벗어난 단어들은 타들어가는 초에서 덩굴처럼 휘어지며 피어오르는 연기같이 달아나고 있었다.

언니가 죽은 뒤 어느 여름날, 친한 친구들이 내게 좌절감을 토로했다. 내가 너무 변덕스러워서 모두들 지쳐가고 있다고 했다. 저지 해변에서 주말을 보내려고 차를 타고 가는 길이었는데, 운전하던 친구가 길을 잘못 들었다. 분명 고속도로를 달리고 있었는데 어느새 벤저민 프랭클린 다리 위였다. 그 파란 조가비 색 기둥들이 창밖의 쇠창살처럼 보였다. 몸속 모든 장기가 뒤집혔다. 나는 게위내지 않으려고 눈을 꼭 감았다.

친구들은 당연히 몰랐다. 내가 말을 하지 않았고, 최악은 지났다고 생각했으니까. 나는 이제 정상으로 돌아와 반짝이는 새사람이 되어 있어야 했다. 하지만 아니었다. 나는 일그러지고 버려진 난장판이었다. 나는 죽고 싶어서 이상하게 행동했다. 공부할 때도 웃을 때도 놀 때도, 모든 삶의 몸짓에서 머릿속으로는 내내 **죽고 싶어, 죽고 싶어, 죽고 싶어**를 주문처럼 외웠다. 신체는 나름의 합의에 따라 움직여나갔지만, 슬픔 때문에 아주 작은 행동에도 진을 뺄 정도의 훈련과 힘이 필요했다. 적절한 신호에 따라서 의식적으로 입술 근육들을 벌려야 했고, 내 팔이 머리를 빗도록 지시 감독해야만 했다.

한 달 한 달 흘러가면서 죽은 언니든 살아 있는 언니든 언니를 다시 찾을지도 모른다는 희망 역시 흘러갔다. 나날이 흐르고 그게 몇 주가 되고 몇 년이 되는 동안 나는 부모님의 별거와 그에 따르는 것들을 감당해야 했다. 법정 날짜와 소송 비용, 스트레스성 두통과 악랄한 언쟁 등. 나는 개선되기보다는 오히려 위축되어갔다. 삶은 너무도 고통스러웠다. 나는 언니를 살려내지 못했다. 나는 죽고 싶었고, 더 나쁘게는 내가 죽어 **마땅하다고** 믿었다. 내 모든 노력과 모든 집중은 단 한 가지 목표를 중심으로 돌아가고 있었다. **죽지 않으려 애쓰기.**

눈앞에서 슬픔에 잠긴 사람을 보는 일이 고통스러울 수 있다는 사실도 알게 되었다. 한 겹의 보호막이 사라져 취약해지자, 불편함을 넘어 불쾌했다. 내 얼굴이 너무 많이 드러나 있는 기분이었다. 일기장을 찢어서 이마에 붙이고 무방비하게 돌아다니는 것 같았다. 누군가 내 이름을 부르면 동요했고, 누군가 여전히 나를 알아본다는 사실에 놀랐으며, 내게 여전히 이름이 있고 거기에 답해야 하는 책임이 있다는 사실이 놀라웠다.

대학에 가고 1년 후, 룸메이트들과 의학 드라마를 보는데 어떤 장면에서 한 친구가 스스로를 환자로 상상하는지, 아니면 의사로 상상하는지 물었다. 친구들의 답은 나뉘었다. 나와 다른 몇몇 친구들은 매번 자신을 환자로 상상한다고, 복부의 판판한 살갗에 메스가 닿는 듯하고, 진짜 위협에서 보호하려는 양 자기도 모르게 두 팔로 몸을 감싸게 된다고 자신 있게 답했다. 다른 친구들은 본인을 의사로, 즉 생명을 살리는 수술에 책임이 있으며 만에 하나 뭐라도 잘못되면 과실이 생기는 의사로 상상한다고 답했다. 우리는 모두 누군가에게 이입하고 있었지만, 착용한 렌즈는 서로 달랐다.

이러한 감정의 적어도 일부분은 "거울 신경세포"에 관한 연구로 설명된다. 타인의 고통을 목격하면 감정 회로가 활성화되면서 "거울 신경세포"가 우리도 마치 그 고통을 경험하는 것처럼 느끼게 한다.

눈앞에서 누군가 비통해하는 모습을 지켜보는 일은 해부된 인간의 신체를 보는 일과 같다. 피와 바늘, 찢어진 인대와 열린 상처들. 누군가 비통해하는 모습이나 해부된 신체를 보는 일에는 같은 동력이 작동한다. 하지만 때로는 우리가 얼마나 쉽게 분해될 수 있는지 생각하지 않는 편이 차라리 낫다. 우리 인간은 완전하고 복잡하지만, 한편으로는 얼마나 느닷없이 일련의 기억 결합, 혹은 수술대 위의 일부분으로 축소될 수 있는 존재인가. 정신질환과 슬픔의 내부를 깊이 들여다보면, 소위 제정신이란 것이 얼마나 연약한지 알 수 있다. 사실, 제정신은 오히려 뜻밖의 사건일지도 모른다. 운명이 길을 한 번이라도 잘못 들면, 누구라도 쉽게 무너질 수 있다.

나는 쳐다보고 있기 괴로운 사람 중 하나가 되고 싶지 않았다. 따라서 내 고통을 가려서 다른 누구도 그것을 느끼지 않도록 했다. 흔히 나를 표현하는 형용사는 "강인한"이었다. 나는 다른 누구에게 강인해지기를 요구하는 대신 스스로 강해져야 했다.

언니가 실종되고 3년 뒤, 우리는 거의 모든 크리스마스를 함께 보냈던 외가에서 늘 하던 대로 휴가를 보냈다.

여전히 선물을 주고받았고, 여전히 포장을 깜빡한 나는 먼지가 폴폴 날리는 지하 창고에서 선물을 담을 만한 종이 가방들을 찾아냈다. 외할머니는 언제나처럼 내가 좋아하는 기름진 리츠 크래커를 으깨어 넣은 새우구이를 요리해주셨다. 심지어 우리는 "푸른곰팡이"라 부르던, 자유의 여신상 색과 비슷한 젤리 덩어리에 견과류와 파인애플, 그리고 외할머니의 상상대로 이것저것 넣어 만든 디저트도 똑같이 예전처럼 만들어 먹었다.

모든 것이 그대로였다. 언니의 부재가 물리적으로 방 안에 어리댄다는 것 빼고는. 언니의 빈 공간을 채운 예전 기억은, 언니의 살아생

전 웃음소리만큼이나 컸다.

언니가 살아 있던 마지막 휴가였던가, 언니가 추수감사절 모임에 오지 못했다. 전날 밤 술을 마시러 가서는 어느 여자아이와 싸움이 붙어서 얼굴을 맞은 것이다. 광대뼈 전체가 심하게 부어올랐고, 매사추세츠에 살 때 마을 거리를 따라 피던 짙은 보라 수국 색깔의 멍이 올라왔다. 숙취도 있고 정신도 멀쩡하지 않았던 언니는 운전해서 저녁 모임에 참석할 수 없었다.

그날 촛불을 켠 외가에서 달각달각 식기 부딪치는 소리와 함께 대화가 무르익는 사이 언니의 빈자리를 보던 나는, 이곳에 참석하지 못해 언니도 얼마나 아쉬울지 생각했다. 우리는 늘 연휴를 함께 보냈으니까. 그해 크리스마스에 언니는 다시 주립 시설에 들어가 있었다. 이후 연휴부터는 영원히 사라졌다. 나는 마음이 가라앉고 풀이 죽은 채로 보내는 연휴가 또 있을지, 계속될지, 평생토록일지 전혀 알지 못했다. 언니의 의자가 앞으로 계속 비어 있을 거라고는 전혀 예상하지 못했다.

그후에도 연휴를 보낼 때마다 할아버지는 여전히 안드레아 보첼리의 노래를 틀고 두 눈을 지그시 감은 채, 손에는 포도주 잔을 들고 한껏 포즈를 취하며 굵직한 성악가 목소리로 오페라 아리아를 불렀다. 나도 여전히 웃었다. 우리는 여전히 우아하게 대화했지만, 모든 게 달라졌다. 어떤 주제를 두고 대화를 나누다가도 형언할 수 없는 하나의 진실이 고개를 들어 모든 걸 집어삼켰다. 한마디의 욕도 내뱉지 말라고 지시받은 꼬마들처럼 억누르고 억누를수록, 순백의 테이블보 위에 튄 붉은 포도주처럼 우리 내면에서 언니의 이름이 버글거리다 곧 쏟아져나올 것만 같았다.

그렇게 추수감사절을 보낸 다음 날 아침, 앞마당에 나가 밝은 햇살을 받으며 바닥 타일의 열기가 데워둔 가죽 소파에 앉아 커피를 마시는데 할아버지가 물었다.

"혹시 언니가 아직 살아 있다고 생각하니?" 숨죽인 목소리였다.

할아버지에게 아니라고 대답해야 하는 내 마음이 찢어졌다. 나는 그것이 가능하다고 **생각하지 않았다. 아는지** 물어본 게 아니니까 **생각**을 답해야 했다. 만일 언니가 살아 있기를 **바라느냐**고 물었다면 나는 그렇다고 답했겠지만, 하지만 아니다, 나는 그렇게 믿지 않았다. 나의 단어 선택은 어쩌면 모든 일이 진짜가 아닐지도 모른다는 모호한 꿈의 잔재였다. 언니가 우리 시야 모퉁이에서 서랍장을 뒤적이는 모습을 상상하기는 너무나도 쉬웠다. 그래서 엄마도 언니가 사라지자마자 언니의 방 문을 닫아버린 것이다. 빛의 속임수와 우리의 필사적인 바람은 짧게 들썩이는 일종의 말초적인 희망을 창조하니까.

이 무렵 보이스피싱이 기승을 부렸다. 사기꾼들은 손주의 목소리를 흉내 내며 조부모들에게 전화해 교통사고를 당했다거나 감옥에서 밤을 지새우게 생겼다는 둥 사기를 쳤다. "할머니, 지금 돈 좀 보내주실 수 있으세요?"

우리 증조할아버지가 과거 사기를 당해 현금 500달러를 날린 적이 있어서, 외할아버지와 외할머니는 이러한 사기 가능성을 인지하고 계셨다.

그럼에도, 전화벨이 울리고 어떤 여자가 할아버지에게 "안녕하세요, 할아버지, 저예요"라고 하면 단 하나의 간절한 바람만으로 그의 모든 가방과 지갑이 다 열어젖혀질 것임을 안다.

한번은 파도가 이는 해안 근처에 노란 비키니를 입은 소녀가 느긋하게 서 있었다. 얼굴은 어렴풋한 윤곽만 보였다. "생긴 게 꼭 케이트 같아"라고 엄마가 큰 소리로 말했고, 나는 궁금해졌다. 엄마는 그저 보이는 대로 말한 걸까, 아니면 혹시 나처럼 방금 막 심장이 덜컹해서, 순간적으로 진짜 언니일 수도 있다고 생각한 걸까? 엄마는 케이트의 턱이 더 뾰족하고 눈동자도 갈색이 아니라 푸른 초록색라는 사실을 깨닫는 순간, 그 한순간의 경련에 온 세상의 흥망성쇠를 느꼈을까? 가능성이 희미해질수록, 모든 작디작은 차이는 새로운 슬픔으로 다가왔다.

언니의 고등학교 친구가 내게 연락해서는(이런 일은 자주 있었다), 반년에서 1년에 한 번씩 언니의 예전 SNS 계정의 포스터와 경찰 기록, 그리고 실종자 신고들을 찾아본다고 말한 적도 있었다. 그 친구는 언젠가 케이트가 "모든 걸 다 설명해줄 이야기를 들고, 새로운 디자인의 옷을 입고, 주근깨는 3배 정도 더 많아져서" 다시 나타나리라는 희망을 놓지 않았다고 했다.

엄마에게 모르는 번호로 전화가 걸려온 적도 있다. 겨울 산책을 마치고 돌아와 외투를 걸친 채로 고추를 썰던 엄마는 멈칫했다. "펜실베이니아 번호네"라고 말하는 어투에 의아함이 묻어 있었다.

엄마가 전화를 받았고, 전화를 건 상대는 말이 없었다. 엄마의 "여보세요"는 처음에는 평범했다가, 이내 목소리 톤이 올라갔고, 결국에는 마음이 다급해졌다. 상대방은 전화를 끊었다.

"정말 싫어. 그냥 전화를 끊어버리잖아." 엄마는 말했다.

나는 왜 그게 싫은지 묻고 싶다. 엄마가 전화 해킹이나 보이스피싱을 걱정하는 건지, 아니면 엄마도 나와 같은 생각인지 궁금하다. 전화를 건 사람이 언니가 아님을 알고 있지만, 혹시나 하는 가능성에 내 심장은 들썩인다. 나의 뇌는 본능적으로 필라델피아의 어느 공중전화 박스를 끌어 온다. 한 소녀가, 아니 이제는 어엿한 숙녀가, 자기도 모르게 외고 있는 번호를 누른다. 손가락이 시리다. 수화기를 든 손에는 장갑도 벗어 함께 쥐고 있다. 그녀는 자신이 왜 전화를 거는지 모른다. 아니면 그저 엄마의 목소리가 듣고 싶었는지도.

나는 엄마도 같은 장면을 떠올리는지 묻지 않는다. 엄마가 뭐라고 말할지 알기 때문이다.

"절대로 케이트일 리 없어. 케이트는 죽었어."

"나도 알지"라고 언제나처럼 부자연스럽게 강조하듯 대꾸한다. "그래도 가끔 그럴 수도 있다는 생각 안 들어?" 할아버지에게 아니라고 말하기는 쉽다. 그러나 나 스스로 확신을 가지기는 좀처럼 쉽지 않다.

"너희 언니가 죽었다는 걸 나는 알아, 카이. 나는 그 아이의 엄마잖

아. 나는 알지."

엄마의 "알지"는 내가 말할 때와는 다르게 들린다. 덜 억지스럽고, 더욱 영구적이다.

다른 모두가 감지하지 못했어도, 형제자매의 미신적 불길함이 내게 전해지지 않았어도, 엄마는 느꼈다. 언니가 화났을 때, 엄마의 왼쪽 귀에서는 파리가 아주 가까이에서 윙윙대는 듯한 소리, 전자레인지가 과열된 듯한 기계음이 울렸다. 언니가 얼마나 멀리 있든, 엄마는 언니의 상태가 좋지 않음을, 일종의 모성의 육감으로 알았다. 언니가 사라졌을 때에는 계속해서 귀 안에서 울리던 소리가 완전히 멈춰버렸다. 먹먹해진 귀의 침묵은 그 나름대로의 애가였다.

바로 그거다. 당신은 정말로 온전히 믿거나 받아들이지 않고도 알 수 있고, 알 수 있으며, 안다. 좋든 나쁘든 희망 자체에는 놀라울 정도의 회복력이 있다.

3년이라는 긴 시간 동안 나는 부정, 분노, 타협, 그리고 우울의 고리를 헤엄쳤다. 만일 애도가 기나긴 여정이라면, 심령술사는 내게 최종적이고도 필사적인 종착역이었다. 집으로 돌아갈 수 있는 마지막 기회였다.

옅은 노랑

38

심령술사가 숫자 11의 의미를 묻자 내 몸이 긴장하는 게 느껴졌다. 어릴 적 언니와 내가, 날마다 하루에 두 번씩 11시 11분만 되면 소원을 빌던 장면이 떠올랐다. 여동생을 달라고 빌었던 어린 언니 덕분에 내가 1월 11일에 태어났다는 사실이 떠올랐다. 조금 자란 내가, 언니가 좋아지게 해달라고 기도하던 모습도 떠올랐다. 우리가 자라면서 믿었던 그 모든 미신과 신호들, 그리고 우리가 놓쳤던 모든 조짐도 떠올랐다. 나는 고함을 치며 심령술사에게 이 모든 걸 말해주고 싶었지만, 그녀가 내 반응을 유심히 읽고 있음을 알았기 때문에 입을 다물고 조용히 있었다.

"제 생일이에요"라고 아무렇지 않은 듯, 목소리를 가라앉히려 애쓰며 대답했다.

속으로 나는 꽤 다르게 말하고 있었다. 케이트, 케이트, 케이트. 제발 언니여야 해. 형광 불빛과 수정 구슬들, 그리고 달과 별이 그려진 빛나는 테이블보와 그 위에 놓인 카드를 바라보며, 나는 어쨌거나 이 상황이 진실이게 해달라고 우주를 향해 애원했다.

심령술사가 다시금 말했다. 저승에 있는 누군가가 숫자 11을 통해 내가 나의 길로 잘 걸어가도록 안내해주려 애쓰고 있다고. 그에 따르면 그 누군가는 부드럽게 손을 꼭 쥐고 앞으로 살짝 당기며 이렇게 말하는 듯했다. "내가 너와 함께할게. 계속 앞으로 나아가."

심령술사는 내게 과거 일에 대해서 자기 탓을 멈추라고 조언했다. 더는 심령술사들을 찾지 말고, 자신도 찾아오지도 말라고 했다. "이제 답은 그만 찾아다녀요"라고 말하는 그녀에게서, 진정 모든 걸 다 아는 손길이 느껴졌다.

그곳에서 나온 나는 친구에게 심령술사가 해준 모든 이야기를 전하며, 혹시 잊을까봐 재빨리 엄마에게 문자도 남겼다. 엄마는 심령술사를 찾아다니는 게 조금 과하다고 느꼈다. 그러나 똑같은 확신을 필사적으로 구하기는 엄마도 마찬가지였다. 언니가 심령술사를 믿었는데, (온당한 범위 내에서) 찾아가지 않을 이유가 없지 않느냐고 우리는 생각했다. 마무리 지을 수만 있다면 20달러가 대수인가?

데빈과 나는 보스턴 외곽을 돌고 돌아 철조망이 둘러진 음울한 공원을 지나며 갈라진 보도 위를 걸었다. 목적지도 없이 걷고 또 걸으며 이야기를 나누었다. 나는 그동안 내가 사람들에게 무엇을 말하기를 두려워했는지 고백했다. 언니가 어쩌다 죽었는지, 언니가 받은 진단이 무엇을 의미하는지, 그리고 그 모든 것을 겪는 동안 우리가 통과해

온 수년간의 격동은 어땠는지. 팔다리가 떨렸다. 나는 초조하게 살아 있었고, 울고 싶어졌다.

내가 정말로 심령술사의 말을 믿었는지, 아니면 단지 묘하고 우연한 타이밍에 무작위로 떠올린 숫자가 운 좋게 맞아떨어진 건지 나는 모른다. 많은 사람들이 11시 11분에 소원을 빈다. 그 숫자가 내게 의미가 있다고 대답할 때 심령술사가 놀라는 표정을 지었던가? 그녀의 눈썹이 아주 약간이라도 올라갔던가?

하지만 심령술사가 사기꾼인지 예언자인지가 그리 중요할까?

언니는 온 우주가 암호와 신호들로 말한다고 믿었다. 어릴 적에 언니는 차를 타고 묘지를 지날 때마다 내게 숨을 참으라고 말했다. "물속에 잠겼다고 생각해"라고 일러주면서.

시간이 흐르면서 나는 숨을 참는 법의 핵심은 공기를 삼켜 양 볼을 부풀린 다음, 뭔가 다른 것에, 무엇이든 다른 것에 집중하는 데 있다는 사실을 터득했다. 눈앞에 보이는 울룩불룩한 가죽 시트의 뒷면이나 바닥에 떨어진 헝클어진 포장지의 주름 같은 것들. 잠수할 때처럼 코를 막는 것도 도움이 되었다. 가슴이 타는 듯하겠지만 무시해야 했다. 회색 묘석이, 비에 젖거나 혹은 태양 볕에 달아올라 프레리도그처럼, 아니면 빛을 향해 고개를 돌리는 해바라기처럼 갑자기 눈앞에 나타나더라도 역시 무시해야 했다. 감히 숨을 들이셨다가는 산소보다 더 많을 것을 들이켜 허공에 떠도는 영혼을 삼켜버릴지도 모르니까.

터널을 지날 때에도 마찬가지였다. 어두운 터널을 통과하는 내내 숨을 참고, 한 손은 천장에 댄 채 소원을 빌어야 했다.

언니가 조현병을 앓기 시작했을 때, 이러한 신호들은 새로운 의미를 띠게 되었다. 모든 노래 가사와 텔레비전 프로그램이, 느닷없이 언니만을 향한 메시지가 되어버렸다. 공유 정신병이라고도 불리는 감응성 정신병folie à deux은 똑같은 정신장애가 두 사람 이상의 개인에게 영향을 주는 것으로, 주로 가족 내에서 나타난다. 1860년에 이 병을 처음으로 알린 프랑스 신경학자 쥘 베아르제는, 광기에 전염성이 있는 것은 아니지만 아주 친밀한 관계에서는 망상을 심으면 그것이 가지를 뻗고 자라나기 쉽다고 주장했다.

내가 지닌 건 어떤 믿음의 감각이었을 뿐 감응성 정신병은 아니었다. 나는 그저 다른 믿음만큼이나 심령술사의 말이 좋았기 때문에 적극적으로 그 말들을 믿었다. 그 심령술사가 어떤 초자연적 신호에 접속했던 걸까? 아마 아닐 것이다.

아마 그녀는 내가 듣고 싶은 말을 정확히 들려준 것일 텐데, 내가 듣고 싶었던 말은 곧 모두가 듣고 싶어하는 말이었다. 비난으로부터 자유롭게 하고, 사랑받고 지지받는 느낌을 주며, 죽음 후에 삶이 있고 상실 후에 희망이 있다는 말. 나는 의미를 원했고, 그녀는 내가 활짝 펼친 두 손에 그것을 부적처럼 내려놓았다.

그날 이후 나는 초록색 고속도로 표지판에 하얗게 적힌 11이든, 유통기한 표시에 적힌 아주 작은 11이든, 오래된 영수증에 적힌 11이든, 숫자 11만 보면 하던 일을 멈추고 언니를 떠올렸다. 그것은 언니 없는 차를 타고 나날이 멀리 떠나는 여행과도 같았다. 묘지를 지나 길게 뻗은 도로를 달리는 일. 너무 오래도록 숨을 참은 탓에 숨 쉬는 게 어떤 느낌인지 거의 잊을 정도로.

그 심령술사가 숫자 11을 언급했을 때, 내 안의 어떤 근본적인 부분이 움직였다. 그것은 아프기 전의 언니와 나를 되돌려주었다. 우리가 창조한 것들로 세상을 장악했던 어린 두 소녀를. 나는 바로 그 케이트를, 나를 택하고 소원과 꿈과 가능성을 믿었던 그 언니를 기억하기 시작했고, 나 자신을 조금 용서하게 되었다.

1년 정도가 지난 후, 처음으로 연인과의 진짜 가슴 아픈 이별을 경험한 나는 어느 새하얀 헛간 앞에 차를 세운 뒤 가죽 핸들에 얼굴을 기댔다. 가슴속 나사가 느슨해지더니 희미한 고통의 메아리가 언니가 사라졌을 때의 감각을 상기시켰다. 언니가 있었으면 좋겠어. 눈물을 쏟으며 생각했다. 그저 이 일에 대해 언니랑 이야기하고 싶어. 늦은 오후 무렵이었는데, 고개를 들어 대시보드의 라디오 시계를 보니 아주 정확하고도 선명하게 11:11 p.m.이라고 표시되어 있었다. 기계 오작동으로 시간이 몇 시간 빠르게 표시된 것이었다.

언니가 보낸 메시지였을까, 아니면 단순한 기계 결함이었을까? 그게 중요했나? 그건 내게 구명정이었고, 나는 그걸 붙들었다.

어쩌면 우주적 의미를 고집하는 일은 헛된 짓일지도 모른다. 삶은 절대로 논리 정연한 패턴에 들어맞지 않을 것이다. 그 어디에도 원대한 계획 같은 건 작용하지 않고, 더 큰 그림 따위도 없을 것이다. 심령술사는 그저 아무 숫자나 상식이나 이미지를 골랐을 뿐인데, 내가 거기에 주의를 기울이다 보니 더 자주 보게 되는 것일 공산이 크다. 이것은 인간 속성의 자연스러운 연장선상이다. 패턴들은 이야기의 짜임새가 되고, 그렇게 일관성 없는 신호들이 엮여 우리의 서사가 된다. 우리는 본능적으로 변수들 사이에서 인과관계를 찾는다. 즉 의미를 추구한다. 우리는 구조가 없는 곳에서 구조를 보고, 예측 불가한 가능성을 두고 통제할 수 있다는 환상을 품는다.

정신건강을 관리하며 증상들을 분류하는 데에는 유사한 목적이 있다. 분류는 연관성, 유사성, 잠재적 원인과 처치법을 찾게 해준다. 우리는 질병 진행 단계의 윤곽을 그려볼 수 있고, 묵직한 정신장애 진단통계 매뉴얼을 뒤져 질병의 궤적을 밝힐 수 있다. 우리의 뇌는 반복을 알아차리도록 타고났는데, 여기에는 그럴 만한 이유가 있다. 야생에서는 당신이 주운 베리와 당신을 아프게 한 베리의 공통점을 발견하는 일이 삶과 죽음을 가른다. 하지만, 패턴들이 우리를 저버릴 때도 있다. 조현병을 앓으면 아무것도 없는 곳에서 암시, 메시지, 실마리들을 본다. 이 질병의 전형적인 특징이다. 그것은 독이 되거나 심지어 강박으로 변할 수도 있다.

그럼에도, 그게 망상적인 위안이라고 할지라도, 같은 경험을 한 다른 사람들과 나누는 일은 위안을 준다.

내 친구 중 한 명은 팔꿈치 안쪽이나 침대 옆 창틀 같은 의외의 장소에 무당벌레가 기어다니면 돌아가신 할아버지가 보내는 메시지라고 믿는다. 나의 숙모는 큰어치가 날아가거나 나무 위에 앉아 있을 때 보이는 날개의 모든 펄럭거림과 번뜩이는 청색에서 아버지의 포옹을 느낀다고 한다. 사람들은 바람 속에서 향기를 맡고, 괴로운 순간 오래전 결혼식장에서 울려 퍼지던 음악을 듣는다.

2019년 10월 29일 자 「투데이 쇼Today show」의 웹사이트에는 갑자기 남편을 잃은 작가 앤드리아 렘키의 에세이가 게재되었다. 나비들이 보이면 곁에 찾아온 남편이라고 믿는다는 내용이었다. 이 글은 큰 반향을 일으켜 5,900건의 좋아요를 받고 3,600회 공유되었다. 아래에 달린 1,400개의 댓글에서 대부분의 독자들은 나름의 영적 체험을 증언했다. 새하얀 깃털들이 나무에서 떨어지고, 벌새와 홍관조들이 가족 모임에 나타난 이야기. 선인장이 꽃을 피웠는데, 세상을 떠난 사랑하는 이가 가장 좋아했던 산호색이더라는 이야기. 누군가는 떠난 사람을 상기시키는 이런 조각들을 "천사의 윙크"라고 부른다.

이 책을 쓰기 위해 자료를 조사하던 중 나는 구글에 "누군가 죽고 나면 보게 되는 신호들"이라고 검색한 적이 있다. 제일 윗줄에 뜬 링크의 제목은 "사후 소통의 11가지 신호"였다. 그 우연의 일치를 본 순간 내가 놀라지 않았다고 말한다면 거짓말이리라.

내세에 대한 믿음을 거부하는 태도는 그것을 믿으려는 갈망만큼이나 완고하고 필사적이다. 사람들은 심지어 서로 다른 주장에 불쾌감까지 느끼는데, 이는 다음의 질문으로 이어질 수 있다. 완전히 극과 극인 다른 누군가의 신념에 대해 어떻게 설명할 수 있을까? 사후생의 존재를 입증하는 것은, 그것이 틀렸음을 입증하는 것만큼이나 불가능하다. 이러한 지적 교착상태의 끝에는 결국 개인의 선택만이 남는다. 만일 당신이 누군가의 부재 속에서 남은 생애를 살아내야만 한다면, 그 뚜렷하고 참담한 현실에도 불구하고 살아갈 만큼 용감하다면, 당신이 어디서 어떻게 힘을 얻었는지 누가 판단할 수 있겠는가?

한 치료사도 내게 그 심령술사와 같은 생각을 드러냈다. 이후 내가 더 나은 감정을 가질 자격이 있다고 마음먹자 많은 것이 변했다. 나는 운이 좋았다. 언니의 질병과는 달리 나의 정신건강 문제는 대부분 인지에 바탕을 두고 있었고, 따라서 치료할 수 있었다. 불안 발작과 우울 증상들로 고통받기는 했어도 그것들은 어쩌다 발생했는지 쉽게 추적할 수 있는 행동 기반 증상이었다.

나는 언니가 죽었기 때문에 우울했다. 내가 언니를 저버렸고, 그래서 살아갈 가치가 없다고 믿었기 때문에 슬펐다. 삶 자체가 예측 불가능했기 때문에, 여덟 살 때부터 트라우마와 폭력, 언니의 변덕스러운 기분에 구멍이 뚫려버린 집에서 살아왔기 때문에 불안했다.

정신건강 분야에서는 그러한 만성 스트레스를 아동기 부정적 경험 adverse childhood experiences이라고 칭한다. 연구한 바에 따르면 아동기 부정적 경험이 있는 사람들은 자가면역 질환, 심장병, 심지어 암에 걸릴 위험도 높다. 투쟁-도피 반응 같은 스트레스 반응이 주기적으로 촉발되면 뇌에서 화학 반응이 일어나 (우리가 감정에 반응할 때 활성화하는 뇌의 영역인) 해마의 형태와 크기를 변화시킬 뿐 아니라 뇌의 회로에서 시냅스 연결도 바꾼다.

신경학적 측면에서 보면, 나는 심령술사의 설명처럼 말 그대로 항상 다음 재앙이 닥쳐오기를 기다리며 살았다.

나의 우울감은 일상을 방해하는 끔찍한 감기와도 같았다. 의식적으로 행복했던 시간을 떠올리고 심지어 깊은 내면에서는 이 또한 지나가리라는 사실을 알았음에도, 나는 믿지 않았다. 그러다 회복하고 난 뒤에는 아프다는 것이 어떤 느낌인지 잊어서 모든 사례와 모든 재몰입이 충격으로 다가왔다.

일단 도움을 구하기 시작한 후에는, 나의 정신이 운동과 영양 섭취, 그리고 변증법적 행동치료dialectic behavioral therapy에 유연하게 반응한다는 사실을 알게 되었다. 나는 연구를 통해 배운 방식들에 의지했다. 사고방식을 재구성하고 신념 체계를 다시 세우기. 스스로 부정적으로 생각하거나 언니가 내게 내뱉은 부정적인 말만 기억했을 때에는 생각을 마무리할 수 없었다. 직접 개입해서 그 모욕을 긍정적인 것으로 대체해야 했다. 나는 계속해서 살아가야 할 11가지 이유를 목록으로 작성해 휴대 전화 대기화면으로 설정해두고, 감사의 이유들도 깔끔하게 정리해두었다. 흐린 날을 대비해 야생화를 수집해 보호하듯 칭찬의 말들을 모았다. 철이 든다는 것은, 자기 자신을 너무 나쁘게 오랫동안 방치하지 않는 게 아닐까 하는 생각도 했다.

나는 주위를 둘러보며 주로 내게 없는 것만을 보았다. 내 삶에는 구멍이 가득했지만, 이제는 구멍 대신 내가 가지고 있는 것을 보기 시작했다.

내게는 진실로 나를 사랑하고 지지해주는 엄마, 인내심이 그칠 줄 모르고, 나와 가장 친한 친구 같은 엄마가 있다. 이렇게 고백할 수 있는 행운아가 또 있을까? 또 내게는 늘 곁에 머물러주고, 괜찮은지 묻고, 진짜로 대답을 듣고 싶어하는 친구들이 있다. 가장 어두운 나날 동안 나를 웃게 해주고, 내가 불을 켜는 방법을 잊었을 때 불을 켜준 친구들. 외할아버지도 있다. 키가 큰 스웨덴 출신의 외할아버지는 탁자에 둘러앉은 우리를 지그시 바라보며 탄성을 내지른다. "내가 얼마나 운이 좋은지 좀 봐. 세상에서 가장 아름다운 3명의 숙녀들한테 둘러싸여 있잖아." 우리는 모두 눈을 굴리지만, 얼마나 기분이 좋은지 모른다. 외할머니는 날마다 하루도 빠짐없이 내게 잘 자라고, 사랑한다고 문자를 보낸다. 내게는 가질 가치가 있었던 언니도 있었다. 나를 기르고 가꾸었던 언니였다.

한때 나는 언니를 잃은 상실감에 빠져 허우적댔지만, 이제는 한때 그런 행운이 있었다는 사실만으로도 가슴이 벅차다.

이것이 바로 건강한 두뇌가 가진 아름다움이기도 하다. 뇌는 유연한 기질이 있어, 우리가 마주하는 세계에 항상 적응하고 배운다. 킹스칼리지 런던 대학교는 한 연구에서 인지 행동 치료cognitive behavioral therapy, CBT가 주요 두뇌 영역 사이의 연결성을 높일 수 있음을 알아냈다. 간단히 말해 부정적 사고를 긍정적 사고들로 대체하면, 뇌가 재설계되어 감지 가능한 물리적 변화들이 일어난다는 것이다.

내 두뇌에 놓인 길을 재설계하도록 도와준 사람은 바로 그 심령술사였다. 그것이 슬픔 치료였나? 아니다. 과학적이었나? 절대로 아니다. 나는 숫자 11이 정말 언니가 나와 소통하기 위해, 어떤 숙명적인 영혼의 힘을 두드린 증거라고 믿고 있을까? 그것도 아닌 것 같다. 그것은 마법이 아니었을지 모르지만, 내게는 그 어떤 마법보다도 강하고 진실한 힘을 발휘했다.

나는 지하철에서든, 차량 번호판에서든, 가게 문에 걸려 흔들리는 영업시간 안내판에서든, 나란히 그어진 숫자 11을 볼 때마다 매번 숨을 참고 언니를 떠올린다. 덕분에 모든 것이 달라졌다.

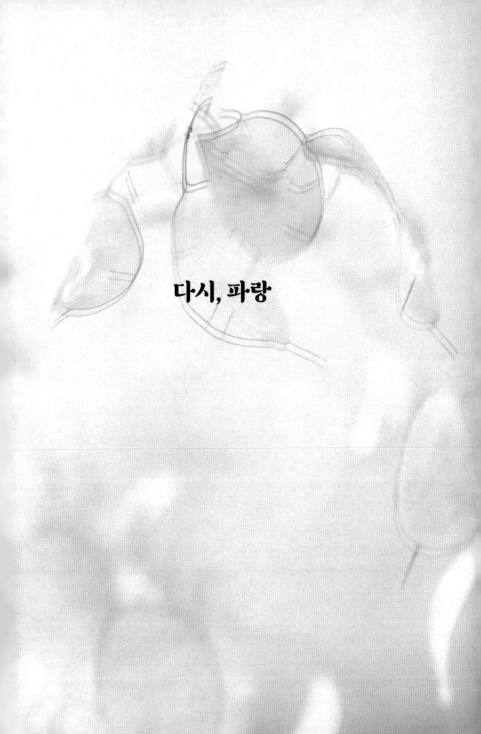

다시, 파랑

39

대학교 4학년 봄 학기에 나는 언니의 실종을 다룬 글을 한 편 썼다. 작가가 되겠다는 희망은 버린 지 오래였지만, 대학 신문에 몇 번 필명으로 논평을 실은 적은 있었다. 언니의 죽음으로 두 동강이 나기 전까지 작가의 꿈은 내가 뒷주머니에 은밀히 넣고 다니던 것이었다.

이후 나는 임상심리학으로 진로를 정했다. 언니를 돕는 데 실패한 모든 방식을 만회하기 위해 언니와 비슷한 사람들을 도와야만 했으니까. 컬럼비아 대학교 사회복지 프로그램에서 석사 과정을 밟았고, 그 수업들을 나의 길로 받아들였다.

계속해서 글은 쓰기는 했지만, 그것들은 그냥 나만 보는 글이었다. 다만 대학원에 입학한 뒤 재미 삼아 창작 수업을 몇 번 들었는데, 그 중 한 수업에서 내 삶을 바꿔준 그 글을 쓰게 된 것이다.

글의 주제는 디지털 시대의 애도였다.

언니가 실종되었을 때 나는 언니의 페이스북 페이지를 끊임없이 들여다보면서 이름 옆의 희미한 점이 갑자기 초록색으로 변하며 활동 중이라는 표시가 뜨기를 기다렸다. 어느 먼지 쌓인 먼 공공 도서관에서 언니가 친한 친구에게 메시지를 보내려 로그인하는 모습을 상상했다. 나는 그 순간을 포착하고서 아주 빠르고도 맹렬하게 메시지를 보낼 것이었다. 언니, 나야. 나는 입력할 것이다. 그냥 잘 있다고만 말해줘.

메시지창의 방울들이 불투명한 회색으로만 남아 있음을 확인한 나는 초조한 마음으로 우리의 예전 대화들을 살폈다. 이따금 몇 달 간격으로 나누었던 대화들. 나는 내가 읽고서 답장하지 않은 모든 언니의 메시지들을 보며 흠칫 놀랐다. 마치 전류가 흐르기라도 한 듯, 터치패드에서 손을 뗐다가 다시 조심스레 손을 가져다 댔다. 언니가 보존되어 있는 페이스북에는 내 많은 실수들 역시 보존되어 있었다.

우리 가족에게는 찾아갈 묘지도, 기념비도, 심지어 언니를 기리며 꾸며둔 정원도 없다. 다른 유족들이 묘지에서 아무 감정 없는 단단한 땅에 대고 삶의 중요한 일들이나 일상의 실망감을 토로할 때, 내 손에 들린 건 휴대 기기뿐이었다.

한동안은 세상에서 일어나는 모든 자잘한 문화적, 정치적 사건들도 상실로 다가왔다. 세상이 변화하면 할수록, 언니가 없는데도 계속 세상이 돌아갈수록, 언니는 자신이 더 멀리 동떨어졌다고 느낄 것이라는 비논리적인 생각이 나를 집어삼켰다. 만일 언니가 돌아오면 소외감을 느낄 텐데. 아무것도 모르고 있다가 적응하는 데 어려움을 겪겠지. 나는 이를 바로잡아야 한다는 책임감을 느꼈다.

무엇보다도, 내가 여전히 언니를 볼 수 있고 들을 수 있고 문자를 보낼 수 있는데, 언니가 진짜 사라졌다고 할 수 있을까? 페이스북은 해마다 언니의 생일을 알려주고 매년 나이를 알려주는데, 그렇다면 언니의 죽음은 종결이나 끝이라기보다는 어떤 생략에 불과하지 않을까? 나는 여전히 어느 순간 채팅창의 "입력 중" 표시가 깜빡이는 상상을 하고 있었다.

마치 죽음의 여파로 언니를 뒤늦게 알아가는 기분이었다. 언니의 계정이 태그된 흐릿한 휴대 전화 사진에서 우리가 같은 식당 같은 자리에 앉은 적이 있다는 사실을 알게 되었다. 드라마 「가십걸Gossip Girl」이나 「The O.C.」를 보기 시작할 무렵에는 언니가 예전에 즐겨 듣던 "인디 음악" 플레이리스트(내가 아직도 주구장창 듣는)가 사실 드라마 배경음악이었다는 사실을 알게 되었고, 예전에 내가 언니를 얼마나 미화해서 우러러봤는지도 깨달았다.

언니에 대해서는 여전히 알아갈 것들이 많았다.

새로운 기술 시대의 도래로 우리가 입력한 것들은 설령 단 한 번 입력되었더라도 전부 우리 삶의 일부로 기록된다. 구글에서 검색한 것, 노트 어플에 철자를 틀려가며 쓴 사적인 생각들, 충동적인 문자, 그리고 잘 나오지 않은 사진들이 알 수 없는 어딘가에 저장된다. 이 회색 지대의 위험성은 너무 많이 붙잡아두면서 충분히 놔주지는 않는다는 데 있다. 이제 문제는 무엇이 더 가능하냐가 아닌, 무엇이 도덕적으로 허용되는가다.

엄마의 기억에 따르면, 죽기 전날 차 앞좌석에 앉았던 언니는 이지러지는 초승달 모양의 눈을 하고서는 두려움에 가득 차 엄마를 바라보았다.

"혹시 무슨 일이 생기더라도, 내 형편없는 사진들을 올리면 안 돼요." 언니는 부탁했다.

엄마는 마음속 깊은 곳에 자리한 두려움을 모른 척 웃어넘겼다.

"네가 못 나온 사진이 어디 있니." 엄마는 언니를 안심시켰다.

이제 와서 생각하건대, 언니가 혹시 나무 기둥에 붙거나 전신주에 고정되었다가 바람에 날리고 구겨져 결국에는 쓸모가 없어진 실종자 포스터를 생각한 건 아니었을까? 언니는 1980년대에 우유곽에 인쇄되어 있던 실종 어린이들의 사진을, 아침 시리얼 박스에서 웃고 있는 실종자들의 얼굴을 떠올렸을까? 언니는 이미 최후의 결정을 내렸던 걸까?

못 나온 사진을 올리지 말라는 언니의 부탁은 무슨 의미였을까? "형편없는" 사진이란, 특히 온라인에 스스로 올린 사진들로 친다면 어떤 사진을 두고 한 말일까? 만일 언니가 죽을 생각이었다면, 그럼에도 그게 신경 쓰였을까? 얼마나 많이 붙잡아두어야 너무 많은 걸까? 우리는 자신의 얼마나 많은 부분을 디지털 유산으로 남기고 있을까?

어느 날 나는 언니에게서 답 문자를 받았다.

보스턴 시내의 아이리시펍에 있을 때였다. 라이브 밴드가 언니가 가장 좋아하는 노래들을 연주하자 그 공간은 언니에 대한 기억으로 가득 차올랐다. 그 순간 내게는 언니와 이야기하고 싶다는 바람 외에는 아무 생각이 없었다.

밤 11시 2분, "보고 싶어, 미안해"라고 문자를 보냈다.

그리고 거의 곧바로 물음표 하나가 찍힌 답장이 왔다.

심장이 격렬하게 공중제비를 돌았고 기분 나쁘게 속이 뒤틀렸다. 나는 사람들을 밀면서 화장실로 뛰어가느라 들고 있던 음료를 쏟았다. 분개한 이들이 뒤에서 **이봐요**라며 소리를 질러댔다. 문이 열린 화장실로 들어간 나는 그래피티 낙서가 가득한 벽에 기대어 섰다.

"죄송한데 누구신가의?" 손이 너무 떨려서 휴대폰을 변기에 빠뜨리지는 않을까 걱정이 될 정도였다. 나는 겨우 문자의 오타를 고쳐 다시 보냈다. "누구신가요?*"

생각은 단순하게 흘러갔다. 만일 누군가가 장난을 치는 거라면, 그 사람이 잔인한 해커나 가학적인 인간이라면, 상대에게 너무 많은 정보를 주고 싶지 않았다. 먼저 말해봐. 심령술사의 집에서처럼 생각했다. 누군지 이름을 말해봐. 케이트, 제발 언니가 맞다고 대답해줘.

재빠르게, 자비롭게도 너무나 빠르게, 내가 문자를 보냄과 동시에 상대방은 답을 보내왔다. "문자를 잘못 보내신 거 같네요."

"케이틀린 레디의 번호 아닌가요?" 희망에 의지력을 함몰당한 나는 곧장 답을 보냈다. **제발, 언니. 제발.**

"아닙니다. 죄송해요."

공간의 모든 기운이 바람 빠지듯 가라앉았다.

그 번호로 전화를 걸자 음성 사서함의 안내 목소리가 진실을 밝혀주었다. 그 여성의 목소리에는 언니 목소리의 음악적인 특색이 없었다. 언니가 억양을 높일 부분에서 억양을 낮추었다. 언니의 번호는 약 2년간 사용되지 않아 권리를 상실했고, 이제 다른 사람의 번호가 된 것이었다. 이제 더는 언니가 어느 날 전화를 받을지도 모른다는 혼자만의 착각도 할 수 없게 되었다. 언니는 또 하나의 새로운 방식으로 사라져버렸다.

나의 글은 이러한 발견과 그에 따르는 깊은 슬픔을 중심으로 다루었다.

창작 교수님은 내게 이 글을 「뉴욕 타임스」의 "모던 러브 칼리지 콘테스트"에 응모해보라고 제안했다. 내 글이 뽑힐 가능성은 터무니없이 낮았다. 이전 해인 2017년만 해도 2,000명 가량이 응모했기 때문에, 이를 토대로 보면 내 글이 당선될 확률은 대략 2,000분의 1, 즉 0.05퍼센트였다.

기숙사 침대에 엎드린 나는 언니에게 기도했다. "내가 언니에 관해서 쓰는 게 싫으면, 이 글이 뽑히지 않게 해줘. 내 컴퓨터를 부숴버려. 글을 날려도 좋아. 그럼 글을 보내지 않을게. 약속해."

그 글은 언니의 생일이 있던 주간에 당선되었다.

숙명이었을까, 아니면 뜻밖의 행운이라고 해야 할까. 내가 아는 거라고는 그 글이 출판 에이전트의 호기심을 샀고, 그 호기심이 출판 계약으로 이어져 이 책이 되어 세상에 나오게 되었다는 것뿐이다. 나는 너무도 필사적으로 작가가 되고 싶었고, 그 열망이 내 혈관을 아프게 할 지경이었지만, 언니가 죽은 뒤에는 모든 희망을 버렸다. 그런데 언니를 기억하며 쓴 글이 다시 내게 이 세계의 문을 열어주었다.

열두 살 이후 처음으로 나는 친구들과 가족들에게 다시 언니에 관해 더욱 자유롭게 이야기하기 시작했다. 한때는 내게 언니가 있었다는 사실을 전혀 몰랐던 사람들도 이제 언니의 삶에 관해 내게 묻는다. 점차적으로 나는 다시금 나 자신이 된 기분을 느끼기 시작했다.

40

어느 화요일, 연구 자료의 한 문단을 읽는데 온몸의 피가 다 빠져나가는 듯한 느낌이 들었다.

「정신의학 최신연구*Frontiers in Psychiatry*」에 실린 한 연구에서, 연구진은 가벼운 뇌염과 조현병 사이의 연관성을 실험했다.

가장 유망한 새 연구 개념 중 하나는 조현병이 경증 뇌염이라는 카를 베히터와 노르베르트 뮐러의 가설이다. 이 가설에 따르면 조현병 환자들 중 하위집단의 상당수가 가볍지만 만성적인 뇌염 질환을 앓았으며, 그 원인은 바이러스성 감염, 외상, 자가면역 질환까지 현저하게 달랐다.……본 경증 뇌염 가설은 조현병이 더는 불치의 정신장애가 아님을 암시한다. 이제 조현병은 만성적이기는 하나 치료가 가능한 신경질환으로 간주될 것이다.

치료가 가능한 신경질환이라니.

이 문단을 읽는 순간 악랄한 메스꺼움이 찾아와 나를 불안하게 했다. 내 속에서 되살아난 구토감은 생생하고 치명적이었다. 나는 근육들이 아플 때까지 몸을 말아 구르고 싶었다. 두 눈도 감고 싶었지만, 감을 수가 없었다. 새로운 진실을 마주하는 일이 얼마나 힘들든, 나는 언니에게 진 빚을 갚기 위해 계속해서 읽고 연구해야만 했다.

뇌염은 두뇌에 생긴 염증이며, 그 원인은 두부 외상에만 국한되지 않는다. 신경 염증은 박테리아나 바이러스성 감염이나 진드기 매개 질병 같은 자가면역 질환에서 비롯될 수도 있다. 어떤 상황이든, 뇌는 부어오른다.

『브레인 온 파이어』의 저자 수재나 캐헐런은 고되고 극적인 의학 드라마를 모두 겪은 뒤 최종적으로 항-NMDA 수용체 뇌염anti-NMDA receptor encephalitis 진단을 받았다. 처음에 그녀를 검사한 의사는 뇌파도, MRI, 신경 검사, 혈액 검사 등의 결과가 정상이라고 판단하고는 캐헐런이 술꾼도 아니고 약물에 중독된 적도 없는데 그녀의 증상을 "알코올 금단 현상"으로 치부했다. 또다른 의사는 그녀에게 조울증 진단을 내리고 독한 정신질환 약물을 처방했다.

언니 역시 이 모든 과정을 거쳤다. 일련의 검사를 받았음에도 뚜렷한 이상이 발견되지 않았다.

캐헐런이 마침내 뇌염 진단을 받은 것은 백혈구 수치가 상승했음을 발견한 소우헬 나자 박사가 감염을 의심한 뒤의 일이었다.

캐헐런이 진단을 받은 시기는 2009년이었고, 펜실베이니아 대학교의 조셉 달마우 박사가 이것이 신경질환임을 처음으로 확인한 시기는 2007년이었다. 이 작고도 소리 없는 면면을 확인한 내 심장박동은 박자를 놓친다.

2010년, 언니는 펜실베이니아 대학병원 정신병동에서 정신건강 및 신경과에 다녔다. 우리는 자주 병원에 있었고, 엄마는 의사들에게 뭔가 다른, 창의적인 절차와 진단을 고려해달라고 애원했다. 언니의 라임병 전염 가능성과 외상성 뇌 손상, 기저 호르몬 조절 문제, 그리고 다낭성 난소 증후군 병력을 들며 자가면역 질환에 관해서도 문의했다. 언니는 복도에서 소리를 질러대며 아빠가 자신을 죽일 거라고 주장했다. 캐헐런 역시 자신의 아버지가 이미 자신의 어머니를 살해했고 이제 자신을 죽일 차례라며 고함쳤다. 증상이 거의 같았음에도 캐헐런은 자가면역 병동에, 언니는 정신병동에 입원했다. 그렇게 두 사람의 운명은 굳어졌고 너무도 다른 여정을 걷게 되었다.

언젠가 우리가 스친 적이 있을까? 같은 시간 같은 공간에 있지는 않았을까? 캐헐런은 전 세계에서 겨우 217번째로 항−NMDA 수용체 뇌염 진단을 받은 환자가 되었다. 달마우 박사와 동료 연구진의 2019년 연구에 따르면, 이 질병은 주로 여성에게서 발견되며(80퍼센트) 주로 단순 포진 바이러스나 난소성 기형증에 의해 유발된다. 또다시 다낭성 난소 증후군 진단과 연관되는 대목이다.

이에 관해 알아가던 나는 다시 다리를 떠올렸다. 언제나 내 생각에 간간이 끼어들곤 하는 그 형상. 언니의 시신을 수습하고 싶다는 생각이 들었는데, 이번에는 또다른 형태의 종결에 관한 병적인 후회가 엮였다. 만일 부검할 수 있다면, 언니의 두뇌에는 미식축구 선수들의 뇌처럼 위축되고 타우 단백질 덩어리들이 뭉쳐 있으며, 2개의 반구 사이에서는 검은 나비 같은 뇌실 확장증이 보일까? 아니면 항-NMDA 수용체 뇌염의 특징적 염증을 가지고 있을까? 그것도 아니라면 으스스하고 불가해할 정도로 완벽하게 온전할까?

의사들은 여전히 캐헐런의 뇌염이 대체 어떻게 시작되었는지, 어떤 병원균이 그녀의 두뇌에 들어가 공격을 선동했는지 확실히 알지 못한다. 원인은 빈대나 어떤 음식을 통해 섭취한 기생충일 수도 있고, 흔한 바이러스 감염일 수도 있다.

조현병을 비롯해 일반적인 정신질환이란 늘 이런 식이다. 단일한 원인을 찾겠다는 것은 모든 암의 원인을 한번에 모두 찾겠다는 것과 같다. 암에도 상피성암, 육종, 백혈병, 림프종, 흑색종 등 여러 종류가 있고, 각각에 나름의 치료법이 있다. 게다가 최근에는 이러한 환원적 오류를 전부 묵살할 만한 새로운 정신질환 이론이 주목받고 있다. 바로 질병의 미세아교세포 보편 이론microglial universal theory of disease이다.

2020년, 도나 잭슨 나카자와는 『너무나도 놀라운 작은 뇌세포 이야기 : 의학계의 판도를 뒤바꾼 작은 뇌세포에 관하여The Angel and the Assassin: The Tiny Brain Cell That Changed the Course of Medicine』를 썼다. 이 책은 저자 본인

이 급성마비 질환인 길랑-바레 증후군Guillain-Barré syndrome을 비롯한 일련의 자가면역 질환을 앓는 동안 인지 문제와 기분 변화를 겪으면서, 이후 면역학과 뇌 기반 장애들의 연관성을 이해하는 임무에 착수한 결과물이다. 2012년, 과학자들은 한때 간과되었던 미세아교세포라는 작은 뇌세포에 신경세포와 신경 접합부를 보호하고 회복시키며 재증식하는 능력이 있음을 발견했다. 이 획기적인 연구는 이전까지 뇌에 면역 특권이 있다고 여겼던 것과 달리 뇌세포들이 백혈구와 거의 동일한 방식으로 작용해, 정확히 작용하면 전염성 질환과 외부 침범으로부터 뇌를 보호하고, 불발되면 자기 세포와 조직들을 공격한다는 사실을 밝혀냈다.

이 면역 반응이 과열될 경우, 미세아교세포는 신경 접합부를 과도하게 가지치기해 신경 염증과 알츠하이머, 우울, 그리고 조현병 등의 신경, 정신 및 인지 장애를 일으켰다(연구진은 조현병을 진단받은 환자의 약 3분의 1이 어떤 면역 기능 장애를 앓고 있다고 추정했다).

미세아교세포는 아동기 부정적 경험에서처럼 투쟁-도피 반응이 만성적으로 활성화되면 고장날 수 있고, 어떤 유전자나 후생적 변화와 연관되어 망가지기도 한다. 공격 태세의 미세아교세포는 신경 접합부를 가지치기해서, 적응과 재생 능력이 있었을 해마의 신경들을 파괴한다. 연구진은 우울증과 발달상 정신적 외상을 진단받은 환자들의 해마가 수축되어 있는 이유가 이것이라고 추정했다.

만일 내 두피를 벗겨내 두뇌를 들여다본다면, 치료를 위해 뭔가를 해볼 수 있지 않을까 궁금하다.

알츠하이머에 걸리면 이 신경 염증이나 경증 뇌염이 아밀로이드반과 엉킨 덩어리들을 없애버려 미세아교세포가 원래 하도록 설계된 활동을 방해한다. 외상성 뇌 손상이나 만성 외상성 뇌병증, 단 한 번의 일반 외상성 뇌 손상이라도 인지 저하, 기분 변화, 기억 상실을 일으키고 뇌의 연령을 5년이나 노화시킬 수 있다. 외상성 뇌 손상을 입은 뇌를 부검하면, 미세아교세포의 비정상적인 활동이 포착된다.

이 모두는 2012년에서 2020년 사이에 발견된 사실들로, 비교적 새로운 연구의 결과물이다. 이 시기에 언니는 제정신을 되찾으려고 싸우다가 지치고, 겁먹고, 꺾여버려, 자신의 목숨을 끊기에 이르렀다. 최신 과학이 의사의 진료실까지 다다르기 위해 걸린 수년 동안, 언니는 그 위험성이 얼마나 높은지를 보여주었다. 우리에게는 가만히 둘러앉아 기다릴 시간이 없다.

뇌에 기반한 장애 연구가 꾸준히 이루어진 덕에 새로운 가능성과 치료, 유전자 탐지, 그리고 자가면역 치료법이 생겨나고 있다. 나카자와의 주장대로 이 새로운 희망은 미세아교세포의 약속과 위험성, 그리고 신경 염증과 정신장애 사이의 양방향 피드백에 대한 더 나은 이해로 귀결된다.

그러나 내가 생각하기에 우리가 만들 수 있는 가장 큰 변화는 과학 혁신과는 무관하다. 그 변화란 오히려 여론과 사람들 사이에 오가는 대화의 심오하고 단순한 변화가 아닐까?

만약 심리학자들, 의사들, 친구들, 가족들, 우리 아빠, 학교 관련자들 (그리고 언니 본인까지) 정신질환을 잠재적으로 치료 가능한, 있는 그대로의 물리적 뇌 장애로 이해했다면, 우리의 이야기는 얼마나 달라졌을까? 만일 그게 다 "비현실적인 망상에 빠진 탓"이라는 말을 듣지 않았다면 어땠을까? 언니가 받은 진단을 연민으로, 창의적으로, 그리고 열린 대화로 마주하는 일이 가능했다면 어땠을까? 내 인생은 얼마나 더 좋아졌을까? 친구들과 선생님들, 동료들에게 그들의 반응이나 판단을 두려워하지 않고 언니의 고통에 관해서 말할 수 있었다면 얼마나 좋았을까?

언니와 같은 수백만의 사람들이 신경질환과 싸우고 있다. 이제는 알지만, 조금만 더 빨리 알았더라면 얼마나 좋았을까 하는 아쉬움을 떨쳐버릴 수가 없다.

41

이 책을 마무리하는 지금, 내 나이는 스물셋이다. 이 숫자는 두 가지의 주요한 이유로 의미심장하다. 첫째로, 여성의 조현병은 평균 18-25세 사이에 발현되는 경향이 있다.

생애 23번째 해에 들어선 나는 내게서 정신병이 발현하기 시작할지 그러지 않을지 궁금해하기 시작했다.

틈만 나면 끊임없이 조사했다. 출근길 전철 안에서 정신과 관련된 빽빽한 책을 읽었고, 미팅을 하는 중간중간 교수님이나 임상의들을 인터뷰했으며, 지각에 대한 통제력을 잃을 수 있는 모든 방식을 공부했다.

또한 처음으로 뉴욕 시에 살면서 사람들이, 그림자들이, 동물들이, 그리고 사물들이 거리 위를 어찌나 휙휙 지나다니는지, 그리고 쉴 새 없는 그 움직임들이 얼마나 비현실적인 동물원을 창조하는지를 경험했다. 거리의 환기구에서는 소독 냄새가 응축된 김이 마구 휘돌아 올라왔다. 검은 쥐들은 자동차와 쓰레기통 아래를 잽싸게 총총거리며 달려가 더러운 지하철 선로의 이랑 위를 뛰어넘어 다녔다. 도로에서는 차들이 울려대는 경적 소리와 지나가는 사람들이 통화하는 소리의 파편이 들렸다. 거리 가판대에서 고기를 삶는 열기는 너무도 짙은 김을 내뿜어 그 냄새가 눈에 보일 지경이었다.

뉴욕은 단편적인 토막과 늘어진 가닥의 엇갈린 관점들로 가득하다. 이 도시는 결코 가만히 있는 법이 없어, 그 누구도 충분한 시간을 들여 전체 그림을 볼 수가 없다.

때로 나는 내가 정신을 잃었다고 확신했다. 너무나도 지나친 자극에 압도되었기 때문이다. 낯선 도시와 새로운 직장에서 새로운 동료들을 만나다 보니, 삶에서 가장 숨 막히던 순간들, 즉 최악의 시기가 되살아났다. 나는 종종 숨쉬기가 힘들었다. 대학 시절부터 만나던 남자친구와 헤어졌을 때에는 불가피한 심적 고통보다 안도감을 먼저 느꼈다. 걱정 거리가 하나 줄었어. 내가 폐쇄공포증이라는 새로운 증상과 싸우고 있다는 사실도 알게 되었다. 부산하고 밀집한 통근 전철이나 식당, 혹은 바의 좁은 구석에 가면 신경이 날카로워지곤 했던 것이다.

2020년 3월의 어느 저녁, 특히나 지난했던 업무와 글쓰기를 마치고 집 안 거실 소파에 널브러져 앉았다. 그러고는 묘한 호기심에 아이폰으로 별자리 운세를 검색했다.

내 운세는 이전에 그 어느 웹사이트에서 봐오던 것보다 더 가혹했다. "염소자리. 가능하면 날마다 유난 떠는 일을 최소화하세요." 운세는 말했다. "눈치채지 못했겠지만, 당신은 삶의 모든 측면을 과장하는 방식으로 스스로를 손상시키고 있어요."

이런, 평소보다 좀 직설적이네. 그렇게 생각한 나는 잠시 뒤 재미 삼아 화면을 캡처해 엄마에게도 보내주려고 다시 휴대 전화를 집어 들었다. 그런데 웬걸, 화면에는 뻔하고 긍정적인 조언들과 함께 커리어의 주도권을 잡는 법 따위가 나와 있었다.

내가 환영을 본 건가?

나는 아무런 의심 없이 운세를 읽었었다. 분명 방금 전에 휴대 전화 화면에서 모든 단어와 문장을 읽었다. 날짜를 다시 확인한 뒤, 웹사이트를 새로고침했다. 대체 어디로 간 거지? 극심한 공포가 혈관을 타고 흘렀다.

직장에서 끔찍한 하루를 보낸 터였다. 모든 것을 처리하려 아슬아슬하게 애썼음에도 다 망쳐버린 기분이었다. 전국구 잡지사에서 보조 편집자로 일하면서 시간이 날 때마다 이 책을 쓰는 일에 몰두했다. 책상에는 온통 포스트잇에 갈겨쓴 아이디어들이 붙어 있었다. 매일 아침 얼룩덜룩한 무늬의 반짝이는 사무실 바닥을 가로질렀고, 바닥부터 천장까지 유리로 된 사무실들과 역사적인 패션의 순간들이 허황되게 담긴 흑백 사진들을 지나치면서 언니가 자기 방에 늘 쌓아뒀던 오래된 「보그*Vogue*」지들을 떠올렸다.

내가 다닌 회사는 「인스타일*InStyle*」, 「베터 홈스 앤드 가든스*Better*

Homes and Gardens」, 「피플*People*」, 「리얼 심플*Real Simple*」, 「타임*Time*」, 그리고 「스포츠 일러스트레이티드*Sports Illustrated*」 등의 잡지와 같은 계열의 회사였고, 그 잡지사 직원들과 사무실을 함께 썼다. 이제 막 대학원을 졸업한 나는 사실상 편집 업무 경력이 전무했다. 내 능력 밖의 일을 맡은 것 같았다. 출근 첫날에는 금색 단추가 달린 감색 트위드 원피스를 입고 나타난 나를 청바지에 힐을 신은 동료들이 의아한 눈길로 쳐다봤다. 나는 주로 유행성 장염이나 공갈 젖꼭지 등의 주제를 둘러싼 신빙성 없는 정보들에 관해 사실 확인을 하며 기사를 작성하거나 편집했다. 그러나 그 와중에도 언니 생각은 멈출 수가 없었다.

일터로 가는 길에는 세계 무역 센터 오큘러스가 있었다. 나는 하얀 서까래들이 길게 뻗어 어느 원시 해변에 쓸려온 고래 뼈를 연상시키는 아치형 지붕 아래를 매일 지나다녔다. 북적거리는 인파를 뚫고 지하철 선로에서 올라오는 열기를 맞으며 열차를 기다리거나, 빛나는 마천루가 어렴풋이 떠오르는 거리를 지날 때, 생각지도 못한 곳에서 언니가 생각났다. 이 모든 장소에서 서로 예측하지 못하는 삶을 살아가다가, 우연히 나를 보고 놀라워할 언니를 상상하게 되었다.

머리가 곱슬거리지 않아 기분 좋은 아침이면, 화려한 잡지 세계에서 활약할 언니를 어렵지 않게 상상할 수 있었다. 언니는 어떻게 입고 출근할까? 모델 일은 시작했을까?

나는 모든 곳에서 언니를 보았다. 언니의 존재는 단지 모호한 관념이 아닌, 강하고 본능적인 느낌이었다. 내가 쓰는 모든 지면에서 언니를 감각할 수 있었다. 발을 디디는 모든 곳에서 숫자 11을 보았고, 거리 표지판과 커피 영수증에 찍힌 소수점, 열차의 문 위와 중요한 이메일에 찍힌 시간에서도 11을 보았다. 그러다 이 "신호"들을 찾는 일이, 언니가 라디오에서 암호화된 메시지를 들으려 했던 것보다 더 건강하지 않은 행동임을 깨달았다.

그렇다면 내가 본 별자리 운세는 환영이었을까? 나는 정신병과 언니가 겪은 환영에 관해 충분히 알았기 때문에, 그토록 강력하고 확신에 찬 환영으로 고통받는 일이 가능하다는 사실을 이해했다.

식은땀이 살짝 흘렀다. 자리에 앉았다가 다시 일어났다. 그렇게 앉았다 일어나기를 반복하다가 침실로 가서 하얀색 옷장에 붙은 커다란 거울에 비친 내 모습을 면밀히 살폈다. 평소와 한결같은 여자가 나를 응시했다. 혼잡한 퇴근길을 헤집고 오느라 약간 헝클어진 금발, 평소보다 겁에 질린 커다랗고 파란 두 눈, 언니가 놀리곤 했던 불룩한 콧등, 붉은 기운이 감도는 창백한 두 뺨. 이 모습을 믿어도 될까? 내가 본 어떤 것이든 믿어도 될까? 내 뒤로 늘어진 그림자들이 혹시 불길해 보이지는 않나? 도심 외곽을 오가는 차량들의 불빛이 창문을 통해 기다랗게 들어와 벽을 타고 흩어졌고, 자동차 앞유리에 내리는 비처럼 뭉개졌다가 소멸하기를 반복했다. 옷방 구석 전구에서는 약간 윙윙거리며 허밍으로 노래하는 듯한 소리가 들렸다. 이 소리는 늘 들렸던가, 아니면 이 역시 처음 듣는 소리인가?

온전한 정신이 얼마나 취약하며 또 얼마나 빠르게 망가질 수 있는지 나는 잘 알았다. 그것은 마치 제일 아끼는 스웨터에서 실을 잘못 당겼을 때처럼 한순간에 풀리듯 망가졌다. 방 안을 둘러보던 나는 혹여 별자리 운세를 본 게 정말로 환각이었는지 궁금해졌고, 나의 연령과 유전적 내력이라는 허약한 조합을 떠올리며 긴박해졌다.

몇 번 깊은숨을 들이쉬며 안정을 취한 다음, 어수선한 가방에서 노트북을 꺼내 그 별자리 운세 웹사이트 주소를 입력했다. 페이지를 샅샅이 뒤지며 보통은 잘 읽지 않는 장대한 예측들과 암시, 날짜들을 심각하게 살폈다. 마침내 그것이 눈에 띄었다. 나는 긴 안도의 한숨을 내쉬었다. 내가 본 문장들은 사자자리 내용이었다. 시스템에 작은 오류가 있었던 것 같았다.

확실히 해두기 위해서 엄마에게 캡처 화면을 보낸 뒤 전화를 걸었다. "소리 내서 읽어줄 수 있어?" 나는 태연한 목소리로 긴장감을 감추었다.

엄마가 그 문장들을 완벽하게 정확히 다 읽자, 감사함에 눈이 감겼고 안도감에 웃음이 났다. **그냥 잘못된 조짐이었네.** 나는 생각했다.

오늘은 내 정신이 여전히 내 것이지만, 더는 내 것이 아닌 날이 언젠가 오게 될까?

대학교 2학년 때 들었던 수업인 발달정신병리학은 유년기 정신건강 문제의 징후들을 발현순으로 다루었다. 어느 날 우리는 유년기 조현병에 관한 다큐멘터리 시리즈 중 하나로 「조현병자로 태어나다Born

Schizophrenic」를 시청했다.

화면 속에서는 30대로 보이는 한 여성이 자신의 딸이 앓는 정신병에 관해 이야기했다. 여섯 살밖에 되지 않은 딸은 거의 전 생애를 조현병 증상으로 고통받고 있다. 엄마는 아이의 상상 속 친구들이 일상에 너무 깊이 뿌리내리자, 정상적인 어린이의 상상 범위를 넘어선 것은 아닌지 의심했다.

"포크로도 찌르고, 토마토 경작용 말뚝으로도 찔렀어요." 아이의 엄마는 카메라에 대고 말했다.

환각 속 친구의 이름은 "세븐"이었다. 아이 엄마의 묘사에 따르면, 세븐은 폭력적이고 쓸쓸한 존재였다.

"세븐을 그려서 우리한테 보여줄래?" 엄마가 어린 딸에게 물었다.

자그맣고 창백하며 말이 없는 딸아이가 숫자를 굵게 그린 다음 줄무늬로 칠하는 동안, 엄마는 아이의 다른 환각들도 설명했다. 살갗을 타고 기어오르는 거미들은 아이가 팔을 긁거나 꼬집게 만들고, 바닥 위를 뛰어다니는 쥐들은 밤새 잠을 자지 못하게 한다고.

카메라가 아이의 언니를 향했다. 동생보다 겨우 몇 살 더 많아 보이는 언니는 아기 새처럼 연약해 보였다.

"가끔 동생이 너무 무서워요." 아이는 고백했다.

"그런데 왜 동생을 도와주니?" 엄마가 물었다.

"제 동생이고, 동생을 사랑하니까요." 언니가 어깨를 으쓱했다. "언니라면 누구라도 다 그렇게 할 거예요, 동생한테 그런 병이 있다고 해도요."

아이가 연약한 양쪽 어깨를 카메라 쪽으로 웅크리는데 보호 본능과 패배감이 동시에 느껴졌다. 평생 살면서 내가 낯선 이와 이토록 연결된 감각을 느껴본 적은 없는 것 같았다.

언니가 죽고 난 뒤 내게는 스스로 제정신인지를 확인하는 습관이 생겼다. 샤워할 때 주기적으로 가슴에 응어리나 혹이 없는지 만져보며 유방암 자가 진단을 하듯, 정신건강 관리에 상당한 주의를 기울인다. 스키를 탈 때에는 꼭 헬멧을 쓴다. 넘어질 때에는 자동으로 손이 올라와 머리를 감싼다.

그러나 어쩐 일인지 영상 속 아이 엄마가 딸에 관해 말하는 걸 듣는 순간, 여태껏 생각하지 못한 가족 퍼즐의 큰 조각 하나를 내가 놓치고 있음을 깨닫게 되었다. 언니를 잃었을 때 나는 크나큰 트라우마와 비탄에도 불구하고 최소한 이제는 사랑하는 사람이 조현병에 걸린 상황에서는 자유로울 수 있겠다고 느꼈다.

그런데 강의실 어둠 속에 숨어 영상을 볼 때, 처음으로 이미 떠난 언니도, 취약한 내 정신도 아닌, 미래의 내 아이가 걱정되었다. 내 정신이 온전하게 남아 적당한 배우자를 만나고 아이를 가졌는데, 낳고 보니 아이의 상태가 언니와 똑같다면. 공포 영화에서 끔찍한 괴물이 내 내 욕조에 숨어 있다가 샤워 커튼을 홱 젖히고 갑자기 모습을 드러내듯, 징후들이 천천히 기어오는 것을 보다가 그 인식이 곧장 내 가슴으로 돌진하는 상상을 하기 시작한 것이다.

이런 가능성을 알고도 나는 아이를 낳고 키울 수 있을까? 언니가 견뎌낸 그 잔혹한 고통에 처하게 만들 수 있음을 알고서도?

"이 다큐멘터리 정말 흥미롭지 않나요?" 영상이 끝나자 교수님이 학생들에게 물었다.

키가 작은 그 교수님은 족히 60대 후반은 되어 보였고, 누가 봐도 학구적인 스타일이었다. 카디건을 걸치고, 살색 스타킹에 자세 교정용 신발을 신은 그녀는 누군가의 할머니처럼 다정하고 모성적이며 섬세해 보였다. 그런 그녀를 나는 찰싹 소리가 나도록 때리고 싶었다.

교실에서 유전자와 정신건강에 관한 열띤 토론이 벌어지는 동안 나는 몇 번이고 깊은숨을 들이쉬었다. 표정을 감추기 위해서 달아나고 싶었다.

저게 나일 수도 있었어. 나는 생각했다. 너희들 중에 누군가일 리는 없겠지만, 나일 수는 있다고.

마침내 수업이 끝나고 학교 정원에 있는 메마른 분수에 가서 앉았다. 살을 에는 추위가 느껴졌다. 얼마 가지 않아서 나는 너무도 익숙한 가면을 썼다. 다른 이들에게 언니의 상태를 숨기려고 평생을 지어온 내 얼굴. 활짝 웃는 입과 초롱초롱 빛나는 눈. 룸메이트들을 만난 나는 아무 말도 하지 않았다. 그들의 하루가 어땠는지를 듣고 위로를 건넸다. 온 힘을 다해 웃고 아무렇지 않은 척하면서, 그 누구에게도 아무 말도 하지 않았다. 하지만 차가운 겨울밤 홀로 앉았던 몇 분 동안은 1월의 눈처럼 차디찬 현실이 내 주위로 가만히 내려앉게 두었다.

언니가 앓던 병을 내 아이에게 물려주게 된다면?

생각하는 것 자체가 가슴 아팠다. 나는 몸부림치면서 약간의 거리를 두고 질문에 접근해야 했다.

언니를 떠올리고 언니를 언니이게 했던 모든 면면을 기억할 때면, 나는 그 무엇보다도 언니가 존재했다는 사실에 감사함을 느낀다. 폭력과 혼돈, 깨진 유리창과 위협들도 차라리 언니가 없었다면 아무 일도 일어나지 않았을 텐데, 하고 바랄 만큼의 위력을 발휘하지 못했다. 내 삶에 언니가 있었다는 사실, 좋음과 나쁨, 유년기의 장난과 청소년기의 조언들 모두 내 존재에게 너무도 근본적이며, 그 외의 다른 생각은 불가해했다.

그러나 언니는 어떨까? 언니는 이 인생을 원할까? 만일 태어나기 전 우리가 앞으로 어떤 삶을 살게 될지 슬라이드 쇼로 미리보기를 했다면, 그래도 언니는 순진무구하게, 포근하고 따스하고 더없이 행복한 엄마의 자궁으로 들어가기를 택할까? 이 삶에 자원할까? 언니에게도 이 삶의 좋은 점들이 나쁜 점들을 능가했을까?

그리고 엄마는 또 어떤가? 우상이 무너지는 모습을 지켜보고 어린 나이에 상실과 폭력의 증인이 되는 등 내가 겪은 고통도 고통이지만, 엄마가 느꼈을 비통함은 너무나도 불행한 장소라 나는 오래도록 방문해볼 엄두조차 내지 못했다.

그날 밤 기숙사로 돌아간 뒤, 내 안의 뭔가가 이유를 설명할 단어나 수단도 없이 근본적으로 변해버렸음을 감지했다. 나는 평생 언니를 따라하고 언니가 되기를 소망하며 살았다. 하지만 이 삶을 되풀이하게 될지도 모른다는 생각은 나를 숨 막히는 공포로 몰아넣었다.

그렇기 때문에 나는 이 글을 쓴다. 언니를 돕기에는 이미 늦었지만, 지금도 언니처럼 힘겹게 고통받는 사람들이 있다. 사랑하는 사람이 정신질환을 앓는 상실과 혼란 속에서 어찌할 바를 몰라서, 우리가 겪은 방식 그대로 힘겨워하는 나 같은 사람들도 있다.

나는 다큐멘터리에서 본 그 조그만 소녀를 위해서 쓴다. 노숙자 시설에서 만난 남성들을 위해, 그룹홈에서 내가 돌본 그 다정하고, 고립된, 못 견디게 연약한 사랑하는 환자들을 위해서도 쓴다. 언젠가 내가 가지게 될, 혹은 가지지 않게 될 아이를 위해서, 그리고 그 아이들의 아이들을 위해서 쓴다. 어쩌면 나도 결국 조현병 환자가 될지도 모르니, 나 자신을 위해, 이 세상이 내게 좀더 친절하기를 바라면서 쓴다.

한때는 이런 일을 겪은 사람이 세상에 우리뿐이라고 생각했지만, 그것은 잘못이었다. 다른 사람들이 침묵했기 때문에 우리도 침묵을 지켰고, 너무 조용히 살았다. 우리는 우리의 진실을, 우리의 상실을 삼켰다. 뭔가를 보호한다는 명목으로 거짓을 말하고 거짓을 말하고 거짓을 말했지만, 그래서 뭐라도 바꾸는 데 침묵이 도움이 되었던가?

42

스물셋은 한 가지 아주 다른 이유로도 의미가 있다.

언니는 스물둘일 때 죽었다.

나는 언니의 여동생으로 태어났다. 한 영혼에서 분리된 두 사람 중 하나가 이미 대여섯 발자국 먼저 세상으로 나간 뒤 내가 태어났다. 언니는 나의 연대표이자 접점이었고 숲에서 길을 잃지 않도록 해주는 길잡이였다.

언니가 열셋 때 어떤 모습이었을까? 나는 그만큼 예뻐질까? 열여섯 때 언니는 뭘 입었지? 그걸 빌릴 수 있을까? 남자친구와 첫 데이트는 언제였을까? 귀는 언제 뚫었을까? 7학년 때 담임은 누구였을까?

언니가 머리를 다친 이후부터 이런 비교는 안심보다는 죄책감을 안겼다. 스무 살이던 언니는 정신병원을 들락거렸다. 스무 살 때 나는 언니의 예전 신분증을 찾았고 바에 입장하기 위해서 그걸 사용했다. 들고 가면서도 찜찜했지만 친구들이 모두 자기 언니나 형의 신분증을 사용했고, 언니도 기회만 된다면 자기 신분증을 내게 빌려주었을 사람이었다. A형 행동양식(심리학에서 긴장하고 성급하며 경쟁적인 것이 특징인 유형/옮긴이)에 모범생인 동생이 불법을 저지른다는 게 언니를 흥미진진하게 만들었을 것이다. "카일!" 언니는 외쳤으리라. "어머, 세 상에! 내 동생이 드디어 날라리가 되다니!" 언니의 신분증을 소지하고 있으니, 여전히 우리만의 의식에 엮여서 언니가 내게 뭔가를 물려주 는 기분이 들었다.

나는 딱 한 번 그 신분증을 사용했다. 옹송그리고 늘어선 사람들 틈 에서 몸을 떨며 기다리다가 경호원에게 그 얄팍한 플라스틱 카드를 내밀었다. 그는 한참이나 신분증을 들여다보다가 나를 힐끗 쳐다봤 다. 언니는 모델이었고, 나보다 키가 10센티미터는 더 크고 까무잡잡 한 데다 훨씬 아름다웠다. 나는 사진 속 인물이 내가 아님을 그가 분 명 알 거라 생각했다.

"생일이 언제죠?" 남자가 걸걸한 목소리로 물었다.

"1991년 4월 16일이요." 입에서 자동으로 답이 나왔는데, 의지와 상 관없이 눈물도 차올랐다.

"몇 살이에요?" 그가 약간 실눈을 뜨면서 탐문하듯 물었다.

"스물여섯이요." 나는 거짓말을 했다.

스물여섯. 숫자를 말했는데 나는 스물여섯일 언니의 모습을 상상 할 수가 없었다. 스물여섯 살의 케이트는 내게 완전히 낯선 사람이었 다. 뭘 하는 사람일까? 이 모든 비극이 일어나지 않았다면 언니는 누가 되었을까? 행복할까? 약혼했을까? 일은 하고 있을까? 도시에 있는 언니의 아파트에 내가 놀러가고, 언니 친구들도 만나고, 어떻게 사는지 보기도 할까?

"들어가요." 경호원이 말했다. "대신 기한이 만료됐으니 새로 발급받아요."

달아오르고 아프고 퍼덕거리는 마음을 부여잡고 덩치 큰 경호원을 빠르게 지나쳐 혼잡한 바 안에서 기다리던 친구들에게 향했다. 웃으며 합류했지만, 그 허식 아래로는 단 한 가지 생각만이 살갗 아래로 고집스레 흐르고 있었다. 내가 케이트로 통했다.

그 신분증을 다시는 사용하지 않았다. 희귀하고 소중한 물건이었고, 경호원의 두툼한 손바닥 위에 놓인 여린 사진을 보며 그걸 잃어버렸다가는 견디지 못할 것임을 깨달았다. 그래도 지갑에는 항상 넣고 다녔다. 그 어슴푸레 빛나는, 눈에 익은 플라스틱 카드를 볼 때마다 언니를 데리고 다니는 기분을 느꼈다. 정부에서 발행한 관료적이고 공식적인 사각형 카드는, 언니가 진짜였고 살아 있었고 존재했고 중요했다는 사실을 증명해주었다.

스물셋이 된 나의 대본은 백지였다. 생애 처음으로 언니의 나이를 넘어섰다. 언젠가는 언니를 돌아보며 너무 어렸구나, 너무 짧게 살다 갔구나, 생각할 것이다. 나는 새로운 단계로 계속 나아갈 테지만, 언니는 언제나 스물두 살에 멈춘 채로 남아 있겠지. 이것이 정신질환이 언니에게서 훔쳐간 것들이다. 나이 듦의 즐거움뿐만이 아니라, 거기에 따르는 교훈과 고생과 투지까지. 더 나은 날들의 **가능성**, 새로운 도시로 이사해 새로운 사람들을 만나고 아이를 낳고 실수를 저지르고 기적을 일으킬 가능성까지.

어린 시절 나는 엄마에게 묻곤 했다. "엄마가 내 또래였다면, 나랑 친구 했겠어요?"

엄마는 매번 대답했다. "너 같은 친구와 놀 수 있으면 행운이지."

이제 나는 언니가 어떻게 생각했을지 궁금하다. 만일 조현병이라는 짐을 벗어버리고 함께 성인이 되었다면, 우리는 가깝게 지냈을까? 때로 서로를 질투했던 청소년기를 뒤로하고 한 팀으로 거듭났을까? 언니는 내 친구가 되기를 원할까?

17번째 생일 이후 나는 축하 의식 따위를 없앴다. 매번 언니가 떠오를 테니 기념일을 챙기는 일은 무의미했고, 그럴 열의도 없었다. 몇 번인가 내 생일을 축하하려고 시도했지만 늘 뻔한 방식으로 망쳤다. 스무 살 때에는 몇몇 친한 친구들과 저녁을 먹으러 나갔고, 스물한 살 때에는 샴페인 병을 들고 사진을 찍으며 포즈도 취했다. 그러나 아무리 애를 쓴들, 밤이 되면 어김없이 홀로 낯선 화장실에 들어와 언니를 떠올리며 죄책감과 피로, 메스꺼움에 휩싸여 내가 증발해버렸으면 하고 바랐다. 다음 날 아침이면 생일이 끝났다는 안도감만이 밀려왔다.

그러나 스물셋은 다르게 만들리라 다짐했다. 이제 나이를 먹었고 철이 들었으니까. 이전 해들은 대부분 언니를 떠올리고 글을 쓰며, 지금껏 일어난 일들을 차례로 정리했으니, 그 모든 것을 상자에 차곡차곡 정리해두고 고요한 수용의 단계로 나아갈 수 있어야만 했다.

그런데 그날, 나는 또다시 화장실에서 눈물을 멈추지 못한 채로, 그 열렬한 고집에 스스로도 놀라고 있었다. 멀리 사는 두 친구가 집에 와서 기다리고 있었지만, 화장실에서 나가 친구들을 마주할 수가 없었다. 머리를 말고 마스카라도 했는데 눈물이 계속 흘러 화장이 번져버렸고 눈물을 닦아내도 아무 소용이 없었다. 닫힌 문의 보호 아래 숨은 나는 부모의 눈을 마주치기를 두려워하는 꼬마처럼 친구들에게 사과 문자를 보냈다.

"미안해. 이렇게 될 줄 몰랐어. 이럴 줄 알았으면 너희를 초대하지 않는 건데."

친구들은 다정한 위로를 건넸고, 마침내 내가 진정하고 나올 때까지 기다려주었다. 나는 내가 꽤 성숙했고 아주 많이 극복했다고 생각했다. 하지만 충격적이게도 그것은 여전히 표면 아래 도사리고 있다가 나를 침수시키려 했다. 그것이 바로 비탄이다. 당신은 계획하고 반성하고 세세한 일정을 짜고 어떤 일이 벌어질지 예상할 수 있지만, 이따금 예기치 않게 시작점으로 되돌아가 또다른 화장실에서 울고 있는 자신을 발견한다.

이제 언니보다 한 살이 더 많은데도 나는 여전히 언니가 나보다 나이가 많은 것처럼 느낀다. 아마 늘 그렇게 느껴질 것이다. 내가 서른셋이나 마흔셋, 쉰셋이 되어도 그렇겠지. 나는 여전히 언니가 내 침대 아래 괴물이 있는지 확인해주고 모든 게 다 괜찮을 거라 말해주기를 바란다.

친구들은 내가 모든 동생들의 큰언니라고 농담처럼 말한다. 친구의 동생들과 잘 놀아주려 애쓰기 때문일 것이다. 그들이 뭐라고 할지는 몰라도, 나와 친구가 되고 싶어하는 어린 동생들의 마음은 감지할 수 있다. 친구 방의 닫힌 문 뒤로 어린 동생들이 보이고, 그 아이들이 언니를 따라잡으려고 벽에다 키를 재고 목표를 향해 1센티미터씩 표시하는 걸 알며, 순식간에 곁눈질로 언니 오빠의 표정을 살피면서 잘하고 있다는, 잘했다는 칭찬과 확신을 갈구하고 있다는 사실도 알고 있다.

얼마 전에 지하철을 탔는데 건너편 좌석에 나와 언니의 나이 차 정도로 보이는 어린 자매가 앉아 있었다. 언니는 여덟아홉 살 정도로 보였고, 그 뒤를 총총걸음으로 뒤따라오던 동생은 서너 살로 보였다. 자매의 엄마는 휴대 전화를 들여다보는 데 정신이 팔려 있었다.

어린 자매는 보드라운 파란색 좌석에 앉아 때때로 일어났다가, 좌석을 구분한 은색 봉을 두고 서로 밀기도 했다. 언니로 보이는 아이는 머리가 헝클어진 남자 여자 플라스틱 인형을 동생과 나눠 가지고 놀았다.

"우리가 얘네를 결혼시킬 거야." 언니가 말했다. "이 둘은 사랑하니까. 두 사람이 서로 사랑할 때 하는 게 그거야. 두 사람은 결혼식을 해. 알겠지?"

어린 동생은 넋을 놓고 미소 지으며 언니를 올려다봤다. 둘은 나와 언니와 기가 막히게 비슷했는데, 다만 머리카락 색이 반대였다. 동생이 더 짙은 곱슬머리였고 언니의 머리는 더 밝고 차분해 머리핀으로 뒤로 묶고 있었다. 어린 동생의 얼굴에는 완벽한 신뢰감이 묻어 있었다. 언니의 말은 그게 무엇이든 복음이자, 법이자, 공식 정책이었다. **알겠지?** 언니가 물으면, 동생은 알게 되었다. 동생은 언니가 내뱉는 모든 단어를 흡수하고 있었다.

언니는 자신이 어떤 힘을 쥐고 있는지 알았을까? 언니 오빠들은 그들이 우리에게 행사하는 위력을 알기나 할까?

나는 스물두 해 동안 언니의 시선을 통해 세상을 보았다. 이 책은 언니의 관점을 모색하며 썼다. 그리고 이제 페이지는 비었다. 이제부터는 비교 대상이 없다.

언니는 결국 스물셋이 되지 못했지만, 나는 여기 있다. 언니가 걷던 평행선은 느닷없이 끊겼지만, 나의 선은 계속 나아간다. 나는 지갑에 늘 언니의 신분증을 지니고 다니듯 언니를 데리고 나아간다.

남은 것들로 나는 무엇을 만들어야 할까? 이것이 내게 남겨진 질문이다.

43

처참했던 23번째 생일이 지나고 2주일 뒤, 친구의 아파트 집들이에 갔다. 우리는 20대 초반의 빈털터리들이라 다들 아주 작고 실내도 비좁은 뉴욕의 아파트에 살았고, 집들이라고 해봐야 미적지근한 맥주와 알코올 탄산수를 따는 것 말고는 특별할 게 없었다. 일주일 내내 일을 한 뒤 게을러진 나는 참석을 하지 않는 쪽으로 마음을 먹을 뻔했지만, 뉴욕 시에서 첫 주말을 보내는 친구들이 있기도 했고, 언니를 떠올리며 조금 더 자발적으로 계획을 짜고 실천할 필요도 있었다. 가능한 한 다양한 경험을 쌓으며 여러 기회들에 마음을 열고 뉴욕에서의 첫 해를 보내고 싶었다. 언니가 자주 하던 말이 귀에서 맴돌았다. **카일, 누구를 만나게 될지 절대 모르는 거야.**

그 친구들이 이사한 아파트는 조그맣고 조용한 식당들이 우중충한 감청색 차양과 커다랗고 빨간 간판을 붙이고 늘어선 이스트빌리지에서 걸어갈 수 있는 거리에 있었다. 택시 문을 열고 폴짝 내린 두 친구와 나는 몸을 으스스 떨며 초인종 앞으로 갔다. 손에 얇은 재킷을 뭉쳐 쥐고 서서는 입구 측면의 은색 초인종 케이스를 들여다보며 어느 호수를 눌러야 할지 훑었다. 버튼들은 검은 활자들과 낯선 이름들로 짜여 있었다. 바로 그때, 그것이 눈에 들어왔다.

60호. 케이틀린 레디 Kaitlyn Leddy.

선득한 놀람에 압도된 나는 버튼 쪽으로 손을 뻗어 언니 이름과 정확하게 일치하는 철자들을, 마치 진짜인지 아닌지 확인하듯 검지로 하나하나 짚었다. 언니 신분증에 찍힌 공식 이름이었다. 아주 오랫동안, 그 어디서도 똑같은 이름을 본 적이 없었는데. 많은 케이트(Kate, Cate, 가끔은 Cait)들을 만나봤지만, **Kait**, 그것도 **Kaitlyn**은 한 번도 본 적이 없었다. 할머니는 성과 철자의 흐름이 잘 어우러지도록 우리의 이름에 "y"를 추가했고, 덕분에 우리는 케이틀린 레디와 카일리 레디Kyleigh Leddy가 되었다. 2명의 K. L.이 2인조를 이루도록 하려고.

차가운 실이 어깨를 감싸고 들어와 내 안에 매듭을 묶는 느낌이 들었다. 그때 친구들이 불평했다. "아, 얘네 이름이 아직 없네."

"이거 우리 언니 이름이야"라고 내가 작은 목소리로 말했다.

버튼을 가리키며 억지로 웃는데, 목소리가 점점 커졌다. "이것 봐. 여기 '케이틀린 레디'잖아. 우리 언니 이름인데, 정말 이상하지 않아?"

"잠깐, 뭐라고? 진짜 기묘한 우연이네."

동의한다. 이상하고, 기묘하고, 의외인 우연임은 분명했다.

그때 남자친구들이 입구 문을 열어주어 대화가 중단되었다. 우리는 좁은 복도로 들어갔다. 좌측에는 가파른 계단이, 우측에는 철제 우편함들이 있었다.

"잠깐만" 나는 말했다. "뭘 좀 빨리 확인할 게 있어서."

우편함을 살피다가, 그 이름을 또 발견했다. 이번에는 흰 스티커 위에 펜으로 큼지막하게, 어린아이 같은 손글씨로 쓴 나와 같은 성씨였다. 꽤 믿기 어려울 정도로 언니의 친필 같아 보였다.

"와, 이거 정말 이상한데"라고 중얼거리며 계단 옆에서 나를 기다리는 친구들에게 말했다. "세상이 이렇게나 좁다니."

뭔가가 날카로운 발톱으로 내 장기들을 파고들더니 심장에 자리를 잡기 시작했다. **이렇게나 세상이 좁다는 게 가능한가?**

6층까지 이어지는 층계를 오르자 허벅지가 욱신거렸다. 계단 한 칸한 칸을 오를 때마다 뭔가 잘못되었다는 감각이 나를 뒤덮었다. 친구네 집 문 앞에 다다랐을 때 나는 그 집이 "케이틀린 레디"가 사는 집의바로 앞집이라는 사실을 알아챘다. 맨해튼의 많고 많은 건물 중에, 이건물의 많고 많은 현관문 중에, 어떻게 이곳이란 말인가?

나는 잠시간 그 빨간색 문을 응시했다. 문 앞에는 밝은 분홍색 바탕에 파인애플 무늬가 그려진 더러운 발매트가 깔려 있었다. 복도의 흰색 타일은 오래되고 낡아 금이 가 있었다. 놀란 나는 마음속으로 생각했다. 언니가 여기서 뭘 하고 있는 거지?

머뭇거리다가 문에서 시선을 거두고 친구들을 따라 좁은 파티장으로 들어갔다. 첫 15분 동안은 웃는 척을 하며 위스키를 탄 탄산수를 들고 기분 좋게 농담을 주고받으려 애썼다. 하지만 눈꺼풀에 그 아파트의 호수를 적은 금색 문패가 등대의 불처럼 깜빡거렸다. 60.

화장실에 다녀온다는 핑계를 대고 조심스레 욕조에 걸터앉아 휴대전화를 꺼냈다. 우선 구글을, 그다음으로는 페이스북과 링크드인을, 그리고 최후의 수단으로 인스타그램을 열어 언니가 아닌 다른 케이틀린 레디를 검색했다. 국내에서는 단 2명이 나왔는데, 그마저도 두 사람 다 뉴욕 거주자가 아니었다.

처음에 든 생각에는 추진력이 있었다. 만약 언니가 아직 살아 있다면? 그러다 이성을 되찾았다. 혹시 언니가 그동안 내내 숨어 지냈다고 해도 이름을 바꾸지 않았을까? 하지만……기억상실증에 걸린 언니가 이전 삶의 마지막 조각으로 이름만을 기억했다면? 그렇다면 운명이 나를 이끌어 언니 집 문 앞에 내던져놓은 것이었다.

사실과 처절한 상상이 몇 분 간격으로 싸움을 벌였다.

마침내 지저분한 거울에 비친 내 모습을 보며 숨을 고르고 차가운 세면대에 기댔다. 나는 언니가 죽었다는 걸 알았다. 나는 알고 있었다. 하지만 신비로운 생각의 박자 속으로 다시 빠져들기란 어찌나 쉬운지.

화장실에서 나온 나는 친구들 틈을 지나 복도로 나갔다. 첫 번째 계단에 걸터앉아 몸을 뒤로 젖히자 문에 쓰인 60이 기우뚱하게 보였다.

한동안 그렇게 가만히 앉아서 문이 저절로 열리기를 바랐다. 언니가 걸어 나오거나, 아니면 언니와는 완전히 딴판인 사람이 걸어 나오기를. 어느 쪽이든 나의 수수께끼는 풀리리라. 문을 쳐다보면 볼수록 초점이 흐려졌다. 빨간 외투, 빨간 문. 그 패턴은 내 안의 뭔가와 통하는 데가 있었다.

나는 스트레스를 받을 때마다 늘 해왔던 대로 엄마에게 전화를 걸었다. "엄마 있잖아, 너무 놀라지 말고 들어, 사실……"

엄마도 정말 이상한 우연이라는 생각에는 동의했다. 나는 문을 두드려볼지 물었다. 엄마는 그런다고 뭘 얻을 수 있는지 묻고는, 하지만 그래서 기분이 나아진다면 그러라고 애매하게 말했다.

"그게, 꼭 내 눈으로 **봐야** 할 것 같아서. 언니가 아니라는 걸 확인 못 하면 계속 생각날 거 아니야, 안 그래?"

잠시 머뭇거리던 엄마가 말했다. "카이, 네 언니가 아니야. 절대로 케이트일 리 없어."

느닷없이 눈물이 마구 쏟아졌다. 화창한 날이었다가, 갑작스레 해일이 밀려왔다. 파티에 늦은 어떤 친구와 그녀의 남자친구가 계단에서 나를 지나쳤다. "안녕!" 남자친구가 인사를 건넸는데, 최대한 웃어보려 노력했음에도 내 표정에서 뭔가를 감지했는지 더 이상 법석을 떨지 않고 안으로 들어갔다.

수화기 너머 엄마는 내가 진정하기를 기다렸다. 화나게 해서 미안하다고 계속 사과하는 엄마의 목소리에서도 흐느낌이 전해졌다. "아니야, 내가 미안해." 나는 말했다. 그렇게 우리는 서로 자기 탓이라며 갈 데 없는 비난을 주고받았다.

"그런데 너무 이상한 우연이긴 해. 혹시 어떤 암시일까?" 엄마가 물었다. "어쩌면 우리가 뭔가를 찾게 되는 건 아닐까? 네 언니의 시신이랄지……아니면……" 또다시 머뭇거린 뒤 엄마가 속삭이듯 말했다. "누가 케이트의 신분을 도용한 건 아니겠지?"

전혀 생각지도 못했던 말이었다.

3년 전 누군가 내게 언니가 여전히 "나와 함께한다고" 느끼냐고 물으면, 나는 아니라고 대답했다. 하지만 최근 그에 대한 대답은 분명하고 아주 단단한 "그렇다"로 바뀌었다. 언니는 모든 곳에 있었다. 뭐랄까, 돌아보지 않고도 누군가의 시선을 감지할 때 뒷목에 닿는 싸한 느낌처럼, 나는 이상할 정도로 언니의 존재를 느끼고 있었다.

그러나 이번만큼은 어떤 노크나 넌지시 쿡쿡 찌르는 류의, 사별 과정에서 위안을 주는 편린이 아니었다. 이것은 떠밂이었다. 이전의 "암시들"이 건강한 애도 중에 감지하는 해석의 여지가 있는 자의적인 신호들이었다면, 이번 조우는 놀랍도록 노골적이었다.

만일 언니가 내게 메시지를 보낸다면 아마도 부드럽게 권고하지는 않을 것이다. 그보다는 계단 아래로 곤두박질치도록 떠밀 테지. 언니의 방식은 "내가 너와 함께 있어"라고 은유적이고 영적으로 말하는 것이 아니었다. 언니라면 "내가 **지금** 여기 있어"라고 말할 것이다. 그렇다면 이것은 언니의 방식이었다. 언니는 항상 자신에게 상황을 유리하게 만들었으니까.

누군가 정말 언니의 신분을 도용했다니. 생각하면 생각할수록 그럴듯하게 느껴졌다. 구글에서 언니 이름을 검색해보면 실종자 기사 밖에 나오지 않았다. 실종자들은 신원 도용의 완벽한 표적이라고 말했던 컴퓨터공학 강사의 말이 머릿속에 떠올랐다. 개인 정보를 너무나도 쉽게 구할 수 있기 때문이었다. 그렇다면 이게 답인가? 누군가 자기 이름을 사용하고 있음을 안 언니가 어떻게 해서든 나를 여기까지 이끌고 온 걸까? 언니의 실종에 관해 너무 많이, 너무 공개적으로 쓰고 다닌 내 잘못일까?

나는 이것이 언니를 화나게 했으리라고 상상했다. 언니가 스스로 **케이틀린 레디임**에 얼마나 의미를 부여했는데. 내 안에서도 분노가 끓어올랐다. 짙은 빨강으로 마구 칠한 그 문을 볼수록, 반드시 문을 두드려야겠다는 생각이 들었다. 하지만 문이 열리는 순간, 문을 열고 누군가를 마주하는 그 순간, 여기에 나의 언니가 살고 있을지도 모른다는 어떤 희망의 마지막 자투리를 버려야 할 것이다. 열린 문은 이내 뭔가를 닫아버리고 나는 되돌릴 수 없는 최후를 맞게 될 것이다. 왜 그 사실을 아는지 잘 몰라도, 나는 분명 그것을 알고 있었다.

엄마와 나는 전화를 끊었다. 엄마는 혹시 내가 원하면 내일 뉴욕으로 와서 나와 함께 다시 이 집에 찾아와 노크를 해주겠다고 했다. 나는 아니라고, 참나, 무슨 말도 안 되는 소리냐고 대꾸했다. 나 혼자서도 할 수 있는 일이었다.

그러나, 그 자리에 꼼짝도 하지 않은 채 앉은 나는 이 파인애플 발매트가 깔린 빨간 문 너머에서 언니가 살았을 삶을 상상하고 있었다.

속이 울렁거렸다. 차가운 계단 난간을 지지대 삼아 구부린 두 팔에 이마를 밀어 넣었다. 내가 여기까지 오느라 얼마나 힘들었는데, 다시 시작점으로 돌아오고 만 걸까?

몇 분이 지나고 내 친구 케이트가 나를 보러 밖으로 나왔다. 상황을 설명하자 친구는 모두들 바에 가기 전에 같이 문에 노크를 해주겠다고 했다. "걱정 마, 카일스. 이걸 왜 혼자 하려고 그래." 친구는 명랑한 목소리로 내게 힘을 주었다.

그 친구는 지구상에서 언니를 제외하고 나를 "카일스"라고 부르는 유일한 사람이었다.

친구는 나를 안아준 뒤 다시 안으로 들어갔고, 시간이 되자 파티를 하던 모두가 긴 물결처럼 쏟아져 나와 좁은 계단을 타고 내려갔다. 흐름에 휩쓸리지 않으려 계단 꼭대기에 버티고 서 있는데, 누군가 내게 "같이 가는 거지?" 하고 물었다. 문이 닫힌 뒤에도 여기 있다가는, 일행을 놓치고 언니의 유령이나 신분 도용자의 위협과 함께 혼자 남을 것만 같았다.

나는 자신이 없었다.

마지막으로 빨간 현관문을 쳐다본 다음 서둘러 일행을 따라 내려갔다. 1층까지 내려가는 내내 후회가 쿵쿵쿵 온몸을 타고 돌았다.

그날 이후 사흘간 잠을 자지 못했다.

밤새 그 빨갛고 네모난 문이 내 꿈을 잠식했다. 말 그대로 선명하고 일관되게, 그 빨간 문과 신분을 도용한 악당들, 그리고 언니가 그림자처럼 내 뒤를 빠짝 쫓았다.

이틀 뒤 일요일에 나는 집들이를 연 그 친구에게 혹시 내가 벨을 누르면 문을 열어줄 수 있냐고 문자로 물었다. 그는 지금은 안 된다고, 룸메이트와 함께 온종일 외출 중이라고 답했다. 나는 그 집에서 물건을 잃어버렸다고 거짓말을 할까 했지만, 그가 혼자서 찾아보거나 나보고 들어와서 찾아보라고 할까봐 그만두었다. 대신 최대한 모호하게, 생각해낼 수 있는 가장 아무렇지 않은 표현을 써서 진실을 설명했다. 문제를 파악한 그는 내게 주중 일정을 보내주며 월요일 퇴근 후에 오라고 알려주었다.

그날 나는 평소보다 옷과 화장에 신경을 썼다. 수면 부족으로 손이 떨렸다. 이유는 모르겠지만 가장 근사한 모습이고 싶었다.

점심시간에 조그만 2인 회의실 문을 열고 들어가 달빛처럼 환한 노트북 모니터를 앞에 두고 신원 도용을 검색했다. 정부 부처에 전화를 걸어 조언도 구했다. 직원인 여성은 언니의 사망신고를 하라고 권했다. 나는 알겠다고, 알겠는데, 하기는 할 건데, 그 절차가 아마 엄마에게 아직은 너무 가혹할 거라고 말했다.

퇴근하며 나는 친구에게 남길 컵케이크를 사고 검은색 네임펜으로 쪽지를 썼다. **정말 너무너무 고마워. 다시는 이런 이상한 일로 부탁하지 않을게.** 지하철을 타고 워싱턴 스퀘어파크 역으로 갔다. 두꺼운 겨울 외투 안으로 식은땀이 맺히고 있었다.

만약 그 집에 아무도 없으면, 나 혼자 문 앞에 멀뚱히 서서 바보가 되는 건 아닐까? 혹은 케이틀린 레디의 룸메이트만 집에 있다면? 다음번에 다시 찾아가면 분명 나를 알아볼 테지. 그럼 나는 영원히 기회를 놓칠 것이다. 혹시 이 사람이 진짜로 언니의 신원을 훔친 위험한 범죄자면 어떡하지? 언니의 페이스북 덕분에 내 얼굴을 알아보고 촛대를 들고나와서 내 머리를 친다면? 그럼 이번에는 "카일리 레디"가 될까?

모든 만약의 가능성이 슬금슬금 기어 나왔다. 만약에 문을 열고 나온 사람이 **진짜** 언니라면? 그러면 당연히, 내가 아침에 공들여 꾸민 이유가 타당해질 것이다. 나는 언니에게 최고의 모습을 보여주고 싶었다. 만약 내가 가장 예쁜, 엄마에게서 물려받은 스웨이드 부츠를 신은 걸 본다면 언니가 집으로 돌아올지도 모른다는 듯이. **어머 너 정말 많이 컸구나.** 언니는 말하겠지.

건물에 다다르자 숨을 쉴 수가 없었다. 친구에게 문자를 보내자 문이 열렸다. 내 또래로 보이는 조그만 여자가 입구 우편함에서 우편물을 가져가고 있었다. 나는 그녀의 어깨 너머로 혹시 60호의 우편물을 가져가는지 살폈다. 그러고는 6층 계단을 모두 오른 끝에 친구의 집 앞에 컵케이크 상자를 조심스레 놓아두고 머리를 뒤로 넘겨 정리했다. 마지막으로 휴대 전화로 911을 누르고는, 혹시 모를 상황에 대비해 통화 버튼을 누를 준비를 하고 손을 주머니에 넣었다.

두 번 똑똑, 날카롭게 문을 두드렸다.

어느 금발의 여자가 나왔다. 다른 걸 살피기도 전에 언니보다 한참 작은 키가 눈에 띄었다. 나는 최대한 밝은 표정을 지으며 연습한 대로 대화를 시작했다.

"안녕하세요! 혹시 케이틀린 씨?"

그 여자는 환하게 미소 지으며 아주 약간 양쪽 눈썹을 치켜올리고는 대답했다. "네, 전데요!"

나는 이 건물에 사는 친구 집에 놀러 왔다가 초인종 버튼에 적힌 케이틀린 레디라는 이름을 봤다며, "같은 이름을 가진 친구와 고등학교 때 친구거든요"라고 거짓말을 했다. "그래서 혹시 그 친구가 아닐까 확인하고 싶었어요, **평생** 못 보고 지냈거든요!"

나는 얼굴이 달아오르지 않기를 바랐다. 오른쪽 관자놀이에 땀방울이 송골송골 맺혔다. 회사 가방끈이 어깨를 파고들듯 짓눌렀다.

"어머 세상에, 너무 신기하네요!" 문을 더 활짝 연 그녀는 마치 나를 기다렸다는 듯 따뜻한 표정으로 편안하고 반갑게 웃었다. 잠옷을 입은 그녀의 등 뒤로 리얼리티 연애 프로그램인 「배첼러The Bachelor」의 배경음악이 들려왔다. "진짜 단 한 번도 저랑 이름 철자가 같은 사람을 본 적이 없어요. 혹시 어디서 학교를 다녔는지 물어봐도 될까요?"

내 입에서 자동으로 진실이 튀어나왔다. "필라델피아 바로 외곽에서요."

"우와, 저는 매사추세츠에 있는 작은 동네 출신이에요." 그녀가 대꾸했다.

"매사추세츠 어디요?" 호기심에 묻던 나는 엉겁결에 내 이야기도 해버렸다. "저는 어릴 때 마블헤드에 살았어요."

속으로는 너무 많은 개인 정보를 말해준 나 자신을 발로 차버리고 싶었지만, 그 여성에게는 어딘지 나를 안심시키는 구석이 있었다. 나는 내 거짓 핑계가 진실인 듯, 오랫동안 보지 못한 친구를 대하는 것처럼 행동했다. 그녀와의 대화는 너무도 편했다.

"잠깐, 그거 정말 신기한 우연이네요!" 그녀도 무심결에 말했다. "저희 가족이 바로 그 근처에 살거든요. 그쪽 사람들과 운동 경기도 자주 했는데. 어머, 세상 정말 좁네요, 그렇죠?"

나는 이렇게 불쑥 찾아온 것을 사과했고, 그녀는 오랫동안 연락이 끊긴 고등학교 동창이 아니라 실망시켜서 미안하다고 했다. 얼른 자기 엄마한테 전화해서 이 이야기를 해주고 싶다고도 했다. "엄마는 제 이름 철자가 정말 특이하다고 생각하거든요." 나는 그렇다고, 내 친구도 그렇게 말하곤 했다고 일러주었다.

문이 닫혔고, 나는 계단을 따라 아래층으로 내려왔다. 그러고는 계속 걸어서 20개의 블록과 2개의 거리를 지나 집에 도착했다. 한 발짝 한 발짝 내디디며 분주한 식당가와 쓰레기통을 지날 때마다 이름 붙일 수 없는 뭔가를 내게서 벗겨냈다.

2월의 차가운 공기를 들이마셨다. 나는 내가 중요한 순간을 지나고 있음을 알았다.

나는 계절에 따라 색을 바꾸는 장소들을 사랑한다. 바싹 말랐던 풀잎에 다시 생명력이 감돌고, 시계를 거꾸로 돌린 듯 그 생명력이 중심부의 씨앗으로 스며든다. 뉴욕 역시 그런 장소였지만, 2월은 겨울의 끝과 봄을 향한 기대 사이에 머무는 어중간한 달이었다. 몇몇 창에는 여전히 크리스마스를 장식했던 노란 전구들이 늘어져 있었다. 상점들은 빨간색과 분홍색으로 밸런타인데이 광고에 열을 올렸다. 겨울 외투를 입었지만 앞섶은 열고 다녔다. 건설 현장의 터널이나 교차로를 건널 때에는 3월과 4월의 한 줄기 따스한 기운이 슬며시 느껴지기도 했다.

봄의 약속은 걸을수록 더 짙어졌다. 나란한 흰 줄의 횡단보도와 시커먼 껌이 들러붙은 보도를 걸으며, 나는 곧 봄이 오리란 걸 알았다.

왜 이 착하고 무해한 여성을 두고 사흘 밤이나 잠을 설쳤을까? 그것은 흔한 우연이자, 우주의 윙크일 뿐이었다.

그러나 어쩌면 그것이 요점인지도 몰랐다. 어느 때고 꼭 이유가 있을 필요는 없었다. 때로 인생은 당신에게 있을 성싶지 않은 놀라운 순간들을 건넨다. 이따금 우연은 그냥 **우연**일 뿐이다. 나는 언니를 찾는 일을 멈춰야만 했다. 절대로 언니일 리가 없었다. 모든 곳에서 언니를 찾는 일을 멈춰야만 했다. 언니를 놓아줘야 했다.

그날 밤 나는 다 잊고 깊은 잠을 잤다. 몇 달 만에 처음으로 언니가 꿈에 찾아오지 않았다. 모든 것이 고요했다.

44

우리는 현재 엄마가 살고 있는 낸터킷 섬 해변에서 오랜 산책을 한다. 스판덱스와 나일론 운동복을 입고 러닝화를 신는다. 모래밭을 따라 터덜터덜 걷다가 발을 깊이 빠뜨리기도 하고 때로는 바람에 맞서 몸을 숙이기도 하면서 바람을 뚫고 앞으로 나아간다. 어릴 적에 휴가를 오면 같은 길을 언니와 함께 걷곤 했다. 언니는 항상 우리보다 걸음이 빨랐다. 천천히 가 하고 불러도 긴 다리로 성큼성큼 걸어갔다. 언니는 한가롭게 거니는 사람이 아니었다. 한 지점에서 다른 지점으로, 결승선을 찾듯이 앞으로 나아가는 사람이었다. 이따금 비스듬히 내리쬐는 햇살이 안개 위로 아른거리면, 여전히 그 박무 속에서 앞서 질주하는 언니가 보였다.

파도가 높이 일면 산책로가 굽이굽이 더 좁아졌다. 우리는 그 좁은 길을 한 줄로 서서 걸었고, 초록 해초가 듬성듬성 흩어진 모래 둔덕을 지나갔다. 조심스레 앞서가던 엄마는 덤불 사이로 드러난 맨 모래밭에 발을 디디며 발목을 할퀼지도 모를 야초 뿌리들을 피해 걸었다. 나는 외줄타기를 하듯 엄마의 발자국에 내 발을 포개며 뒤따라 걸어갔고, 어떤 때는 내가 서서히 선두로 나아가기도 했다. 가끔은 멀리서부터 밀려 올라온 파도가 절벽에 부딪히며 해양의 미풍을 우리에게 흩뿌렸다. 우리는 깜짝 놀라 소리를 지르며 어린 꼬마처럼 뒷걸음질을 치다 엉킨 초목에 발이 걸려 넘어졌다.

"이게 현실이라는 게 믿어지니?" 엄마는 종종 물었다. "우리가 여기 있는 게 믿어져?"

내가 없을 때 엄마는 혼자서 해변을 거닌다. 처음 혼자 지내기 시작했을 때, 엄마는 날씨가 어떻든 아랑곳하지 않고 혼자 이곳을 찾았다. 휘감고 휘돌고 휘젓는 물결을 향해 소리를 지르면, 그 소리에 압도된 바다 갈매기들이 날개를 퍼덕이며 멀리 달아났다. 엄마는 산책자에게 개방된, 금방이라도 쓰러질 듯한 계단참 꼭대기에 올라 잠시간 가만히 서 있었다. 그렇게나 바다 가까이에 서 있으면, 바다는 당신의 가슴과 혈류 속으로 들어오듯, 당신의 기운을 가까이, 더 가까이 끌어당긴다. 엄마는 가만히 서서 바람이 무슨 말을 하는지 들으려고 안간힘을 쓸 것이다.

겨울에 우리는 스키 점퍼를 걸치고 바지 안에 레깅스를 껴입고는 비니를 쓴다. 엄마가 가장 즐겨 쓰는 모자에는 귀가 얼지 않도록 덮는 귀덮개가 달려 있다. 엄마가 그 모자를 쓸 때마다 나는 엄마를 홀든 콜필드(『호밀밭의 파수꾼The Catcher in the Rye』 속 주인공의 이름/옮긴이)라며 놀리고 엄마는 혀를 내밀어 장난을 받아친다.

기후 변화로 해수면이 상승하면서 해안선이 침식되고 있다. 예전에 근처 공원에 있던 재향 군인회 건물은 해수면이 상승한 바다에게 한 입에 삼켜졌다. 그리고, 어느 정도 시간이 지나자 모래와 세월에 묻혀 버렸던 그 잔해가 다시 모습을 드러내기 시작했다. 두꺼운 배관들이 천을 뚫고 솟아난 바늘들처럼 수면 위로 솟는다. 오래되어 닳고 흐늘 거리는 전선들은 들쭉날쭉한 바닷가 절벽에 감겨 있다. 파도가 부딪 치고 빠질 때마다 잔해 더미 아래로 거대한 콘크리트 기반이 살짝씩 보인다. 시커먼 흙 주변에는 무너져내린 벽돌들이 흩어져 있다. 흡사 종말의 광경을 보는 듯하다.

그 길을 걸을 때마다 나는 자연이 우리의 흔적과 기억들, 그리고 우리 자신을 어떻게 묻어서 매립하는지를 상기한다. 또한 아무리 밀어 내려 해도 다시 떠오르는 기억의 힘에 대해서도 생각한다. 과거는 기억될 기회를 얻으려고 분투한다.

엄마가 느닷없이 멈춰 서더니 매끄러운 물가에 놓인 유리 몽돌과 조개껍데기를 줍는다. 돌멩이 하나를 집어 젖은 모래를 조심스레 털어내고는 "이 돌멩이 하트 모양 같지 않니?" 묻는다. 내가 봐도 모양새가 약간 그럴듯하다.

그 기념물을 주머니에 넣은 엄마는 집에 가서 현관 계단참에 놓인 다른 수집물들과 함께 둔다. 거기에는 온갖 형태와 색조를 자랑하는 돌들이 있다. 밝은 주황, 회색, 파랑, 얼룩덜룩한 검정, 해초 같은 녹색, 오래된 벽돌처럼 빛바랜 빨간색까지. 어떤 건 묵직하고 특이하고 어떤 건 얇은 세모 모양이다. 팬케이크처럼 얇거나 캐슈너트처럼 휜 돌멩이도 있다. 엄마는 가장 완벽한 하트 모양의 특별한 돌멩이를 세면대 위 창틀, 햇살을 정면으로 받는 곳에 올려둔다. 엄마는 그것들이 케이트를 떠올리게 한다고 말한다. 나는 신호들을 찾고 허공에서 언니의 존재를 찾는 사람이 나뿐만이 아니라는 사실을 알게 된다.

내가 쓴 글이 「뉴욕 타임스」에 실린 뒤 언니의 예전 남자친구가 페이스북을 통해 내게 연락을 취해왔다. 그는 내 글을 읽고 뭔가에 명료한 종지부를 찍을 수 있었다고 했다. 뭔가가 "잘못되었다는" 걸 알면서도 그게 정확히 무엇인지 몰랐다고, 하지만 이제는 이해가 된다고 했다. 사람들은 언제나 그녀를 기억할 것이며, SNS 플랫폼이 없어지고 세월이 흐르더라도, "전염력 있는 웃음과 매력, 관대함, 순수한 젊음, 그리고 무엇보다도 그녀가 너를 얼마나 존경했는지를" 기억할 거라고 장담했다.

이 부분을 읽다가 나도 모르게 한 손으로 입을 막았다. 놀라움에 새어 나오는 흐느낌을 억누르느라 숨이 막혔다.

"너보다 더 좋은 여동생이자 친구는 없을 거라고 얼마나 자주 이야기했는지 몰라. 늘 네가 부모님께 자랑스러운 존재라고 했어. 케이트가 기대하던 모습 그대로 된 걸 축하해. 넌 케이트를 최고로 영예롭게 한 거야." 그가 말했다.

내가 받을 선물이 아직도 남아 있는지 몰랐는데, 언니는 여전히 내가 갈망하는 방식으로 등을 토닥여주듯 새롭게 말을 걸어왔다.

언니의 또다른 친구가 내게 연락한 적도 있었다. 그 오빠는 다른 종류의 기억을 나눠주었다.

"케이트는 거리를 걷다가 말뚝이 나오면 절대 갈라지는 법이 없었어. 말뚝을 사이에 두고 지나가면 친구 사이를 끝내야 할 정도로 말이야. 그래서 우리는 '절대로' 말뚝을 두고 갈라져서 지나가지 않았어. 그리고 우리는 항상 4시 16분에 시계를 확인했는데 (내 기억이 정확하다면) 케이트의 생일이 4월 16일이었을 거야. (그렇지?)"

나는 그 친구가 아직도 말뚝 미신을 기억한다는 사실과 여전히 일상에서 언니를 떠올린다는 데에 충격을 받았다. 그 말뚝과 시간을 다 기억하다니. 그리고 또 한 가지 사실, 그의 기억은 옳았다. 언니와 나는 11시 11분 미신을 함께했지만, 언니는 별도로 언니 생일인 시간에도 소원을 빌었다. 어떻게 나는 그걸 잊고 말았을까?

그 오빠는 "케이트는 나한테 앤디 워홀의 에디 세즈윅이었어"라고 말했다.

에디 세즈윅은 언니가 앞뒤가 맞지 않는 메모장에 마지막으로 처절하게 갈겨써둔 사교계 명사이자 사회 운동가였다.

케이트는 천국에 간다. 에디가 있는 천국에.

얼마 전 한 남자와 첫 데이트를 했다. 그가 내 책의 내용이 무엇인지 물었을 때, 나는 언니의 조현병, 그리고 죽음과의 사투를 기록했다고 솔직히 말했다. 그가 무슨 생각을 하든 상관없었다. 내 목소리는 떨리지 않았고, 나는 부끄럽거나 당황하거나 낙담하지 않았다. 그가 내 유전적 민감성을 궁금해한대도 개의치 않았다.

나는 말했고, 그것은 뭔가를 의미했다고 생각한다. 매번 그 병명을 말할 때마다 낙인의 장벽이 아주 조금이라도 흔들리기를 희망한다.

그래서, 비탄 후에는 해피엔딩이 있고, 그후의 삶은 계속될 수 있을까? 과거를 되돌리거나 만회할 방법은 없다. 오직 기념할 뿐이다. 나의 해피엔딩은 순간에 가치를 두면서 일어난 일들을 인정하고 받아들이는 것이다. 언니를 영예롭게 하고 언니의 심적 고통을 알려 다른 누군가를 구원하리라는 희망으로 내 소임을 다하는 것이다. 나의 해피엔딩은 이 책이다. 이 책을 쓸 기회가 있어서, 글을 쓰는 내내 언니가 떠난 후 그 어느 때보다도 언니를 많이 느꼈다. 그리고 이 이야기를 세상에 내놓음으로써, 나는 다시 존재하는 법을 배운다.

나는 언니의 삶을 중요하게 만들기 위해 이 글을 쓴다고 생각했지만, 내가 쓰지 않았더라도 언니의 삶은 이미 중요했다. 여전히 누군가는 말뚝을 지나며 언니를 떠올린다. 언니는 분명 나의 자매였지만, 딸이자, 친구이자, 환자이자, 코미디언이자, 예술가이자 뮤즈이기도 했다. 언니는 누군가의 에디였다.

언니는 나비를 정말 좋아했다. 나는 나비 효과를 떠올리며 내가 결코 알 수 없을, 언니의 삶이 일으킨 파장을 그려본다. 언니는 이 세상의 여느 사람들과 마찬가지로 중요했다. 책으로 쓰이든 말든, 기념하는 건물이 있든 없든 상관없다. 우리가 세상을 바꿀 수 있다는 관념은 오만하지만, 동시에 명백한 사실이기도 하다. 당연하게도 우리는 우리가 만나는 모든 삶에 변화를 일으킨다. 그것을 위해 취해야 하는 행동은 생각만큼 거창하지 않다.

아침이면 엄마는 커피를 내리고 마당이 내다보이는 창가 테라스로 나가, 뻗어나가는 초록 덤불과 하늘이 바다와 만나는 지점의 파란 조각을 바라본다. 엄마는 훗날 언젠가 일종의 요양원을 운영하고 싶어 한다. 우리와 달리 그 누구도 혼자라고 느끼지 않도록 공동체를 설립하고자 한다. 엄마는 환우의 가족들이 사랑하는 이를 도울 수 있기 이전에 스스로 돕는 법을 알기를 원한다. 그 혼돈에서 벗어날 빈 공간을, 심지어 단 하루만이라도 일시적으로 쉴 수 있는 공간을 만들고 싶어한다.

엄마가 그런 기관을 열든 열지 않든, 언니는 엄마를 통해 계속 살아갈 것이다. 언니는 하트 모양 돌멩이와 조개껍데기, 그리고 현관 계단참을 장식한 유리 몽돌 조각들 속에 깃들어 있다. 언니는, 엄마와 내가 여전히 매우 조심스럽게 손님방 대신 "케이트의 방"이라고 부르는 방에 기거한다. 비록 혼자서는 이 집에 찾아오지 못할 만큼 오랜 시간이 흘러버리기는 했지만, 그럼에도. 언니는 우리가 창가 외부 격자 틀에 심은 장미 덤불에서도 핀다. 바람이 너무 거세 분홍 꽃잎이 채 피지 못할 정도여도, 그래도 언니는 그 속에 배어 있다.

언니는 내가 옷을 입는 방식이자, 내가 고르는 색깔이자, 더욱 독창적인 사람이 되려는 나 자신이자, 나 자신의 더욱 진솔한 버전이다. 내가 모험 앞에서 아니오, 라고 하는 대신 네, 라고 답하는 순간에 늘 언니가 스며 있다. 나는 차에서 어떤 노래가 흘러나올 때, 그리고 모두가 노래를 따라 부를 때마다 언니를 감각하며, 살아 있는 것이 무엇인지 실감한다. 안개가 피어올라 나무들의 윤곽이 가느다랗게 흐려지고 붉은 여름 하늘에서 비추는 햇살이 낮게 깔릴 때에도 언니를 느낀다. 아름답거나 흥미롭거나 아니면 슬픈 것에서, 말하자면 모든 것에서 언니를 본다. 만져지는 그 어디에도 언니가 없지만, 그렇기 때문에 언니는 모든 곳에 존재한다.

우리는 계속해서 언니를 기억하고 기억하고 기억한다. 하트 모양 돌멩이와 조개껍데기와 암시와 오랜 공책과 추억들을 모은다. 우리는 언니의 검게 그을린 가느다란 손의 선, 웃음소리를 떠올리며 절대로 잊지 않으려고 꼭 움켜쥔 채 작디작은 면면을 우리 안에 새긴다. 애써 바로잡고, 유령들을 설득하며, 바람에게 우리 자신을 설명한다.

그런 다음에는, 반드시 놓아주어야 하는 시간이 온다.

무엇보다도 이것이 최종 목표다. 이것이 애도를 다룬 여러 책과 심리학자, 종교 지도자, 그리고 많은 문화권의 전문가들이 꼭 필요하다고 말하는 것이다.

오직 상실한 것을 내준 후여야만 우리는 진정으로 치유된다.

나는 언니가 내 앞에서 달려가도록 두고, 모래밭에서 언니 발자국을 좇는 일을 그만둬야 한다. 아니면 이제 내가 언니를 앞질러 달려야 하는지도 모른다.

이 책은 한때 내가 생각했던 문학의 취지처럼 언니를 부활시키거나 보존할 수 없다. 책은 그저 묻어둘 뿐이다.

이것이야말로 영원한 안식의 진정한 의미일 것이다. 언니가 쉴 수 있도록, 떠나도록 놓아주는 것.

이제는 언니를 그만 불러대고, 마침내 편히 잠들도록 해주기를.

모든 것이 지나갔으니, 언니는 평온 속에 머물 자격이 있다.

그러니 나는 언니를 놓아준다.

여전히, 언니는 앞으로 나아간다.

감사의 말

작가로서 커리어를 쏘아 올려준 「뉴욕 타임스」 "모던 러브 칼리지 콘테스트"가 아니었다면 이 책에 담긴 모든 단어를 쓰는 일도, 감사의 말을 남기는 일도 명명백백하게 불가능했을 것이다. 우선 비할 데 없이 훌륭한 작가이자 편집자, 스승이자 멘토인, 논픽션 창작 수업의 수잔 번 교수님께 감사의 마음을 전한다. 교수님의 격려와 이야기의 힘에 대한 진심 어린 믿음이 없었다면, 나는 글을 보낼 용기를 내기는커녕 콘테스트의 존재 자체도 몰랐을 것이다. 교수님은 스승이 이 세상에 미치는 심오한 영향을 몸소 증명하셨다.

내게 기회를 준 「뉴욕 타임스」의 댄 존스와 미야 리에게도 감사 인사를 건넨다. 응모된 글 더미에서 내 글을 뽑아 든 미야가 이렇게 생각하는 장면을 속으로 그려보곤 했다. 그래, 이거야. 바로 모든 것을 바꾼 순간이다. 나의 가족 이야기를 인내와 섬세함과 공감으로 다루어준 댄에게도 감사의 마음을 전한다. 댄과 함께한 작업은 전율이 이는 삶의 경험이었다.

똑똑하고 겁 없는 문학 에이전트 이브 애터만에게도 깊은 감사의 마음을 전한다. 애터만은 사랑하는 딸의 출산을 앞둔 와중에도 이 책이 출간되기까지의 모든 단계에서 열심히 싸워주었다. 언젠가는 그의 절반만큼이라도 멋진 사람이 되고 싶다. 나의 편집자 밀리센트 베넷에게도 가없는 감사의 마음을 전한다. 베넷은 비전과 확신으로 내가 성취하려는 바를 바로 알아챘고, 그 꿈을 실현하도록 매번 섬세한 편집으로 책의 가치를 높이 끌어올려주었다. 앨리슨 커 밀러 역시 굉장히 빈틈없고 세심한 교열 편집자다. 이 책을 만들기 위해 많은 분들이 함께 애써주셨다. 출판사의 모든 분들과 함께 일한 것이 내게는 행운이었다.

이 책은 틀림없는 기적이지만, 글을 쓰는 과정은 때때로 끔찍하리만치 어려웠다. 트라우마를 다시 경험하며 그 안에서 의미와 아름다움을 찾으려 애쓰는 노력은 많은 측면에서 실제 비통함을 겪는 것보다 힘들었다. 그 부담을 짊어진 건 나 혼자만이 아니었다. 주변 모든 이들에게 영향을 미쳤다. 뉴욕 시에서 함께 지내는 내 룸메이트 케이트 패러보, 캐럴라인 코플러, 줄리아 마틴. 웃음과 인내로 많은 밤 동안 나의 불안을 달래주고 제목, 표지, 내용에 관한 고민을 함께 나눠줘서 정말 고마워. 소중한 내 친구 캐서린 터규와 매디슨 세마르지안, 너희 두 사람은 한없는 은혜와 다정함, 지성과 유머로 내게 영감을 주는 존재야. 세상 모든 사람이 너희 같은 친구를 만나는 행운을 누렸으면 좋겠어. 외할머니와 외할아버지, 매일 밤(단 하루도 빠짐없이!) 잘 자라고 문자를 보내주시고 내 가장 든든한 응원단이 되어주셔서 감사해요. **구석구석 빈틈없이 사랑해요!**

우리 이야기를 세상에 공개하는 데에 어떤 용기가 필요한지 잘 알고 있다. 따라서 무조건 옳다는 신념으로 이 책을 엄마에게 바칠 수는 없다. 하지만 내 삶을 엄마에게 바친다. 엄마가 없었다면 오늘의 나는 여기에 없을 것이다. 이 책에서 다룬 모든 나날과 그보다 훨씬 더 많은 날 동안, 그리고 이 책을 쓰는 과정에서도 나에게는 나를 지탱해줄 엄청난 희생과 힘이 필요했다. 나는 엄마 덕분에 살고 엄마를 위해서 산다. 이 마음이 뚜렷하게 전달되지 않을까봐, 지구에서 내가 최고로 좋아하는 사람은 바로 엄마라고 말해두어야겠다.

그리고 마지막으로, 나의 언니 케이틀린 랜츠 레디. 최근에 나는 대체 불가능함이라는 개념을 자주 생각해. 어떤 방식으로든 우리 모두는 사실 대체가 가능한 존재야. 어느 순간이 되면 새로운 친구를 만나고, 아주 중요한 새로운 사람이 생기고, 좋아하는 식당도 바뀌고, 새로운 집도 생기지. 생각하기 꺼림칙하기는 하지만, 우리는 얼마나 쉽게 서로의 삶에 들락날락하는지 몰라. 하지만 나한테는 단 한 명의 언니만 있었고, 나는 아주 근본적인 방식으로 단 한 사람 곁에서만 자라났어.

이렇게 성장해 평생을 함께해야만 했는데 말이야. 하지만 모든 것을 고려해보면, 우리가 함께한 시간이 얼마나 고되고 고통스럽고 짧

았든 간에, 나는 언니가 나의 언니여서 정말 감사했어. 언니는 과거에도 그랬고 앞으로도 언제나 그렇겠지만, 대체 불가능함이라는 단어 그 자체야.

이제, 나의 러브레터인 이 책을 언니에게 띄울게.

참고 자료

소수인종이 직면한 불균형한 정신건강 부담과 관련된 통계는 다음의 자료들을 참조했다.

Adichie, Chimamanda Ngozi. "The Danger of a Single Story." TED video, filmed July 2009. https://www.ted.com/talks/chimamanda ngozi adichie the danger_of a single story.

Centers for Disease Control and Prevention. "Suicide and Violence Prevention Among Gay and Bisexual Men," February 29, 2016. https://www.cdc.gov/msmhealth/suicide-violence-prevention.htm.

National Alliance on Mental Illness (NAMI). "Mental Health by the Numbers," March 2021. https://www.nami.org/mhstats.

Office of Minority Health. "Mental and Behavioral Health — African Americans," last modified May 18, 2021. https://www.minorityhealth.hhs.gov/omh/browse.aspx?lvl=4&lvlid=24.

Substance Abuse and Mental Health Services Administration, "2018 National Survey on Drug Use and Health: Detailed Tables." SAMHSA.gov. August 20, 2019. https://www.samhsa.gov/data/report/2018-nsduh-detailed-tables.

언니의 두부 외상과 그것이 정신건강에 미친 영향에 관해 쓸 때에는 다음의 최근 외상성 뇌병증 연구를 참조했다.

Ward, Joe, Josh Williams, and Sam Manchester. "111 NFL Brains: All but One Had CTE." *New York Times*, July 25, 2017. https://www.nytimes.com/interactive/2017/07/25/sports/football/nf-cte.html.

언니가 정신질환과 싸우기 시작할 무렵, 우리 가족은 다낭성 난소 증후군과 약물남용을 비롯한 다른 질병과의 잠재적 연관성을 찾아냈다.

Cizza, Giovanni, Svetlana Primma, and Gyorgy Csako. "Depression as a Risk Factor for Osteoporosis." Trends in Endocrinology and Metabolism 20, no. 8 (October 2009): 367–73; U.S. National Library of Medicine: https://www.ncb.nlm.nih.gov/pmc/articles/PMC2764354.

MacDonald, Ann. "Teens Who Smoke Pot at Risk for Later Schizophrenia, Psychosis." *Harvard Health*, March 7, 2011. https://www.health.harvard.edu/blog/teens-who-smoke-pot-at-risk-for-later-schizophrenia-psychosis-201103071676.

Office on Women's Health. "Polycystic Ovary Syndrome," last updated April 1, 2019. https:// www.womenshealth.gov/a-z-topics/polycystic-ovary-syndrome.

Pearson, Michele L., Joseph V. Selby, Kenneth A. Katz, Virginia Cantrell, Christopher R. Braden, Monica E. Parise, Christopher D. Paddock, et al. "Clinical, Epidemiologic,Histopathologic and Molecular Features of an Unexplained Dermopathy." *PLOS ONE: Public Library of Science*, January 25, 2012. https:// journals.plos.org/plosone/article?id=10.1371%2Fjournal.pone.0029908.

University of Oxford. "Small Risk of Violence in Schizophrenia Unless Drugs andAlcohol Are Involved," May 20, 2009. Oxford University website: https://www.ox.ac.uk/news/2009-05-20-small-risk-violence-schizophrenia-unless-drugs-and-alcohol-are-involved.

조현병과 흡연 사이의 연관성을 밝히기 위해, A. 이던 에빈스가 2008년 연구에서 제시한 근거를 참조했다.

Evins, A. Eden. "Nicotine Dependence in Schizophrenia: Prevalence, Mechanisms, and Implications for Treatment." Psychiatric Times 25, no. 3 (March 1, 2008). https:// www.psychiatrictimes.com/view/nicotine-dependence-schizophrenia-prevalence-mechanisms-and-implications-treatment.

외상후 스트레스 장애가 기억력에 미치는 영향에 관해서 쓸 때에는 다음 연구를 참조했다.

Northwestern University. "How Traumatic Memories Hide in the Brain, and How to Retrieve Them: Special Brain Mechanism Discovered to Store Stress-Related, Unconscious Memories." ScienceDaily, August 17, 2015. www.sciencedaily.com/releases/2015/08/150817132325.htm.

다음 자료들은 정신질환과 형사 폭력 간의 관계뿐 아니라 조현병의 메커니즘에 대한 강력한 신경학적 정보를 제시한다.

Blakemore, S. J., J. Smith, R. Steel, C. E. Johnstone, and C. D. Frith. "The Perception of Self-Produced Sensory Stimuli in Patients with Auditory Hallucinations and Passivity Experiences: Evidence for a Breakdown in Self-Monitoring." *Psychological Medicine* 30, no. 5 (September 2000): 1131–39. https://pubmed.ncbi.nlm.nih.gov/12027049.

Carroll, Heather. "People with Untreated Mental Illness 16 Times More Likely to Be Killed by Law Enforcement." Treatment Advocacy Center. https://www.treatmentadvocacycenter.org/key-issues/criminalization-of-mental-illness/2976-people-with-untreated-mental-illness-16-times-more-likely-to-be-killed-by-law-enforcement; accessed June 8, 2021.

Garrison, Jane R., Charles Fernyhough, Simon McCarthy-Jones, Mark Haggard, and Jon S. Simons. "Paracingulate Sulcus Morphology Is Associated with Hallucinations in the Human Brain." *Nature Communications* 6, no. 8956 (2015). https://www.nature.com/articles/ncomms9956.

Kochunov, Peter, Artemis Zavaliangos-Petropulu, Neda Jahanshad, Paul M.Thompson, Meghann C. Ryan, Joshua Chiappelli, Shuo Chen, et al. "White Matter Connection of Schizophrenia and Alzheimer's Disease." *Schizophrenia Bulletin* 47, no.1 (January 2021): 197–201. https:// academic.oup.com/schizophreniabulletin/article/47/1/197/5873334.

다음 자료는 행복을 추구하는 것이 왜 정반대의 효과를 가져올 수 있는지에 대한 흥미로운 연구다.

Schooler, Jonathan W., Dan Ariely, and George Loewenstein. "The Pursuit and Assessment of Happiness Can Be Self-Defeating." In *The Psychology of Economic Decisions*, edited by Isabelle Brocas and Juan D. Carillo Oxford: Oxford University Press, 2003. https://www.cmu.edu/dietrich/sds/docs/loewenstein/PursuitAssessmentHappiness.pdf.

미국의 노숙자와 관련한 최신 수치 자료는 노숙자 근절을 위한 전국 연합에서 인용했다.

National Alliance to End Homelessness. "State of Homelessness: 2020 Edition." February 9, 2021. https://endhomelessness.org/homelessness-in-america/homelessness-statistics/state-of-homelessness-2020.

아래 출처에서는 미국인의 1.2퍼센트가 조현병 진단을 받았다는 정보 및 정신장애로 고통받는 사람들을 위한 추가 자료를 제공한다.

"Schizophrenia Symptoms, Patterns and Statistics and Patterns." MentalHelp.net: An American Addiction Centers Resource. https://www.mentalhelp.net/schizophrenia/ statistics; accessed June 8, 2021.

킹스칼리지 런던 대학교의 다음 연구는 인지 행동 치료가 신경 건강에 미치는 지속적인 영향을 보여주는 희망적인 증거를 제시한다.

Mason, L., E. Peters, S. C. Williams, and V. Kumari. "Brain Connectivity Changes Occurring Following Cognitive Behavioural Therapy for Psychosis Predict Long-Term Recovery." *Translational Psychiatry* 7 (2017). https://www.nature.com/ articles/tp2016263.

리타 리드뮐러와 자비네 뮐러는 카를 베히터와 노르베르트 뮐러가 주도한 유망한 새로운 연구 개념인 조현병의 경증 뇌염 가설을 조사했다.

Riedmueller, Rita, and Sabine Müller. "Ethical Implications of the Mild Encephalitis Hypothesis of Schizophrenia." *Frontiers in Psychiatry*, 8, no. 9 (March 2017). https://www.researchgate.net/publication/314870048 Ethical Implications of_the Mild Encephalitis Hypothesis of Schizophrenia.

옮긴이의 말

"몇 년 전 언니가 사라졌다. 나는 원할 때마다 언니를 본다."[*]

이 책은 보스턴 대학교 졸업반에 다니던 카일리 레디가 논픽션 창작 수업에서 "디지털 시대의 애도"라는 주제로 쓴 짧은 글에서 시작되었다. 교수의 제안을 받은 레디는 위 제목의 해당 에세이를 「뉴욕 타임스」의 "모던 러브 칼리지 콘테스트"에 보냈고, 높은 경쟁률을 뚫고 당선되었다. 얼마 가지 않아 레디의 이야기에서 훌륭한 책이 될 가능성을 본 문학 에이전트가 그녀에게 연락을 취했다. 그렇게 카일리 레디는 졸업 후 얼마 지나지 않은 2019년 11월 이 책의 집필을 시작해 8개월 후 원고를 완성했다.

카일리 레디는 자신이 태어나기 수년 전으로 독자들을 안내하며 이야기를 시작한다. 카일리의 언니 케이틀린 레디(이하 케이트)는 "모든 좋은 것은 둘씩 짝을 이루고 있다는 강한 확신에 사로잡혀" "인형을

---

[*] https://www.nytimes.com/2019/05/03/style/modern-love-sister-vanished.html

여동생인 양 끌어안고 진짜 여동생을 보내달라고" 간절히 기도하던 꼬마였다. 카일리가 태어난 후 둘은 친밀한 자매애를 키워갔다. 그러나 당당하고 매력적이던 케이트의 기질은 사춘기에 접어들며 통제 불가한 행동으로 변질되기 시작했고 자매의 관계는 소원해졌다. 이후 대학에 들어간 케이트는 낙상 사고로 외상성 뇌 손상을 입었고 정신분열(조현병) 진단을 받았으며 점점 더 심한 정신병적 증세를 겪게 되었다. 그러던 2014년 1월의 어느 날, 스물두 살이던 케이트는 혼자 택시를 타고 필라델피아의 랜드마크인 벤저민 프랭클린 다리로 향했다. 보안 카메라에는 그녀가 다리의 가장 높은 지점까지 걸어가는 모습이 찍혔지만 그 이상은 포착되지 않았다. 투신한 것으로 추정되나 끝내 시신은 발견되지 않았고, 그녀의 행방은 미스터리로 남았다.

비교적 어린 나이에 삶을 회고할 기회를 얻은 저자는 자매의 무척이나 독특한 사랑과 유대를 선명하게 그려내고 상실과 애도, 트라우마에 관해서도 읽기 고통스러울 정도로 예리하게 묘사한다. 동시에 정신건강이라는 주제와 그와 관련한 의학적, 시스템적 한계, 그리고 신경 과학에 관해 다룰 때에도 전문성을 놓치지 않는다. 정신질환을 이해하기 위해, 수치심이나 죄책감을 덜기 위해, 혹은 비슷한 상황에서 고통받는 타인을 돕기 위해, 그 이유가 무엇이건 간에 저자가 심리학과 정신건강 관리 분야로 진로를 택한 덕분이었다. 달리 말해 이 책은 지극히 개인적이면서도 동시에 임상심리적인 시각으로 사라진 언니를 이해해보려는 여정이다.

언니가 어떤 사람이었는지 해명하고 싶었을 것이다. 평생 여섯 살 많은 언니를 동경했고, 앞서 달리며 삶의 이정표를 달성하는 언니를 뒤쫓아 언니의 옷차림과 스타일, 행동 하나하나를 따라하려 애썼던 여동생 아닌가. 그렇게 우러러보던 언니가 어느새 딴사람이 되어버린 상황 앞에서 저자는 그 누구에게도 말하지 못한 채 언니의 비밀을 지키는 데 급급했었다. 차라리 집에 "유령이 나온다고" 거짓을 둘러대며 친구들을 초대하지 않는 게 훨씬 더 쉬웠다고 회고했다. 당시의 저자는 아직 어린아이였기 때문에 언니의 상태를 의학적인 관점으로 이해하지 못했을 뿐만 아니라 자신과 가족이 처한 상황의 원인과 결과를 객관적으로 바라볼 수도 없었다. 그저 예전의 그 언니, 늘 자신감이 넘치고 유쾌해 주변 사람들을 웃게 만들던 언니를 되찾고 싶었을 것이다.

그러나 이 회고록은 저자 자신에 대한 해명이기도 하다. 카일리는 언니가 처한 상황에 압도되어, 언니가 사라진 후에는 그 상실을 견뎌내느라 자신을 제대로 돌보지 못했고 누군가에게 자신을 제대로 설명하지도 못했다. 어릴 적부터 작가가 되기를 꿈꿨고 작가가 되고픈 열망으로 혈관이 아플 지경인 소녀였지만, 점점 심각해지는 언니의 정신질환 앞에서, 당장 내일도 내다보기 힘든 절박한 상황 속에서, 꿈은 사치였다. 오직 언니의 상태가 나아지기만을 바라는 것. 그것만이 유일한 우선순위였고 가장 중요하고 필수적인 소원이 되었다. "그 외의 모든 것은 옆으로 밀려났고, 잠시 멀어졌고, 희생당했다."

자신이 겪은 아픔에 대해서도 너무 슬퍼서, 혹은 낙인과 오명이 두려워서 어릴 적부터 친했던 친구는 물론 새로이 만나는 사람들에게도 진솔하게 드러내지 못했다. 오죽했으면 저자는 자신이 통과 중인 상실을 식별해줄 단어가 있으면 좋겠다고 늘 생각했다. 전후 사정을 구구절절 설명할 필요 없고 예상치 못하게 흐르는 눈물에 당황할 필요도 없이, 상대를 즉시 이해시킴과 동시에 조심히 접근하라는 방지턱 역할을 해줄 만한 단어. 자기 삶에서 언니의 존재와 부재를 모두 전달할 수 있는 수식어가 간절했던 저자는 "고아나 홀아비라는 단어처럼 당신이 무엇인지를 말해줄, '나는 한때 누군가에게 무엇이었어요'라고 말해줄 적절한 단어가 있었으면" 하고 바라고 또 바라며 언니가 없는 나날들을 살아냈다.

책을 쓰는 과정에서 한 발짝 떨어져 지켜보며, 언니뿐만 아니라 어린 자신을 위해서도 울었을 저자를 본다. 사랑하는 사람이 자신을 해할 때, 그럼에도 불구하고 감당하고 지켜내려 고군분투하느라 자신을 돌보지 못한 스스로를 안타까워하는 저자가 눈에 선하다. 언니를 잃은 뒤에도 늘 언니의 신분증을 지갑에 넣고 다니고 아직 말소되지 않은 휴대 전화나 페이스북 계정으로 메시지를 보내며 혹시 상대의 창에 "입력 중" 표시가 뜨지는 않을까 기다리는 저자의 간절함을 느낀다. 자신을 객관화해 이인칭으로 지칭하며 말을 걸고 화해를 시도

하고 때론 용서를 구하는 저자의 마음을 읽는다. 자신이 "당신"이 되고 그 "당신"이 독자가 될 때, 책 속에서 저자와 독자가 만나 악수를 나누고 서로에게 위안이 되는 장면을 떠올려본다.

마침 올해 6월, 오래도록 가족의 비밀을 간직해온 사람들의 이야기를 소개하는 대니 샤피로의 팟캐스트 「가족의 비밀Family Secrets」에 카일리 레디가 출연해 "11시 11분에 소원 빌기"라는 제목으로 책 이야기를 전했다. 대니 샤피로는 카일리가 들려준 "가족의 비밀"을 듣고 나서 이 책 도입부의 명구 "다만 한 사람에게라도, 단 한순간만이라도 도움이 되기를"을 인용하며 다음과 같이 말했다. "카일리는 정신질환을 공부하기 위해 임상심리 전공을 진로로 택했고 이 책을 집필했습니다. 그녀는 언니 삶의 슬픔과 혼돈을 통해 희망과 아름다움을 그려냈어요. 그런다고 해서 그 슬픔과 혼돈이 지워지지는 않지만, 누군가에게는 진정 도움이 됩니다."

그렇다. 아픔과 슬픔은 지워지지 않을뿐더러 지우려 애써본들 말끔히 사라지지도 않는다. 카일리는 이 책 덕분에 가족과 친구들에게 언니 이야기를 자유롭게 하기 시작하면서 "다시금 나 자신이 된 기분"을 느꼈다고 고백했다. 언니의 정신질환은 물론 죽음에 관해서도 입을 닫고 살아오는 데 익숙했지만, 그 상실만으로도 충분히 고립감을 느낄 사람들이 이 책을 통해 덜 외롭기를 바라며, 가족의 정신질환이나 상실에 대해 어렵지 않게 말을 꺼내면 좋겠다고 말한다.

사랑하는 사람이 고통받는 모습을 지켜보는 일. 함께 고통받으면서 지켜내려 애쓰지만 때론 성공하고 때론 실패하는 일. 하지만 저자가 언니를 지켜내지 못했다고 해서 그것을 실패라고 말할 순 없을 것이다. 그 과정에서 겪어낸 슬픔에도 이처럼 쓸모는 있기 마련이니까. 너무 비통하게도 일찍 떠나버린 케이트와 어린 카일리, 그리고 독자들이 책을 통해 만나 누군가는 도움을, 또 누군가는 위로를 주고받을 테니까. 카일리 레디도 말하지 않았던가. "나의 해피엔딩은 이 책"이라고.

2024년 1월

이윤정